REVISTA TRIMESTRAL DE
DIREITO PÚBLICO

22/1998

MALHEIROS EDITORES

Revista Trimestral de Direito Público

Órgão do

INSTITUTO GERALDO ATALIBA
IDEPE — INSTITUTO INTERNACIONAL
E DIREITO PÚBLICO E EMPRESARIAL

INSTITUTO DE DIREITO ADMINISTRATIVO PAULISTA
IDAP

RTDP
Publicação trimestral de
MALHEIROS EDITORES LTDA.
Rua Paes de Araújo, 29, cj 171
CEP 04531-940 - São Paulo, SP - Brasil
Tel.: (011) 822-9205 - FAX.: (011) 829-2495

Diretor responsável: Álvaro Malheiros
Diretora: Suzana Fleury Malheiros

Assinaturas e comrecialização:
CATAVENTO DISTRIBUIDORA DE LIVROS S.A.
Rua Conselheiro Ramalho, 928
CEP 01325-000 - São Paulo, SP - Brasil
Tel.: (011) 289-0811 - FAX (011) 251-3756

Supervisão Gráfica: Vânia Lúcia Amato
Editoração Eletrônica: Ciça's Studio

SUMÁRIO

DOUTRINA

PERSPECTIVAS DO DIREITO ADMINISTRATIVO NO PRÓXIMO MILÊNIO
— *Caio Tácito* 5

RESPONSABILIDAD DE LOS FUNCIONARIOS PÚBLICOS Y DE LOS CONCESIONARIOS DE SERVICIOS PÚBLICOS
— *Carlos E. Delpiazzo* 10

O "HABEAS DATA" NA LEI N. 9.507/97
— *Arnoldo Wald e Rodrigo Garcia da Fonseca* 19

CONTRATAÇÃO DE SERVIÇOS DE ADVOCACIA PELA ADMINISTRAÇÃO PÚBLICA
— *Adílson Abreu Dallari* 30

LOTERIAS: SUA EXPLORAÇÃO POR PARTICULARES
— *Valmir Pontes Filho* 40

O DIREITO ADQUIRIDO E AS EMENDAS CONSTITUCIONAIS
— *Luiz Alberto Gurgel de Faria* 46

PRESCRIÇÃO: DECRETAÇÃO DE OFÍCIO EM FAVOR DA FAZENDA PÚBLICA
— *Edilson Pereira Nobre Júnior* 55

PLANOS ECONÔMICOS, DIREITO ADQUIRIDO E FGTS
— *Teori Albino Zavascki* 64

A TRILOGIA MOTIVO/CONTEÚDO/FINALIDADE DO ATO ADMINISTRATIVO EM FACE DO PRINCÍPIO DA RAZOABILIDADE
— *Anna Paola Zonari de Lorenzo* 77

PARECERES

PREÇOS: MODIFICAÇÃO UNILATERAL DE CONTRATO CELEBRADO COM A ADMINISTRAÇÃO — QUITAÇÃO — EXPECTATIVA INFLACIONÁRIA
— *Eros Roberto Grau* 94

CONCESSÃO DE SERVIÇO PÚBLICO: DEVER DE PRESTAR SERVIÇO ADEQUADO E ALTERAÇÃO DAS CONDIÇÕES ECONÔMICAS — PRINCÍPIO DE ATUALIDADE — REEQUILÍBRIO ATRAVÉS DA PRORROGAÇÃO DO PRAZO DE EXPLORAÇÃO
— *Floriano P. Azevedo Marques Neto* 105

IMÓVEL URBANO NÃO INSCRITO NO REGISTRO IMOBILIÁRIO
— PROPRIEDADE DO MUNICÍPIO — PROVA DO DOMÍNIO ATRAVÉS
DOS CADASTROS DA PREFEITURA — USUCAPIÃO: IMPOSSIBILIDADE
— *Márcio Luis Chila Freyesleben* 124

ESTUDOS E COMENTÁRIOS

DA COMPETÊNCIA ADMINISTRATIVA PARA APLICAR A LEI POSTERIOR
MAIS FAVORÁVEL, EM CASO DE PUNIÇÕES IMPOSTAS
AOS ADMINISTRADORES DE INSTITUIÇÃO FINANCEIRA,
COM BASE NO ART. 44 DA LEI BANCÁRIA
— *Luiz Alfredo Paulin* 134

DECLARATÓRIA DE CONSTITUCIONALIDADE CONTRA A CONSTITUIÇÃO
— *Antônio Souza Prudente* 146

REFORMA CONSTITUCIONAL — REGRA DE ESTRUTURA — LIMITAÇÃO
— *Gabriel Ivo* 149

CONFERÊNCIAS E DEBATES

PRIVATIZAÇÃO E SERVIÇOS PÚBLICOS
— *Celso Antônio Bandeira de Mello* 172

JURISPRUDÊNCIA 181

NOTICIÁRIO

A LEI FEFERAL N. 9.783/99 E SUAS INCONSTITUCIONALIDADES
— *Carlos Ayres Britto* 216

DOUTRINA

PERSPECTIVAS DO DIREITO ADMINISTRATIVO NO PRÓXIMO MILÊNIO

CAIO TÁCITO
Professor Emérito da Universidade do Estado do Rio de Janeiro

I

O Direito Administrativo surgiu como disciplina jurídica autônoma em época relativamente recente. Até a reforma política decorrente da revolução francesa não se podia caracterizar a independência científica dos preceitos reguladores da atividade administrativa do Estado. Por certo, muito antes desse marco cronológico existiam normas jurídicas sobre a organização e execução de serviços públicos. Faltava-lhes, porém, a unidade de tratamento, de objeto e de método. É evidente que a tarefa administrativa precedeu ao Direito Administrativo. Todo grupo social, mesmo primitivo e embrionário, exerce funções de administração. A disciplina da vida comum, as necessidades essenciais de defesa e manutenção da coletividade conduzem a um processo administrativo, embora rudimentar. Não se encontra, porém, na disciplina dessas relações a subordinação simultânea do indivíduo e do Estado ao império da lei.

Nos Estados absolutos, em que a vontade do soberano era a última lei, não havia clima para a formação do Direito Administrativo. A Administração não se submetia a regras e condições limitativas e flutuava ao sabor da conveniência política ou dos ditames pessoais da suprema autoridade do Estado.

A juridicidade da Administração Pública é fruto do liberalismo político. Os direitos do homem geram os deveres do Estado. Nos regimes absolutos, o administrador — veículo da vontade do soberano — é, como este, irresponsável. A administração é, apenas, uma técnica a serviço de privilégios de nascimento. O Estado de Direito, ao contrário, submete o poder ao domínio da lei: a atividade arbitrária se transforma em atividade jurídica.

No depoimento de Zanobini, a certidão de nascimento do Direito Administrativo terá sido a lei de 28 pluviose do ano VIII (1800) que, pela primeira vez, atribuiu à Administração francesa uma organização juridicamente garantida e exteriormente obrigatória (*Corso di Diritto Amministrativo*, v. I, p. 33, 1947). Outro antecedente terá sido o emprego pioneiro da referência a "ato da administração", na lei de 16 do fructidor do ano III (1796) e a inclusão do vocábulo "ato administrativo" no Repertório de Merlin, em 1812 (Luigi Raggi, *Diritto Amministrativo*, v. II, p. 41, ano acadêmico 1946-1947; Francesco D'Alessio, *Diritto Amministrativo*, v. II, p. 153, 1943).

O episódio central da história administrativa do século XIX é a subordinação do Estado ao regime da legalidade. A lei, como expressão da vontade coletiva, incide tanto sobre os indivíduos como sobre as autoridades públicas. A liberdade administrativa cessa onde principia a vinculação legal. O Executivo opera dentro dos limites traçados pelo Legislativo, sob a vigilância do Judiciário.

A esse fenômeno de legalização da atividade administrativa associou-se, a seguir, a tendência do fortalecimento do Poder Executivo. A sociedade liberal, baseada na livre iniciativa, aprofundou-se em contradições e antagonismos. Os interesses se organizaram em grupos, provocando conflitos intoleráveis com os postulados da ordem democrática. O Poder Público foi convocado a disciplinar e conter a atividade privada, sujeitando-a aos princípios do bem comum e da justiça social. O Estado moderno assumiu, nesta fase, sentido dinâmico, mediante a regulamentação, o controle ou o monopólio do comércio, da produção, do ensino, do transporte ou, até mesmo, da pesquisa científica. A técnica dos regimes políticos se deslocou da abstenção para a intervenção. Intervir para preservar — era o lema democrático.

Os novos encargos de governo levaram à hipertrofia dos órgãos executivos. Não mais se limitava a Administração ao papel clássico de manter a ordem e a tranqüilidade públicas. O poder de polícia do Estado alcança, praticamente, todas as formas de atividade humana. A Administração, ao mesmo tempo, se especializa e se generaliza. Os entes estatais se descentralizam em novas pessoas jurídicas de Direito Público. A capacidade normativa do Executivo se desenvolve por meio das delegações legislativas e do poder regulamentar. Os tribunais administrativos, ou as comissões dotadas de poderes quase-judiciais, englobam expressiva parcela da atividade jurisdicional.

O individualismo jurídico se decompõe sob a pressão poderosa de causas e concausas sociais. A socialização do Direito transcende ao plano doutrinário e se afirma na criação legislativa e na hermenêutica constitucional. Não se trata apenas — disse o professor Afonso Arinos de Melo Franco — de crise do Direito, mas de Direito da crise.

As condições sociais atribuem ao Estado uma posição de tutela e gerência de interesses gerais e individuais. A manutenção e sobrevivência do indivíduo, a sua proteção contra riscos e incertezas sociais, a própria defesa da soberania nacional motivam a revisão de alicerces: a propriedade, a família, o trabalho, a autonomia da vontade ou a liberdade de contrato obedecem a novos pressupostos de inspiração coletiva.

II

Conquistada a autonomia do Direito Administrativo, o conceito de serviço público se concentra no exercício das atividades essenciais do Estado, dotado de personalidade jurídica de Direito Público, em termos unitários. Gradualmente, porém, a presença do Estado em outros ramos de atividade, de natureza econômica ou social, conduz a que a lei venha a instituir outras pessoas jurídicas subordinadas, com atribuições específicas. O serviço público, em sentido lato, passa a desdobrar-se entre a Administração direta, que tem como sujeito ativo o próprio Estado, e a Administração indireta ou descentralizada, na qual se inscrevem pessoas administrativas, dotadas de personalidade jurídica própria, embora sob controle do poder central.

O processo descentralizador, que visa a propiciar condições operacionais mais flexíveis, primeiramente se define na criação de autarquias, pessoas jurídicas de Direito Público, de finalidade especial, em áreas definidas de competência.

Em outro momento, o processo de intervenção estatal amplia a atividade administrativa, assumindo o Estado áreas até então reservadas à economia privada. A lei administrativa, atendendo a este objetivo, vai buscar, no plano do direito privado, o modelo das sociedades mercantis, compondo em termos competitivos, ou excepcionalmente em grau de monopólio, a modalidade de sociedades de economia mista, como outra forma integrante da Administração Pública indireta. Na prática da atividade mercantil a empresa paraestatal se equipara à empresa privada, não obstante a ela se sobreponha, necessariamente, o controle superior do Estado de modo a preservar a destinação da política administrativa que é o objetivo final da criação legislativa. A empresa estatal, mais do que um fato econômico, é um fato político.

De forma distinta, se constituem, ainda, à margem do esquema da Administração Pública, determinadas atividades de interesse coletivo, notadamente no campo da cultura e da assistência social, que merecem o amparo e proteção do Estado, como entes de cooperação, para o desempenho de serviços de utilidade pública, sem caráter econômico. Assumem a natureza jurídica de *serviços sociais autônomos*, com personalidade de direito privado, que embora não integrando a Administração Pública são beneficiários de contribuições ou recursos públicos.

A crescente política de socialização, caracterizada pela exacerbação da presença do Estado no domínio público, que marcou a tendência na fase do pós-guerra, conduziu ao fenômeno de maior concentração do Estado na gestão da atividade produtiva que Bilac Pinto caracterizou em estudo clássico sobre "O declínio das sociedades de economia mista e o advento das modernas empresas públicas" (*RDA* 32/1 e ss.). De igual modo a ampliação da política do Estado-empresário se fez sentir na encampação de concessões de serviço público, em grande parte motivada pelo decréscimo qualitativo gerada pela insuficiência tarifária.

A ordem de grandeza das empresas estatais, na década de 80, pode ser mensurada à luz do recenseamento feito, nos termos do Decreto 84.128, de 29.10.79, pela Secretaria de Controle de Empresas Estatais, como órgão central do sistema de controle de entes descentralizados.

O cadastramento editado em setembro de 1981 contempla um universo de 530 empresas da União. Excluídas desse número as pessoas jurídicas sob forma de autarquias, fundações ou órgãos parafiscais, ainda assim restarão 360 pessoas jurídicas constituídas sob forma societária de 1º grau ou subsidiária, nas quais prevalece o capital público (ver nosso livro *Temas de Direito Público*, v. I, pp. 818 e 819 e, ainda, nas pp. 679 e ss. o estudo sobre "As empresas estatais no Direito brasileiro").

III

A partir da Constituição de 1988 — e como reflexo de uma diretriz marcante no campo do Direito Comparado — evidencia-se uma nítida inversão na política intervencionista do Estado com o retorno da iniciativa privada a áreas ocupadas pela gestão estatal, marcando o fenômeno que, no Direito espanhol, foi batizado como a "fuga do Direito Administrativo" (ver, entre outros, Martin Retortillo, "Reflexiones sobre la 'huida' del Derecho Administrativo", in *Revista de Administración Pública* 140/25 e ss., mai./ago. 96).

O primeiro passo, ainda modesto, de retração da tendência expansionista da Administração Pública federal se manifesta, entre nós, em julho de 1979, com a adoção do

Programa Nacional de Desburocratização (Decreto 83.740), aperfeiçoado com a criação do Conselho Interministerial de Privatização, em 1988, e com o advento do Programa Nacional de Desestatização, mediante a Medida Provisória 155/90, convertida na Lei 8.031, de 12.4.90, que firma o padrão da política de privatização, em continuada execução (ver, a respeito, nosso estudo sobre "O retorno do pêndulo: serviço público e empresa privada", in nosso livro *Temas de Direito Público*, v. I, pp. 721 e ss.).

A iniciativa econômica pública, por definição constitucional, se destina a complementar a iniciativa privada, obedecendo ao princípio da subsidiariedade, restringindo-se a exploração direta da atividade econômica pelo Estado à prevalência da segurança nacional ou a relevante interesse coletivo determinado em lei (Constituição, art. 173).

O novo modelo do Estado Democrático de Direito estimula a harmonia entre a atividade estatal e a ação privada, valorizando os entes de cooperação e fortalecendo o desenvolvimento da comunidade mediante os instrumentos de garantia e proteção de direitos coletivos e difusos.

A associação entre o serviço público e a atividade privada acrescenta ao instrumento tradicional da concessão ou permissão os novos parâmetros de consórcio e de parceria, excelentemente estudados por Arnoldo Wald e outros, como por Maria Sylvia Zanella Di Pietro em monografias especiais sobre o tema caracterizando o estilo moderno do Direito Administrativo participativo, ao qual dedicamos estudo recente (*Revista de Direito Administrativo* 209/1-6, jul./set. 97).

Acentuamos, na oportunidade, que "o Direito Administrativo contemporâneo tende ao abandono da vertente autoritária para valorizar a participação de seus destinatários finais quanto à formação da conduta administrativa. O Direito Administrativo de mão única caminha para modelos de colaboração, acolhidos em modernos textos constitucionais e legais, mediante a perspectiva de iniciativa popular ou de cooperação privada no desempenho de prestações administrativas".

Em figurinos atuais, a legislação federal adiciona novas técnicas de cooperação entre o Estado e a atividade privada, delegando-se a esta última a execução de serviços públicos, mediante contratos de gestão ou esquemas de terceirização.

Em experiências legais mais recentes, a política de privatização se complementa com a atribuição de diretrizes de política administrativa a agências reguladoras, dotadas de competência de supervisão da atividade privada. O Estado, em suma, se retira do plano da gestão direta dos serviços, recolhendo-se a uma posição de avaliação da eficiência dos agentes privados, com vistas a proteger o interesse dos usuários.

A Medida Provisória 1.648-7, de 23.4.98, que substituiu a Medida Provisória 1.591, qualifica como organizações sociais pessoas jurídicas de direito privado, sem fins lucrativos, dirigidas a atividades de ensino, cultura e pesquisa científica, ou de desenvolvimento tecnológico, bem como à proteção e preservação do meio ambiente ou à saúde. Sobre o tema merece referência o valioso estudo de Diogo de Figueiredo Moreira Neto ("Organizações sociais de colaboração", *Revista de Direito Administrativo* 210/183 e ss., out./dez. 97).

Alice Gonzalez Borges, destacou, como forma de colaboração, o modelo de arrendamento de áreas portuárias, conforme a Lei 8.630, de 25.2.93, e o credenciamento para operações de segurança veicular (*Repertório de Direito Administrativo*, v. I, Nova Dimensão Jurídica, pp. 21 e ss., 1997).

De outra parte, os sistemas de cooperação e de intercâmbio não são mais tão-somente um fenômeno de âmbito nacional. Os acordos internacionais se ampliam em estruturas institucionais que configuram, como bem assinala Arnoldo Wald, parcerias regionais, que tendem a compor unidades econômicas, como o Mercosul, a União Européia ou a NAFTA, em variados estilos de globalização.

Juan Carlos Cassagne, em valioso estudo comparativo à luz da experiência argentina, particularizou a adaptação do serviço público aos modernos sistemas de economia de mercado ("El resurgimiento del servicio público y su adaptación en los sistemas de economia de mercado — Hacia una nueva concepción", *Revista de Administración Pública* 140/95 e ss., mai./ago. 96.

Superando limites geográficos, o Direito Administrativo internacional desvenda, assim, novos rumos de integração no duplo sentido de cooperação entre os poderes públicos e a iniciativa privada como especialmente a associação de Estados soberanos no caminho da colaboração administrativa e da associação econômica e social.

Este se desenha, na criatividade das experiências, o sentido do Direito Administrativo do novo século tanto no plano interno como na transcendência das fronteiras.

Coincidem, em suma, no término do século atual, uma relativa retração do Estado no plano interno e a expansão de experiências de unificação no campo internacional.

Privatização e globalização são dois fenômenos de uma nova era.

Paralelamente, as Constituições mais recentes prestigiam a proteção da cidadania, revitalizando os clássicos princípios da liberdade, igualdade e fraternidade.

Esta é a incógnita do Estado futuro em que cumpre aos juristas encontrar o estilo ideal do casamento entre a soberania nacional e a comunhão internacional, do qual nascerá o Direito Administrativo de amanhã.

RESPONSABILIDAD DE LOS FUNCIONARIOS PÚBLICOS Y DE LOS CONCESIONARIOS DE SERVICIOS PÚBLICOS

CARLOS E. DELPIAZZO

Doctor en Derecho y Ciencias Sociales — Profesor de Derecho Público y de Informática Jurídica en la Facultad de Derecho de la Universidad de la República — Profesor de Derecho Administrativo y Director del Programa Master de Derecho Administrativo Económico en la Facultad de Derecho de la Universidad de Montevideo — Profesor de Informática Jurídica en la Facultad de Derecho de la Universidad Católica del Uruguay — Miembro del Instituto Uruguayo de Derecho Administrativo

I — Introducción: dos premisas y un principio. II — Características de la reforma del Estado: concesiones sin privatización. III — Régimen constitucional de la responsabilid estatal: 1. Evolución; 2. Alcance; 3. Criterios de imputación. IV — Responsabilidad de los funcionarios: 1. Responsabilidad frente a terceros; 2. Responsabilidad frente a la Administración. V — Responsabilidad de los concesionarios de servicios públicos: 1. Responsabilidad frente a los usuarios; 2. Responsabilidad frente a la Administración. VI — Responsabilidad estatal por la actuación de los concesionarios: 1. Enfoque tradicional; 2. Nueva interpretación posible.

I — Introducción: dos premisas y un principio

Abordar el tema de la responsabilidad de los funcionarios públicos y de los concesionarios de servicios públicos en el Uruguay en las postrimerías del siglo XX exige, como supuestos necesarios, hacer una breve referencia a las características de la reforma del Estado en nuestro país y al régimen constitucional de la responsabilidad estatal.

A partir de dichas premisas, será posible reflexionar acerca de tres ámbitos separables de responsabilidad: el de los funcionarios públicos, el de los concesionarios, y el de las Administraciones concedentes.

Por supuesto, al hablar de responsabilidad se lo hace en el más amplio sentido, como una imprescindible manifestación del Estado de Derecho, constitutiva de un verdadero principio general: quien dice Derecho, dice responsabilidad, porque el Derecho supone sujetos responsables, es decir, que responden (dan cuenta) de sus actos y conductas.[1] Si bien dicho concepto genérico es susceptible de ser dividido en al menos cuatro especies — civil o patrimonial, política, penal y disciplinaria[2] — el presente

1. Eduardo Soto Kloss, *Derecho Administrativo*, Ed. Jurídica de Chile, Santiago, t. II, pp. 285 y ss., 1996.

2. Martin J. Risso Ferrand, *Derecho Constitucional*, Ingranusi, Montevideo, t. I, pp. 196 y ss., y t. III, pp. 47 y ss., 1996.

análisis atenderá primordialmente a la primera de ellas.

II — *Características de la reforma del Estado: concesiones sin privatización*

Mientras que en muchos países de la región, los procesos de reforma del Estado han tenido un marcado énfasis en las privatizaciones,[3] no ha ocurrido así en nuestro país, donde se ha puesto el acento en el uso de otros instrumentos tales como las desmonopolizaciones, la creación de personas públicas no estatales, el establecimiento de mecanismos de participación privada en la gestión pública a través de figuras asociativas, y la desburocratización.[4]

Consecuentemente, tanto desde el punto de vista cuantitativo como cualitativo, no se plantean entre nosotros muchos de los problemas suscitados por la privatización y post-privatización del Estado empresario[5] y la llamada "huída de la Administración al Derecho Privado".[6]

Ello no significa la ausencia de concesiones, expresión que en nuestro Derecho comprende tanto actos como contratos. Así, son actos de concesión los usos privativos de bienes del dominio público, en tanto que son contratos aquellos mediante los cuales la Administración (concedente) acuerda con un tercero (concesionario) la ejecución con plazo de una obra o servicio, bajo su vigilancia y control, por cuenta y riesgo del concesionario, quien percibirá como retribución el precio que pagarán los usuarios.[7]

Entre las concesiones de servicios, se destacan las de servicios públicos,[8] entendidos tradicionalmente como "el conjunto de actividades desarrolladas por entidades estatales o por su mandato expreso, para satisfacer necesidades colectivas impostergables mediante prestaciones suministradas directa e inmediatamente a los individuos, bajo un régimen de Derecho público".[9]

Quiere decir que, aún cuando la concesión habilita la transferencia a particulares de la prestación de actividades a cargo de la Administración, no nos situa estrictamente ante una privatización en tanto el régimen jurídico aplicable continuar siendo predominantemente de Derecho Público, estando signado por la presencia vigilante de la entidad concedente, aspecto éste de relevancia con relación al tema propuesto.

III — *Régimen constitucional de la responsabilidad estatal*

Puede realizarse una presentación sintética del mismo a partir de la reseña de su evolución, alcance y criterios de imputación aplicables.

3. Ver Marcos J. Teixeira do Amaral Filho, *Privatização no Estado contemporáneo*, Icone, São Paulo, pp. 95 y ss., 1996; José Roberto Dromi, *Reforma del Estado y privatizaciones*, Astrea, Buenos Aires, 3 ts., 1993; José Luis Palazzo, Domingo Sesin y Víctor Rolon, *La Transformación del Estado*, Depalma, Buenos Aires, pp. 207 y ss., 1992, y Germán Bidart Campos y otros, *Privatización y Desregulación*, Primer Seminario Internacional, Ed. Ciencias de la Administración, Buenos Aires, 1989.

4. Carlos E. Delpiazzo, "Instrumentos usados para la reforma del Estado en Uruguay", en *Revista de Derecho del Mercosur*, año I, n. 2, pp. 67 y ss.

5. Eduardo J. Rodriguez Chirillo, *Privatización de la Empresa Pública y Post-Privatización*, Abeledo Perrot, Buenos Aires, pp. 279 y ss., y 445 y ss., 1995.

6. Antonio Troncoso Reigada, *Privatización, Empresa Pública y Constitución*, Marcial Pons, Madrid, pp. 49 y ss., 1997.

7. Carlos E. Delpiazzo, *Manual de Contratación Administrativa*, Montevideo, t. II, pp. 71 y ss., 1993.

8. Jorge A. Silva Cencio, *Servicio Público y Concesión de Servicios*, A. M. F., Montevideo, pp. 29 y ss., 1980.

9. Enrique Sayagués Laso, *Tratado de Derecho Administrativo*, Montevideo, t. I, p. 65, 1963.

1. Evolución

La evolución constitucional uruguaya permite distinguir tres períodos en la materia.[10]

Bajo la vigencia de las Constituciones de 1830 y 1917, nada se estableció al respecto, por lo que la responsabilidad del Estado se hizo valer jurisprudencialmente a partir del art. 21 del Código Civil, que considera personas jurídicas "y por consiguientes capaces de derechos y obligaciones civiles", entre otros al Estado y los Municipios.[11]

En la reforma constitucional de 1934 se produjo una significativa modificación al establecerse la responsabilidad primaria de los funcionarios y subsidiaria del Estado, cuya aplicación planteó serias dificultades interpretativas.[12] Decía el art. 24: "Será civilmente responsable cualquier funcionario que, en ejercicio de la función pública que le estuviere confiada, y con incumplimiento de los deberes que el cargo le impone, cause perjuicio a un tercero" (inc. 1º). Y agregaba: "Responderán subsidiariamente, el Estado, los Municipios, los Entes Autónomos o Servicios Descentralizados, o el órgano público de que dependa el funcionario, quienes serán parte necesaria en los juicios que se promuevan al efecto, y tendrán el derecho de repetir contra aquél lo que hubieren pagado en caso de condenación" (inc. 2º).

En la reforma constitucional de 1952 — en texto que se mantiene incambiado en la Carta vigente — se invierte la solución, consagrándose la responsabilidad estatal directa.[13] De acuerdo al nuevo art. 24, "El Estado, los Gobiernos Departamentales, los Entes Autónomos, los Servicios Descentralizados y, en general, todo órgano del Estado, serán civilmente responsables del daño causado a terceros, en la ejecución de los servicios públicos confiados a su gestión o dirección".

2. Alcance

La referencia de la norma transcripta a "la ejecución de los servicios públicos" ha planteado vacilaciones acerca de su alcance.

Al respecto, puede decirse que existe consenso acerca de que dicha expresión está usada en un sentido amplio que hace aplicable el precepto a todos los daños ocasionados por sujetos de Derecho público en el ejercicio de la función administrativa,[14] sin perjuicio de opiniones en el sentido de que cubriría también la responsabilidad derivada del ejercicio de la función jurisdiccional[15] o aún toda la actividad estatal.[16]

10. Enrique Sayagués Laso, *Tratado...*, cit., t. I, pp. 636 y ss., y Julio A. Prat, *Derecho Administrativo*, Acali, Montevideo, t. 4, v. 2, pp. 56 y ss.

11. Juan José Amezaga, *Culpa Aquiliana*, Montevideo, pp. 140 y ss., 1914.

12. Aparicio Mendez, "Relaciones entre la responsabilidad del Estado y del funcionario", en *La Justicia Uruguaya*, t. I, pp. 122 y ss., y "Sobre responsabilidad del Estado", en *Revista de Derecho Público y Privado*, t. 14, pp. 337 y ss.

13. Daniel Hugo Martins, "La responsabilidad de la Administración y de los funcionarios en la Constitución uruguaya", en *Revista de Derecho Público y Privado*, t. 30, pp. 196 y ss., y en *Constitución y Administración*, Montevideo, pp. 199 y ss., 1993.

14. Enrique Sayagués Laso, *Tratado...*, cit., t. I, p. 658; Daniel Hugo Martins, *La Responsabilidad de la Administración...*, cit., p. 263; Sergio Deus, "Responsabilidad civil del Estado", en *La Justicia Uruguaya*, t. XCIV, p. 35; Julio A. Prat, *Derecho Administrativo*, cit., t. 4, v. 2, p. 60; y José Korzeniak, *Curso de Derecho Constitucional 2º*, FCU, Montevideo, v. 2, pp. 11 y ss., 1971.

15. Justino Jimenez de Arechaga, *La Constitución del Uruguay de 1952*, CED, Montevideo, t. II, p. 314, 1966; Mariano R. Brito, *Responsabilidad por Actividad Jurisdiccional*, en Congreso Internacional de Derecho Administrativo, Montevideo, pp. 123 y ss., 1984; y Martín J. Risso Ferrand, *Responsabilidad del Estado por su Actividad Jurisdiccional*, 2ª ed., actualizada, FCU, Montevideo, pp. 78 y ss., 1998.

16. Horacio Cassinelli Munoz, "Informe sobre la responsabilidad del Estado por acto legislativo", en *La Justicia Uruguaya*, t. CV, p. 321.

En consecuencia, la responsabilidad de cualquier Administración frente al damnificado es directa, obligándola a indemnizar pecuniariamente tanto por los actos como por los hechos y omisiones que ocasionaren perjuicio.

Cabe añadir que, de conformidad con lo dispuesto en el art. 39 de la Ley 11.925, de 27 de marzo de 1953 —extendido a todas las entidades estatales por el art. 22 de la Ley 16.226, de 29 de octubre de 1991 — "todos los créditos y reclamaciones contra el Estado, de cualquier naturaleza u origen, caducarán a los cuatro anos, contados desde la fecha en que pudieron ser exigibles".

3. *Criterios de imputación*

Es de observar que la norma constitucional bajo examen establece el principio general de la responsabilidad de los entes estatales pero no determina cuándo surge dicha responsabilidad, es decir, cuál es el criterio de imputación que debe seguirse.

Con un enfoque subjetivo, se exige para que nazca la responsabilidad estatal que exista culpa o dolo, o se acude al concepto francés de falta de servicio, reclamando que éste no haya funcionado, haya funcionado tarde o haya funcionado defectuosamente.[17]

Por el contrario, desde una perspectiva calificable de objetiva, que en los últimos años ha venido ganando adherentes,[18] se afirma que la responsabilidad del Estado no se centra en un hecho ilícito culpable o doloso sino en el daño causado. Para esta concepción, comprobado que un particular ha sufrido un daño derivado de la acción u omisión estatal, procede su reparación sin que sea necesario analizar como fué la conducta que ocasionó ese daño.

La jurisprudencia de nuestros tribunales ha acudido con frecuencia al criterio subjetivo, fundándose en la legislación civil. No obstante, en varios casos se ha reconocido la existencia de una presunción de culpa estatal, lo que apareja una inversión de la carga de la prueba con evidente beneficio para el damnificado. Asimismo, se ha reconocido en algunos fallos la admisibilidad de criterios objetivos, desplazando del primer plano el análisis de la conducta del causante del daño para poner el énfasis en la situación de la víctima.[19]

IV — Responsabilidad de los funcionarios

Para su análisis, corresponde distinguir entre la responsabilidad patrimonial del fun-

17. Así: Enrique Sayagués Laso, *Tratado...*, cit., t. I, pp. 660 y ss.; Daniel Hugo Martins, *La Responsabilidad de la Administración...*, cit., pp. 267 y ss.; y José Korzeniak, *Curso...*, v. 2, pp. 17 y ss.

18. Así: Justino Jimenez de Arechaga, *La Constitución...*, cit., t. II, p. 314; Sergio Deus, *Responsabilidad...*, cit., pp. 31 y ss.; Jorge Peirano Facio, *Responsabilidad del Estado*, en Anales del Foro, t. II, ns. 109/120, pp. 72 y ss.; Julio A. Prat, *Derecho Administrativo*, cit., t. 4, v. 2, p. 71; Mariano R. Brito, "Responsabilidad extracontractual del Estado (administrativa, legislativa y jurisdiccional)", en *Estudios Jurídicos en Memoria de Alberto Ramón Real*, FCU, Montevideo, pp. 129 y ss., 1996; Horacio Cassinelli Muñoz, Informe cit., pp. 323 y 324; Martín J. Risso Ferrand, *Responsabilidad...*, cit., pp. 38 y ss.; Graciela Berro, "Responsabilidad objetiva del Estado", en *Revista de Derecho Público*, año 1992, n. 2, pp. 89 y ss.; y Cristina Vazquez, "Fundamentos de la responsabilidad del Estado en la doctrina juspublicista", en *Revista de Derecho Público*, año 1995, n. 7, pp. 32 y ss.

19. Ver: Carlos de Cores, "Reflexiones sobre la naturaleza de la responsabilidad civil del Estado", en *Anuario de Derecho Civil Uruguayo*, t. XXII, pp. 399 y ss.; Alicia Castro, "Algunos comentarios sobre y la reparación del daño y los criterios de actualización en la responsabilidad civil del Estado", en *Segundo Coloquio*, Ed. Universidad, Montevideo, pp. 101 y ss., 1995; Susana Bello, "Fundamento jurisprudencial de la responsabilidad del Estado por acto legislativo y jurisdiccional", en *Revista de Derecho Público*, año 1995, n. 8, pp. 53 y ss.; Martín J. Risso Ferrand, *Responsabilidad...*, cit., pp. 33 y ss., y pp. 165 y ss.; Mariano R. Brito, *Responsabilidad extracontractual...*, cit., pp. 130 y ss.; y Julio A. Prat, *Derecho Administrativo*, cit., t. 4, v. 2, p. 64.

cionario frente a terceros y frente a la propia Administración.

1. Responsabilidad frente a terceros

Tras proclamar en el art. 24 que las entidades estatales "serán civilmente responsables del daño causado a terceros", el art. 25 de la Constitución establece: "Cuando el daño haya sido causado por sus funcionarios, en el ejercicio de sus funciones o en ocasión de ese ejercicio, en caso de haber obrado con culpa grave o dolo, el órgano correspondiente podrá repetir contra ellos, lo que hubiere pagado en reparación".

A partir de la lectura conjunta de ambas disposiciones, se ha interpretado que la responsabilidad patrimonial frente a terceros recae siempre sobre la Administración, no siendo posible accionar directamente contra el funcionario, salvo en caso de actos personalísimos.[20] Significa que, una vez hecha efectiva la responsabilidad de la entidad estatal correspondiente, será ésta la única legitimada para hacer valer la responsabibidad del funcionario por vía de repetición, en base a un criterio definidamente subjetivo: debe haberse obrado con "culpa grave o dolo", excluyéndose la culpa simple, la mera negligencia o el error excusable.

Sin embargo, recientemente se ha postulado aisladamente, sin respaldo jurisprudencial hasta el momento, que el particular damnificado puede optar por demandar directamente al funcionario y no al Estado o por demandar a ambos.[21] Dicha posición se funda en que no puede inferirse del texto constitucional una suerte de inmunidad de los funcionarios públicos sino que, más bien, la eventual responsabilidad directa de los mismos frente a terceros es una cuestión no regulada por la Constitución.

2. Responsabilidad frente a la Administración

La responsabilidad patrimonial del funcionario frente a la Administración a la que pertenece puede resultar comprometida cuando ésta debió indemnizar a un tercero por un daño causado por aquél en el ejercicio de la función, o cuando ésta resulta directamente perjudicada por el accionar funcional.

Respecto al primer caso, el Decreto del Poder Ejecutivo 701/91, de 23 de diciembre de 1991, dispuso en su art. 1º que "toda resolución que disponga el pago de indemnización por responsabilidad civil del Estado, ordenará, además, la iniciación, una vez que se cancele la obligación, del procedimiento administrativo a fim de determinar si corresponde promover la acción de repetición contra el funcionario o funcionarios públicos responsables del daño".[22]

Con relación al segundo caso, el art. 211, lit. C) de la Constitución comete al Tribunal de Cuentas dictaminar "en cuanto a las acciones correspondientes en caso de responsabilidad" al examinar las rendiciones de cuentas y gestiones de todas las entidades estatales.[23] Asimismo, el art. 213 alude a "las responsabilidades y garantías a que quedarán sujetos los funcionarios públicos que intervienen en la gestión del patrimonio del Estado" como materia a incluir en la Ley

20. Así : Enrique Sayagués Laso, *Tratado...*, cit., t. I, pp. 659 y 668; Daniel Hugo Martins, *La Responsabilidad de la Administración...*, cit., p. 277 y ss.; Julio A. Prat, *Derecho Administrativo*, cit., t. 4, v. 2, p. 65; Sergio Deus, *Responsabilidad...*, cit., pp. 35 y 36; y Felipe Rotondo Tornaria, "Responsabilidad del funcionario", en *Estudios Jurídicos en Memoria de Alberto Ramón Real*, FCU, Montevideo, p. 470 y ss., 1996.

21. Así: Martín J. Risso Ferrand, "Responsabilidad civil de los funcionarios públicos", en *Segundo Coloquio*, Ed. Universidad, Montevideo, pp. 17 y ss., y *Derecho Constitucional*, cit., t. III, p. 51, 1995.

22. Daniel Hugo Martins, "La responsabilidad civil de los funcionarios públicos por daños causados a la Administración", en *Segundo Coloquio*, Ed. Universidad, Montevideo, pp. 146 y ss., 1995.

23. Carlos E. Delpiazzo, *Tribunal de Cuentas*, AMF, Montevideo, p. 76, 1982.

de Contabilidad y Administración Financiera. Consecuentemente, el Texto Ordenado de ésta[24] dedica el Título VI (arts. 119 y ss.) al tema de la responsabilidad funcional, incluyendo la patrimonial.

Más allá de tales disposiciones parciales, la solución de principio es que se compromete directamente la responsabilidad patrimonial del funcionario toda vez que se cause un daño al patrimonio de la entidad estatal.[25] En tal sentido, en materia financiero-contable, el mencionado Texto Ordenado de la Ley de Contabilidad y Administración Financiera (TOCAF) prevé que "la responsabilidad alcanza mancomunada y solidariamente a todos los que resuelvan, dispongan, ejecuten o intervengan en la formación de actos u ocurrencia de hechos" que se aparten de la normativa aplicable (art. 121), debiendo el jerarca respectivo promover el procedimiento de investigación que corresponda (art. 122), al cabo del cual, si no existieran responsabilidades, se archivará el expediente. En cambio (art. 129), si se hubiere configurado responsabilidad pero no hubiere perjuicio para el erario, se dispondrán las medidas disciplinarias adecuadas; y si se hubiere configurado responsabilidad y perjuicio, se adoptarán medidas disciplinarias y se promoverá acción judicial de reparación. "A los efectos de la acción civil" — termina diciendo el art. 129 — "el testimonio de la resolución administrativa y en coincidencia con el dictamen del Tribunal de Cuentas, constituir presunción simple de la entidad del perjuicio a reclamar".

Cabe agregar que "el cese de funciones no exime de responsabilidad civil al ex-funcionario" (art. 126) y que "las responsabilidades específicas en materia financiero-contable y las civiles emergentes (...) prescriben a los diez años a contar de la fecha del acto o hecho que diera origen a las mismas" (art. 127).

24. Carlos E. Delpiazzo, *TOCAF Actualizado, Anotado y Concordado*, Ed. Universidad, Montevideo, pp. 54 y ss., 1996.

25. Daniel Hugo Martins, "La responsabilidad civil de los funcionarios públicos por daños causados a la Administración", en *Tercer Coloquio*, Ed. Universidad, Montevideo, pp. 155 y ss., 1997; y Felipe Rotondo Tornaria, *Responsabilidad del Funcionario*, cit., pp. 474 y 475.

V — Responsabilidad de los concesionarios de servicios públicos

A partir de la constatación de que en la concesión de servicio público se genera un entramado de relaciones jurídicas entre la Administración concedente y el particular concesionario, entre el concesionario y el usuario, y entre el concesionario y su personal,[26] es posible examinar la responsabilidad patrimonial del concesionario en el marco de cada una de las referidas relaciones, especialmente en las dos primeras — puesto que en la tercera primará el Derecho laboral — lo que no significa desconocer su obligación de reparar a terceros eventualmente dañados.

1. Responsabilidad frente a los usuarios

Sin que éste sea el lugar para detenerse en la consideración de la naturaleza jurídica de la relación entre el concesionario y el usuario — con indudables proyecciones en la cuestión de las responsabilidades involucradas — es posible afirmar que el incumplimiento o la defectuosa ejecución de sus obligaciones por parte del concesionario habilita al usuario a ejercer contra éste las acciones pertinentes de reparación del daño causado, sin perjuicio de acudir ante la Administración concedente reclamóndole que ejercite sus potestades para obligar al concesionario a efectuar la regular prestación del servicio.[27]

26. Carlos E. Delpiazzo, *Manual de Contratación Administrativa*, cit., t. II, p. 75.

27. Mariano R. Brito, "Concesión de servicio público", en *Cuaderno de la Facultad de Derecho*, Montevideo, n. 22, pp. 109 y ss., 1968.

Este ultimo aspecto aparece actualmente matizado por la creación de órganos u organismos reguladores[28] a los que se atribuyen funciones y competencias tutelares de los derechos e intereses de los usuarios.[29]

En tal sentido, importa de modo especial la protección del usuario forzoso del servicio público concedido,[30] en particular en lo atinente a la tarifa,[31] pero también en otros aspectos de indudable trascendencia por los que puede ser llamado a responsabilidad el concesionario.[32]

2. *Responsabilidad frente a la Administración*

El apartamiento de cada una de las obligaciones asumidas por el concesionario frente a la Administración apareja su responsabilidad,[33] sea que la misma haya sido prevista y cuantificada en el contrato o no.

Demás está decir que también la Administración concedente será responsable frente al concesionario en toda hipótesis de daño causado por ella.

VI — Responsabilidad estatal por la actuación de los concesionarios

Resta por examinar la cuestión de si la entidad estatal concedente del servicio público puede ser llamada a responsabilidad por los particulares en virtud del daño ocasionado por el concesionario. Al respecto, es necesario explorar una interpretación evolutiva de la normativa constitucional examinada.

1. *Enfoque tradicional*

Nuestra doctrina administrativista tradicional afirmó que la responsabilidad de la Administración consagrada en el art. 24 de la Constitución no se extiende a los actos o los hechos de los concesionarios de servicios públicos o de sus empleados.[34]

"El precepto" — se ha dicho[35] — "no alcanza a los servicios públicos concedidos puesto que, si bien el Estado ejerce sobre los concesionarios poderes de vigilancia y contralor, no tiene ni la gestión ni la dirección del servicio, a lo sumo determina con caracter general, lo que no presupone dirección, las reglas de actuación a que deberá ajustarse el mismo".

2. *Nueva interpretación posible*

Tras afirmar que el art. 24 no cubre la conducta de los concesionarios, el maestro Sayagués Laso reconocía que dicho precepto "permite la duda"y matizaba su conclusión de que el mismo sólo "alude a los casos de administración directa" de la siguiente manera: "salvo que el acto o hecho del concesionario hubiese sido facilitado, ordenado, permitido etc. por la Administración; pero en estos casos la responsabilidad derivaría del acto o hecho imputable a ésta".[36]

28. Juan Carlos Cassagne, "Los nuevos entes regulatorios", en *Revista de Derecho Administrativo*, año 5, n. 14, pp. 485 y ss.; y *Derecho Administrativo*, 5ª ed., Abeledo Perrot, Buenos Aires, t. II, pp. 491 y ss., 1996.

29. Julio R. Comadira, *Derecho Administrativo*, Abeledo Perrot, Buenos Aires, pp. 217 y ss., 1996.

30. Agustín A. Gordillo, *Tratado de Derecho Administrativo*, 4ª ed., FDA, Buenos Aires, t. I, pp. XI-41 y ss., 1997.

31. Carlos Manuel Grecco, "Potestad tarifaria, control estatal y tutela del usuario", en *Revista de Derecho Administrativo*, año 2, n. 5, pp. 481 y ss.

32. Jorge Sarmiento Garvia, "Concesión de servicios públicos", ECA, Buenos Aires, p. 125, 1996.

33. Carlos E. Delpiazzo, *Manual de Contratación Administrativa*, cit., t. II, pp. 83 y ss.

34. Enrique Sayagués Laso, *Tratado...*, cit., t. I, p. 660.

35. Daniel Hugo Martins, *La Responsabilidad de la Administración...*, cit., p. 282.

36. Enrique Sayagués Laso, *Tratado...*, cit., t. I, p. 660, nota 4.

Por su parte, el máximo comentarista de nuestra Constitución decía respecto a los reiteradamente citados arts. 24 y 25: "Podríamos preguntarnos si estas disposiciones comprenden incluso el caso en el cual los administrados reciben perjuicios por la gestión de empresas concesionarias de servicios públicos, es decir, cuando el servicio público no es cumplido directamente por personas públicas sino por empresas particulares que actúan en régimen de concesión". Y contestaba tal interrogante afirmando que el art. 24 "trata de los daños que se causen a terceros en la ejecución de los servicios públicos confiados a la gestión o dirección de las personas públicas. Este distingo entre gestión o dirección de las personas públicas, podría también hacer suponer que el caso del daño causado por empresas concesionarias o por empleados de empresas concesionarias está comprendido en el régimen de responsabilidad".[37]

Por eso, a la luz de los modernos procesos de transferencia a particulares de actividades propias de las entidades estatales, es razonable pensar que "va a poder sostenerse con buen fundamento que el Estado también será responsable de los daños que se causan en la ejecución de esos servicios que no están confiados a su gestión pero sí bajo su dirección".[38]

Al respecto, cabe preguntarse si tal responsabilidad será directa o indirecta y, en su caso, si puede ser excluída por una previsión incluída en el contrato de concesión.

Sobre la primera cuestión, se ha sostenido que la entidad estatal puede ser llamada a responsabilidad subsidiariamente ya que no tendría sentido excluir al Estado cuando la actividad prestacional que causa el daño ha sido puesta por él en manos del concesionario;[39] "el Estado es responsable subsidiario de las obligaciones contraídas por su contratista en la ejecución de la prestación, por estar involucrada una prestación de bien público, de la que no puede desentenderse aún cuando haya encomendado su gestión a un particular".[40]

Según la Ley de Contratos de las Administraciones Públicas de España 13/95, de 18 de mayo de 1995, la regla general que sienta el art. 96 es que el contratista está obligado a "indemnizar todos los daños y perjuicios que se causen a terceros como consecuencia de las operaciones que requiera la ejecución del contrato". No obstante, la Administración debe responder directamente cuando los daños y perjuicios "hayan sido ocasionados como consecuencia inmediata y directa de una orden" de la misma, es decir, del ejercicio de sus potestades de "dirección" en la terminología utilizada por la Constitución uruguaya.

En rigor, a partir de que la relación primaria del usuario del servicio público es con el concesionario que lo presta, en principio debe responder éste en caso de daño, y sólo subsidiariamente la entidad estatal, sin perjuicio de que la responsabilidad de la Administración concedente o, en su caso, los entes u órganos reguladores pueda verse comprometida por su propia conducta, lo que habilitará a los usuarios a demandaria directamente. Claro está que, en tales situaciones, el Estado no estará respondiendo por la actuación del concesionario sino por la suya, de conformidad con las reglas generales antes examinadas.

Con relación a la segunda de las cuestiones planteadas, la eventual inclusión en el contrato de concesión de estipulaciones limitativas o eximentes de la responsabilidad

37. Justino Jimenez de Arechaga, cit., t. II, p. 315.

38. Juan Pablo Cajarville Peluffo, *Sobre Reforma del Estado y Derecho Administrativo*, Montevideo, p. 22, 1996.

39. Celso Antônio Bandeira de Mello, *Curso de Direito Administrativo*, 5ª ed., Malheiros Editores, São Paulo, pp. 485 y 486, 1994.

40. Roberto Dromi, *Renegociación y Reconversión de los Contratos Públicos*, ECA, Buenos Aires, pp. 31 y 32, 1996.

patrimonial del Estado frente a terceros, no parece procedente por cuanto, por definición, el tercero — que es el usuario — no es parte en la concesión.[41] En cambio, podrá ser válida entre concedente y concesionario la previsión de la repetición contra éste de lo que haya tenido que pagar aquél en determinados supuestos.

Todo lo antedicho resulta corroborado si se piensa en el servicio público en términos de prestaciones que hay que garantizar a los ciudadanos;[42] si se subraya el rol de la Administración concedente como garante, su consecuente responsabilidad es inexcusable.

Carecería de sentido que la Administración respondiese de su propia actividad cuando la realiza directamente y, en cambio, no lo hiciere cuando actúa a través de un concesionario.[43]

41. César Chavez, "Responsabilidad del Estado. El deber de reparación del Estado en la delegación transestructural de cometidos", en *Revista Argentina del Régimen de la Administración Pública*, año XIX, n. 224, pp. 17 y ss.

42. Gaspar Ariño Ortiz, Juan M. de la Cuetara y José Luis Martinez Lopez-Muñiz, *El Nuevo Servicio Público*, Marcial Pons, Madrid, pp. 158 y ss., 1997.

43. Luis Morrel Ocana, *Curso de Derecho Administrativo*, Aranzadi, Pamplona, t. II, p. 407, 1997.

DOUTRINA

O "HABEAS DATA" NA LEI N. 9.507/97

ARNOLDO WALD
Professor Catedrático da Faculdade de Direito da UERJ
— Advogado em São Paulo e no Rio de Janeiro
e
RODRIGO GARCIA DA FONSECA
Advogado

1. Introdução

O *habeas data* foi introduzido, no Direito brasileiro, com a Constituição Federal de 1988. Conforme a definição constitucional, no inc. LXXII do art. 5º da Carta Magna, trata-se de meio posto à disposição das pessoas para que conheçam as informações a seu respeito constantes de registros ou bancos de dados de entidades governamentais ou de caráter público, permitindo ainda que seja feita a retificação dos dados eventualmente inexatos.

Embora sem o nome específico de *habeas data*, instrumentos semelhantes constaram da Constituição de Portugal de 1976 (art. 35) e da Constituição da Espanha de 1978 (art. 105, "b"). Nos Estados Unidos, o *Freedom of Information Act*, de 1974, alterado pelo *Freedom of Information Reform Act*, de 1978, permite o acesso dos particulares às informações de registros e bancos de dados públicos. Mais recentemente, o *habeas data* foi introduzido no Direito argentino, na revisão constitucional de 1994, como uma das modalidades de *acción expedita y rápida de amparo*.[1]

No Brasil, como vinham afirmando a doutrina e a jurisprudência, desde a criação constitucional do *habeas data,* fazia-se necessária a edição de uma legislação específica para a disciplina deste novo instituto.[2]

1. Novo art. 43 da Constituição da Argentina. Sobre o *habeas data* no Direito argentino, destacamos as obras de Enrique M. Falcón (*"Habeas Data" — Concepto y Procedimiento,* Abeledo-Perrot, Buenos Aires, 1996) e Miguel Ángel Ekmedjiam e Calogero Pizzolo (*"Habeas Data" — El Derecho a la Intimidad Frente a la Revolución Informática,* Depalma, Buenos Aires, 1996). Em ambos os livros há uma boa quantidade de informações sobre o *habeas data* no Direito comparado.

2. A literatura jurídica brasileira não é muito rica na matéria. Além de vários artigos publicados em revistas especializadas por Célio Borja (*Forense* 306/43), Joaquim Portes de Cerqueira Cesar (*Forense* 310/29), Pedro Henrique Távora Niessa (*Justitia* 149/38), Carlos Ari Sunfeld (*Revista da Procuradoria-Geral de São Paulo* 153/176) e Humberto Teodoro Júnior (*Revista da Faculdade de Direito de UFMG* 33) o *habeas data* tem sido tratado nos livros referentes às garantias constitucionais entre os quais se destacam o *Mandado de Segurança*, de Hely Lopes Meirelles, atualizado por Arnoldo Wald, com a colaboração de Rodrigo Garcia da Fonseca (18ª ed., Malheiros Editores, 1997), Cretella Júnior (*Os "Writs" na Constituição de 1988*), Vicente Greco Filho (*Tutela Constitucional das Liberdades*), Calmon de Passos (*Mandado de Segurança Coletivo, Mandado de Injunção, "Habeas Data"*), e Othon Sidou (*"Habeas Data", Mandado de Injunção, "Habeas Corpus", Mandado*

Assim, foi aprovada a Lei n. 9.507, de 12.11.97 (*DOU* 13.11.97), sancionada pelo Presidente Fernando Henrique Cardoso com alguns poucos vetos, que "regula o direito de acesso a informações e disciplina o rito processual do *habeas data*".[3]

Consagrando o princípio já consolidado pela Súmula n. 2 do Superior Tribunal de Justiça, segundo a qual não será cabível a ação de *habeas data* se não houver a prévia recusa de informações por parte da autoridade administrativa, a Lei n. 9.507/97 reservou os primeiros artigos ao regramento da fase extrajudicial da postulação, deixando para uma segunda parte as regras processuais sobre a ação judicial.

2. *O acesso extrajudicial às informações*

A Constituição de 1988, ao criar o *habeas data* no inc. LXXII do art. 5º, assegurou às pessoas em geral o acesso às informações sobre elas constantes de "registros ou bancos de dados de entidades governamentais ou de caráter público". Do texto constitucional deduz-se que, em princípio, todos os registros e bancos de dados "oficiais" — de entidades governamentais — estão sujeitos à regra (ressalvadas as informações sigilosas por questão de segurança da sociedade e do Estado, como restringido pelo inc. XXXIII do mesmo art. 5º da Constituição, regulamentado pela Lei n. 8.159/91). Mas também os registros ou bancos de dados particulares poderão ser acessados pelos interessados, desde que sejam caracterizados como de "caráter público".

Logo no parágrafo único do art. 1º da Lei n. 9.507/97 é definido como de caráter público "todo o registro ou banco de dados contendo informações que sejam ou que possam ser transmitidas a terceiros ou que não sejam do uso privativo do órgão ou entidade produtora ou depositária das informações". Com efeito, inúmeros registros tipicamente comerciais, como serviços de proteção de crédito ou listagens de maladireta, estarão englobados na definição legal, na medida em que normalmente são idealizados justamente para transmissão de informações a terceiros. Como a definição legal é bastante ampla, entendemos que deve ser interpretada com temperamentos, verificando-se, caso a caso, a natureza das informações registradas e o seu potencial eventualmente lesivo aos particulares.

Não se pode esquecer que o *habeas data* foi concebido na Constituição de 1988 como um instrumento essencialmente político. Os membros da Assembléia Nacional Constituinte tinham em mente, sobretudo, os registros do antigo Serviço Nacional de Informações-SNI durante o regime militar de 1964,[4] embora a finalidade da lei ordinária seja mais ampla.

A preocupação quanto ao alcance das regras da Lei n. 9.507/97 foi expressamen-

de Segurança, Ação Popular) e pelos comentadores da Constituição de 1988 em geral, como os professores Ives Gandra Martins e Celso Bastos (*Comentários à Constituição do Brasil*, 1989, v. 2, pp. 361-367). Existe ainda uma monografia de Tereza Baracho Thibau (*O "Habeas Data"*, Belo Horizonte, Del Rey, 1997) e um ensaio da juíza Diva Prestes Malerbi (*Perfil do "Habeas Data"*) ambos anteriores à nova legislação. A jurisprudência, especialmente dos Tribunais Superiores, é parca.

3. Enquanto estava sendo discutido o projeto no Congresso Nacional, foi nomeada pelo Ministro da Justiça, em virtude da Portaria n. 634, de 23.10.96, Comissão de juristas para rever a legislação sobre argüição de inconstitucionalidade, mandado de injunção, mandado de segurança e *habeas data*. Na mencionada Comissão que foi presidida pelo professor Caio Tácito, dela participando, entre outros, os Ministros Carlos Alberto Direito e Rui Rosado e os professores Ada Pellegrini Grinover e Arnoldo Wald, foi elaborado um anteprojeto referente ao *habeas data*, regulamentando o inc. LXXII do art. 5º da Constituição Federal, que pode ter influenciado os vetos do Poder Executivo ao projeto de lei encaminhado pelo Congresso Nacional.

4. Jesus Costa Lima, *Comentários às Súmulas do Superior Tribunal de Justiça*, v. I, 2ª ed., Brasília Jurídica, p. 38, 1993.

te manifestada pelo Presidente da República nos vetos ao *caput do* art. 1º, ao parágrafo único do art. 3º e à integra do art. 5º. Nestes dispositivos, originalmente aprovados pelo Congresso Nacional, mencionava-se simplesmente o direito irrestrito ao acesso às informações nos registros ou bancos de dados de entidades governamentais ou de caráter público, sem a ressalva quanto às informações sigilosas, garantida na própria Constituição Federal. Ademais, estabelecia-se a obrigação de fornecimento imediato de cópias de documentos aos interessados, além da comunicação à pessoa interessada de prestação de informações a seu respeito a qualquer usuário ou terceiro. Como bem salientado nas razões de veto, tais obrigações seriam inviáveis e desproporcionais, tanto do ponto de vista prático quanto jurídico.

A lei disciplinou um rito extrajudicial, estabelecendo que o interessado apresentará o seu requerimento de fornecimento de informações ao órgão ou entidade depositária do registro ou banco de dados, o qual deverá ser apreciado em 48 horas (art. 2º, *caput).* A decisão dever ser comunicada ao requerente em 24 horas (art. 2º, parágrafo único), sendo que, em caso de deferimento, marcar-se-á dia e hora para a divulgação das informações (art. 3º, *caput).*

Embora haja uma louvável preocupação com a celeridade do procedimento, a lei nada dispôs quanto à inobservância destes prazos. Em se tratando de órgão público, o funcionário em atraso estará sujeito às penalidades administrativas cabíveis em função da desobediência a uma obrigação legal, mas em se tratando de entidades privadas (apesar do caráter público), há muito pouco que o interessado possa fazer para que os prazos sejam rigorosamente respeitados. É verdade que o art. 6º estabelecia multas para o descumprimento das obrigações impostas às entidades depositárias dos dados ainda na fase extrajudicial, mas a falta de especificação quanto à destinação e à gestão das verbas arrecadas, além de uma anômala intervenção do Ministério Público, prevista nos §§ 1º e 2º, levaram o Presidente da República a vetar a norma.

O art. 4º da Lei do *habeas data* disciplina a retificação de dados inexatos. O interessado deverá pedir a retificação em petição acompanhada de documentos comprobatórios da inexatidão (art. 4º, *caput*), a qual deverá ser efetuada e comunicada ao requerente em 10 dias (art. 4º, § 1º). Há, ainda, uma situação intermediária, quando não se verificar propriamente uma inexatidão, mas houver alguma pendência sobre o fato objeto do dado registrado. Nesta hipótese, o interessado poderá apresentar "explicação ou contestação", que deverá ser anotada no cadastro (art. 4º, § 2º).

Entendemos que, em toda a fase extrajudicial, quando o banco de dados ou o registro for de órgão ou entidade integrante da Administração Pública, serão cabíveis os recursos administrativos ordinários, às autoridades hierarquicamente superiores, em caso de indeferimento de quaisquer requerimentos.[5] Não obstante, embora o recurso administrativo possa ser cabível, não se poderá exigir do interessado a prévia exaustão das vias administrativas para que ajuize o seu pedido de *habeas data* perante o Poder Judiciário, em virtude da expressa vedação constitucional (CF, art. 5º, XXXV) e de acordo com a jurisprudência dos tribunais.

3. *O cabimento do "habeas data"*

O art. 7º da Lei n. 9.507/97 repete a redação do inc. LXXII do art. 5º da Constituição, assegurando o cabimento do *habeas data* para o conhecimento de informações sobre a pessoa do impetrante e a retificação de dados. Acrescentou-se, porém, uma terceira hipótese de cabimento do *habeas data,* não prevista na Constituição, "para a anota-

5. Sobre a matéria, ver Hely Lopes Meirelles, *Direito Administrativo Brasileiro*, 21ª ed., São Paulo, Malheiros Editores, p. 585, 1996.

ção nos assentamentos do interessado, de contestação ou explicação sobre dado verdadeiro mas justificável e que esteja sob pendência judicial ou amigável" (art. 7º, III).

Quanto à retificação de dados (art. 7º, II), a lei repete a Constituição Federal ao prever a opção, para o interessado, de requerimento mediante "processo sigiloso, judicial ou administrativo". Como a própria Lei do *habeas data* não disciplina este processo judicial sigiloso, entendemos que deverá seguir o rito ordinário, correndo sob segredo de justiça, na forma do Código de Processo Civil, art. 155. O processo administrativo sigiloso, evidentemente, só será aplicável às "entidades governamentais".

O *habeas data* para anotação de contestação ou explicação de dado sujeito a pendência deve ser empregado com parcimônia, pois não pode servir para satisfação de meros caprichos dos particulares. A explicação não só deverá ser devidamente instruída e justificada, como o requerente deverá provar o seu interesse processual (CPC, art. 3º), consistente na necessidade de fazer constar a anotação para evitar algum tipo de prejuízo material ou moral. Como regra geral do processo civil, o autor de uma ação deve provar a necessidade que tem de recorrer ao Poder Judiciário, e, portanto, não bastará a mera vontade do impetrante para justificar o cabimento do *habeas data* para simples anotação.

Por fim, o *habeas data* poderá ser impetrado tanto pela pessoa física quanto pela pessoa jurídica.[6] Não há motivos para excluir as pessoas jurídicas se a Constituição não o fez. Assim, da mesma forma como podem impetrar mandado de segurança, as pessoas jurídicas também podem impetrar *habeas data*. Neste particular, vale lembrar que a jurisprudência recente do Superior Tribunal de Justiça vem aceitando a reparabilidade do dano exclusivamente moral causado à pessoa jurídica, a partir do acórdão no REsp n. 60.033-2-MG, rel. Min. Ruy Rosado, *RSTJ* 85/268, e o *habeas data* (especialmente para retificação de dados) pode ser um importante instrumento na defesa do patrimônio moral, evitando a difusão de informações inexatas ou deturpadas.

4. A ação judicial

O legislador, nos arts. 8º e 9º da Lei n. 9.507/97, copiou a técnica da Lei n. 1.533/51, arts. 6º e 7º (Lei do mandado de segurança). Assim, a petição inicial do *habeas data* deverá atender os requisitos do Código de Processo Civil para as demais petições iniciais (CPC, arts. 282 a 285), e deverá ser apresentada em duas vias (inclusive dos documentos). O coator será notificado para prestar informações em dez dias, recebendo a segunda via da petição e documentos. Inexistindo previsão específica quanto à forma da notificação, entendemos que deverá ser feita por oficial de justiça ou correio, na forma da lei processual (CPC, art. 221), contando-se o prazo da juntada aos autos do ofício (Lei n. 9.507/97, art. 11 c/c CPC, art. 241, I e II).

Disciplinando-se a ação dessa forma, deu-se ao *habeas data* uma feição similar ao mandado de segurança, no qual não há propriamente um réu, mas uma autoridade coatora (no caso, a Lei n. 9.507/97, nos arts. 9º, 13 e 14, fala simplesmente em "coator"). Neste ponto, porém, concordamos com a opinião de Hely Lopes Meirelles[7] no sentido de que o rito do mandado de segurança não seria o mais adequado para o *habeas data*.

6. Essa já era a opinião de Hely Lopes Meirelles desde a criação do *habeas data*, como se pode ver no capítulo 1 da quinta parte da 18ª ed. de seu livro *Mandado de Segurança, Ação Popular, Ação Civil Pública, Mandado de Injunção e "Habeas Data"*, Malheiros Editores, 1997, atualizada por Arnoldo Wald com a colaboração de Rodrigo Garcia da Fonseca.

7. Hely Lopes Meirelles, *Mandado de Segurança*, cit., capítulo 3 da quinta parte.

Com efeito, um problema que pode surgir para o impetrante é a identificação de quem é o responsável pelo registro das informações sobre a sua pessoa, dentro de uma entidade depositária de registros ou bancos de dados (que pode ser pública ou privada). A jurisprudência do Supremo Tribunal Federal e do Superior Tribunal de Justiça se consolidou no sentido de que a indicação errônea da autoridade coatora, no mandado de segurança, leva à extinção do processo sem julgamento do mérito, por carência de ação embora haja algumas decisões nas quais o relator determinou a citação da autoridade que entende ser a coatora, mesmo não sendo a apontada pelo impetrante. Para que se facilite a impetração do *habeas data*, e considerando que, no âmbito administrativo, o requerimento deve ser feito "ao órgão ou entidade depositária do registro ou banco de dados" (Lei n. 9.507/97, art. 3º), o coator deve ser considerado, sempre, este órgão ou entidade, e não uma pessoa que ocupe um determinado cargo. Assim, será legitimado passivo para o *habeas data* o próprio órgão ou entidade depositária do registro ou banco de dados, que poderá ter personalidade jurídica independente ou não, e que será representada em juízo por quem de direito, de acordo com os seus atos constitutivos, estatutos ou regimentos. Trata-se, pois, de uma situação diferente da existente no mandando de segurança no qual o coator é sempre e necessariamente uma pessoa física.

É indispensável, sob pena de indeferimento da inicial, a prova de que a entidade depositária do registro ou banco de dados se recusou a prestar as informações (ou deixou de decidir sobre a matéria em dez dias) ou se recusou a fazer as retificações ou as anotações cabíveis (ou deixou de decidir sobre a matéria em quinze dias).

Consoante o disposto no art. 10 da Lei do *habeas data*, do eventual indeferimento da inicial, por falta de qualquer dos requisitos legais, caberá apelação. A lei não prevê a hipótese de emenda da inicial, mas entendemos que, por medida de economia, o juiz poder determiná-la, por aplicação do art. 284 do Código de Processo Civil.[8] Da mesma forma, enquanto não for notificado o coator, caberá o aditamento à petição inicial (CPC, art. 294). De qualquer maneira, a decisão denegatória do *habeas data,* que não tenha apreciado o mérito, não impede o ajuizamento de novo pedido (Lei do *habeas data*, art.18).

As informações do coator poderão contestar o cabimento do *habeas data,* por diversos motivos (por faltar caráter público ao banco de dados, por faltar algum documento à inicial, por serem as informações sigilosas, por não ter havido a prévia recusa administrativa, ou por qualquer outro fundamento relevante). Também poderão, no caso de pedido de retificação ou anotação, contestar a correção dos dados apresentados pelo impetrante.

Passado o prazo para as informações, prestadas ou não as mesmas, o processo será encaminhado ao representante do Ministério Público para parecer (Lei do *habeas data*, art. 12). A necessidade de oitiva do *parquet,* em redação semelhante à do art. 10 da Lei do mandado de segurança, leva a crer ser aplicável ao *habeas data* a jurisprudência do Superior Tribunal de Justiça que considera nulo o *writ* se não houver a efetiva manifestação do Ministério Público, não bastando a mera intimação.[9]

Voltando os autos do Ministério Público, caberá ao juiz proferir a sentença. Se julgar procedente o pedido, marcará dia e hora para que as informações sejam prestadas ao impetrante ou, no caso de *habeas data* para retificação de dados ou anotações,

8. A aplicação subsidiária desta regra pode ser inferida pelo art. 8º da Lei n. 9.507/97, ao impor como requisitos da petição inicial de *habeas data* os mesmos dos arts. 282 a 285 do CPC.

9. Ver, por exemplo, REsp n. 9.738-0-AM, rel. Min. José de Jesus Filho, *RSTJ* 59/205, EDREsp n. 9.209-0-AM, rel. Min. Peçanha Martins, *RT* 703/159 e EDREsp n. 9.271-8-AM, rel. Antônio de Pádua Ribeiro, *Revista Renovar* 4/128.

para que o banco de dados apresente em juízo a prova dos novos assentamentos (Lei do *habeas data*, art. 13).

Ao longo de toda a Lei n. 9.507/97 percebe-se a grande preocupação do legislador com a celeridade do procedimento, tanto na fase extrajudicial quanto em juízo. São estabelecidos os prazos de cinco dias para o parecer do Ministério Público e para a prolação da sentença (art. 12), e o prazo de 24 horas para conclusão a partir da distribuição, além da prioridade sobre os demais feitos judiciais, excetuados o *habeas corpus* e o mandado de segurança (art. 19). Também determina a lei que, nos tribunais, os processos de *habeas data* sejam levados a julgamento na primeira sessão seguinte à conclusão ao relator. Infelizmente, como se sabe, prazos dessa natureza raramente são observados, até mesmo em função do enorme acúmulo de processos e da sistemática falta de pessoal no Poder Judiciário.

Em virtude do seu caráter essencialmente célere e preferencial, entendemos que, tal como o mandado de segurança, o *habeas data* também deverá tramitar durante as férias forenses coletivas.

De qualquer maneira, o art. 14 da Lei do *habeas data,* traz uma salutar inovação, ao prever a possibilidade de comunicação da sentença, ao coator, por meio de correio, telegrama, radiograma ou mesmo telefonema. A utilização de serviços ou tecnologias que permitam a celeridade da prestação jurisdicional deve ser encorajada, desde que preservada a segurança das partes envolvidas (seria o caso de se pensar, no futuro próximo, na notificação eletrônica, via *internet).* Aliás, ao permitir a comunicação por telefone, a lei nos parece ter autorizado o emprego do fax. Embora a lei silencie a este respeito, parece-nos evidente que a notificação da sentença também poderá ser efetivada mediante diligência de oficial de justiça, se assim requerer o impetrante.

A sentença do *habeas data* comporta recurso de apelação (art. 15 da Lei n. 9.507/97). Na omissão quanto ao prazo, aplica-se a regra geral da lei processual, sendo o prazo de quinze dias (CPC, arts. 506 a 508). O recurso contra a sentença concessiva do *habeas data* terá efeito meramente devolutivo (Lei n. 9.507/97, art. 15, parágrafo único), cabendo, nesse caso, o pedido de suspensão da execução da sentença ao Presidente do Tribunal ao qual competir o conhecimento do recurso (Lei do *habeas data,* art. 16). Do despacho que deferir a suspensão, caberá agravo para o Tribunal (o prazo do agravo e o respectivo órgão julgador dependerão dos regimentos internos de cada tribunal).

Como a lei só previu o agravo para a hipótese de deferimento do pedido de suspensão, resta saber se, indeferido o pedido pelo Presidente do Tribunal, o apelante terá algum outro remédio para impedir a execução provisória da sentença. A questão é especialmente delicada no *habeas data* em que se pedir o fornecimento das informações. Se o coator entender que não pode divulgá-las ao impetrante (em razão do sigilo constitucional, por exemplo), o provimento da apelação poderá não servir de nada se as informações já tiverem sido fornecidas e o sigilo quebrado. Em tais situações excepcionais, entendemos que também poderá ser cabível o agravo contra o indeferimento do pedido de suspensão (até mesmo em respeito à isonomia e ao devido processo legal — CF, art. 5º, *caput,* LIV e LV). Se não houver tempo hábil para o julgamento do agravo, também entendemos cabível o mandado de segurança para atribuir efeito suspensivo à apelação.[10]

Qualquer coator — entidade governamental ou privada — terá legitimidade para requerer ao Presidente do Tribunal a suspensão da execução da sentença, pois a lei não fez qualquer distinção entre os coatores "oficiais" e os "privados" de caráter público.

10. Ver notas de atualização à 18ª ed. da obra de Hely Lopes Meirelles, *Mandado de Segurança,* já citado, capítulo 6 da primeira parte, pp. 44 e 45.

Nos casos de competência originária dos tribunais, caberá ao relator a instrução do processo (Lei do *habeas data*, art. 17). Entendemos que nestes processos, por analogia, também serão cabíveis os pedidos de suspensão de execução do acórdão ao Presidente do Tribunal Superior ao qual couber o eventual recurso.

Tanto nos *habeas data* de competência originária dos tribunais, quanto naqueles decorrentes de recursos, será obrigatório o parecer do Ministério Público, tal como nos mandados de segurança.

O art. 20 da Lei n. 9.507/97 define as competências para julgamento do *habeas data,* tanto originariamente como em grau de recurso. A maior parte do texto se limita a reproduzir as regras de competência da Constituição Federal. Embora o inciso III se limite a mencionar o recurso extraordinário para o Supremo Tribunal Federal, também será cabível o recurso especial para o Superior Tribunal de Justiça, quando o acórdão for proferido por um Tribunal Estadual ou por um Tribunal Regional Federal em apelação, conforme o permissivo do inciso III do art. 105 da Constituição.

Tanto o procedimento administrativo quanto a ação judicial de *habeas data* são gratuitos (Lei do *habeas data*, art. 21). Assim, estão vedadas quaisquer cobranças de custas ou taxas judiciais dos litigantes. Também os recursos serão isentos de preparo. A gratuidade do *habeas data* já fora consagrada na própria Constituição Federal (art. 5º, LXXVII).

5. Algumas questões processuais

De toda a exposição acima, viu-se que acabou prevalecendo, na Lei n. 9.507/97, a aproximação do rito do *habeas data* com o procedimento do mandado de segurança. Pode não ter sido a melhor solução, mas foi a opção do legislador, e, portanto, *legem habemus.* Fazemos abaixo algumas considerações sobre questões que poderão vir a surgir na aplicação da nova lei, esperando que a jurisprudência se defina o mais rapidamente possível sobre os temas mais delicados.

Prova pré-constituída — O procedimento *do habeas data*, como se encontra disciplinado na Lei n. 9.507/97, não comporta dilação probatória. Aplica-se o mesmo princípio da prova pré-constituída do mandado de segurança. Assim, a documentação acostada à inicial deverá comprovar, por si só e de plano, o direito do impetrante.

A prova pré-constituída poderá ser extremamente difícil de produzir nas hipóteses de *habeas data* para retificação de dados ou anotação de justificativa de informação. Como se sabe, a prova pré-constituída diz respeito aos fatos da causa e, dependendo da natureza das informações e do banco de dados, os fatos podem ser altamente complexos.

De qualquer forma, tanto as retificações quanto as anotações de justificativas só poderão se fazer sobre fatos concretos, passíveis de prova documental prévia e incontestável.

Limites do procedimento — Um outro aspecto decorrente da aproximação do *habeas data* ao mandado de segurança foi a impossibilidade de se obter, no mesmo processo, tanto o fornecimento da informação quanto, num segundo momento, a sua eventual retificação. Se o *habeas data* for impetrado para fornecimento de informações, e estas devam ser retificadas, só poderão sê-lo através de um novo procedimento administrativo e/ou judicial.

Sugerimos, anteriormente, que o *habeas data* tivesse um rito assemelhado ao da ação de prestação de contas, desenvolvendo-se em duas fases.[11] Evitar-se-ia, dessa

11. Atualização da 18ª ed. de Hely Lopes Meirelles, *Mandado de Segurança*, cit., p. 221. Lá sugerimos que o *habeas data* seguisse um procedimento semelhante ao da ação de prestação de contas,

maneira, a necessidade de dois processos, fazendo-se tudo nos mesmos autos, num só feito. E na segunda fase poderia haver a produção de provas para a confirmação da exatidão das informações constantes do banco de dados. O legislador, porém, optou pelo caminho da analogia com o mandado de segurança.

Aplicação analógica do Código de Processo Civil — Embora a Lei n. 9.507/97 não determine a aplicação subsidiária do Código de Processo Civil ao *habeas data*, esta nos parece indispensável naquilo que não for contrariar o regramento específico e a natureza do instituto. Assim, em matéria de analogia, dever-se-ia recorrer, em primeiro lugar, à legislação sobre mandado de segurança e, somente não dando a mesma a solução adequada, em seguida, ao Código de Processo Civil. Como se viu acima, há inclusive algumas lacunas importantes que devem ser supridas pela aplicação dos princípios gerais do processo civil.

Assim, por exemplo, se o coator juntar documentos novos com as suas informações, o impetrante deve ter o direito de se manifestar sobre eles (CPC, art. 398), até em homenagem ao devido processo legal e ao princípio do contraditório. Não obstante, não poderá juntar novos documentos que devessem constar da inicial, pois, como se viu, a prova pré-constituída, indispensável para o deferimento do pedido.

Questão interessante é saber se é cabível a ação declaratória incidental (CPC, art. 5º) no âmbito de um *habeas data*. Se aplicarmos o mesmo princípio do mandado de segurança, a declaração incidental será incabível,[12] remetendo-se a questão para as vias ordinárias. Não obstante, parece-nos que a declaratória incidental poderá ser cabível em torno da autenticidade ou falsidade de documento (CPC, art. 4º, II). Como se viu, a exigência da prova pré-constituída pode ser um entrave a certos pedidos, sendo razoável que, neste particular, haja um pouco mais de flexibilidade no *habeas data* do que no mandado de segurança.

Recursos e liminar — Muito se discutiu, em matéria de mandado de segurança, quanto à recorribilidade das decisões interlocutórias. É verdade que a questão sempre se colocou, no mandado de segurança, essencialmente em função dos deferimentos ou indeferimentos de liminares, e a Lei do *habeas data* não contemplou a concessão liminar do pedido.

A liminar e a antecipação de tutela não fazem muito sentido no *habeas data,* em razão da extrema celeridade prevista no seu procedimento. Ainda assim, em casos excepcionais, se forem relevantes os fundamentos, a falta de previsão na lei específica não deve impedir a parte de requerer uma cautelar inominada ou até a medida liminar,[13] que tem sido dada em *habeas corpus.*

Na realidade, nenhum obstáculo existe para a concessão da liminar em *habeas data,* pois o silêncio da lei não impede que seja dada. Basta lembrar que foi reconhecida, mediante construção jurisprudencial, a possibilidade de concessão de liminar em *habeas corpus,* que não se admitia até 1964 e que passou a ser deferida, pelo Superior Tribunal Militar e, em seguida, pelo Supremo Tribunal Federal, em virtude das circunstâncias excepcionais existentes em determinados casos,[14] para, em seguida, ser consagrada amplamente pelo Poder Judiciário.

no qual haveria uma primeira fase para a decisão acerca da obrigatoriedade do fornecimento das informações, e uma segunda parte na qual a correção dos dados seria verificada. No capítulo 1 da quinta parte, p. 217, vê-se que o próprio Hely Lopes Meirelles entendia ser preferível a ação em duas fases distintas.

12. Hely Lopes Meirelles, *Mandado de Segurança*, cit., pp. 98 e 99.

13. Imaginamos, como exemplo, uma situação na qual a parte queira impedir que as informações inexatas sobre a sua pessoa sejam transmitidas a terceiros na pendência do pedido de retificação, ou a menos que delas conste referência ao ajuizamento da demanda.

14. A primeira decisão concessiva de liminar foi dada, em 31.8.64, no *habeas corpus* n. 27.200,

Embora dentro do procedimento específico *do habeas data* não haja margem, em princípio, para decisões interlocutórias (o procedimento se resume ao ajuizamento, notificação do coator, parecer do Ministério Público e sentença), entendemos que o agravo de instrumento deva ser cabível, pelos mesmos motivos que deve caber no mandado de segurança.

A realidade é sempre mais criativa do que o legislador, e certamente haverá situações nas quais a falta de um recurso como o agravo poderá causar prejuízo irreparável a uma das partes.

Quanto ao recurso de embargos infringentes nas apelações julgadas por maioria de votos, nos parece que a tendência da jurisprudência deva ser no sentido de aplicar, analogicamente, as Súmulas ns. 597 do Supremo Tribunal Federal, e 169 do Superior Tribunal de Justiça, fazendo prevalecer a interpretação dada à lei do mandado de segurança sobre os textos do Código de Processo Civil. Assim, tal como nas apelações em mandado de segurança, não serão cabíveis os embargos infringentes nas apelações em *habeas data*.

Honorários de advogado — Da mesma forma, no silêncio da Lei n. 9.507/97, a tendência dos tribunais deve ser no sentido de isentar o sucumbente de honorários advocatícios. A gratuidade a que se refere o art. 21 diz respeito exclusivamente às custas e taxas, mas revela a vontade do legislador de facilitar o máximo possível o acesso de todos a este tipo de ação. Assim, também serão aplicáveis, analogicamente, as Súmulas ns. 512 do Supremo Tribunal Federal e 105 do Superior Tribunal de Justiça.

Litisconsórcio e assistência — Como já tivemos a oportunidade de afirmar, entendemos que se aplicam ao *habeas data* as regras do Código de Processo Civil relativas ao litisconsórcio e à assistência, sempre que as informações em foco disserem respeito também a interesses jurídicos de terceiros.[15]

Assim, se o juiz vislumbrar uma hipótese de litisconsórcio necessário (se uma informação não puder ser retificada sem que se afete a informação sobre um terceiro, por exemplo), deverá determinar que o impetrante providencie a citação deste terceiro para integrar a lide, aplicando-se, por analogia, as regras do mandado de segurança.

Na falta de previsão legal, entendemos ser inviável o ajuizamento de *habeas data* coletivo, embora seja possível a formação de litisconsórcio ativo, se as informações em questão forem do interesse dos vários impetrantes.

Não se coadunam com o procedimento do *habeas data* as modalidades de intervenção de terceiros.

Valor da causa e competência — Embora a atribuição de valor à causa seja indispensável de acordo com o Código de Processo Civil, a natureza do pedido, a gratuidade da ação e a isenção de honorários advocatícios tornam a sua fixação quase irrelevante. Caberá a atribuição de um valor estimativo pelo autor. Se a fixação do valor da causa tiver alguma influência na futura competência para julgamento de recursos,

impetrado no Superior Tribunal Militar, por Arnoldo Wald e, a segunda, oriunda do Supremo Tribunal Federal, data de 14.11.64, com despacho do Ministro Gonçalves de Oliveira, no *habeas corpus* n. 41.296, impetrado por Sobral Pinto, reportando-se o relator, no acórdão do plenário de 16.12.64, à decisão castrense (*RTJ* 33/590). Tratam da matéria Evandro Lins e Silva, *O Salão dos Passos Perdidos*, Rio de Janeiro, Fundação Getúlio Vargas, 1997, pp. 389 e 390, e o estudo de Jurandir Portela in Paulo Dourado de Gusmão e Semy Glanz, *O Direito na Década de 1990. Novos Aspectos — Estudos em Homenagem ao Professor Arnoldo Wald*, São Paulo, Ed. RT, pp. 447 e 448, 1992.

15. Atualização à 18ª ed. de Hely Lopes Meirelles, *Mandado de Segurança*, cit., p. 222.

deve-se evitar que o valor atribuído proporcione algum tipo de vantagem a uma das partes. A doutrina e a jurisprudência têm entendido que a fixação de alçada para recursos não se aplica ao mandado de segurança e o mesmo princípio incide no *habeas data*. Ainda que se atribua um valor baixo à causa, não será possível o seu julgamento por Juizados Especiais (Lei n. 9.099/95), pois a competência está enumerada no art. 20 da Lei n. 9.507/97 e não contempla esta possibilidade.

A competência federal ou estadual se define de acordo com a pessoa do coator (CF, art. 109, I). Em cada Estado, a competência da primeira instância e dos tribunais será definida de acordo com as respectivas Constituições Estaduais e leis de organização judiciária (CF, art. 125, § 1º e Lei do *habeas data*, art. 20). Por falta de previsão legal, não será cabível o *habeas data* na Justiça do Trabalho, ainda que as informações do registro ou banco de dados digam respeito a relações de emprego.

O legislador parece ter esquecido a regra constitucional do art. 121, § 4º, V, que trata do cabimento de recurso ao Tribunal Superior Eleitoral contra as decisões de Tribunais Regionais Eleitorais que denegarem *habeas data*. Enquanto a lei não der competência aos TREs para julgamento de *habeas data*, o recurso previsto na Constituição não existirá na prática. Nos parece de toda lógica que os *habeas data* relacionados a matérias eleitorais — relativos a bancos de dados governamentais utilizados em eleições ou bancos de dados acessados por partidos políticos — devam ser julgados no âmbito da Justiça Eleitoral, o que demandaria a alteração do art. 20 da Lei do *habeas data*. Modificação análoga poderia ser feita, *de lege ferenda*, em relação à Justiça do Trabalho.

Desistência e perda de objeto — O impetrante poderá desistir do *habeas data* a qualquer momento, independentemente do consentimento do coator.

O acolhimento voluntário do pedido antes de proferida a sentença, porém, acarretará a extinção do processo por perda de objeto. Se a parte não pode impetrar o *habeas data* sem a prova de que o pedido administrativo lhe foi negado, não faria sentido prosseguir-se com o julgamento do pedido se o mesmo já foi atendido.

Se o coator corrigir um dado conforme a vontade do impetrante, antes de proferida a sentença, o processo deverá ser extinto. Se a correção já feita for posteriormente cancelada ou alterada, caberá, em tese, uma nova impetração, mas a primeira ação já estará encerrada.

Prazo para impetração — Tendo em vista o caráter dinâmico dos bancos de dados, com o constante registro de novas informações, o *habeas data* em princípio não estará sujeito a qualquer prazo decadencial ou prescricional. O pedido sempre poderá ser encaminhado. É possível, até mesmo, que se façam pedidos periódicos a um determinado banco de dados, para verificação se as informações continuam as mesmas ou se houve a anotação de alguma alteração.

Assim, pelo princípio da *actio nata*, a cada pedido administrativo negado estará nascendo a possibilidade de uma nova impetração. E os pedidos administrativos poderão ser apresentados a qualquer momento.

Seria recomendável, porém, que se estabelecesse, um prazo entre o requerimento administrativo e o ajuizamento da ação. Por analogia, poderia ser aplicado o prazo de cento e vinte dias do mandado de segurança. Passados os cento e vinte dias do requerimento administrativo não atendido, a ação não mais poderia ser ajuizada antes que o pedido administrativo fosse renovado. O prazo não seria fatal, na medida em que um novo pedido administrativo reabriria a possibilidade de impetração do *habeas data*. Entretanto, a fixação do prazo parece relevante na medida em que a prolongada inércia do impetrante caracteriza a sua momentânea falta de interesse para o pedido.

Prevenção — Em princípio não haverá prevenção entre uma impetração e outra, ainda que entre as mesmas partes. Aplica-se a mesma regra do mandado de segurança, tratando-se cada impetração como um feito processual autônomo.

Coisa julgada — Considerando-se a natureza dinâmica e mutante dos bancos de dados, já mencionada acima, os efeitos da coisa julgada material serão limitados e raros. Afinal, uma determinada informação poderá ser exata num momento e incorreta pouco depois, ou vice-versa.

Não obstante, caso o pedido de fornecimento de informações seja negado com julgamento de mérito (com base no sigilo da informação ou no caráter privado do registro, por exemplo), a coisa julgada impedirá a renovação do pedido.

A coisa julgada, no caso de procedência do pedido para retificação de dados ou anotação de justificativa, não impedirá a entidade depositária das informações de fazer novos registros, desde que baseados em novas informações devidamente comprovadas.

Aliás, nos casos de procedência do pedido, seria recomendável a fixação de certas regras para uma nova impetração entre as mesmas partes. Se um *habeas data* para fornecimento de informações for deferido, não fará sentido que poucos dias depois a parte impetre uma nova ação, sem que haja qualquer indício de que as informações tenham sido alteradas. Como dissemos acima, é necessária a demonstração do interesse processual, e os potenciais coatores — as entidades depositárias de informações de caráter público — não podem ficar sujeitos aos caprichos de particulares que impetrem uma ação atrás de outra.

Assim, caso o primeiro *habeas data* tenha sido deferido, entendemos que uma nova impetração só se justificará na medida em que a parte demonstrar, pelo decurso de um prazo razoável, ou por algum fato concreto, que tem fundados receios de que as informações anteriormente prestadas e/ou corrigidas foram alteradas ou aditadas.

6. Conclusão

Estas são apenas algumas considerações iniciais em torno da recente legislação disciplinadora do *habeas data*. Procuramos, assim, levantar alguns pontos que nos pareceram relevantes, manifestando a nossa opinião e esforçando-nos a vislumbrar qual será a tendência de nossos tribunais.

De qualquer forma, ainda há um importante papel a ser cumprido pela jurisprudência na interpretação da Lei n. 9.507/97, e esperamos que haja coragem e moderação, de modo a não se restringir, e tampouco se ampliar exageradamente, o cabimento do *habeas data* para que possa exercer o seu papel de instrumento de informação, transparência, equilíbrio e paz social, numa época em que a comunicação de massas passou a ter a maior importância. A informação tornou-se uma forma de poder. Deve transitar livremente para garantir a democracia, mas os seus abusos e desvios devem ser evitados e impedidos e não apenas reprimidos *a posteriori*, como acontecia, no passado.

Assim o *habeas data* se torna, ao lado *do habeas corpus* e do mandado de segurança, um dos fatores do desenvolvimento cultural e político do país, pois consolida a sua estrutura jurídica e fortalece o Estado de Direito.

DOUTRINA

CONTRATAÇÃO DE SERVIÇOS DE ADVOCACIA PELA ADMINISTRAÇÃO PÚBLICA

ADÍLSON ABREU DALLARI

Professor Titular de Direito Administrativo
da Faculdade de Direito da PUC/SP

I — Introdução

A pergunta a respeito da exigibilidade ou não de procedimento licitatório prévio para a contratação de serviços profissionais de advocacia não comporta uma resposta genérica, seja em sentido positivo, seja em sentido negativo. Na verdade, o campo de atuação profissional do advogado é bastante amplo, compreendendo tanto trabalhos usuais, corriqueiros, de pequena complexidade técnica, quanto situações de extrema dificuldade, alta complexidade, verdadeiramente polêmicas e de enorme repercussão prática, tanto de ordem econômica quanto propriamente jurídica, afetando o direito de pessoas e o próprio interesse público.

O estudo desse problema exige muita ponderação, repudiando-se de uma vez, soluções simplistas e extremadas. Nem se pode dizer que toda contratação direta de advogado pelo Poder Público é lícita, dado o caráter fundamentalmente intelectual e pessoal do trabalho advocatício; nem se pode afirmar que toda e qualquer contratação de advogado deve ser precedida de licitação, em face do princípio da isonomia.

De imediato, cabe afastar um entendimento que vem grassando sobretudo no âmbito de alguns Tribunais de Contas, qual seja, aquele no sentido de que a Administração Pública não pode contratar advogados porque a Constituição teria reservado essa função aos procuradores, admitidos por concurso, após a criação dos respectivos cargos.

Data venia das respeitáveis opiniões discordantes, entendemos que o art. 132 da Constituição Federal, afirmando que "os Procuradores dos Estados e do Distrito Federal exercerão a representação judicial e a consultaria das respectivas unidades federadas", não tem, e não pode ter, esse alcance.

De pronto já se percebe que o dispositivo não menciona os Municípios, e esse é um eloqüente silêncio, ditado pelo simples bom senso, pois existem Municípios de todos os portes que comportam, ou não, a instituição de uma procuradoria.

Da mesma forma, não está abrangida a Administração descentralizada ou indireta, especialmente as empresas estatais, dotadas de personalidade jurídica de direito privado e de patrimônio distinto daquele das unidades federadas a que se vinculem.

Mais importante que isso, porém, é lembrar um postulado elementar de hermenêutica no sentido de que uma simples disposição isolada (de cunho nitidamente corporativo, diga-se de passagem), não pode derrubar um princípio fundamental da organização nacional, qual seja, o princípio federativo que tem como componente essencial a autonomia administrativa dos entes federados.

No caso dos Municípios, a Constituição deixou aberta a possibilidade de que cada um, no exercício de sua autonomia, ao disciplinar sua própria estrutura administrativa, de acordo com suas peculiaridades, decida sobre a criação ou não de uma procuradoria ou de cargos de procuradores.

No caso dos Estados e do Distrito Federal, a obrigatoriedade de criação de procuradorias para as tarefas usuais e corriqueiras de consultoria e representação judicial, não é incompatível com a contratação esporádica de advogados para determinados serviços.

Não se pode esquecer que o trabalho de advogado requer uma elevadíssima dose do elemento confiança. Por isso mesmo, para a solução de problemas usuais e corriqueiros, de defesa de um interesse público claramente afirmado pela lei, não haverá problema algum (muito ao contrário, é altamente conveniente) que isso seja feito por procuradores profissionais, de carreira, imunes a alterações da supra-estrutura política. Entretanto, existem assuntos de grande repercussão política, correspondentes a programas ou prioridades determinadas exatamente pela supra-estrutura política eleita democraticamente pelo corpo social. Temas dessa natureza requerem o concurso, ou de assistentes jurídicos nomeados para cargos de provimento em comissão, ou a contratação temporária de profissionais alheios ao corpo permanente de servidores.

Procuradores não são santos. São seres humanos com todas as fraquezas dos seres humanos, sujeitos à corrupção ou simplesmente vinculados a correntes políticas adversas aos representantes do povo democraticamente eleitos.

Procuradores não governam. É totalmente inaceitável o argumento no sentido de que os pareceres emitidos pelas procuradorias são (ou deveriam ser) vinculantes para quem governa, para quem democraticamente recebeu o poder-dever de decidir sobre o que é e o que não é de interesse público. Positivamente não cabe, e nem deve caber, aos procuradores emitir opiniões vinculantes em matéria de conveniência e oportunidade, sem embargo de que podem e devem apontar ou destacar opções mais consentâneas com valores consagrados pelo sistema jurídico.

Mesmo quando não existe margem de discricionariedade, é preciso lembrar que direito não é matemática, que os problemas jurídicos podem comportar uma pluralidade de soluções, dependendo dos vetores e dos métodos interpretativos. Direito é divergência: diferentes procuradores podem emitir diferentes pareceres; todos corretos. Somente o Poder Judiciário, diante do caso concreto, tem a prerrogativa de dizer qual das possíveis interpretações deve ser havida como a melhor, a "correta", para fins de solução de determinado conflito.

Não existe, portanto, uma suposta "objetividade" nas manifestações das procuradorias oficiais, em contraposição a uma "subjetividade" de advogados contratados. Todo e qualquer profissional do direito pode interpretar a lei mais ou menos influenciado por concepções ou tendências pessoais, em matéria política ou religiosa, decorrentes do ambiente familiar ou do meio social em que vive, ou de experiências pessoais etc.

Além disso, não se pode conceber que, em nome da defesa do interesse público, se coloque o Poder Público em situação de inferioridade perante os particulares, que sempre podem, livremente, escolher os melhores advogados.

Não se conhece caso algum de renomado jurista que tenha deixado seu escritório particular para ingressar em alguma procuradoria. Também não é usual que advogados muito bem-sucedidos deixem a sua banca para ingressar no serviço público. Obviamente, existem procuradores que efetivamente são respeitáveis juristas e exímios advogados, sendo certo que as procuradorias, normalmente, como regra geral, cumprem com eficiência e fidelidade ao interesse público suas importantíssimas funções de zelar pela legalidade das ações normalmente empreendidas pela Administração Pública.

Não se vislumbre aqui qualquer posição preconceituosa ou ofensiva contra a generalidade dos procuradores públicos. Apenas não se aceita o endeusamento, nem se reconhece qualquer supremacia necessariamente decorrente do cargo ocupado.

Também não se está, de maneira alguma, pretendendo esvaziar o disposto no supra mencionado art. 132 da Constituição Federal. A contratação eventual e temporária de advogados para questões específicas não é o substituto perfeito da procuradoria. O que se sustenta é que uma coisa não é incompatível com a outra.

Também é preciso ficar perfeitamente claro que ninguém pode ser ingênuo a ponto de ignorar que certas contratações de advogado são pura fachada para encobrir partilhas de valores, acertos políticos, pagamentos de dívidas de campanha, favorecimentos indevidos etc. Para coibir abusos, que efetivamente existem, não se pode proscrever as contratações de serviços advocatícios regulares e efetivamente necessários para a melhor defesa do interesse público.

Um dado da realidade é o fato de que, muitas vezes, a contratação de um profissional altamente especializado fortalece a procuradoria, pelo exemplo, pela experiência e pela orientação proporcionada aos procuradores, tendo, muitas vezes, um efeito preventivo, evitando o cometimento de falhas que poderiam redundar na proliferação de ações contra o Poder Público.

Em síntese, a contratação direta de serviços técnicos profissionais de advogado tem sua legalidade, ou ilegalidade, dependendo de circunstâncias de fato, requerendo do intérprete ou aplicador da lei um exame aprofundado de cada específico caso.

II — Os contratos que podem ser celebrados

Em algumas situações a necessidade e a licitude da contratação de serviços técnicos profissionais de advogados emergem claramente.

O exemplo mais comum é o da contratação de jurista de renome para emitir parecer destinado a servir como ponto de apoio na defesa de interesses públicos extremamente relevantes, a ser feita pelo corpo permanente de procuradores. Isso tanto pode se referir a um caso determinado, como também ao fornecimento de orientações ao longo do tempo, na medida em que os problemas concretos forem surgindo.

Contratos dessa natureza podem ser celebrados com uma pessoa jurídica (sociedade de advogados), desde que o detentor da especial habilitação se comprometa a executar, pessoalmente, os serviços contratados, além do que, como é sabido, a constituição de sociedades de advogados se prende precipuamente a fatores de ordem fiscal, que não estão em causa neste estudo.

Assim como as empresas privadas, também as entidades governamentais podem contratar a prestação de serviços de consultoria em determinadas especialidades jurídicas (complementando o trabalho normalmente executado pelo corpo permanente), compreendendo a análise e o fornecimento de orientação em casos que apresentem maior complexidade ou relevância.

Da mesma forma, pode haver contratação para o patrocínio de determinada ou determináveis ações judiciais, de especial complexidade ou de excepcional relevância.

Além desses aspectos ligados ao objeto dos contratos, cabe enfocar, também, a pessoa do contratado; mais exatamente, sua qualificação profissional. O conjunto das peculiaridades do contrato e do contratado é que permite enquadrar a contratação entre aquelas que a doutrina reconhece como justificadoras da inexigibilidade de licitação.

Uma palavra, entretanto, precisa ser dita com relação a pequenos Municípios, os quais, muitas vezes, precisam contratar advogados que não são exatamente expoentes altamente titulados, mas possuem conhecimentos e são dotados de alguma experiência em matéria de direito público em nível superior aos que militam normalmente na advocacia cível, criminal ou trabalhista na região. A contratação de consultoria nesse nível permite obter orientações razoáveis por uma remuneração módica, e tanto pode servir para auxiliar o eventual procurador permanente, como para atuar em lugar dele quando inexistente.

Mais nítida, ainda, é a contratação, pelo Município, de advogado para a defesa de Prefeito acusado de haver cometido crime de responsabilidade ou infração político-administrativa. Nesses casos, a acusação sempre se refere a atos praticados no exercício do mandato popular, por dever de ofício. O alvo da acusação não é a pessoa física mas, sim, a autoridade pública Prefeito Municipal; o que a defesa visa preservar não é a pessoa física mas, sim, o mandato popular.

Seja permitido transcrever aqui o que já dissemos sobre esse assunto em artigo publicado a respeito do famigerado Decreto-lei 201/67, que dispõe sobre a responsabilidade de Prefeitos e Vereadores:

"Para concluir, convém recordar que na Administração Pública há uma necessidade elementar de responsabilização. Todo administrador público tem que ser responsável. Não se admite administrador irresponsável. Portanto, não há dúvida alguma que deve haver meios de responsabilização. Mas esta responsabilização precisa ser feita com uma certa prudência, dadas as deficiências da legislação, as dificuldades administrativas, as dificuldades de entendimento da legislação. A responsabilização deve existir, sim, mas feita com prudência. E esta prudência tem sido o padrão de conduta do Poder Judiciário.

"É preciso considerar que quem está sendo julgado é um mandatário, é um homem que recebeu a confiança do povo para desempenhar um mandato. É um princípio geral do Direito Penal o *in dubio pro reo*, isto é, na dúvida não se condena. Com maior vigor este princípio deve ser aplicado ao caso de mandatários políticos, que receberam um voto de confiança de toda uma população.

"Um outro aspecto que tem que ser considerado é a questão da eficiência na Administração. Imaginem um Prefeito acuado, espremido por uma atitude violenta, impensada, na aplicação desta legislação.

"O administrador recebe uma missão a realizar. Ele é um agente da realização do interesse público. E não deve ser aterrorizado na sua função. Senão ele jamais conseguirá satisfazer o interesse público" (Adílson Abreu Dallari, "Responsabilidade dos vereadores", *RDP* 39-40/260-261).

Tanto a acusação, quanto a defesa, especialmente nos casos de infrações político-administrativas (julgadas pela Câmara Municipal), possuem um elevado componente político-partidário ou até mesmo de relacionamento pessoal. Mas, se por um lado, a defesa do Prefeito deve ser suportada pelo Poder Púbico (por uma série de razões: porque se trata de defender a licitude de atos de ofício, porque o que se está defendendo é um mandato popular, porque o Prefeito é inocente até prova em contrário; e, porque, se assim não for, a Câmara pode simplesmente matar por inanição econômica um Prefeito que não seja de seu agrado), por outro lado, é essencial que haja confiança e empatia entre o defensor e o defendido, o que nem sempre ocorre se a defesa for feita por procurador de carreira.

Enfim, aqui estão exemplificativamente expostas algumas situações justificadoras da contratação de serviços de advogados, mesmo que haja uma procuradoria regularmente instituída e composta por procuradores de carreira, ficando evidenciado que uma coisa não é incompatível com a outra.

Como regra geral, a contratação de advogado externo aos quadros da Administração Pública comporta, e até mesmo exige, a livre escolha, sem licitação.

III — Considerações doutrinárias

A contratação direta, sem licitação, com fundamento na inexigibilidade, se baseia na inviabilidade de competição, entendendo-se como tal a impossibilidade de comparação entre diversos possíveis executantes do serviço pretendido.

Quando diversos profissionais puderem realizar o mesmo e idêntico serviço, ainda que de natureza técnica especializada, deve ser promovida uma disputa entre eles. Entretanto, quando diversos profissionais puderem realizar um serviço técnico profissional especializado, mas o produto do trabalho de cada um for diferente do trabalho de outro, por força das características pessoais do autor, aí, então, haverá impossibilidade de competição, dada a singularidade do serviço.

Celso Antônio Bandeira de Mello, em seu *Curso de Direito Administrativo* (Malheiros Editores, 8ª ed., 1996, p. 332), resume, de maneira clara e objetiva, essa questão da singularidade, dizendo:

"Em suma: a singularidade é relevante e um serviço deve ser havido como singular quando nele tem de interferir, como requisito de satisfatório atendimento da necessidade administrativa, um componente criativo de seu autor, envolvendo o estilo, o traço, a engenhosidade, a especial habilidade, a contribuição intelectual, artística ou a argúcia de quem o executa, atributos estes que são precisamente os que a Administração reputa convenientes e necessita para a satisfação do interesse público em causa.

"Embora outros, talvez até muitos, pudessem desempenhar a mesma atividade científica, técnica ou artística, cada qual o faria à sua moda, de acordo com os próprios critérios, sensibilidade, juízos, interpretações e conclusões, parciais ou finais, e tais fatores individualizadores repercutirão, necessariamente, quanto a maior ou menor satisfação do interesse público. Bem por isto não é indiferente que sejam prestados pelo sujeito *A* ou pelos sujeitos *B* ou *C*, ainda que todos estes fossem pessoas de excelente reputação.

"É natural, pois, que, em situações deste gênero, a eleição do eventual contratado — a ser obrigatoriamente escolhido entre os sujeitos de reconhecida competência na matéria — recaia em profissional ou empresa cujos desempenhos despertem no contratante a convicção de que, para o caso, serão, presumivelmente, mais indicados do que os de outros, despertando-lhe a confiança de que produzirá a atividade mais adequada para o caso.

"Há, pois, nisto, também um componente subjetivo ineliminável por parte de quem contrata."

Quem efetua uma contratação direta, sem licitação, assume uma especial responsabilidade pelos resultados do contrato. Quando um contrato realizado mediante regular licitação não chega a bom termo, não há que se falar em responsabilidade pela escolha. É mais cômodo e seguro contratar mediante licitação, mas o dirigente efetivamente preocupado com os resultados de sua gestão não deve deixar de efetuar contratações diretas quando isso for necessário, devendo, apenas, acautelar-se, provendo-se de dados que possam justificar a escolha.

Mais que isso, deve a autoridade competente, para decidir evidenciar a efetiva necessidade desse tipo de contratação, pois obviamente, não se pode contratar um profissional altamente qualificado para executar serviços corriqueiros.

A contratação direta se justifica quando se conjugarem a alta complexidade do serviço a ser executado, justificando-se a escolha de profissional de alto nível, e a notoriedade do executante escolhido, conforme destaca Lucia Valle Figueiredo (*Direitos dos Licitantes*, Malheiros Editores, 3ª ed., 1992, p. 34):

"Se a notória especialização é uma das exceções à regra da licitação, traz, como conseqüência, a possibilidade de contratações, à revelia do procedimento licitatório. E, assim sendo, há de estar bem evidenciado que se conjugam os fatores necessários a sua validade.

"De conseguinte, como já afirmado, dois são os fatores que devem, obrigatoriamente, estar presentes: 1) existência da especialização notória, em síntese, capacidade notória; 2) necessidade desta especialização notória, por parte da Administração."

Seja qual for a espécie de profissional especializado que se pretenda contratar, é preciso que estejam presentes, concomitantemente, esses dois requisitos, caso contrário será obrigatória a realização de licitação.

Entretanto, no caso da contratação de profissional do Direito, ou da execução de serviços profissionais privativos de advogado devidamente inscrito na Ordem dos Advogados do Brasil, surgem algumas peculiaridades impeditivas da concorrência derivadas da legislação disciplinadora do exercício profissional.

Mesmo que se tenha que proceder a uma comparação entre diversos advogados, é impossível a realização de qualquer modalidade licitatória na qual o menor preço seja, ou possa ser, o fator de julgamento.

Alice Maria Gonzales Borges deixa isso perfeitamente claro ao estudar a questão específica da contratação de advogado, em trabalho publicado sob o título "Licitação para contratação de serviços profissionais de advocacia", publicado no *Boletim Jurídico — Administração Municipal* (editado em Salvador, n. 8, 1996, p. 7), no qual apresenta os seguintes argumentos:

"Se o Estatuto da OAB e o Código de Ética vedam a captação de clientela, os procedimentos de mercantilização da profissão e o aviltamento de valores dos honorários advocatícios (arts. 39 e 41 do Código de Ética), como conciliar tais princípios com a participação de advogados, concorrendo com outros advogados em uma licitação de menor preço, nos moldes dos arts. 45, I e § 2º da Lei 8.666/93?

"Também resulta inviável, pelos mesmos princípios, a participação de escritórios de advocacia em licitações do tipo melhor técnica, a qual, nos termos do art. 46, § 1º, descamba, afinal, para o cotejamento de preços. Obviamente, também a licitação de técnica e preço do art. 46, § 2º, que combina aqueles dois requisitos."

Esses judiciosos argumentos, entretanto, não se aplicam à realização de procedimento licitatório na modalidade de concurso, no qual o valor da remuneração é previamente estipulado, procedendo-se à escolha do melhor profissional que se disponha a realizar o serviço pretendido pelo valor que a Administração pretende ou pode suportar.

Quando, porém, o elemento fundamental da contratação for a confiança requerida pelas particularidades do caso, não se há que falar nem mesmo em concurso. O mesmo se pode dizer com relação a situações emergenciais, de real urgência.

Quem examinou a questão da exigibilidade ou inexigibilidade de licitação para a contratação de serviços profissionais de advogado de maneira bastante ampla, apontando as diversas variáveis, foi Márcio Cammarosano ("Breves anotações sobre a contratação de serviços profissionais de advocacia", *ILC* 31/674, Curitiba), conjugando os fatores de ordem prática e de ordem jurídica que afetam a tomada de decisão nessa matéria:

"Contratação de serviços de advocacia, como serviços de terceiros, sob o regime da Lei 8.666/93, só pode ser efetuado em caráter eventual, esporádico, contingencial. Admite-se a contratação direta, sem licitação, se estiver diante de caso de dispensa ou situação de inexigilidade, nos termos da lei.

"Se, mesmo para serviços rotineiros de advocacia, houver premente necessidade de contratação de serviços de terceiros por algum prazo, por alguma razão contingencial, deverá ser realizada prévia licitação, sem embargo da observação de que as modalidades de certame contempladas na Lei 8.666/93 não são, em rigor, as mais adequadas à referida finalidade. Se a urgência reclamada for incompatível com as delongas de um procedimento licitatório, poderá haver contratação direta.

"Se a necessidade da contratação de serviços de terceiros for ditada pela complexidade ou sofisticação do serviço, a reclamar profissional ou escritório de notória especialização, a contratação direta será o caminho, com fundamento no art. 25, II, c/c art. 13 da Lei 8.666/93, dando-se ao § 1º do art. 25 interpretação razoável, que não inviabilize sua utilização. Para tanto, cabe anotar que a singularidade do serviço, a reclamar notória especialização do seu prestador, não significa que só possam ser assim qualificados serviços inéditos, ou que só um possa prestá-lo. Se este for o caso, haverá manifesta inviabilidade de competição, e a contratação direta terá por fundamento o próprio *caput* do art. 25."

Essa questão já foi objeto de decisão no Supremo Tribunal Federal. Ao relatar o RHC 72.830-8-RO (acórdão publicado no *Boletim Licitações e Contratos — BLC* 10/521, Curitiba, 1996), o eminente Ministro Carlos Velloso, em seu ilustrado voto, acolhido por unanimidade, negando a existência de crime na contratação de advogado para a defesa de interesses do Estado junto aos Tribunais Superiores, fez a seguinte notável ponderação:

"Acrescente-se que a contratação de advogado dispensa licitação, dado que a matéria exige, inclusive, especialização, certo que se trata de trabalho intelectual, impossível de ser aferido em termos de preço mais baixo. Nesta linha, o trabalho de um médico operador. Imagine-se a abertura de licitação para a contratação de um médico cirurgião para realizar delicada cirurgia num servidor. Esse absurdo somente seria admissível numa sociedade que não sabe conceituar valores. O mesmo pode ser dito em relação ao advogado, que tem por missão defender interesses do Estado, que tem por missão a defesa da *res publica*."

A importância especial dos interesses a serem defendidos não se coaduna com uma escolha automática, formal impessoal. Em certos casos, não é irrelevante a escolha deste ou daquele profissional. Deve a Administração buscar o concurso do melhor profissional, daquele que se apresente como mais habilitado para a execução daquela específica tarefa, que tanto pode ser a elaboração de um parecer, quanto a propositura de uma ação judicial, ou a defesa do interesse público em uma ação judicial proposta por terceiros, ou, ainda, a prestação de serviços de consultaria por tempo determinado.

Cabe repetir, todavia, que serviço técnico profissional especializado de advocacia suficiente para dispensar qualquer tipo de licitação é somente aquele de caráter singular, que exija de seu executante conhecimentos extraordinários, acima e além dos exigidos para o regular e normal exercício da profissão.

Somente se poderá contratar a elaboração de um parecer jurídico, com dispensa de qualquer modalidade de licitação, com quem, além de ser bacharel em Direito, tenha uma formação acadêmica superior ao simples grau de bacharel em Direito, seja dotado de especial titulação acadêmica, ou tenha exercido funções públicas de hierarquia superior na área jurídica; não é possível escolher subjetivamente e contratar diretamente um simples bacharel em Direito para promover execuções fiscais.

Lamentavelmente, os abusos que já se cometeram nessa matéria, estão levando a uma reação desarrazoada redundando na formulação de denúncias, e mesmo na propositura de um preocupante número de ações judiciais contra profissionais dotados da maior honorabilidade, especialmente quando contratados para atuar em casos de grande repercussão política, conforme tivemos oportunidade de enfocar em nossa monografia sobre os procedimentos licitatórios:

"Atualmente, no tocante à contratação de serviços técnicos profissionais especializados, sem licitação, a ação popular vulgarizou-se, transformando-se em meio de atuação política ou, até mesmo, simples instrumento de extorsão. Da mesma forma, pululam as ações civis públicas interpostas sem a mais elementar cautela, sem o mais mínimo cuidado na apuração preliminar dos fatos. Não se pode pretender que autoridades e administradores descuidem de sua honorabilidade pessoal, a ponto de entregar tais casos aos cuidados de uma espécie de defensor natural. Entendemos que agentes políticos, titulares de mandatos eletivos, têm a obrigação de defender a integridade da outorga popular.

"Da mesma forma, devem defender da melhor forma possível, a integridade do patrimônio sob seus cuidados e zelar pelo incremento de suas fontes de recursos" (Adílson Abreu Dallari, *Aspectos Jurídicos da Licitação*, Saraiva, 4ª ed., 1997, p. 57).

No exame da legalidade ou ilegalidade da contratação direta de advogado, existe sempre a necessidade de um exame cuidadoso e aprofundado de cada caso, assegurando-se aos acusados o exercício da ampla defesa antes de se lhes causar qualquer gravame, ainda que apenas de ordem moral, como ocorre quando se deflagra um procedimento judicial totalmente infundado.

Resumindo: a contratação eventual e temporária de serviços de advocacia, com profissionais ou firmas de notória especialização não conflita com a manutenção de um corpo permanente de procuradores ou servidores advogados, mas está sujeita, em princípio, à licitação realizada sob a modalidade de concurso, configurando-se a inexigibilidade de qualquer procedimento licitatório apenas quando houver impossibilidade de comparação, em função da singularidade do objeto.

IV — A legislação

À luz das considerações doutrinárias acima expostas, fica mais fácil extrair o exato entendimento das normas que disciplinam o assunto.

A Lei 8.666, de 21.6.93, em seu art. 13 faz uma enumeração (meramente exemplificativa) dos trabalhos que por ela são considerados como "serviços técnicos profissionais especializados".

Nos diversos incisos desse artigo, para os efeitos deste estudo, cabe mencionar as referências a estudos técnicos, pareceres, assessorias ou consultorias técnicas, patrocínio ou defesa de causa judiciais ou administrativas e, ainda, treinamento e aperfeiçoamento de pessoal.

É certo, pois, que os objetos das contratações em exame se enquadram dentro daquilo que a própria lei já considera como serviços técnicos profissionais especializados.

Essa enumeração está diretamente relacionada com a questão da inexigibilidade de licitação, que é disciplinada pelo art. 25:

"Art. 25. É inexigível a licitação quando houver inviabilidade de competição, em especial: (...) II — Para a contratação de serviços técnicos enumerados no art. 13 desta lei, de natureza singular, com profissionais ou empresas de notória especialização, vedada a inexigibilidade para serviços de publicidade e divulgação".

Aliás, a Ordem dos Advogados do Brasil, Secção de São Paulo considerou eticamente irrepreensível a contratação de advogado com fulcro no art. 25, II, da Lei 8.666/93 com a redação da Lei 8.883/94, *verbis*:

"Licitação. Inexigibilidade para contratação de advogado. Inexistência de infração. Lei 8.666, de 21.6.93, que regulamenta o art. 37, inc. XXI, da Constituição Federal, institui normas para licitações e contratos da Administração Pública. Inexigibilidade de licitação para contratação de advogado, para prestação de serviços, 'patrocínio ou defesa' de causas judiciais ou administrativas. Condição de comprovação hábil, em face da natureza singular dos serviços técnicos necessitados, de tratar-se de profissionais ou empresas de notória especialização. Critério aceitável pela evidente inviabilidade de competição licitatória. Pressuposto da existência de necessária moralidade do agente público no ato discricionário regular na aferição da justa notoriedade do concorrente. Inexistência, na mencionada lei, de criação de hierarquia qualitativa dentro da categoria dos advogados. Inexistência de infringência ética na fórmula legal licitatória de contratação de advogados pela Administração Pública. Precedente no processo E-1.062" (OAB — Tribunal de Ética, Processo E-1.355, rel. Dr. Elias Farah).

O dispositivo em comento não apresenta maior detalhamento quanto ao que deve ser entendido como serviço "de natureza singular" (tarefa essa muito bem cumprida pela doutrina, conforme o excerto de Celso Antônio Bandeira de Mello, acima transcrito), mas, em seu § 1º se esmera em indicar quais os dados, ou elementos, que permitem qualificar um profissional como dotado de notória especialização:

"§ 1º. Considera-se de notória especialização o profissional ou empresa cujo conceito no campo de sua especialidade, decorrente de desempenho anterior, estudos, experiências, publicações, organização, aparelhamento, equipe técnica, ou de outros requisitos relacionados com suas atividades, permita inferir que o seu trabalho é essencial e indiscutivelmente o mais adequado à plena satisfação do objeto do contrato."

O exame da documentação apresentada pelo advogado contratado, especialmente seu *curriculum vitae*, deve servir para confirmar não só que ele é dotado de notória especialização, mas, sim, também, que ele é um jurista cuja experiência profissional está perfeitamente adequada aos objetivos almejados pela Administração Pública com a sua contratação. Ou seja, ele é especializado exatamente naquilo para o que o contratante necessita de assessoramento jurídico, ou atuação judiciária de especial qualificação.

Nunca se pode esquecer, entretanto, o princípio da razoabilidade, que requer uma ponderação entre a natureza e a relevância dos interesses em jogo, a capacidade financeira de quem contrata e a disponibilidade de profissionais contratáveis, no espaço e no tempo.

V — Conclusões

Como resumo final, diante de tudo quanto foi exposto, pode-se dizer que a Constituição Federal não impede a contratação de advogados pela Administração Pública, muito especialmente no âmbito municipal.

Com base nos princípios federativo e da autonomia municipal, cada Município ao organizar sua Administração, decidirá pela criação ou não de procuradorias, pela criação ou não de cargo ou cargos de procuradores, ou pela pura e simples contratação de advogados externos, de acordo com suas necessidades, possibilidades e peculiaridades.

Na contratação de advogados, as especificidades do trabalho a ser realizado é que determinarão a exigibilidade ou não de licitação.

Em se tratando de situação que recomende ou determine a contratação direta, sem licitação, deve-se tomar especial cuidado com as características do profissional contratado (qualificação, experiência, confiança).

A livre escolha deve ser feita e examinada à luz do princípio da razoabilidade considerando-se um conjunto de circunstâncias. É intolerável a escolha mediante simples cotejo de preços.

Se for possível e exigível uma escolha objetiva, poder-se-á realizar uma licitação na modalidade de concurso, com a pré-determinação do valor dos honorários.

Em síntese, cabe apenas reafirmar que não é possível formular uma afirmação genérica no tocante à exigibilidade de licitação para a contratação de serviços profissionais de advogado, seja em sentido positivo, seja em sentido negativo, pois cada caso é um caso.

São Paulo, 17 de agosto de 1998

LOTERIAS: SUA EXPLORAÇÃO POR PARTICULARES

VALMIR PONTES FILHO

Professor de Direito Constitucional e de Hermenêutica Jurídica da Universidade de Fortaleza-UNIFOR e da Universidade Federal do Ceará
— Mestre em Direito Constitucional pela PUC/SP
— Ex-Presidente do Instituto Brasileiro de Direito Administrativo

Raríssimas têm sido as contribuições dos juristas a respeito do tema, é dizer, da (im)possibilidade da exploração de loterias por particulares, talvez mesmo por conta da inexistência de diplomas legais mais recentes, voltados à regulação do assunto.

Em verdade, os pronunciamentos científicos aos quais o autor conseguiu ter acesso, datados de 1985, ainda aludem, basicamente, ao Dec.-lei 204, de 1967, e à "Lei das Contravenções Penais", de 1941 (também editada sob aquela forma). Em ambos — da respeitável autoria, respectivamente, dos eminentes juristas Geraldo Ataliba e Oswaldo Trigueiro — não se procede (nem isto cronologicamente seria possível, claro) a qualquer cotejo de tais normatizações com a ordem jurídico-constitucional inaugurada em outubro de 1988, razão pela qual talvez seja o caso de indagar, hoje, se a matéria não merece trato diverso.[1]

Nos pareceres mencionados[2] se vê, com algumas modificações de forma e de fundo, o desenvolvimento do seguinte pensar:

a) a Lei das Contravenções Penais cuidou, em seu art. 51, de pôr na ilicitude a exploração, sem *autorização legal*, de loterias, incluindo-a na categoria dos "jogos de azar" (§ 2º do mesmo artigo);

b) por sua vez, o Dec.-lei 204/67, proibiu, em seu art. 32, a criação de (novas) loterias estaduais, "mantida a situação" existente à época de sua edição; com isto, enquanto alguns Estados-membros puderam continuar a ter suas loterias, outros se viram impedidos de criá-las, numa flagrante violação do necessário equilíbrio federativo (ainda diante do Texto Supremo então em vigor, de 1969[3]) entre estes entes federados;

c) não sendo o assunto pertinente à "criação de loterias" de *direito penal* como equivocadamente se sustentava — mas eminentemente de Direito Constitucional —, descabia dizer tivesse a União exclusividade para legislar sobre a matéria (sob o pretexto de excepcionar a norma penal);

d) poderiam, conseqüentemente, os Estados-membros criar por lei e explorar suas loterias já que se tratava de *serviço público*; sob tal qualidade, jamais poderia a atividade constituir "ilicitude penal".

1. Não que se pretenda, aqui, fazer a apologia do jogo, mas simples exame do assunto sob o ângulo estritamente jurídico.

2. Publicados, respectivamente, da *RDP* 78/80 e ss., e 76/43 e ss.

3. Erroneamente chamado de "Emenda Constitucional n. 1".

Vale transcrever, a propósito, passagem do parecer do inesquecível prof. Geraldo Ataliba: "(...) Se se trata de serviço público — *atividade tipicamente estatal* — não pode configurar ilícito. Constitui ilícito, sim, pessoas privadas, físicas ou jurídicas, arrogarem-se o exercício de atividade qualificada como serviço público (...) não repugna, pois, que a lei configure como contravenção o exercício de certas atividades pelos particulares, por serem elas reservadas aos Estados, em razão de terem sido erigidas em serviço público, por lei. Se não se trata de serviço público — única tese que suportara a possibilidade de vedar-se tal atividade aos Estados federados — então é imperioso promover-se a declaração de inconstitucionalidade do Dec.-lei 204, que não só assim define a loteria federal, como ainda a imputa à União.[4] É que a União não pode exercer atividade que não configure como serviço público, sem observância dos preceitos dos arts. 160 e ss. (especialmente 170) do Texto Magno".[5]

Não divergindo do raciocínio desenvolvido por Ataliba, mas enxergando o problema sob ângulo diverso, o ex-Ministro Oswaldo Trigueiro afirmou: "(...) se a União pudesse, por lei ordinária, tornar exclusivo um serviço público que a Constituição não proíbe aos Estados, a autonomia destes estaria reduzida a letra morta (...) a contravenção somente será punível se praticada por pessoa natural, e nunca por pessoa jurídica de direito público interno (...)".[6]

Será razoável, todavia, manter-se tal entendimento, mesmo após a entrada em vigor da Constituição de 88? Poder-se-á, sob o influxo da mais moderna doutrina do Direito Administrativo, ainda considerar a atividade de exploração de loterias como *serviço público*? Penso que não, à conta dos motivos a seguir aligeiradamente alinhados.

Tenha-se em mente, antes de tudo, que o Estado (na acepção mais ampla do termo) é basicamente uma máquina prestadora de serviços públicos, cujas peças, engrenadas e azeitadas segundo os princípios da estrita legalidade e da finalidade (ou do indeclinável dever de satisfação dos interesses públicos), se encontram compostos em quadro estrutural definido. Nele têm lugar, portanto, os órgãos da Administração direta centralizada, os órgãos da Administração direta descentralizada (as autarquias e as fundações públicas[7]) e as entidades da Administração indireta (as empresas públicas e as sociedades de economia mista, ora destinadas à prestação de serviço público, ora à exploração de atividades econômicas).

Embora não se possa dizer, com ares de definitividade, que todos os serviços prestados por tais órgãos ou entidades sejam, por tal simples razão, *serviços públicos* (com o que se estaria privilegiando um critério orgânico de classificação), nem, por outro lado, que haja um critério *material* que os identifique, sem permeio de dúvida, por seu objeto ou substância, tem a melhor doutrina considerado possível fornecer-lhe um *conceito genérico*. Nas palavras do saudoso e respeitado Hely Lopes Meirelles o *serviço público* vem a ser "(...) todo aquele prestado pela Administração ou por seus delegados, sob normas e controles estatais, para satisfazer *necessidades* essenciais ou secundárias da coletividade ou *simples conveniências* do Estado".[8] Perceba-se, mes-

4. Com efeito, o mencionado Dec.-lei 204/67 (art. 1º) prescrevia "(...) que a exploração de loteria, como derrogação excepcional das normas de direito penal, constitui serviço público exclusivo da União, *não suscetível de concessão*".

5. Art. ref., p. 91.

6. Art. cit., pp. 39-42.

7. Até então tidas como de idêntica natureza jurídica e por isso cabia categorizá-las como "fundarquias"; agora, por força da Emenda Constitucional da "Reforma Administrativa", aparentemente foram dissociadas; é que, a teor da referida EC, as fundações públicas não serão mais criadas por lei, mas terão sua criação autorizada por lei, assim como deverão ter suas áreas de atuação definidas por lei complementar! (v. nova redação dada ao art. 37, XIX, da CF).

8. *Direito Administrativo Brasileiro*, 20ª ed., Malheiros Editores, p. 294.

mo na generalidade conceitual, a necessidade da presença de dois requisitos alternativos (para que de serviço público se possa falar) a satisfação de *necessidades* públicas ou de *simples conveniências* estatais.

Ora, se a exploração de loterias — a qual visa a premiar, com dinheiro ou algum bem de valor, alguém que, tendo adquirido um bilhete ou cartela, se beneficia, em sorteio, da pura sorte — não pode ser racionalmente considerada como necessidade essencial ou indispensável à sobrevivência, ou mesmo para o bem-estar, de dado grupo social (que tem inúmeras outras carências e bem pode passar sem esse recurso à álea), restaria tê-la como "conveniente" ao Estado, para que pudesse ser considerada *serviço público*. Mas de "conveniência" também não se há de falar, na exata medida em que a atuação do Estado neste campo se encontra obstaculizada.

Aprofundemos o exame ainda sob a influência da classificação de Hely. A atividade de que se cuida adequar-se-ia a qual das categorias (bem) imaginadas pelo festejado autor (já que decididamente não enquadrável nas de "serviços públicos propriamente ditos", de "serviços próprios do Estado" ou de "serviços administrativos")? À de "serviços de utilidade pública", em pé de igualdade (segundo sua exemplificação) com os de transporte coletivo, energia elétrica, gás e telefone? Ou com o de "serviços industriais", é dizer, os que "(...) produzem renda para quem os presta, mediante a remuneração da utilidade usada ou consumida, remuneração esta que, tecnicamente, se denomina tarifa ou preço público (...)" e que, sendo "impróprios do Estado", consubstanciam "(...) atividade econômica que só poderá ser explorada diretamente pelo Poder Público quando necessária aos imperativos da segurança nacional ou a relevante interesse coletivo (...) (CF, art. 173)"[9]?

A prudência nos conduz a responder negativamente, em ambas as hipóteses. Afinal, se é verdade que a loteria pode "facilitar a vida"[10] de um determinado indivíduo, isso ocorrerá por conta da contribuição (voluntária, é certo) de muitos outros, com diminuição do patrimônio destes. Por outro lado, será demasiado, desarrazoado mesmo, enquadrar a atividade, de cunho eminentemente econômico e que se desenvolve sob a égide do Direito Privado, como "necessária aos imperativos da segurança nacional ou a relevante interesse coletivo". A eventual "conveniência" estatal de "estatizá-la" encontrará, portanto, intransponível obstáculo.

Recorra-se, neste lanço, à insuperável e imprescindível lição de Celso Antônio Bandeira de Mello, para quem a noção de serviço público "(...) há de se compor necessariamente de dois elementos: a) um deles, que é seu substrato material, consistente na prestação de utilidade ou comodidade fruível diretamente pelos administrados; o outro, b) *traço formal indispensável, que lhe dá justamente caráter de noção jurídica, consistente em um específico regime de direito público, isto é, numa 'unidade normativa'*. Esta unidade normativa é formada por princípios e regras caracterizados pela supremacia do interesse público sobre o interesse privado e por restrições especiais, firmados uns e outros em função de defesa de valores especialmente qualificados no sistema normativo"[11] (os grifos não são do autor).

Nem de longe laborando em equívoco, Juarez Freitas considera serviço público "(...) todo aquele essencial para a realização dos objetivos fundamentais do Estado Democrático, devendo, por isso mesmo, ser prestado sob o regime peculiar juspublicista".[12] Em semelhante linha conceitua-o

9. Autor e ob. cit., pp. 295-297.

10. V. autor e ob. cit., p. 296.

11. *Curso de Direito Administrativo*, 5ª ed., Malheiros Editores, p. 350.

12. *Estudos de Direito Administrativo*, Malheiros Editores, p. 31, 1995.

Elaine Cardoso de Matos Novais: "(...) a atividade prestada pelo Estado, ou por seus delegados legitimamente aptos a tal execução, que, satisfazendo de maneira objetiva a uma necessidade individualmente considerada pelos membros da coletividade, está em conformidade com os ideais e princípios plasmados na Carta Magna e, por conseguinte, com as regras e preceitos formadores do regime jurídico-administrativo".[13] Finalmente, em brilhante estudo publicado em exemplar[14] da *Revista de Direito Público*, editado em homenagem a Oswaldo Aranha Bandeira de Mello, o prof. Carlos Roberto Martins Rodrigues entendeu alcançar o conceito de *serviço público* "(...) toda e qualquer atividade de natureza prestacional que o Estado, ou quem lhe fizer as vezes, realiza, contínua, obrigatória e organizadamente, sob um regime especial de direito público, para satisfazer, concretamente, necessidade geral".

Descabe, então, por absoluta impossibilidade de enquadrá-la em qualquer das definições trazidas a lume, ter a atividade de exploração de loterias — que, à toda vista, é de natureza eminentemente negocial e que bem pode, sob certos regramentos e fiscalização, ser realizada entre particulares, para satisfação de seus próprios interesses ou necessidades — como submissa ao regime de Direito Público. Faltando-lhe esse requisito formal, não é, nem pode ser, *serviço público*.

Em reforço à idéia de que a loteria é atividade essencialmente privada, posta sob a égide de regime jurídico também privado (embora possa e deva ser sujeita ao poder de polícia, para que reste compatibilizada com o interesse coletivo), veja-se que Trigueiro[15] afirma que ela "(...) nunca foi considerada uma atividade moralmente condenável. A razão de sua oficialização é puramente fiscal. Desde que produz renda (...) o Estado tende a transformá-la em monopólio. Se esse monopólio deriva da lei, ele deve ser imposto por outros meios que não o de combatê-lo como contravenção (...) o que o Estado pretende é a exploração monopolística da loteria, para fins de receita (...) a única explicação para esse regime jurídico, assim, é apenas o de engrossar as rendas públicas, e não a de dar edificantes exemplos de moralidade". Ter-se-ia transmudado a essência ou a natureza da atividade (de privada para pública) apenas por essa vontade estatal? Não, é o que se crê.

Impõe-se, uma vez mais, trazer à colação a preciosa doutrina de Bandeira de Mello, para quem "(...) a submissão a um regime de direito público, o regime jurídico-administrativo, é que confere caráter jurídico à noção de serviço público. Sua importância, pois, é decisiva. Podem aqui ser enumerados, exemplificativamente, alguns traços salientes do regime de Direito Público, regime administrativo, que informa a disciplina do serviço público: a estrita submissão ao princípio da legalidade, a utilização de técnicas autoritárias, expressivas da soberania, de que são manifestações a possibilidade de construir obrigações por ato unilateral, a presunção de legitimidade dos atos praticados, a auto-executoriedade deles, bem como sua revogabilidade e unilateral declaração de nulidade, a continuidade necessária das atividades havidas como públicas, donde — no plano do serviço público — a impossibilidade de concessionário invocar a *exceptio non adimpleti contractus* para eximir-se da regular continuidade de seu desempenho, a rigorosa obediência ao princípio da isonomia etc".[16] É importante perceber que nenhum desses "traços salientes" são encontráveis quando se trata de exploração de atividade lotérica!

13. V. obra *Estudos de Direito Administrativo* (em homenagem ao prof. Celso Antônio Bandeira de Mello), Max Limonad, pp. 119 a 145, 1996.

14. *Revista de Direito Público* 57/58, jan./jun. 1981.

15. V. parecer já citado, p. 40.

16. Autor e ob. cit., p. 351.

O eminente prof. prossegue: "(...) Em suma, o que se deseja encarecer é que de nada adiantaria qualificar como serviço público determinadas atividades se algumas fossem regidas por princípios de Direito Público e outras prestadas em regime de economia privada. Posto que o jurista só tem interesse localizar quais as regras e princípios que presidem seu desempenho, ver-se-ia a braços com noção inútil (...)" (e por isto que noções como "serviço público econômico", por exemplo — isto é, *serviço estatal prestado sob regime fundamentalmente de direito privado* —, não servem para nada. É possível que, talvez, possam interessar a economistas e politicólogos, mas, para a área jurídica, seu préstimo é nenhum. Antes, é pior do que nenhum, pois só podem induzir a confusões e causar equívocos nos menos avisados).

Arremata Celso Antônio, numa conclusão que as desdúvidas exclui a atividade lotérica do conceito genérico de *serviço público*:

"(...) quando houver prestação de utilidade ou comodidade, oferecida pelo Estado e fruível diretamente pelos administrados, haverá *serviço governamental* mas não necessariamente serviço público".[17]

Com o intuito de obter lucro com a venda de bilhetes, a serem postos em sorteio em data previamente marcada, particulares celebram entre si — o patrocinador, de um lado, e os adquirentes, de outro — um simples contrato. Admitir-se-á, repita-se, a intervenção do Estado para condicionar ou limitar o exercício da liberdade e da propriedade dos administrados, a fim de adequar tal exercício ao bem-estar social. É dizer, para assumir o exercício do *poder de polícia*.[18] O que seguramente não será possível dizer é que, no caso, estejam "agentes públicos" dando "satisfação regular e contínua a certas categorias de interesse geral", aplicando "procedimentos de direito público".[19]

Se, por razões tantas, a exploração de loterias não significa prestação de serviço público, igualmente não pode ela ser objeto de concessão ou permissão.

Não raro — pelo até pouco tempo atrás — o Estado se propõe a desenvolver atividades comerciais ou industriais sob regime de direito privado, embora as chame de "serviços". Fazia-o, porém, utilizando a expressão em seu sentido "natural", e não "técnico-jurídico".[20] Reitere-se, todavia, que a exploração de atividade econômica só pode ser desenvolvida pelo Estado *quando necessária aos imperativos da segurança nacional ou a relevante interesse coletivo, conforme definidos em lei* (CF, art. 173). Mas não é apenas este o comando normativo supremo a alicerçar o entendimento aqui exteriorizado: enquanto o art. 1º, IV, da Lex Magna, indica ter a República Federativa do Brasil, como um de seus fundamentos, o da *livre iniciativa* (devendo a ordem econômica observar o princípio da livre concorrência — art. 170, IV), o parágrafo único do art. 170 trata de a todos assegurar o *livre exercício de qualquer atividade econômica, independentemente de autorização de órgãos públicos, salvo nos casos previstos em lei.*

Daí se extraem duas conseqüências: a exploração de loterias, não podendo ser desenvolvida pelo Poder Público, é atividade econômica cujo exercício é livremente assegurada a todos (os particulares), podendo a lei tão apenas indicar os casos em que é necessária prévia autorização para tanto.[21]

17. Ob. cit., pp. 351 e 352.

18. Conforme Bandeira de Mello, ob. cit., p. 353.

19. A seguir a lição de Gaston Jèze, referido por Bandeira de Mello (ob. cit., p. 352).

20. Precisa e clara é a explicação de Bandeira de Mello a respeito (ob. cit., p. 355).

21. Tenha-se, a respeito, em precisa conta que a "lei" jamais poderia excepcionar o direito constitucionalmente assegurado ao livre exercício de ativida-

Novamente de Celso Antônio é possível extrair a irrespondível linha de argumentação: "Se está em pauta atividade que o Texto Constitucional atribuiu aos particulares e não atribuiu ao Poder Público, admitindo, apenas, que este, excepcionalmente, possa empresá-la por 'imperativos da segurança nacional' ou acicatado por 'interesse público relevante' (...) casos em que operará, basicamente, na conformidade do regime de direito privado, é evidente que em hipóteses quejandas não se estará perante atividade pública, e, portanto, não se estará perante serviços públicos (...) Assim, hipóteses existirão em que, por força de lei, *uma dada atividade econômica, isto é, pertinente aos particulares — e não ao Estado — deva ser precedida de autorização; ou seja, de uma prévia manifestação administrativa, destinada a verificar, no exercício de 'polícia administrativa', se será desempenhada dentro de condições compatíveis com o interesse coletivo*. Nem por isto tais atividades, como resulta do preceptivo citado, deixam de se constituir em exploração de atividade econômica, em atividade privada, integrante do reino da livre iniciativa".[22]

É forçoso concluir, enfim, que, não sendo matéria de Direito Penal, inexiste competência privativa federal para legislar sobre o assunto. Ora, se de monopólio estatal de tal atividade também não se pode cogitar — por efeito das regras constitucionais referidas — o que estaria a impedir os particulares de exercê-la? Apenas a regra proibitiva da "Lei das Contravenções Penais", cujo art. 51 se limita a dizer que é contravenção promover ou fazer extrair loteria *sem autorização legal*.

Resta saber, então, quais pessoas políticas podem conferir, por lei, tal autorização. Neste particular, a vigente Constituição da República — cuidadosa com os princípios (já recordados) da livre iniciativa (art. 1º, IV e 170, *caput*), da livre concorrência (art. 170, IV), do livre exercício das atividades econômicas (art. 170, parágrafo único), da proibição de exploração direta da atividade econômica pelo Estado a não ser quando necessária aos imperativos da segurança nacional ou a relevante interesse coletivo, conforme definidos em lei (art. 173, *caput*) e da vedação do domínio dos mercados e da eliminação da concorrência (art. 173, § 4º) simplesmente admitiu a edição de normas de proteção aos consumidores.

Assim, com base na competência legislativa concorrente (CF, art. 24, III), os Estados-membros e o Distrito Federal podem, perfeitamente, mesmo diante da temporária inexistência de normas gerais da União (art. 24, § 1º), produzir leis que, dispondo sobre responsabilidade por danos aos consumidores (art. 24, § 3º), autorizem a exploração de loterias por pessoas privadas hão de fazê-lo, evidentemente, impondo restrições e condições rígidas ao credenciamento e autorização dos eventuais interessados, assim como outorgando ao Poder Público a competência para fiscalizar e inspecionar de perto a atividade, em todas as suas fases, estará a lei abrindo o lógico e imprescindível caminho ao exercício, pelo Estado, do já aludido *poder de polícia*.[23]

des econômicas, o que ela pode indicar são os casos em que tal exercício depende de autorização.

22. Ob. cit., p. 355.

23. Exatamente isto, aliás, foi o que fez a recente Lei Federal 9.615/98 (denominada "Lei Pelé") em relação a bingos, que em nada diferem, na essência, das loterias.

O DIREITO ADQUIRIDO E AS EMENDAS CONSTITUCIONAIS

LUIZ ALBERTO GURGEL DE FARIA

Juiz Federal — Professor da Escola da Magistratura/RN e Professor da UFRN

1. Introdução. 2. Poder Constituinte: 2.1 A teoria de Sieyès; 2.2 Espécies; 2.3 Titularidade e exercício; 2.4 Poder de reforma — Espécies; 2.5 Emendas à Constituição. 3. Do direito adquirido: 3.1 Conceito; 3.2 O direito adquirido nas Constituições Federais brasileiras; 3.3 O direito adquirido e o poder de Reforma. 4. Conclusão. 5. Bibliografia.

1. Introdução

Às vésperas de completar uma década, a Constituição Federal brasileira já passou por diversas alterações, durante esses anos de vigência.

Não obstante, nenhuma delas suscitou tantas polêmicas como as reformas administrativa e previdenciária, cujas emendas se encontram em fase final de votação no Congresso Nacional.

As discussões são compreensíveis, tendo em vista o universo de pessoas atingido, pois as mudanças se dirigem não só ao funcionalismo público, como também a toda a massa de trabalhadores da Nação, diante das novas regras que são propostas para o serviço público e a aposentadoria.

Uma das questões que mais vem sendo suscitada diz respeito exatamente ao direito adquirido, diante da pergunta se a garantia poderá ser invocada contra as emendas constitucionais.

Embora o governo, em certos momentos, afirme que respeitará o princípio constitucional, pronunciamentos de seus representantes geram dúvidas acerca da conduta a ser adotada pelo Executivo, de maneira que o Judiciário poderá ser provocado para dirimir a contenda.

O momento é, assim, bastante propício para o debate acerca da matéria, o que motiva a elaboração deste trabalho.

O tema do direito adquirido, mormente no aspecto que se pretende enfocar, diante das emendas constitucionais, não pode deixar de ser examinado juntamente com o poder constituinte, motivo pelo qual esse tópico também será alvo de análise no decorrer do ensaio.

2. Poder constituinte

2.1 A teoria de Sieyès

Em breves palavras, o poder constituinte pode ser definido como o poder de elaborar uma Constituição.

Os primeiros escritos acerca da matéria foram antecedentes, poucos meses, à deflagração da revolução francesa. Coube ao abade Emmanuel Sieyès, através do panfleto *Qu'est-ce que le Tiers État?*, introduzir as lições iniciais acerca da teoria que se formava.

Cumpre, todavia, renovar a advertência feita por Paulo Bonavides (in *Curso de Direito Constitucional*, p. 120), no sentido de que não se deve confundir o poder constituinte com a sua teoria.

Com efeito, aquele sempre existiu em toda a sociedade política. A teorização para legitimá-lo, no entanto, apenas surgiu no final do século XVIII, exatamente a partir da monografia acerca do Terceiro Estado.

De acordo com a doutrina clássica de Sieyès, o poder constituinte é inicial, autônomo e incondicionado. Inicial em razão de que não existe, antes dele, nem de fato nem de direito, qualquer outro poder. Autônomo em função de que somente a ele compete decidir se, como e quando deve se outorgar uma Constituição à Nação. É incondicionado porque não está subordinado a qualquer regra.

Ao revés das características que denotam o poder constituinte, os poderes constituídos são limitados e condicionados, sendo que suas organizações e atribuições são fixadas de acordo com a Constituição.

As distinções entre o poder constituinte e os poderes constituídos são de extrema importância para se pesquisar a existência de mais de uma espécie do primeiro, o que será objeto de análise no tópico seguinte.

2.2 Espécies

Ainda nos tempos de hoje, é comum encontrar na doutrina a divisão do poder constituinte em originário e derivado.

O primeiro seria encarregado de produzir, de forma primitiva, o texto da Constituição, enquanto o segundo seria utilizado por ocasião de sua reforma.

A produção originária se dá na hipótese da primeira Constituição de um Estado ou no caso de modificação revolucionária da ordem jurídica, quando não há continuidade do ordenamento constitucional anterior. Já a derivada ocorre nas hipóteses de necessidade de alteração da Lei Maior, em face de modificações existentes na sociedade,[1] a exigirem uma correspondente mudança na Carta, de acordo com as normas previamente ditadas, que limitam e condicionam o exercício desse poder.

Com base nos elementos que tipificam as "espécies" estudadas, já se pode vislumbrar a impropriedade técnica de se considerar o poder de reforma como um "poder constituinte" derivado.

Ora, o poder constituinte, como já exposto, é inicial, autônomo e incondicionado, características estas que não se encontram presentes no exercício de reforma de uma Constituição.

Assim, conforme conclui J. J. Gomes Canotilho (in *Direito Constitucional*, p. 95), "*o poder de revisão constitucional é, conseqüentemente, um poder constituído tal como o poder legislativo*. Verdadeiramente, o poder de revisão só em sentido impróprio se poderá considerar constituinte; será, quando muito, uma paródia do poder constituinte verdadeiro" (grifei).

Não é outra a lição de Ivo Dantas (in *Direito Adquirido, Emendas Constitucionais e Controle da Constitucionalidade*, p. 5): "(...) *confundem-se os conceitos de Poder Constituinte e de Poder de Reforma, este último, às vezes, impropriamente denominado de Poder Constituinte Derivado e contraposto ao Poder Constituinte Originário*. Esclarecidos, entretanto, os dimensionamentos conceituais de ambos, ver-se-á que, enquanto o primeiro não conhece em sua manifestação 'limitações jurídico-positi-

1. Como também, muitas vezes, em face dos diferentes interesses dos governantes, que procuram moldar a Constituição de acordo com os seus planos de administração.

vas', o segundo, ao contrário, não poderá livrar-se de balizamentos jurídicos previamente estabelecidos, o que explica, de forma inconteste, a aplicação do controle de constitucionalidade à obra que pelo Poder Reformador vier a ser produzida" (grifei).

Demonstrada, pois, a inadequação da divisão do poder constituinte em originário e derivado, a denominação em pauta será utilizada, neste trabalho, exclusivamente com relação ao poder constituinte efetivamente existente, enquanto a faculdade de se alterar a Constituição passará a ser tratada como "poder de reforma".

2.3 Titularidade e exercício

A titularidade do poder constituinte variou de acordo com a ideologia reinante em cada época e com o regime de governo então adotado.

Para os países que adotam o regime autocrático, o titular será uma minoria. Ao contrário, nas democracias, o poder constituinte pertencerá ao povo.

Na nossa Nação, que já conviveu com os dois tipos de regime, a titularidade do poder pertence ao povo, tendo sido exercido, durante a elaboração da última Carta, promulgada em 1988, através de uma Assembléia Constituinte.

Deveras, é esse ente coletivo, cujos integrantes são normalmente eleitos pelo povo, que costuma exercer o poder constituinte.

"Tal agente, exatamente por não ser o titular do poder, edita uma obra que vale como Constituição na medida em que conta com a aceitação do titular. Esta aceitação é presumida sempre que o agente é designado pelo titular para estabelecer a Constituição, como ocorre quando uma Assembléia Constituinte é eleita. Ou é aferida posteriormente, seja expressamente quando a Constituição é sujeita à manifestação direta do povo (*referendum*) ou tacitamente quando posta em prática vem a ganhar eficácia", nos termos do magistério de Manoel Gonçalves Ferreira Filho (in *Curso de Direito Constitucional*, p. 22).

No Brasil, o titular do poder de reforma também é o povo, sendo exercido através de seus representantes.

2.4 Poder de reforma — Espécies

A Constituição em vigor prevê duas formas de manifestação de reforma de seu texto. A primeira se encontra contida no art. 60, que cuida do processo de emenda. Já a segunda trata da revisão constitucional, prevista no art. 3º do Ato das Disposições Constitucionais Transitórias.

A revisão, programada para ser realizada cinco anos após a promulgação da Lei Ápice, através de um procedimento legislativo mais simples, pelo voto da maioria absoluta dos membros do Congresso Nacional, em sessão unicameral, já se ultimou, trazendo pouquíssimas alterações no Texto,[2] durante o ano de 1994.

Para o presente ensaio, crescem em importância, pois, as reformas a serem implementadas por intermédio das emendas, o que justifica o seu estudo em item apartado, logo a seguir.

2.5 Emendas à Constituição

A Carta Magna, em seu art. 60, *caput*, incs. I a III, estabelece a quem cabe a iniciativa de emendá-la: a) a um terço, no mínimo, dos membros da Câmara dos Deputados ou do Senado Federal; b) ao Presidente da República; c) a mais da metade das Assembléias Legislativas das unidades da Federação, manifestando-se, cada uma delas, pela maioria relativa de seus integrantes.

2. Foram, ao todo, promulgadas seis emendas constitucionais de revisão.

Como se pode observar, são duas as novidades no tocante ao Texto de 67/69: 1ª) a emenda pode ser promovida por apenas um terço dos membros de qualquer das Casas, não havendo mais a necessidade de tal *quorum* na Câmara e no Senado, como dispunha o art. 47, inc. I, § 3º; 2ª) restabeleceu-se a iniciativa dos legislativos estaduais, anteriormente contida na Constituição de 1891 (art. 90, § 1º).

Por sua vez, a Constituição em vigor disciplina limitações temporais ao poder de emenda, uma vez que ela não poderá ser alterada na vigência de intervenção federal, estado de defesa ou estado de sítio (art. 60, § 1º), nem tampouco poderá haver, na mesma sessão legislativa, renovação de proposta cuja matéria tenha sido rejeitada ou considerada prejudicada (§ 5º).

O processo legislativo a ser observado se encontra disposto no § 2º, do citado art. 60, determinando que a proposta seja discutida e votada em cada Casa do Congresso Nacional, em dois turnos, considerando-se aprovada se obtiver, em ambos, três quintos dos votos dos respectivos membros, cabendo a promulgação da emenda às Mesas da Câmara dos Deputados e do Senado Federal, com o correspondente número de ordem (§ 3º).

Há ainda as restrições de ordem material, sendo vedada a proposta de emenda tendente a abolir (art. 60, § 4º): I — a forma federativa de Estado; II — o voto direto, secreto, universal e periódico; III — a separação dos Poderes; IV — os direitos e garantias individuais.

As limitações em pauta constituem as chamadas cláusulas pétreas, dentre as quais se insere o direito adquirido, na condição de garantia individual (art. 5º, inc. XXXVI, CF), daí porque ganha relevo a indagação: as emendas constitucionais podem violar o direito adquirido? A resposta a esta questão constitui o cerne principal deste esboço e deverá ser discorrida nas linhas seguintes.

3. Do direito adquirido

3.1 Conceito

A doutrina clássica, apoiada em Duguit (*apud* Ivo Dantas, ob. cit., pp. 2 e 3) já registrava a dificuldade na definição do que venha a ser direito adquirido.

Inobstante, não se pode começar a desenvolver um tema sem traçar os seus contornos.

Assim, apesar dos obstáculos, os estudiosos do direito não esmoreceram, no afã de encontrar o melhor conceito para o instituto.

Referência sempre mencionada no estudo da matéria, o italiano Gabba lança a seguinte definição: "é adquirido todo direito que — a) é conseqüência de um fato idôneo a produzi-lo, em virtude da lei do tempo no qual o fato foi consumado, embora a ocasião de fazê-lo valer não se tenha apresentado antes da atuação de uma lei nova sobre o mesmo; e que — b) nos termos da lei sob cujo império se entabulou o fato do qual se origina, entrou imediatamente a fazer parte do patrimônio de quem o adquiriu" (*apud* R. Limongi França, *A Irretroatividade das Leis e o Direito Adquirido*, p. 50).

No Direito brasileiro, a questão não pode ser estudada sem a leitura da obra de R. Limongi França (ob. cit., p. 208), para quem o direito adquirido "é a conseqüência de uma lei, por via direta ou por intermédio de fato idôneo; conseqüência que, tendo passado a integrar o patrimônio material ou moral do sujeito, não se fez valer antes da vigência da lei nova sobre o mesmo objeto".

Já José Afonso da Silva (in *Curso de Direito Constitucional Positivo*, p. 374) assim leciona: "Para compreendermos melhor o que seja direito adquirido, cumpre relembrar o que se disse acima sobre o direito subjetivo: é um direito exercitável segundo a vontade do titular e exigível na via jurisdicional quando seu exercício é obstado pelo sujeito obrigado à prestação correspondentete. Se tal direito é exercido, foi devidamente prestado, tornou-se situação jurídica consumada (direito consumado, direito satisfeito, extinguiu-se a relação jurídica que o fundamentava). *Se o direito subjetivo não foi exercido, vindo a lei nova, transforma-se em direito adquirido, porque era direito exercitável e exigível à vontade de seu titular. Incorporou-se no seu patrimônio, para ser exercido quando lhe conviesse. A lei nova não pode prejudicá-lo, só pelo fato do titular não o ter exercido antes*" (grifei).

Não se pode olvidar que o legislador também cuidou da questão, no § 2º, art. 6º, da Lei de Introdução ao Código Civil (Dec.-lei 4.657, de 4.9.42): "Consideram-se adquiridos assim os direitos que o seu titular, ou alguém por ele, possa exercer, como aqueles cujo começo do exercício tenha termo prefixo, ou condição preestabelecida inalterável, a arbítrio de outrem".

Em resumo, direito adquirido é aquele que, já integrante do patrimônio de seu titular, pode ser exercido a qualquer momento, não podendo lei posterior, que tenha disciplinado a matéria de modo diferente, causar-lhe prejuízo.

3.2 O direito adquirido nas Constituições Federais brasileiras

De certo modo, as Constituições brasileiras sempre trataram do tema, com exceção da Carta de 1937, que nada dispunha sobre o assunto, havendo a edição de leis retroativas durante a sua vigência.

Com apoio no escólio de Raul Machado Horta (in *Estudos de Direito Constitucional*, pp. 274-276), constata-se que o tratamento constitucional da matéria pode ser destacado em dois períodos. No primeiro, consagra-se o princípio da irretroatividade ampla das leis, sendo o direito adquirido um preceito reflexo daquele, posteriormente disciplinado na legislação ordinária. Foi o que se observou nas Cartas de 1824 (art. 179, § 3º) e de 1891 (art. 11, § 3º). No segundo, a irretroatividade foi absorvida pelo direito adquirido, que passa expressamente a ser inscrito como princípio constitucional, conforme se verifica nos Textos de 1934 (art. 113, § 3º), 1946 (art. 141, § 3º), 1967/69 (art. 153, § 3º) e de 1988, alhures já mencionado (art. 5º, inc. XXXVI).

Dessa forma, com exclusão da Constituição Polaca de Vargas, todas as outras protegeram, de forma implícita ou explícita, o direito adquirido, revelando a deferência com que o constituinte sempre cuidou do assunto.

3.3 O direito adquirido e o poder de reforma

Antes de se adentrar no âmago do tema a ser investigado, necessário se faz examinar, de modo preliminar, a questão do direito adquirido em face da Constituição.

As próprias características do poder constituinte — o poder de elaborar uma Carta Magna, nos termos já expostos —, evidenciam que o instituto não pode ser invocado perante uma nova ordem jurídica constitucional.

Deveras, o fato de ser inicial, autônomo e incondicionado denota que tal poder não tem limites no âmbito do Direito Positivo, podendo alcançar situações pretensamente resguardadas pelo direito adquirido.

A matéria parece não suscitar controvérsias.

Manoel Gonçalves Ferreira Filho, em conferência proferida no Tribunal de Alçada Criminal de São Paulo, em 11.6.97, publicada sob o título *Poder Constituinte e Direito Adquirido — Algumas Anotações Elementares*, p. 21, já assim se manifestava: "(...) Mas a retroatividade não é vedada à norma constitucional oriunda do Poder originário. Com efeito, dada a sua inicialidade, ou melhor, dada a inexistência de limitação jurídica que a proíba, pode ela colher fatos a ela anteriores. Em conseqüência, pode dar-lhes caráter (lícito ou ilícito) diferente do que tinham na ordem jurídica anterior. Igualmente pode pôr termo a direitos adquiridos".

O professor Ivo Dantas, mais uma vez lembrado em sua festejada obra já referida (pp. 58 e 59), posiciona-se: "Já dissemos que um texto constitucional é resultado de um hiato constitucional, vale dizer, de um processo revolucionário. Não se vincula a nenhum preceito jurídico-positivo que lhe seja anterior, muito embora, também nesta hipótese, os valores sociais e o direito natural funcionem como limitações ao exercício do poder constituinte. Por isto, e em conseqüência, *poderia a nova Constituição desconstituir direitos adquiridos tal como aconteceu com a atual Constituição de 1988*. Entretanto, neste caso — e já o dissemos —, há um pressuposto de ordem formal: a ressalva do não respeito aos direito adquiridos com fundamento da Constituição anterior terá que vir expressa, não podendo ser objeto de meras deduções interpretativas" (grifei).

A advertência final do consagrado mestre guarda relevância, pois, no direito indígena, são escassos os casos de embate entre as Cartas Políticas e os direitos adquiridos. Ademais, a nova Constituição normalmente recepciona as leis que não lhe são contrárias, o que justifica a necessidade da explicitação, para que não haja dúvidas.

A propósito, é válido transcrever a lição de Raul Machado Horta (ob. cit., p. 281): "A Constituição, por decisão soberana do constituinte originário, poderá revogar o direito adquirido, da mesma forma que revoga as leis anteriores incompatíveis. Como a sucessão constitucional do Brasil não se opera por mudanças violentas e se faz acompanhar da continuidade no tempo das leis anteriores, os casos de conflito entre a Constituição e o direito adquirido serão reduzidos, quando não raros. Em nosso sistema, a Constituição é fonte protetora do direito adquirido, sobrepondo-o à lei".

No âmbito jurisprudencial, o assunto é, também, pacífico, restando consagrado pelo Pretório Excelso que "não pode haver direito adquirido contra preceito expresso da Constituição".

A regra seria a mesma no que se refere às emendas constitucionais, no exercício do poder de reforma?

A resposta negativa merece prevalecer.

A Carta de 88 inscreve, em seu art. 5º, inc. XXXVI, o direito adquirido como uma garantia individual.

Por sua vez, os direitos e garantias individuais não podem ser abolidos através de emenda (art. 60, § 4º, CF), demonstrando, de forma clara, a impossibilidade do poder de reforma violar tal preceito.

Os que defendem posicionamento contrário, argumentam que o direito adquirido não pode ser prejudicado por "lei", de acordo com o preceito constitucional, o que excluiria a emenda.

Ora, o vocábulo lei é aí empregado no seu sentido amplo, englobando todas as modalidades de legislação, a partir das emendas.

Ademais, não se pode esquecer que o poder de reforma é um poder constituído, limitado, e, como tal, deve respeitar as diretrizes traçadas pelo poder constituinte. Se este estabeleceu a proteção ao direito adquirido, como se admitir que, posteriormente, na vigência do mesmo ordenamento jurídico constitucional, sem que tenha havido qualquer processo revolucionário de mudança, a própria Carta Política, através de uma emenda, venha a violar o preceito que ela mesmo resguardou? Seria, no mínimo, um contra-senso.

Transportando tais considerações para as reformas constitucionais em fase conclusiva no Congresso Nacional, dúvidas não podem restar no sentido de que, aqueles que já integraram o direito ao seu patrimônio, ainda que não tenham exercido a vantagem, estão protegidos sob o manto do art. 5º, inc. XXXVI, CF.

Exemplificando, um servidor público que tenha trinta e cinco anos de serviço, poderá se aposentar a qualquer tempo, com proventos integrais, independentemente do período de contribuição ou de idade, fatores que passarão a ser aferidos após a promulgação da emenda que cuida da Previdência.

Outra questão que deverá causar polêmicas, mas que serve também de modelo, é a da estabilidade do servidor nomeado em virtude de concurso público. Aquele que já tiver ultimado dois anos de efetivo exercício à época em que a reforma administrativa entrar em vigor, apenas poderá perder o cargo em virtude sentença judicial transitada em julgado ou mediante processo administrativo com a garantia da ampla defesa (art. 41, § 1º, CF vigente), não lhe sendo aplicável as novas regras, previstas na Proposta de Emenda 41, de 1997, no Senado Federal (n. 173/95, na Câmara dos Deputados): 1) prazo superior para adquirir a vantagem — três anos; 2) perda de cargo mediante procedimento de avaliação periódica de desempenho.

Os exemplos formulados revelam situações preservadas pelo direito adquirido, a partir do momento em que as normas que as regulam venham a ser alteradas através de emenda à Constituição.

É esse o entendimento que vem prevalecendo no campo doutrinário.

Em artigo conjunto, Carlos Ayres Britto e Valmir Pontes Filho (in "Direito adquirido contra as emendas constitucionais", p. 80) assim se expressam: "Em síntese, a norma constitucional veiculadora da intocabilidade do direito adquirido é norma de bloqueio de toda função legislativa pós-Constituição. Impõe-se a qualquer dos atos estatais que se integram no 'processo legislativo', sem exclusão das emendas".

Sérgio de Andréa Ferreira (in "O princípio da segurança jurídica em face das reformas constitucionais", p. 198) afirma: "Foi a própria CF de 1988 que, quando quis excepcionar, teve de fazê-lo expressamente, ao estatuir, no art. 17 do ADCT, que não se admitia, no caso nele previsto, invocação de direito adquirido. Se isso ocorresse, não haveria necessidade de ressalva. Mas essa exclusão, questionável mesmo em uma nova Constituição, é intolerável em se tratando de mera emenda constitucional".

Para Manoel Gonçalves Ferreira Filho (in *Poder Constituinte...*, cit., p. 25) "ninguém negará ser a norma constante do art. 5º, XXXVI, da Constituição uma garantia, garantia essa da segurança das relações jurídicas. Conseqüentemente ela não poderá ser abolida pelo Poder Constituinte derivado (Poder de Reforma)".

Já o Ministro Carlos Mário da Silva Velloso, em artigo dedicado ao tema, publicado em sua obra *Temas de Direito Público*, pp. 448 e 449, lança a seguinte conclusão: "(...) um direito adquirido por força da Constituição, obra do Poder Constituinte originário, há de ser respeitado pela reforma constitucional, produto do Poder Constituinte instituído, ou de 2º grau, vez que este é limitado, explícita e implicitamente, pela Constituição".

Raul Machado Horta (ob. cit., pp. 281 e 282) ensina: "Ao incluir no rol da matéria vedada ao poder constituinte de revisão a emenda tendente a abolir os direitos e garantias individuais, a Constituição transformou o Título II da Constituição, que abrange os Direitos e Garantias Individuais e Coletivos (art. 5º, I a LXXVII), no seu núcleo irreformável e, por isso, inatingível pelo Poder de Emenda. Nessa irreformalidade encontra-se o princípio de que a lei não prejudicará o direito adquirido (art. 5º, XXXVI). O poder constituinte originário poderá, em tese, suprimir o direito adquirido, de modo geral, incluindo nessa supressão a regra que veda a lei prejudicial de direito adquirido. No caso do poder constituinte de revisão, será questionável a emenda que propuser a supressão do direito adquirido assegurado pelo constituinte originário. A emenda ficará exposta a argüição de inconstitucionalidade".

Ivo Dantas (ob. cit., pp. 61 e 62) expõe idêntica conclusão, destacando que "quando se fala em Emenda Constitucional, esta é manifestação de um Poder Constituído — Poder de Reforma —, integrando, nos termos do art. 59 (CF, 1988), o Processo Legislativo e, como tal, encontra-se obrigada a render homenagens ao texto da Constituição, conclusão a que se chega não por mero exercício exegético, mas, inclusive, por determinação expressa deste mesmo texto (art. 60, § 4º)".

Destarte, apesar da existência de vozes abalizadas em contrário, como a de Hugo de Brito Machado (v. "Direito adquirido e coisa julgada como garantias constitucionais", pp. 19-26) observa-se que a doutrina vem sedimentando a exegese segundo a qual há direito adquirido em relação à emenda constitucional.

Em caso de violação ao princípio, caberá, pois, ao prejudicado se socorrer do Poder Judiciário, sendo certo que, na hipótese da emenda afrontar o direito adquirido, estará sujeita ao controle da constitucionalidade, conforme posição já albergada[3] na Corte Suprema, no julgamento das ADIn de ns. 926-5/DF e 939-7/DF, que tratavam do Imposto Provisório sobre Movimentações Financeiras-IPMF.

4. Conclusão

Em face do estudo realizado, pode-se apontar as seguintes ilações:

a) a teorização do poder constituinte — poder de elaborar uma Constituição — surgiu a partir do final do século XVIII, através do panfleto *Que é Terceiro Estado?*, de autoria do abade Emmanuel Sieyès, às vésperas da revolução francesa;

b) as características básicas desse poder são três: 1) é inicial, em razão de que não existe, antes dele, nem de fato nem de direito, qualquer outro poder; 2) é autônomo em função de que somente a ele compete decidir se, como e quando deve se outorgar uma Constituição à Nação; 3) é incondicionado porque não está subordinado a qualquer regra;

c) os elementos indicados não se fazem presentes no processo de alteração de uma Carta Política, pois muitos são os limites a serem observados, havendo, no caso, o exercício de um poder constituído — o poder de reforma, sendo inadequada a denominação deste como "poder constituinte derivado";

d) nas democracias, a titularidade do poder constituinte cabe ao povo, sendo normalmente exercida através de uma Assembléia Constituinte, eleita para tal finalidade, como ocorreu durante os trabalhos da Carta de 88;

e) no Brasil, há previsão do poder de reforma ser exercido através da revisão constitucional, iniciada cinco anos após a promulgação da Lei Ápice (art. 3º, ADCT) e já concluída, havendo, ainda, a possibilidade de mudanças através das emendas constitucionais, disciplinadas no art. 60 da Constituição;

f) direito adquirido é aquele que, já integrante do patrimônio de seu titular, pode ser exercido a qualquer momento, não podendo lei posterior, que tenha disciplinado a matéria de modo diferente, causar-lhe prejuízo;

g) com exclusão da Constituição Polaca de Vargas (1937), todas as outras protegeram, de forma implícita ou explícita, o direito adquirido, revelando a deferência com que o constituinte sempre cuidou da matéria;

h) o poder constituinte não tem limites no âmbito do Direito Positivo, de modo que a Constituição pode alcançar situações pretensamente resguardadas pelo direito adquirido;

3. A possibilidade de existência de normas inseridas na Carta Magna estarem eivadas do vício da inconstitucionalidade, reconhecida pelo Supremo, consagrou a posição que parcela da doutrina já vinha, há muito, defendendo.

i) diferente é a regra no que se refere ao poder constituído — poder de reforma —, pois o princípio do direito adquirido constitui uma garantia individual (art. 5º, XXXVI, CF) e, como tal, encontra-se protegido na condição de cláusula pétrea, expressa no art. 60, § 4º, IV, da Carta Magna, de forma que as emendas constitucionais hão de respeitar o preceito;

j) em caso de violação ao princípio, caberá ao prejudicado se socorrer do Poder Judiciário, sendo certo que a emenda estará sujeita ao controle da constitucionalidade.

Bibliografia

BARROSO, Luís Roberto, *O Direito Constitucional e a Efetividade de suas Normas*, 2ª ed., Rio de Janeiro, Renovar, 1993.

BASTOS, Celso Ribeiro, *Curso de Direito Constitucional*, 13ª ed., São Paulo, Saraiva, 1990.

BONAVIDES, Paulo, *Curso de Direito Constitucional*, 5ª ed., São Paulo, Malheiros Editores, 1994.

___ "Inconstitucionalidade de preceito constitucional", *Revista Trimestral de Direito Público*, São Paulo, Malheiros Editores, v. 7, pp. 58-81.

BRITO, Carlos Ayres e PONTES FILHO, Valmir, "Direito dquirido contra as Emendas Constitucionais", *Revista de Direito Administrativo*, Rio de Janeiro, Renovar, v. 202, pp. 81-87.

CANOTILHO, J. J. Gomes, *Direito Constitucional*, 6ª ed., Coimbra, Livraria Almedina, 1993.

DANTAS, Ivo, *Direito Adquirido, Emendas Constitucionais e Controle da Constitucionalidade*, 2ª ed., Rio de Janeiro, Ed. Lumen Juris, 1997.

___ *O Valor da Constituição — Do Controle da Constitucionalidade como Garantia da Supralegalidade Constitucional*, Rio de Janeiro, Renovar, 1996.

___ *Princípios Constitucionais e Interpretação Constitucional*, Rio de Janeiro, Ed. Lumen Juris, 1995.

FERREIRA FILHO, Manoel Gonçalves, *Curso de Direito Constitucional*, 20ª ed., São Paulo, Saraiva, 1993.

___ *Poder Constituinte e Direito Adquirido (Algumas Anotações Elementares)*, Ed. RT, Doutrina Civil, v. 745, pp. 18-26.

FERREIRA, Sérgio de Andréa, "O princípio da segurança jurídica em face das Reformas Constitucionais", *Revista Forense*, Rio de Janeiro, Forense, v. 334, pp. 191-209.

FRANÇA, R. Limongi, *A Irretroatividade das Leis e o Direito Adquirido*, 3ª ed., São Paulo, Ed. RT, 1982.

HORTA, Raul Machado, *Estudos de Direito Constitucional*, Belo Horizonte, Del Rey, 1995.

LOEWENSTEIN, Karl, *Teoría de la Constitución*, Barcelona, Ediciones Ariel, 1965.

MACHADO, Hugo de Brito, "Direito adquirido e coisa julgada como garantias constitucionais", *Revista dos Tribunais*, São Paulo, Ed. RT, v. 714, pp. 19-26.

MIRANDA, Jorge, *Manual de Direito Constitucional*, t. II, 3ª ed., Coimbra, Coimbra Editora, 1991.

NOVELLI, Fábio Bauer, "Norma constitucional inconstitucional?", *Revista de Direito Administrativo*, Rio de Janeiro, Renovar, v. 199, pp. 21-57.

SILVA, José Afonso da, *Curso de Direito Constitucional Positivo*, 6ª ed., 2ª tiragem, São Paulo, Ed. RT, 1990.

SLAIB FILHO, Nagib, *Anotações à Constituição de 1988*, 3ª ed., Rio de Janeiro, Forense, 1992.

TEMER, Michel, *Elementos de Direito Constitucional*, 9ª ed., São Paulo, Malheiros Editores, 1992.

VELLOSO, Carlos Mário da Silva, *Temas de Direito Público*, Belo Horizonte, Del Rey, 1994.

PRESCRIÇÃO: DECRETAÇÃO DE OFÍCIO EM FAVOR DA FAZENDA PÚBLICA

EDILSON PEREIRA NOBRE JÚNIOR

Juiz Federal — Professor da Universidade Federaldo Rio Grande do Norte,
da Escola Superiorda Magistratura do Rio Grande do Norte
— Mestrando pela UFPE

I — O tempo e as relações jurídicas. II — Noções gerais sobre prescrição. III — A renúncia à prescrição e o art. 166 do Código Civil. IV — O interesse público e sua indisponibilidade. V — Os arts. 166 e 219, § 5º, dos Códigos Civil e de Processo Civil, frente à indisponibilidade do interesse público. VI — Conceito de Fazenda Pública para afastar a incidência do art. 166 do Código Civil. VII — Conclusões.

I — O tempo e as relações jurídicas

A vida do ser humano, nos seus mais variados matizes, não prescinde da intermediação do fator tempo. Este domina o homem quer na vida biológica, quer nas suas relações com a sociedade e no campo profissional. Mas não é só. As relações jurídicas também não o dispensam.

A atuação do fenômeno temporal no âmbito jurígeno opera de maneira multifária. Inicialmente, constitui nota demarcadora da aquisição de direitos, como no nascimento, fato gerador da personalidade, no implemento das maioridades civil, criminal e política; outras vezes estatui os limites de vigência das normas retoras de conduta, bem como da eficácia das avenças convoladas entre os indivíduos (termos inicial e final); ainda se pode utilizá-lo como motivo da extinção de determinadas faculdades jurídicas.

Daí se tem o fenômeno da prescrição extintiva,[1] consubstanciada na extinção do direito de provocar o aparato jurisdicional para se restaurar a violação de um interesse juridicamente protegido, em virtude da passagem do tempo.

II — Noções gerais sobre prescrição

Ao invés de representar pena ao inerte, funda-se a prescrição no princípio da segurança jurídica, a reputar como atentatório da paz social que as relações jurídicas perdurem, insolúveis e definitivamente, no tempo.

1. Fora de abordagem a prescrição aquisitiva, típica dos direitos reais, apesar de se poder aduzir que, de maneira idêntica, dirige-se à extinção de um direito para o antigo proprietário, através do surgimento

A sua caracterização requer o concurso dos seguintes fatores: a) ocorrência de violação do direito positivo, a ensejar uma ação exercitável;[2] b) situação de passividade do titular da pretensão pela não dedução desta perante o Judiciário; c) prolongamento dessa inércia por um lapso de tempo, previsto em lei, sem a ocorrência de causas impeditivas, suspensivas e interruptivas.

O Código Civil de 1916, ainda atual, procurou sistematizar algumas regras de abrangência genérica sobre o tema. Entre elas asseverou: a) a sua renunciabilidade, expressa ou tácita, desde que consumada (art. 161); b) a possibilidade de sua alegação em qualquer instância, pela parte a quem favorece (art. 162);[3] c) atingir os seus efeitos, igualmente, as pessoas jurídicas (art. 163); d) caber ação de regresso em favor das pessoas privadas de administrar seus negócios e bens, a fim de responsabilizar os seus representantes, legais e convencionais, quando, por culpa *latu sensu*, concorrerem para a prescrição (art. 164);[4] e) continuidade do curso de seu prazo em detrimento dos sucessores (art. 165); f) aplicação da máxima *accessorium sequitur principale* (art. 167); g) descabimento de seu acolhimento pelo juiz sem a suscitação da parte cujos efeitos aproveita (art. 166).[5]

Nesta célere investigação, interessanos o alcance da última das regras citadas frente ao interesse público. Quer dizer: pode o juiz, em cumprimento ao art. 166 do Código Civil, ratificado pelo art. 219, § 5º, do Código de Processo Civil, abster-se de reconhecer, de ofício, a prescrição que favorece ao ente público? Para responder a indagação, forçosa a análise da extensão da faculdade de renúncia à prescrição, assunto intimamente ligado ao presente.

III — A renúncia à prescrição e o art. 166 do Código Civil

O art. 161, primeira parte, do Código Civil dispõe, com clareza: "A renúncia da prescrição pode ser expressa, ou tácita, e só valerá, sendo feita, sem prejuízo de terceiro, depois que a prescrição se consuma".

De acordo com esse comando normativo, o direito a invocar o instituto da prescrição, com vistas a afastar o êxito de ação contra si manejada, pode ser renunciado. Para tanto, exige-se que o intervalo prescricional tenha se consumado por inteiro. Não se

de força criadora em prol do usucapiente. Também não cuidaremos aqui da decadência, também identificada pelo designativo *caducidade*, em virtude da não existência de texto legal que impeça o seu reconhecimento sem provocação do interessado.

2. Filiado à *actio nata*, influenciadora da maioria da doutrina, Agnelo Amorim Filho ("Critério científico para distinguir a prescrição da decadência e para identificar as ações imprescritíveis", *RF* 193/37) vê na lesão do direito o termo inicial do prazo prescricional, proclamando: "(...) é que a lesão dá origem a uma ação, e a possibilidade de propositura desta, com o fim de reclamar uma prestação destinada a restaurar o direito, é que concorre para criar aquele estado de intranqüilidade social que o instituto da prescrição procura evitar".

3. Marco Aurélio Mendes de Faria Mello (*Prescrição — Momento Propício à sua Articulação*, n. 8, pp. 909-911) advoga a existência de um limite procedimental para a argüição da prescrição, calcado nos recursos extraordinários (extraordinário propriamente dito, especial e de revista), porquanto o seu conhecimento se subordina ao prequestionamento, nos graus jurisdicionais ordinários, do tema a ser decidido no inconformismo.

4. O preceito é dispensável em face do art. 159 do Código Civil impor a obrigação de indenizar àquele que, por dolo, negligência, imprudência ou imperícia, causar dano a outrem. Não obstante, o preceito do art. 164 do Código Civil, como advogou Oswaldo Aranha Bandeira de Mello (*Princípios de Direito Administrativo*, p. 453), não diz respeito somente aos incapazes, absolutos e relativos, mas igualmente às pessoas jurídicas, de direito privado e de direito público.

5. O modelo possui derivação alienígena. O Código Civil da França, no seu art. 2.223, dispõe: "Les juges ne peuvent supléer d'office le moyen résultant de la prescription" (Os juízes não podem suprir de ofício o meio resultante da prescrição). O art. 515 Código Civil português ostenta dicção semelhante: "Os juízes não podem suprir, de ofício, a prescrição, não sendo essa invocada pelas partes".

admite abdicação de prescrição em curso, pena de se comprometer o seu fundamento de ordem pública. Igualmente, a renúncia não poderá prejudicar direito de terceiro.

Quanto às modalidades em que a renúncia poderá se materializar, haurimos, na literatura jurídica, duas. Inicialmente, temos a expressa, em que o prescribente, de maneira inequívoca, abre mão da prescrição existente em seu favor, declarando, oralmente ou por escrito, desta não querer se beneficiar. O outro tipo consiste na tácita, ou implícita, cuja configuração se centra na prática, por aquele, de atos incompatíveis com o desejo de se favorecer com a *exceptio*.

Miguel Maria Serpa Lopes,[6] forte na definição do art. 2.937 do Código Civil italiano, perfeitamente amoldável ao art. 161, segunda parte, do nosso Código Civil, exemplifica, entre as hipóteses em que reputa renunciada uma prescrição, o fato de alguém apresentar-se, em concurso de credores (processo de execução coletiva), com um título prescrito sem sofrer impugnação pelos interessados.

Ampliando a situações similares, o exemplo ilustrado pelo referido autor, o qual também se abeberara em aresto da 2ª Câmara do Tribunal de Justiça do Rio de Janeiro de 24.11.44, a jurisprudência vislumbra renúncia tácita no ato do executado que, durante os prazos para a interposição de embargos à execução e à arrematação, queda-se inerte, sem invocar prescrição que lhe favorece.[7]

Fácil de concluir, então, que a não invocação da exceção prescricional em contestação, ou ação autônoma, como a de embargos à execução, quando aquela beneficia o réu ou devedor, eqüivale à sua renúncia tácita, tendo em vista representar ato incompatível com o seu exercício.

Configurando tal comportamento verdadeira abdicação, segue-se que somente se pode deixar de alegar a prescrição nas situações em que o prescribente, por si ou por seu representante, possa renunciá-la.

Tecendo comentários ao art. 219, § 5º, do Código de Processo Civil, com o qual se amálgama com perenidade o art. 166 do Código Civil, Antônio Janyr Dall'Agnol Júnior[8] assenta a renunciabilidade do direito como o norte conceitual da vedação ao conhecimento, sem qualquer provocação, da prescrição. Salientou, ainda, que o conhecimento, de ofício, do decurso do tempo como fator extintivo da proteção judicial de interesse jurídico diz respeito somente àqueles de conteúdo não patrimonial, onde tecnicamente se deve falar em decadência. Diz o mestre: "Veda a lei que o juiz, *ex officio*, decrete a prescrição que diga com direitos patrimoniais. A regra já se encontrava no art. 166 do Código Civil: 'O juiz não pode conhecer da prescrição de direitos patrimoniais, se não invocada pelas partes'. A *ratio legis* é singela: tratando-se de direitos patrimoniais, porquanto renunciáveis, renunciável também o é a alegação da prescrição (art. 161, do Código Civil). Tratando-se de prescrição de direitos não patrimoniais, ou mais propriamente decadência, viável o conhecimento de ofício pelo juiz, extinguindo-se o processo com julgamento de mérito (art. 269, IV)".

IV — O interesse público e sua indisponibilidade

É pacífico competir ao organismo estatal curar os interesses da coletividade e, somente indiretamente, as aspirações individuais. Centrando-se tais interesses no bem comum, pertencem ao grupamento de indivíduos que habitam a porção territorial do Estado.

Vê-se, portanto, que o interesse público, que à Administração cabe proteger, a

6. *Curso de Direito Civil*, pp. 510-511.

7. *LEX RJTJESP* 119/209 e 106/333.

8. 1985, p. 297.

esta não lhe pertence. Dele o administrador não é senhor. A expressão *relação de Administração*, como bem explicita Rui Cirne Lima,[9] diverge da de propriedade. *Relação de Administração* — ensina o mestre — é aquela estruturada à base de uma finalidade cogente, não disponível. Opõe-se diametralmente à relação jurídica fundada na propriedade. Restou clássico o seu dito de que: "Na Administração, o dever e a finalidade são predominantes; no domínio, a vontade".[10]

Não pertencendo o interesse público, calcado no bem-estar da sociedade, ao gestor administrativo, mas sim àquela, remata-se que, não sendo este dono, dele não poderá, em nenhum instante, dispor.

Todo e qualquer ato de disposição, de liberalidade, somente poderá ser perpetrado se autorizado por lei — expressão da *volonté générale*. Do contrário, será inválido.

Isso decorre da regra, basilar no Direito Administrativo hodierno, da indisponibilidade do interesse público. Neste sentido, há escólio lapidar de Celso Antônio Bandeira de Mello: "A indisponibilidade dos interesses públicos significa que sendo interesses qualificados como próprios da coletividade — internos ao setor público — não se encontram à livre disposição de quem quer que seja, por inapropriáveis. O próprio órgão administrativo que os representa não tem disponibilidade sobre eles, no sentido de que lhe incumbe apenas curá-los — o que é também um dever — na estrita conformidade do que predispuser a *intentio legis*".[11]

Também ressaltando a importância do princípio, Lucia Valle Figueiredo: "Ao investir a Administração de prerrogativas especiais para tutela de determinados interesses, que houve por bem entender como prevalentes, a norma, em contrapartida, qualificou-os de inalienáveis. Com efeito, a conseqüência da supremacia do interesse público é a indisponibilidade. Decorre daí que, mesmo ao delegar o exercício de determinadas funções públicas a outrem, a Administração delas não poderá dispor".[12]

Com essas razões, volto a frisar que o agente da Administração, quando de sua atuação, não pode perder de vista o interesse público qualificado normativamente, acerca do qual lhe é, *grosso modo*, vedado perpetrar qualquer conduta de disposição.[13]

V — Os arts. 166 e 219, § 5º, dos Códigos Civil e de Processo Civil, frente à indisponibilidade do interesse público

Expostas as considerações retro, aporto, finalmente, no ponto crucial deste trabalho, voltado a perscrutar se o magistrado *sponte propria* tem poderes, nas lides em que a Fazenda Pública é demandada, para o reconhecimento da prescrição ante o disposto no art. 166 do Código Civil, corroborado

9. *Princípios de Direito Administrativo*, pp. 51-52.

10. Loc. cit., p. 52.

11. *Curso de Direito Administrativo*, p. 23.

12. *Curso de Direito Administrativo*, p. 34.

13. No que tange à União Federal, suas autarquias, fundações e empresas públicas federais, os arts. 1º a 3º da recente Lei 9.469, de 10.7.97, sucessora da Lei 8.197, de 27.6.91, disciplinam o modo e as condições pelas quais os respectivos entes podem transacionar, renunciando direitos. Dispõem tais preceitos: "Art. 1º. O Advogado-Geral da União e os dirigentes máximos das autarquias, das fundações e das empresas públicas federais poderão autorizar a realização de acordos ou transações, em juízo, para terminar o litígio, nas causas de valor até R$ 50.000,00 (cinqüenta mil reais), a não-propositura de ações e a não-interposição de recursos, assim como requerimento de extinção das ações em curso ou de desistência dos respectivos recursos judiciais, para cobrança de créditos, atualizados, de valor igual ou inferior a R$ 1.000,00 (mil reais), em que interessadas essas entidades na qualidade de autoras, rés, assistentes ou oponentes, nas condições aqui estabelecidas. § 1º. Quando a causa envolver valores superiores ao limite fixado no *caput*, o acordo ou a transação, sob pena de nulidade, dependerá de prévia e expressa autorização do Ministro de Estado ou do titular da Secretaria da Presidência da República a cuja área de competência

pelo art. 219, § 5º, do CPC, ao afirmar que *o juiz não pode conhecer da prescrição de direitos patrimoniais, se não foi invocada pelas partes.*[14]

Penso que a regra não é absoluta.[15] Comporta temperamentos. Um deles é o que concerne à capacidade das partes. Para a validade da renúncia, como ato abdicativo, necessário se verificar a capacidade do renunciador, ou seja, se este pode, validamente, praticar tal ato na vida civil. Precisa a advertência de Caio Mário da Silva Pereira: "Pode o devedor a ela renunciar, repetimos, subordinada a validade da renúncia à circunstância de estar o renunciante na livre administração de seus bens, pois envolve indiretamente uma diminuição patrimonial, equiparável à alienação".[16]

No campo do Direito Público, o vocábulo *capacidade* transmuda-se em *competência*, elementar do ato administrativo integralmente vinculada.[17] Assim, cabe à lei dispor qual o agente que possui o poder-dever de praticar determinado ato e a forma de praticá-lo.

Configurando a renúncia tácita uma modalidade de ato de disposição, não se deve perder de vista o cânon da indisponibilidade do interesse público, por pertencente à coletividade, sendo indispensável que o seu gestor esteja, para tanto, autorizado por lei específica.

Penso que a melhor exegese a ser legada ao art. 166 do Código Civil, é a de que a regra que enuncia — vedação do juiz reconhecer de ofício prescrição — somente se dirige aos direitos cujo titular, ou representante, poderá dispor. A utilização da expres-

estiver afeto o assunto, no caso da União, ou da autoridade máxima da autarquia, da fundação ou da empresa pública. § 2º. Não se aplica o disposto neste artigo às causas relativas ao patrimônio imobiliário da União. Art. 2º. O Advogado-Geral da União e os dirigentes máximos das autarquias, fundações ou empresas públicas federais poderão autorizar a realização de acordos, homologáveis pelo Juízo, nos autos dos processos ajuizados por essas entidades, para o pagamento de débitos de valores não superiores a R$ 50.000,00 (cinqüenta mil reais), em parcelas mensais e sucessivas até o máximo de trinta. § 1º. O saldo devedor da dívida será atualizado pelo índice de variação da Unidade Fiscal de Referência (UFIR), e sobre o valor da prestação mensal incidirão os juros à taxa de doze por cento ao ano. § 2º. Inadimplida qualquer parcela, pelo prazo de trinta dias, instaurar-se-á o processo de execução ou nele prosseguir-se-á, pelo saldo. Art. 3º. As autoridades indicadas no *caput* do art. 1º poderão concordar com pedido de desistência da ação, nas causas de quaisquer valores, desde que o autor renuncie expressamente ao direito sobre que se funda a ação" (art. 269, inc. V, do Código de Processo Civil).

14. Digno de nota a circunstância de que a letra legal, tomada em seu extremo rigorismo, implica total vedação ao conhecimento, pelo juiz, de prescrição não alegada pelas partes. Não se comente que, nas causas em que não estiverem em jogo direitos patrimoniais, poderá o magistrado sanar a inércia dos litigantes. Como bem demonstrara Agnelo Amorim Filho (loc. cit., p. 38), a prescrição, como instituto jurídico distinto da decadência, tem o seu campo de ação restrito às ações condenatórias e somente a estas. Evoco novamente as palavras do mestre: "Por via de conseqüência, chegar-se-á, então, a uma segunda conclusão importante: só as ações condenatórias podem prescrever, pois são elas as únicas ações por meio das quais se protegem os direitos suscetíveis de lesão, isto é, os da primeira categoria da classificação de *Chiovenda*". Por sua vez, as lides de conteúdo não patrimonial, direto ou mediato, não se encontram no campo de atuação das ações condenatórias, não cabendo se cogitar de prescrição. De nenhuma utilidade a inclusão do vocábulo *patrimoniais* no texto legal.

15. Assim não pensa Ulderico Pires dos Santos: "A prescrição de ações relativas a direitos patrimoniais é meio de defesa pessoal do devedor e só ele, como beneficiário dessa exceção liberatória, pode argüi-la. Por isso, por mais evidenciada que esteja a prescrição, não pode, ao sabor de nosso Direito Positivo, ser declarada senão a pedido de quem se beneficia com a sua declaração. Conclusão: o juiz só pode conhecer da prescrição de ações relativas a direitos patrimoniais quando essa *exceptio* for levantada pela parte a quem beneficia. Essa regra é intransponível, não comportando exceção, nem mesmo em favor do incapaz e ainda que a prescrição seja gritante" (*Prescrição — Doutrina, Jurisprudência e Prática*, p. 15).

16. *Instituições de Direito Civil*, p. 437.

17. O liame, no Direito Público, entre capacidade e competência, foi elucidativamente demonstrado por Oswaldo Aranha Bandeira de Mello (loc. cit., pp. 493-496).

são *patrimoniais*, no lugar de *disponíveis*, vocábulo mais apropriado, decorre do fato de, quase sempre, aqueles se confundirem com o campo da disponibilidade jurídica.

Prova insofismável disso, o art. 1.035 do Código Civil afirma que a transação se cinge aos direitos patrimoniais de caráter privado, porquanto não os únicos suscetíveis de ampla disposição. Aqui observe-se que o legislador foi mais preciso, qualificando a patrimonialidade com a adição da díade *direito privado*.

Outra não fora a razão por que Miguel Maria de Serpa Lopes sustentara: "Sobre a segunda regra, qual a de ser vedado ao juiz pronunciar-se sobre prescrição *ex officio*, a jurisprudência não tem oscilado na aplicação rígida desse princípio. Os juristas, porém, têm-na entendido como suscetível de exceções. Assim, ao juiz é dado conhecer da prescrição *ex officio*, nos seguintes casos: a) quando fundar-se em motivos de ordem pública ou na necessidade social; b) em se tratando de ações de Estado".[18]

Nesse diapasão, há elucidativo acórdão do Tribunal de Justiça de São Paulo na apelação cível 163.440, proclamando: "Prescrição — Renúncia — O Poder Público pode renunciar a direito próprio, mas esse ato de liberalidade não pode ser praticado discricionariamente, dependendo de lei que o autorize. A renúncia tem caráter abdicativo e em se tratando de ato de renúncia por parte da Administração depende sempre de lei autorizadora, porque importa no despojamento de bens ou direitos que extravasam dos poderes comuns do administrador público".[19]

No que concerne à Administração Pública Federal, o art. 112 da Lei 8.112/90, encarnando o espírito da indisponibilidade do interesse público, expressamente dispõe: "A prescrição é de ordem pública, não podendo ser relevada pela Administração". O preceito, por seu caráter genérico, espraia-se a toda e qualquer relação da Administração com os seus administrados, não devendo ter a sua aplicação jungida aos liames Estado-servidor.

Forçoso ponderar, portanto, que, pelo menos no que concerne à União, suas autarquias e fundações, os arts. 166 e 219, § 5º, do Código Civil e do Código de Processo Civil, encontram-se derrogados pela *lex posterior*, no caso a Lei 9.469/97.

Sei que os tribunais pátrios, em iterativas deliberações, vem reformando, com arrimo no art. 219, § 5º, do Código de Processo Civil, decisões que, de ofício, *reconheciam a prescrição* em ações de execução fiscal.[20] Todavia, aqui cabe um fundamental esclarecimento: no executivo fiscal, o titular do direito à prescrição era o contribuinte, de maneira que a argüição do evento prescritivo poderia validamente configurar renúncia tácita, haja visto que a abdicação em gozar das benesses da prescrição se encontrava na sua esfera de normal disponibilidade.[21] Interdito, destarte, ao magistra-

18. Loc. cit., p. 507.

19. 1ª Câmara Civil, ac. un., rel. Des. Pacheco de Mattos, *RJTJESP* 5/133. Malgrado se dirigir o aresto à invalidação de despacho de Secretário de Estado que, em despacho proferido em processo administrativo, renunciara a prescrição consumada em favor do Estado de São Paulo, a sua motivação é aplicável como argumento a impulsionar o julgador a afastar parcialmente, nos casos concretos que lhe sejam trazidos, o art. 166 do Código Civil. No voto do relator, há menção a ensinança de Hely Lopes Meirelles, de manifesta atualidade, consoante a qual: "Em se tratando de renúncia por parte da Administração depende sempre de lei autorizadora, porque importa no despojamento de direitos que extravasam dos poderes comuns do administrador público" (*Direito Administrativo Brasileiro*, p. 166).

20. STJ, 2ª T., ac. un., REsp 8.383-RJ, rel. Min. Ilmar Galvão, *DJU* de 6.5.91, p. 5.660; STJ, 1ª T., ac. un., REsp 46.058-MA, rel. Min. Garcia Vieira, *DJU* de 16.5.94, p. 11.733; TRF-1ª Reg., 4ª T., ac. un., AC 01.742-TO, rel. Juiz Nelson Gomes da Silva, *DJU* de 23.3.95, p. 15.363; TRF-2ª Reg., 3ª T., ac. un., AC 14.557-RJ, rel. Juiz Celso Passos, *DJU*-II de 25.6.91; TRF-4ª Reg., 2ª T., ac. un., AC 28.492-RS, rel. Juiz Teori Albino Zavascki, *DJU*-II de 16.2.94, p. 4.568.

21. Ives Gandra da Silva Martins enfatiza o colorido de disponibilidade do direito do contribuin-

do, contrariando a tácita manifestação de vontade do prescribente, reconhecer a prescrição da qual este não quer se beneficiar. Diferentemente, quando a prescrição favorece o Poder Público, em virtude de que a renúncia deste, pela omissão de seu representante em argüi-la, para ostentar validade, necessita de apoiar-se em espeque legal.

Tampouco serve para justificar a aplicação, detrimentosa para a Administração, da regra de que a prescrição não pode manifestar-se de *pleno jure*, mas sempre *ope exceptionis*, o fato do representante judicial daquela poder ser responsabilizado administrativa e civilmente por sua omissão. É que o fato de tal responsabilidade se encontrar prevista em nosso Direito Positivo não serve para tornar disponível um direito que, por sua natureza, é indisponível.

Igualmente, a distinção, forjada pela doutrina italiana, nestas plagas perfilhada no magistério de Celso Antônio Bandeira de Mello,[22] entre interesse público primário (interesses pertencentes à coletividade como um todo) e secundário (decorrente da condição de sujeito de direito do Estado, entre os quais estão os direitos patrimoniais), não serve para fundamentar ponto de vista adverso ao aqui exposto. Em ambos os casos, há a indisponibilidade. A repulsa da distinção, para o fim de tornar o interesse secundário disponível, com certeza granjeou o prestígio do legislador, pelo menos no âmbito da Administração Federal. Isto se comprova por toda e qualquer transação relativa a direitos de cunho pecuniário necessitar de preencher os requisitos estabelecidos nos arts. 1º a 3º da Lei 9.469/97.

Mister um aclaramento: quando afirmo que o julgador pode reconhecer a prescrição, em face da existência de interesse público, não imponho uma obrigatoriedade. Esta vale para o representante judicial da Fazenda Pública, pena de responsabilização. Quanto ao julgador, há a faculdade de fazê-lo, tanto que, se sobrevier condenação com trânsito em julgado, não se vislumbra exitoso o ajuizamento de rescisória por tal motivo. É como prelecionou Pontes de Miranda, ao interpretar *a contrario sensu* o disposto no art. 219, § 5º, do Código de Processo Civil: "Se o direito, a que corresponde a prorrogação da pretensão e da ação, ou só da ação, não é patrimonial, a lei atribuiu ao juiz o direito de decretar, de ofício, a prescrição".[23]

VI — Conceito de Fazenda Pública para afastar a incidência do art. 166 do Código Civil

Alfim, toca-me ainda tecer céleres comentários quanto à abrangência da possibilidade de o magistrado, mesmo quando não suscitada, declarar a ocorrência da prescrição, ou seja, quais os entes políticos e administrativos que podem usufruir da parcial exceção ao art. 166 do Código Civil.

Tomo, como ponto de partida, o art. 1º do Decreto 20.910, de 6.1.32, responsável por estatuir regime especial de prescrição em prol da Fazenda Pública. Este binômio,

te em não pagar tributo indevido, noção a que se pode, sem maiores facilidades, estender ao tributo prescrito: "Não entrarei a examinar a constitucionalidade ou não do IPTU lançado paro o exercício de 1994. Refoge ao campo de indagação do parecer. Examinarei, isto sim, o tipo de direito que implica, ou seja, ao Município, o direito de exercer sua competência impositiva e ao munícipe o direito individual, disponível e divisível de ser tributado nos termos da lei suprema e da lei ordinária. Tal tipo de direito do cidadão é tipicamente um direito divisível e disponível. Poderá o contribuinte dele abrir mão se o desejar. Poderá, se entender que vale a pena pagar um tributo, que seja inconstitucional, para ajudar a comunidade em que vive" ("Ação civil pública é veículo processual imprestável para proteção de direitos individuais disponíveis", *Revista dos Tribunais* 707/24).

22. Loc. cit., p. 22.

23. *Comentários ao Código de Processo Civil*, p. 260. Afigura-se-me incorreto Sérgio Sahione Fadel (*Código de Processo Civil*, p. 375), ao entender tratar-se a hipótese de dever judicial.

nas primícias, representativo do Estado em juízo nas questões tributárias,[24] passou, com o evolver dos tempos, a significar o segmento da Administração Pública custeado pelo erário (*rectius*, por tributos, ou receitas derivadas), abrangendo a Administração direta, autárquica e fundacional. Neste sentido, de leitura obrigatória Nélson Nery Júnior: "Vários são os sentidos em que é empregado o vocábulo *Fazenda Pública*. Pode significar o erário como instituidor e arrecadador de impostos, o Estado em juízo litigando genericamente sobre aspectos patrimoniais, ou simplesmente a Administração Pública por todos os seus órgãos da Administração direta e entidades autárquicas, porque é seu erário que suporta os encargos patrimoniais da demanda. Em oportuna síntese já se firmou que o termo *Fazenda Pública* pode ser compreendido em três acepções: a) como teoria do regime econômico do Estado; b) como instituição ou organismo administrativo que gere os dinheiros públicos; c) como o patrimônio que os dinheiros públicos constituem. Embora tecnicamente a locução *Fazenda Pública* devesse indicar apenas e tão-somente o Estado em juízo com seu perfil financeiro, na verdade se tem denominado dessa forma, tradicionalmente, a Administração Pública por qualquer das suas entidades da Administração direta (União, Estado e Município) e autárquicas, irrelevante o tipo de demanda em que a entidade se vê envolvida".[25]

A princípio a locução não abrangeria as sociedades de economia mista e as empresas públicas. Não se pode olvidar que, posteriormente, o Decreto-lei 4.597, de 19.8.42, estendeu os ditames do Decreto 20.910/32 às entidades paraestatais mantidas mediante impostos, taxas ou quaisquer contribuições, exigidas dos particulares com fulcro em lei federal, estadual ou municipal. Esta extensão, embora pareça, não conflita com o discrímen, gizado constitucionalmente (art. 173, § 1º, CF), entre sociedades de empresas públicas e sociedades de economia mista prestadoras de serviço público e exploradoras de atividade econômica, segundo o qual estas últimas possuem regime obrigacional próprio, idêntico ao aplicável aos particulares, mesclado por derrogações expressas encetadas por normas publicísticas. Sendo assim, suas obrigações não poderiam estar sujeitas a prazo prescricional distinto dos constantes da legislação privatística, que são os estatuídos nos arts. 177 e 178 do Código Civil.

Como os entes paraestatais que exercem atividade econômica, de regra, são mantidos com recursos próprios (receita originária), de color não tributário (preços públicos), estariam, independentemente da prescrição magna, fora do regime prescricional da Administração, reforçando-se a compatibilidade vertical do Decreto-lei 4.957/42.[26] A extensão das disposições prescricionais de Direito Público depende da manutenção da entidade por receitas tributárias.

VII — Conclusões

Ao depois das considerações expostas, pode-se rematar o seguinte:

a) o direito à prescrição, como integração do patrimônio do sujeito de direito, é suscetível de abdicação, que poderá assomar de maneira expressa ou implícita;

b) a renúncia tácita decorre da prática, pelo prescribente, de comportamento inconciliável com a vontade de se alegar a prescrição, ao qual se equipara a sua não invocação como matéria de defesa, nos momentos processuais oportunos (contestação, embargos e apelação);

c) o ato de renunciar, como modalidade de disposição de direito, requer a capa-

24. Castro Nunes, *A Fazenda Pública em Juízo*, p. 304.

25. *Princípios do Processo Civil na Constituição Federal*, pp. 48 e 49, 1992.

cidade do renunciante em dispor do direito abdicado;

d) no campo do Direito Público, os interesses curados pelo administrador, por pertencerem à sociedade, encontram-se afetados a uma finalidade legalmente prevista, não possuindo aquele capacidade, aqui denominada de competência, para livremente praticar atos de disposição, os quais somente emergirão válidos quando autorizados por lei específica;

e) a regra contida no art. 166 do Código Civil, secundada pelo art. 219, § 5º, do Código de Processo Civil, não ostenta caráter absoluto, descabendo operar nas lides em que a Fazenda Pública se faz presente, como demandada, tendo em vista que esta gera interesses da coletividade, onde o campo de disposição é essencialmente vinculado.

VIII – Bibliografia

AMORIM FILHO, Agnelo, "Critério científico para distinguir a prescrição da decadência e para identificar as ações imprescritíveis", *Revista Forense*, Rio de Janeiro, n. 193, 1961.

DALL'AGNOL JÚNIOR, Antônio Janyr, *Comentários ao Código de Processo Civil: dos Atos e Nulidades Processuais*, v. III, arts. 154-261, Porto Alegre, Letras Jurídicas, 1985.

DI PIETRO, Maria Sylvia Zanella, *Direito Administrativo*, São Paulo, Atlas, 1990.

FADEL, Sérgio Sahione, *Código de Processo Civil Comentado*, v. I, 6ª ed., Rio de Janeiro, Forense, 1998.

FIGUEIREDO, Lucia Valle, *Curso de Direito Administrativo*, São Paulo, Malheiros Editores, 1994.

LIMA, Rui Cirne, *Princípios de Direito Administrativo*, 6ª ed., São Paulo, Ed. RT, 1987.

LOPES, Miguel Maria Serpa, *Curso de Direito Civil*, v. I, 6ª ed., Rio de Janeiro, Freitas Bastos, 1988.

MARTINS, Ives Gandra da Silva, "Ação civil pública é veículo processual imprestável para proteção de direitos individuais disponíveis", *Revista dos Tribunais*, São Paulo, n. 707, p. 24.

MELLO, Celso Antônio Bandeira de, *Curso de Direito Administrativo*, 4ª ed., São Paulo, Malheiros Editores, 1993.

MELLO, Marco Aurélio Mendes de Faria, *Prescrição: Momento Propício à sua Articulação*, LTr, São Paulo, v. 49, n. 8, pp. 909-911, 1984.

MELLO, Oswaldo Aranha Bandeira de, *Princípios Gerais de Direito Administrativo*, 2ª ed., Rio de Janeiro, Forense, 1979.

NERY JÚNIOR, Nélson, *Princípios do Processo Civil na Constituição Federal*, São Paulo, Ed. RT, 1992.

SANTOS, Ulderico Pires dos, Prescrição: *Doutrina, Jurisprudência e Prática*, Rio de Janeiro, Forense, 1989.

PLANOS ECONÔMICOS, DIREITO ADQUIRIDO E FGTS

TEORI ALBINO ZAVASCKI

Juiz do TRF da 4ª Região

1. Introdução. 2. Direito adquirido e ato jurídico perfeito. 3. Aplicação imediata e aplicação retroativa. 4. Orientação do Supremo Tribunal Federal. 5. Orientação da doutrina. 6. Inexistência de direito adquirido à manutenção de situação institucional. 7. As modificações implantadas no FGTS pelos planos econômicos. 8. Natureza jurídica do FGTS. 9. Momento da ocorrência da alteração legislativa: antes de consumado o lapso temporal da aquisição do direito. 10. Inexistência de direito à escolha de indexador. 11. Legitimação passiva e responsabilidade pelo creditamento. 12. Conclusões.

1. Introdução

O tema proposto situa-se no domínio de um dos mais instigantes campos da ciência jurídica: o que diz com a eficácia da lei no tempo e que define limites ao poder de legislar. Mais precisamente, o que se busca investigar é a legitimidade ou não dos preceitos normativos, editados no âmbito de planos econômicos, que alteraram os critérios de cálculo da correção monetária das contas vinculadas ao Fundo de Garantia por Tempo de Serviço. Houve ofensa a direito adquirido? Violou-se ato jurídico perfeito? Estas as indagações que atualmente estão sendo postas ao exame do Poder Judiciário em todo o Brasil. Para respondê-las, é indispensável sejam traçadas previamente algumas premissas conceituais.

2. Direito adquirido e ato jurídico perfeito

A Constituição, como se sabe, impôs as seguintes limitações ao legislador, no que se refere à criação de leis e a sua incidência no tempo: "A lei não prejudicará o direito adquirido, o ato jurídico perfeito e a coisa julgada" (art. 5º, inc. XXXVI). Trata-se de norma de sobredireito, editada com a finalidade de nortear a produção de outras normas, tendo por destinatário direto, conseqüentemente, o próprio legislador infraconstitucional.

Desde logo cabe observar que a restrição constitucional diz respeito não apenas ao poder de legislar sobre Direito Privado, mas também ao de editar normas de Direito Público. Em nosso sistema não é cabível, para tal efeito, estabelecer distinção entre os diversos ramos do Direito. Todas os preceitos normativos infraconstitucionais, seja qual seja a matéria que versarem, devem estrita obediência à cláusula limitativa do art. 5º, inc. XXXVI, da Constituição. Portanto, também as normas de Direito Econômico, como são as que editam planos econômicos, hão de preservar os direitos adquiridos e o ato jurídico perfeito.

"Reputa-se ato jurídico perfeito", segundo o § 1º, do art. 6º, da Lei de Introdução ao Código Civil, "o já consumado segundo a lei vigente ao tempo em que se efetuou". O termo *consumado*, aqui, deve ser entendido como se referindo aos elementos necessários à existência do ato, e não à sua execução ou aos seus efeitos materiais. Ou seja: *ato consumado* é ato existente (= em que acham completos, *consumados*, todos os requisitos para sua formação), ainda que pendentes (= ainda que não *consumados*) os seus efeitos.

"Consideram-se adquiridos", diz a mesma Lei de Introdução (art. 6º, § 2º), "assim os direitos que o seu titular, ou alguém por ele, possa exercer, como aqueles cujo começo de exercício tenha termo prefixo ou condição preestabelecida, inalterável a arbítrio de outrem". Duas são as situações previstas no dispositivo. A primeira — a que considera direito adquirido aquele que pode ser exercido — estabelece nítida distinção entre aquisição e exercício do direito: considera-se adquirido o direito quando apto a ser exercido, ainda que não tenha havido, efetivamente, o seu exercício. A segunda parte do dispositivo trata dos direitos cujo exercício está condicionado. Não se confundem tais direitos com as chamadas expectativas de direito. Os direitos condicionados, ou expectativas, são direitos existentes, estando condicionado, ou expectante, apenas o seu exercício. Diferentemente é o que ocorre com as chamadas expectativas de direito, situações em que não há direito algum, já que ainda pendentes ("em expectiva") de configuração os próprios requisitos básicos para sua existência.

3. *Aplicação imediata e aplicação retroativa*

Não se pode, igualmente, confundir aplicação imediata com aplicação retroativa da lei. A aplicação retroativa é a que faz a norma incidir sobre suportes fáticos ocorridos no passado. Esta incidência será ilegítima, salvo se dela não resultar violação a direito adquirido, a ato jurídico perfeito ou a coisa julgada. Assim, não seria vedada a incidência retroativa de norma nova que, por exemplo, importasse situação de vantagem ao destinatário.

Aplicação imediata é a que se dá sobre fatos presentes, atuais, não sobre fatos passados. Em princípio, não há vedação alguma a essa incidência, respeitada, evidentemente, a cláusula constitucional antes referida. Aqui, todavia, colocam-se os problemas que mais desafiam a argúcia da doutrina e da jurisprudência. É que pode haver fatos atuais (ou até futuros) que constituem, simplesmente, efeitos de atos jurídicos perfeitos ocorridos no passado. É possível, outrossim, ocorrer situação em que o fato gerador do direito, embora não inteiramente consumado, já estava em vias de formação no momento em que veio a lume a nova lei. Há, nestes casos, incidência imediata da norma superveniente?

Para dar resposta a essas e a tantas outras perguntas semelhantes que o tema suscita, há de se partir de um critério fundamental, que adiante será examinado com mais vagar: o que se relaciona com a natureza do ato que deu origem à situação jurídica analisada.

4. *Orientação do Supremo Tribunal Federal*

Tomemos como parâmetro de trabalho dois precedentes do Supremo Tribunal Federal em que questões dessa natureza foram examinadas. *Caso A*: decisão do STF que considerou *inconstitucionais* dispositivos da Lei 8.177, de 1991, que alteraram o indexador adotado em contratos de financiamento da casa própria (os dispositivos considerados inconstitucionais determinavam a substituição dos índices de correção monetária previstos no contrato, por indexador baseado na variação da Taxa Referencial — TR) (ADIn 493, *RTJ* 143/724). *Caso B*: decisão do STF que considerou *constitucional* a Lei 8.030, de 1990 (conversão da Medida Provisória 154, de 1990), que revogou (quando já concluído o trimestre de apuração do índice a ser aplicado), o art. 1º da Lei 7.830, de 1989, que assegurava aos vencimentos dos servidores públicos reajustamentos trimestrais "em percentual igual à variação acumulada do Índice de Preços ao Consumidor-IPC, verificada nos três meses anteriores" (MS 21.216, *RTJ* 134/1.112). É o conhecido precedente sobre o reajustamento de 84,32%, de abril de 1990.

Observe-se que, em ambos os casos, as leis questionadas modificaram critérios de fixação de obrigações pecuniárias (prestação do contrato de financiamento da casa própria e vencimentos dos servidores públicos) e dispunham para o futuro (não importavam alteração de valores já pagos ou devidos no passado), mediante aplicação imediata.

Quais os fundamentos adotados pelo STF para chegar a conclusões aparentemente tão contraditórias?

No *caso A* (contrato de financiamento da casa própria), a tese central foi a de que os dispositivos eram *inconstitucionais porque ofensivos a ato jurídico perfeito*. Veja-se o que sustentaram os Ministros: "A norma constitucional impede a retroatividade da lei nova em face do ato jurídico perfeito, que, por não poder ser modificado retroativamente, tem os seus efeitos futuros resguardados da aplicação dessa lei" (Moreira Alves, p. 753); "o postulado da irretroatividade da lei nova" assegura "a imutabilidade da manifestação de vontade licitamente expressa, segundo direito vigente ao tempo do fato (ato jurídico perfeito)" (Celso de Mello, p. 794). "A sobrevivência das cláusulas livremente pactuadas, em matéria que, à época de sua celebração, era confiada à autônoma estipulação das partes, não pode opor-se a lei superveniente, ainda que de ordem pública" (Sepúlveda Pertence, p. 797).

No *caso B* (vencimentos dos servidores públicos) a linha de fundamentação foi a da *inexistência de direito adquirido*. É o que se pode constatar dos seguintes excertos dos votos: "A revogação precedeu a própria aquisição e não somente o exercício do direito", "para a aquisição do direito, ou seja, para o ingresso deste no patrimônio do pretenso titular, seria mister que, antes da revogação, se houvessem reunido e consumado todos os elementos, isto é, os fatos idôneos à sua constituição ou produção" (Octávio Gallotti, p. 1.119); "o momento aquisitivo do direito vindicado — não fosse a intercorrente alteração legislativa — ter-se-ia consumado com a conjugação desses dois elementos essenciais já referidos: a ocorrência da variação nominal do IPC e a efetiva prestação laboral, no mês de abril/90"; antes disso, a situação jurídica estava "em processo de constituição" caracterizando "mera expectativa de direito (...) não oponível ao Estado" e que não "pode ser invocada para inibir-lhe o desempenho de suas típicas funções jurídico-institucionais: a função de legislar" (Celso de Mello, p. 1.125); "não se adquire o direito a índice, não se adquire o direito a moeda, não se adquire o direito a reajustamento, adquire-se o direito ao salário *pro labore facto* no mês de competência" (Célio Borja, p. 1.130); "não há direito adquirido. Para que este surja é necessário que, no mundo real, (ocorra) o fato complexo previsto abstratamente na norma jurídica como causa de nascimento do direito subjetivo de modo integral" (Moreira Alves, p. 1.131).

Como se percebe, no *caso A*, prevaleceu, contra a lei nova, um direito previsto em cláusula de contrato; e, no *caso B*, prevaleceu a lei nova sobre o que dispunha outra lei, a revogada (art. 1º da Lei 7.730, de 1989). Ou seja: no *caso A*, o ato originante da situação jurídica era um contrato. No *caso B*, uma lei.

5. *A orientação da doutrina*

A orientação adotada pelo STF nos precedentes antes alinhados, está perfeitamente ajustada aos critérios técnicos definidos na doutrina. Com efeito, a configuração do direito adquirido e do ato jurídico perfeito não ocorre de maneira uniforme em todas as situações jurídicas. Em matéria de direito intertemporal, é indispensável que se trace a essencial distinção entre direito adquirido fundado em ato de vontade (contrato) e direito adquirido fundado em preceito normativo, de cunho institucional, para cuja definição o papel da vontade individual é absolutamente neutro.

Para ilustrar o pensamento da doutrina nesse domínio da Ciência do Direito, leia-se o que, em síntese esclarecedora e didática, escreveu Celso Antônio Bandeira de Mello: "2. Como bem o diz Laubadère, 'denomina-se situação jurídica o conjunto de direitos e obrigações de que uma pessoa pode ser titular'. As situações jurídicas, basicamente, comportam dois tipos: a) situações gerais e impessoais, às vezes denominadas estatutárias ou objetivas, cujo conteúdo, segundo o citado mestre, é necessariamente o mesmo para todos os indivíduos que delas são titulares, pois tal conteúdo é determinado por disposição geral. São também, chamadas de situações legais ou regulamentares (...); b) situações individuais ou subjetivas, cujo conteúdo é individualmente determinado e pode variar de um para outro titular. É o caso da situação de um credor, de um devedor, de um locatário, em que o conteúdo da situação é específico para cada qual, modela-se pelo ato individual (e não por via geral, como no caso anterior). O ato individual (ato subjetivo), ao mesmo tempo que cria a situação jurídica, investe nela o indivíduo. 3. As situações individuais, registra o renomado autor, jamais se encontram em estado puro. São sempre mais ou menos mistas, pois comportam inevitavelmente alguns elementos fixados por disposições gerais, a par dos aspectos subjetivos individuais oriundos do ato individual que as cria. Exemplifica com o contrato, justamente o mais típico gerador das situações subjetivas. Pelo contrato são produzidas situações individuais, de teor específico em cada relação. Não obstante, qualquer contrato está submisso a certas regras gerais que derivam de lei. 4. A utilidade principal da distinção a que se acaba de aludir concerne precisamente — acentua Laubadère — ao problema da modificabilidade das situações jurídicas: enquanto nas situações gerais as alterações se aplicam de plano, alcançando os que nelas estão investidos, as situações individuais e subjetivas permanecem intangíveis, intactas. E conclui: 'Vê-se que a distinção fornece o critério para solução do problema da aplicação da não-retroatividade das leis'".

E prossegue Celso Antônio: "Entre nós, o prof. Oswaldo Aranha Bandeira de Mello também faz ampla e completa exposição do tema. A respeito averbou: 'As situações estatutárias se estendem a número indeterminado de sujeitos e são mutáveis segundo a alteração das regras jurídicas que a regulam. Já as situações individuais se referem apenas a especificados sujeitos, de modo determinado, e são inalteráveis por terceiros ou por uma das partes sem a concordância da outra, obedientes às regras que permitiram a sua criação'. 6. Em suma: o plexo de direitos e deveres dos indivíduos tanto pode consistir em situações gerais (ditas também estatutárias, legais, regulamentares ou objetivas) como em situações individuais, subjetivas, pessoais. As situações gerais são produzidas por atos correspondentes, ou seja, atos que têm materialmente o alcance de criar disposições gerais e abstratas. Tais atos denominam-se atos-regra. A lei, o regulamento, estatutos, regimentos, convenções coletivas de trabalho são atos-regra. As situações subjetivas são produzidas por atos correlatos, é dizer, cujo alcance material restringe-se ao produtor ou aos produtores deles. Tais atos são chamados de atos subjetivos. Seu modelo característico é o contrato. Cifram-se a regular relações específicas do ou dos intervenientes no ato. Por meio deles os sujeitos delineiam uma específica relação jurídica, desenhando-lhes a figura com o empenho de suas vontades. (...) 7. A aplicação das situações gerais aos indivíduos depende da ocorrência de algum fato ou de algum ato distinto daquele que as gerou. Pelo contrário, nas situações subjetivas o ato criador delas *ipso facto* investe o sujeito (ou sujeitos) nas situações que produziu. Assim, para que alguém se veja incluído em uma situação geral cumpre que ocorra algum evento previsto como deflagrador do plexo de regras jurídicas que a compõem. Este evento é que incorporará ao sujeito a situação geral. Tal evento pode ser um ato ou um fato. 8. Os atos que investem alguém em uma situação jurídica geral denominam-se atos-condição. Consistem em condição para que se desencadeie o conjunto de direitos e deveres que perfazem a situação jurídica de alguém. Por meio deles não se cria direito novo – ao contrário do ato subjetivo; apenas implementa-se o necessário a fim de que um quadro normativo já existente passe a vigorar em relação ao sujeito ou aos sujeitos que nele se vêm incluir. Seu alcance material é precisamente este: inserir alguém no campo de incidência de um ato geral (ato-regra). O ato-condição não cria situação subjetiva: tão-só determina a incidência de uma situação geral e objetiva sobre alguém que destarte ingressa em regime comum aos demais indivíduos colhidos por esta situação geral. Por exemplo: o ato de aceitar cargo público acarreta a inserção do sujeito na situação jurídica geral de funcionário; situação que é a mesma para os funcionários em geral. O ato de casar acarreta para os que se convertem em cônjuges suas inserções no correlato *status* jurídico de casados, vale dizer, na situação jurídica geral comum a todas as pessoas casadas, sujeitas ao mesmo quadro de direitos e obrigações. São atos-condição. 9. A inclusão de alguém em uma situação geral pode também resultar de um fato que operará como condição para que se desencadeiem as regras que a delineiam. Assim, o fato de uma pessoa auferir certo montante de renda faz com que se concretize para ela a situação – que é disciplinada de modo geral — de contribuinte do imposto de renda. O fato de um jovem completar certa idade, determina para ele a particularização da situação jurídica geral, própria dos obrigados à prestação de serviço militar. 10. Nota-se a profunda diferença entre as situações gerais e as situações individuais. Intuitivamente percebe-se a imediata alterabilidade das primeiras e a intangibilidade das segundas".

"Teria sentido", pergunta ele, "alguém pretender se opor à alteração das regras do imposto de renda, argüindo direito adquirido àquelas normas que vigiam à época em que se tornou contribuinte pela primeira vez? Teria sentido invocar direito adquirido para obstar a aplicação de novas regras concernentes ao serviço militar, argumentando que o regime vigorante era mais suave quando o convocado completou 18 anos? Acaso poderia um funcionário, em nome do direito adquirido ou do ato jurídico perfeito, garantir para si a sobrevivência das regras funcionais vigentes ao tempo em que ingressou no serviço público, quais as concernentes às licenças, adicionais etc.? Seria viável alguém invocar direito adquirido a divorciar-se, se a legislação posterior a seu casamento viesse a extinguir este instituto jurídico? Ou, reversamente, teria direito adquirido à indissolubilidade de vínculo se lei nova estabelecer o divórcio? É meridianamente claro o descabimento de resistência a tais alterações. Elas colhem de imediato os indivíduos inclusos nas situações jurídicas gerais modificadas. Salvo hipóteses adiante exploradas, inexiste a intangibilidade reconhecida para as situações individuais".

"Bem ao contrário", continua, "se alguém contrata com outrem o trespasse de bem móvel, convindo as partes, das possibilidades legais, que os riscos da coisa, antes da tradição, correm por conta do comprador, cria-se situação subjetiva imutável. Daí que o vendedor poderá invocar direito adquirido àquelas cláusulas, se lei posterior à avença dispuser que os riscos da coisa vendida e ainda não entregue devem ser suportados pelo vendedor. (...) 13. É nítido o discrímen entre ambas as espécies de situações jurídicas e igualmente nítida a imediata aplicação das modificações que incidam sobre as situações gerais, ao contrário do que se passa com as subjetivas" (*Ato Administrativo e Direito dos Administrados*, Ed. RT, 1981, pp. 106-111).

6. Inexistência de direito adquirido à manutenção de situação institucional

Não existe, portanto, direito adquirido a manter inalterado determinado regime jurídico, e quanto a isso, como se viu, há absoluta harmonia entre doutrina e jurisprudência. Confiram-se, nesse sentido, alguns outros exemplos retirados da jurisprudência do STF, frutos dessa linha de pensamento: a) o direito a aposentadoria regular-se pela lei vigente ao tempo em que forem implementados todos os requisitos necessários. Antes disso, não há direito adquirido, nada impedindo que a lei seja alterada, com modificação do regime vigente (Súmula 359, STF, *RTJ* 75/481); b) não há direito adquirido a determinado regime jurídico de servidor publico. O servidor pode adquirir direito a permanecer no serviço público, mas não adquirirá nunca o direito ao exercício da mesma função, no mesmo lugar e nas mesmas condições (*RTJ* 119/1324); c) enquanto não completado integralmente o período aquisitivo correspondente, não há direito adquirido a licença-prêmio ou a sua conversão em dinheiro, nada impedindo que o legislador modifique ou mesmo extinga tais vantagens (*RTJ* 123/681); d) não há direito adquirido a vantagem prevista em lei enquanto não implementada a condição temporal que a autorizaria (*RTJ* 123/372).

7. As modificações implantadas no FGTS pelos planos econômicos

O saldo das contas vinculadas ao FGTS (Fundo de Garantia por Tempo de Serviço) é atualizado periodicamente, mediante créditos de juros e de correção monetária. A Lei que criou o FGTS (Lei 5.107, de 1966) dispunha, em seu art. 3º, que o saldo das contas vinculadas seria corrigido segundo "(...) *critérios adotados pelo Sistema Financeiro da Habitação*". Na época, os índices e a periodicidade do crédito foram fixados por atos do Poder Executivo, sendo que, pelo menos a partir de 1975 (Decreto 76.750, de 5.12.75), a periodicidade foi trimestral.

Posteriormente, o FGTS foi alterado pela Lei 7.839, de 1989, em cujo art. 11 ficou estabelecido que a correção monetária do saldo das contas vinculadas se daria "(...) *com base nos parâmetros fixados para atualização dos saldos dos depósitos em poupança*", e com periodicidade mensal (§§ 1º e 2º), disposições que foram mantidas pelo art. 13 e §§ 1º e 2º, da Lei 8.036, de 1990, que atualmente rege o FGTS.

O que se tem questionado judicialmente diz respeito, de modo específico, às alterações relativas aos índices de correção monetária dos meses de junho de 1987, de janeiro de 1989 e de abril de 1990. Em relação a junho de 1987 (Plano Bresser), a controvérsia tem a seguinte origem; o art. 12, do DL 2.284, de 1986, com a redação dada pelo DL 2.311, de 1986, estabelecia que "os saldos das cadernetas de poupança, bem como do Fundo de Garantia por Tempo de Serviço-FGTS e do Fundo de Participação PIS/PASEP, serão corrigidos pelos rendimentos das Letras do Banco Central ou por outro índice que vier a ser fixado pelo Conselho Monetário Nacional, mantidas as taxas de juros previstas na legislação correspondente". O índice fixado pelo CMN foi o da variação da OTN, que, por sua vez, era calculada com base na variação do IPC ou os rendimentos produzidos pelas Letras do Banco Central, "(...) adotando-se o índice que maior resultado obtiver (...)" (Resolução 1.336, de 11.6.87). Sobreveio, porém, a Resolução 1.338, de 15.6.87, e, seu item I, alterou o modo de calcular a OTN de julho daquele ano, estabelecendo que "o valor nominal das Obrigações do Tesouro Nacional-OTN será atualizado, no mês de julho de 1987, pelo rendimento produzido pelas Letras do Banco Central-LBC no período de 1 a 30 de junho de 1987, inclusive". Ora, a variação da OTN assim calculada foi de 18,02%, enquanto que o IPC, no mesmo período, registrou variação de 26,06%. Sustenta-se a existência de direito adquirido ao crédito dessa diferença.

Em relação a janeiro de 1989 (Plano Verão), a controvérsia tem a seguinte origem: a correção monetária das cadernetas de poupança, e, também, das contas vinculadas do FGTS, vinha sendo calculada pela variação da OTN, segundo o disposto na Resolução BACEN 1.396, de 22.9.87 (que deu nova redação ao item IV, da Resolução 1.338, de 15.6.87). Entretanto, em 15.1.89, foi editada a Medida Provisória 32, depois convertida na Lei 7.730, de 31.1.89, que extingui a OTN (art. 15) e estabeleceu que o saldo das cadernetas de poupança, no mês de fevereiro, seria corrigido "com base no rendimento acumulado da Letra Financeira do Tesouro Nacional verificado no mês de janeiro de 1989, deduzido o percentual fixo de 0,5% (meio por cento)". O mesmo critério foi adotado para correção do saldo das contas vinculadas do FGTS, pelo art. 6º, I, da Medida Provisória 38, de 3.2.89, convertida, posteriormente, na Lei 7.738, de 9.3.89, "mantida a periodicidade trimestral". Em conseqüência, a correção monetária das contas vinculadas creditada em 1º de março de 1989 correspondeu à variação acumulada da OTN de dezembro de 1988 (28,79%), mais a da LFT de janeiro (22,35%) e mais a da LFT de fevereiro (18,353831%), totalizando, no trimestre, 86,5095%. O que se tem sustentado é o direito adquirido ao crédito da diferença, correspondente à variação do IPC de janeiro, que foi de 70,28%.

Finalmente, no que se refere aos meses de março e abril de 1990 (Plano Collor), a questão tem a seguinte origem: a correção monetária das contas vinculadas do FGTS, que tinha como base a variação do IPC (Lei 7.730, de 31.1.89, art. 17, III, e Lei 7.839, de 12.10.89, art. 11), passou a ser calculada, por força da Medida Provisória 168, de 15.3.90, convertida na Lei 8.024, de 12.4.90, pela variação do BTNFiscal, já que este foi o critério adotado para a correção dos saldos das cadernetas de poupança (art. 6º, § 2º e Lei 7.839, de 12.10.89, art. 11). O crédito, nessa época, já tinha periodicidade mensal (Lei 7.839, de 12.10.89, art. 11, §§ 1º e 2º). O que se sustenta é o direito à manutenção, para o mês de abril, da correção monetária com base na variação do IPC, de 44,80%. (Em muitos casos, questionou-se também o índice do mês de março de 1990. Todavia, relativamente a esse mês, a discussão não tem substância, já que o crédito efetuado às contas vinculadas foi equivalente ao da variação do IPC).

8. Natureza jurídica do FGTS

Para identificar a existência do questionado direito adquirido é indispensável, à luz das premissas antes estabelecidas, saber se o FGTS tem natureza institucional ou contratual. O que é o FGTS? Qual a sua natureza? Muito se tem debatido, em doutrina e jurisprudência, para buscar resposta a tais indagações. Há os que nele vislumbram um instituto de natureza tipicamente previdenciária, e assim o fazem em atenção aos casos em que o empregado se habilita a movimentar a conta vinculada (desemprego, doença, aquisição da casa própria, necessidade urgente); há os que vêem nele relação jurídica de cunho tributário ou de contribuição social (assim o definiu o STF à luz da Constituição de 1969, *RTJ* 136/681), e isso em consideração à natureza cogente do recolhimento dos depósitos, e, enfim, outros vêem ali espécie de salário diferido, ou de indenização, ou de crédito, e essa é perspectiva fundada na relação que se estabelece entre o empregado e o próprio Fundo. Síntese destas várias correntes de opinião podem ser encontradas em estudos de Amauri Mascaro Nascimento (*Curso de Direito do Trabalho,* Saraiva, 1989, 8ª ed., p. 473) e de Ney da Fontoura Boccanera ("Natureza jurídica e implicações práticas de certas instituições trabalhistas", *Revista de Direito do Trabalho* 17/111). Qualquer que seja, no entanto, a perspectiva a partir da qual se examine o FGTS, uma característica importante nele se identifica desde logo: a sua natureza institucional. Na verdade, o FGTS é uma instituição, da qual decorre um plexo de relações jurídicas com diferentes figurantes: há a relação jurídica que se estabelece entre o empregador e o Fundo, cuja prestação é uma contribuição mensal sobre os ganhos dos empregados; e há a relação jurídica que se estabelece entre o titular da conta vinculada (o empregado) e o Fundo, da qual nasce o dever de creditar rendimentos periódicos e, eventualmente, de entregar ao titular da conta o saldo disponível. Tais relações jurídicas nascem e se moldam em estrita observância de normas legais, gerais e abstratas, idênticas para todos os empregados e para todas as empresas. Até mesmo a opção pelo "regime instituído na presente, lei" (observe-se que a lei fala em "regime"!), originalmente prevista no art. 1º da Lei 5.107, de 1966, até mesmo essa opção, único resquício de autonomia de vontade do empregado (e que se limitava a aderir ou não ao regime), já não mais existe. Hoje, a adesão ao regime do FGTS é imposta por lei a empresas e a trabalhadores, e é a lei que disciplina, de forma exaustiva, todo o conteúdo e todas as conseqüências de tal vinculação. Em suma, nada tem de contratual o regime do FGTS. Sua natureza é tipicamente institucional, estatutária, objetiva. É, sob este aspecto, em tudo semelhante ao regime da Previdência Social: em ambos os casos, o ingresso é automático e decorre tão-somente da existência do contrato de trabalho, que é seu ato-condição.

9. Momento da ocorrência da alteração legislativa: antes de consumado o lapso temporal da aquisição do direito

Se o FGTS tem natureza institucional, e não contratual, os critérios jurídicos a serem adotados em relação a ele são os mesmos que nortearam a decisão do STF no precedente a respeito de reajustamento de vencimentos (*caso B*). Não se pode aplicar a ele, sem maior consideração, o outro precedente, relativo a contrato (*caso A*) e nem, como tem ocorrido com freqüência, os precedentes jurisprudenciais a respeito de rendimentos de caderneta de poupança. É que também a caderneta de poupança tem natureza contratual. É espécie de contrato de depósito bancário a prazo certo de um mês, que pode ser renovado ou não, segundo a vontade do depositante. Ora, conforme antes se viu, em se tratando de contrato, os efeitos futuros regem-se pelas normas estabelecidas quando de sua celebração e é essa a razão a sustentar o direito a rendimentos previstos na norma vigente ao tempo do depósito. Aliás, mesmo nas situações de natureza contratual — que, como assevera a doutrina, nunca são encontráveis em estado puro — a lei nova incide imediatamente sobre as cláusulas nele incorporadas por força de preceito normativo cogente, ou seja, aquelas cujo conteúdo foge ao domínio da vontade dos contratantes. Realmente, em casos de situações jurídicas oriundas de contratos notadamente em se tratando de contratos de trato sucessivo e execução diferida, que incorporam cláusulas regradas por lei, é pacífica a jurisprudência no sentido de que não há direito adquirido à manutenção de tais cláusulas. Disciplinadas em lei de forma abstrata e geral, elas são suscetíveis de alteração com eficácia imediata, inclusive em relação aos contratos em curso de execução. Assim: "(...) as normas que alteram padrão monetário e estabelecem os critérios de conversão dos valores em face dessa alteração, se aplicam de imediato, alcançando os contratos em curso de execução, uma vez que elas tratam do regime legal da moeda, não se lhes aplicando, por incabíveis, as limitações do direito adquirido e do ato jurídico perfeito (...)" (RE 114.982, *DJ* 1.3.91, Min. Moreira Alves. No mesmo sentido: *RTJ* 141/1.001, Min. Ilmar Galvão); "não há direito adquirido a determinado padrão monetário pretérito seja ele o mil réis, o cruzeiro velho ou a indexação pelo salário mínimo. O pagamento se fará sempre pela moeda definida pela lei do dia do pagamento" (*RTJ* 117/376); "não há direito adquirido a que os benefícios de previdência privada sejam fixados segundo o valor do salário mínimo, se lei posterior fixa nova escala móvel, alcançando obrigações de origem contratual ou não" (*RTJ* 118/709; no mesmo sentido: *RTJ* 121/776, 122/1.077, 122/1.147 e 124/633).

É nesse sentido também a orientação do STJ, que a adotou, por exemplo, no que se refere a cláusulas contratuais de reajuste de prestações e benefícios da previdência privada (*RSTJ* 3/1.032), em contratos de locação (*RSTJ* 9/391) e em relação a normas que procederam "expurgo" de correção monetária mediante aplicação de "tablitas".

É certo que, no julgamento da Ação Direta de Inconstitucionalidade 493-DF, o STF considerou inconstitucional a norma que alterou, para os contratos em curso (do Sistema Financeiro da Habitação), o índice de correção monetária anterior (OTN ou UPC) pela Taxa Referencial-TR. No entanto, tal precedente de modo algum infirma a jurisprudência acima citada. É que o fundamento da inconstitucionalidade, na referida ação direta, não decorreu propriamente da modificação do indexador monetário, mas sim da substituição de um indexador monetário ("...que reflita a variação do poder aquisitivo da moeda"), por um indexador não monetário, que não reflete a correção da moeda, mas "as variações do custo primário da captação dos depósitos a prazo fixo" (*RTJ* 143/724). Aliás, isso restou expresso no voto do relator, Min. Moreira Alves: "Não é, pois, a Taxa Referencial índice de atualização monetária, razão porque não há necessidade de se examinar a questão de saber se as normas que alteram índice de correção monetária se aplicam imediatamente, alcançando, pois, as prestações futuras de contratos celebrados no passado" (*RTJ* 143/758).

Em suma: sendo o FGTS de natureza institucional, o que importa averiguar é se, quando do surgimento da lei nova, estavam ou não implementados os requisitos fáticos indispensáveis para incidência da lei antiga. Não estavam. As alterações legislativas operaram-se por normas que entraram em vigor antes mesmo de consumado o lapso temporal relativo a apuração do índice que incidiria caso não tivesse havido a interveniência legislativa. Assim, no que se refere a junho de 1987, a correção monetária, à época, tinha periodicidade trimestral e abrangia os meses de junho a agosto daquele ano, sendo 1º de setembro a data do crédito. A alteração do regime ocorreu em 15 de junho, no curso do período formativo. O mesmo se passou em relação a janeiro de 1989: o trimestre de competência abrangia os meses de dezembro a fevereiro, sendo em 1º de março a data do crédito. A alteração do regime se deu em 15 de janeiro. E, finalmente, com relação a correção monetária do mês de abril de 1990, a alteração do regime se deu em março daquele ano, antes mesmo que tivesse início o próprio período de apuração do índice, que na época era mensal.

Veja-se que no precedente antes referido, relativo a reajuste de vencimentos de servidores que têm garantia constitucional de irredutibilidade (art. 7º, VI e art. 39, § 2º) — o STF considerou legítima a aplicação da lei nova, mesmo que editada quando já decorrido o período de apuração do índice de reajuste (no caso do FGTS esse período ou estava ainda em curso, ou sequer havia iniciado) e isso porque, "o período pesquisado para efeito de apuração do índice alusivo ao reajuste não se confunde com o elemento temporal referente à aquisição do direito às parcelas a serem corrigidas" (RE 177.109-7, *DJ* de 5.5.95, p. 11.920; no mesmo sentido: RE 178.276-5, *DJ* de 5.5.95, p. 11.921, RE 177.857-1, *DJ* de 5.5.95, p. 11.921 e *RTJ* 134/1.112).

Nessa perspectiva, a conclusão a que se chega é a da legitimidade das normas que alteraram o regime, que, certamente, não atingiram direito adquirido. Aliás, se ilegítimas, caberia suscitar, em relação a elas, incidente de inconstitucionalidade, o que, até agora, não ocorreu em qualquer Tribunal.

10. Inexistência de direito à escolha de indexador

Ainda que se admitisse o direito adquirido à correção monetária calculada com base em determinado indexador, e, portanto, a ilegitimidade da interferência legislativa para alterar critério de cálculo de correção monetária do FGTS, outras considerações mereceriam destaque.

Os diversos indexadores monetários previstos em nosso sistema têm, cada qual, critérios próprios de aferição, variando segundo o segmento da economia ou dos produtos que lhe servem de suporte para cálculo ou segundo a época, o local e a qualidade das amostras coletadas. É questionável, por isso, a afirmação, muitas vezes repetida, de que este ou aquele é o índice que realmente representa a inflação da economia do país. O próprio STJ, como se sabe, entendeu que, em janeiro de 1989, a variação a ser adotada para correção monetária com base no IPC não deveria ser a de 72,28%, mas sim a de 42,72%.

Todavia, a admitir-se que determinado índice é o juridicamente legítimo para a correção das contas do FGTS, por espelhar com precisão a perda do poder aquisitivo, é certo que deve ele vigorar, não apenas num mês determinado, mas também em outros meses, anteriores e subseqüentes. Não se poderia deixar ao arbítrio do titular da conta eleger, mês a mês, o índice que melhor lhe conviesse.

Isso tem significativa importância no exame do tema que aqui nos ocupa. Por exemplo: no que se refere ao mês de janeiro de 1989, a se ter por ilegítima a substituição do IPC pela LBC naquele mês, é certo que o IPC deveria ser adotado como fator de reajuste não apenas em janeiro de 1989, mas também nos meses seguintes, especialmente no mês de fevereiro, que, com dezembro e janeiro, compunha o trimestre de referência. Ora, em fevereiro a variação do IPC foi de apenas 3,60%, muito inferior ao índice adotado, o da LBC, que foi de 18,35%. Assim, o percentual de correção monetária efetivamente creditado em 10 de março de 1989 foi, segundo dados oficiais, de 86,5095% (mais juros). A adotar-se o IPC nesse mesmo período, o índice acumulado do trimestre (28,79% em dezembro, 42,72% em janeiro e 3,60% em fevereiro), passaria a ser de 90,4262%. Ou seja, a diferença entre um e outro seria mínima. E, caso o IPC continuasse sendo adotado no trimestre seguinte (março/abril/maio de 1989) dita diferença estaria inteiramente coberta e com sobras: a variação acumulada do IPC no referido trimestre (6,09% em março, 7,31% em abril e 9,94% em maio) foi de 25,16%, enquanto que o crédito efetuado atingiu, também segundo os dados oficiais, o percentual de 46,16% (sem considerar a taxa de juros).

11. Legitimação passiva e responsabilidade pelo creditamento

Outro tema debatido nas ações em que se questionam os indexadores do FGTS, é o que diz com a legitimidade passiva. Esse tema guarda relação direta com outro: o de saber quem ou que patrimônio deverá suportar a execução das sentenças condenatórias.

É preciso, antes de mais nada, não confundir, como seguidamente ocorre, "contas vinculadas ao FGTS" com o próprio "FGTS". O FGTS (Fundo de Garantia por Tempo de Serviço), desde a sua criação, sempre foi muito mais do que o conjunto das contas vinculadas. A ele se agregam outras receitas (receitas patrimoniais e financeiras, multas por atraso no recolhimento, correção monetária e juros perdidos pelos empregados despedidos por justa causa, outras receitas orçamentárias, elencadas expressamente na lei). Ora, o rendimento periódico de juros e correção monetária é devido e incide, não sobre os recursos do Fundo como um todo, mas somente sobre os saldos das contas vinculadas em nome dos trabalhadores. É o que dispunham a Lei 5.107, de 1966, art. 3º, e a Lei 7.839, de 1989, art. 11, que anteriormente regulavam o FGTS. E é o que dispõe a atual Lei 8.036, de 1990, art. 13. O FGTS, em si mesmo, obtém remuneração das aplicações que faz dos seus recursos, cuja rentabilidade não está tarifada, cuidando o legislador de estabelecer apenas certas condições mínimas, a saber, as aplicações devem ter rentabilidade necessária "a assegurar a cobertura das suas obrigações" (Lei 5.107, de 1966, art. 11), "deverá ser suficiente à cobertura de todos os custos incorridos pelo Fundo e, ainda, a formação de reserva técnica" (Lei 7.839, de 1989, art. 7º, § 1º e Lei 8.036, de 1990, art. 9º, § 1º).

Pois bem, entre as obrigações do Fundo, a serem cobertas com os rendimentos provenientes da aplicação dos seus recursos, está justamente a de creditar, periodicamente, juros e correção monetária sobre os saldos das contas vinculadas. É o que estabelece expressamente a lei de regência: Lei 5.107, de 1966, art. 3º, § 1º ("a correção monetária e a capitalização dos juros correrão à conta do Fundo"), Lei 7.839, de 1989, art. 11, §§ 1º e 2º ("... a atualização monetária e a capitalização dos juros correrão à conta do Fundo"), e Lei 8.036, de 1990, art. 13, §§ 1º e 2º ("... a atualização monetária e a capitalização de juros à conta do FGTS"). Em outras palavras, se a correção monetária foi paga em valor menor que o devido, quem disso se beneficiou foi quem deveria ter pago a maior e não o fez, ou seja, o próprio Fundo.

É o Fundo, pois, em primeiro lugar, o responsável por eventual complementação ou reparação devida aos titulares das contas a ele vinculadas.

Ocorre que o FGTS não tem personalidade jurídica. No dizer de Eduardo Gabriel Saad, "o Fundo é uma espécie de autarquia imperfeita, 'porque tem alguns traços característicos mas lhe faltam outros'. Foi criado por lei, tem finalidade pública, mas não tem administração própria" (*Comentários à Lei do Fundo de Garantia do Tempo de Serviço*, 3ª ed. , LTr, p. 98). Não tendo personalidade jurídica própria, sua representação processual há de ser por quem o administra. É essa a solução que o nosso sistema oferece em casos análogos, como ocorre com o espólio (que é representado pelo inventariante) e com o condomínio (que é representado pelo síndico). É o que se dá, igualmente, em relação aos consórcios de automóveis e a massa insolvente, na insolvência civil, que, mesmo sem lei expressa a respeito, são representados por seus respectivos administradores. Isso não significa dizer que o patrimônio pessoal do administrador, do síndico ou do inventariante vá suportar os ônus da condenação. Suportá-los-á, se for o caso, o patrimônio do representado.

Pois bem, a Lei 8.036, de 1990, estabeleceu que o FGTS tem um Conselho Curador encarregado, basicamente, de editar normas e diretrizes (art. 3º), um gestor de suas aplicações (que é um Ministério de Estado), encarregado de estabelecer e fiscalizar programas de alocação dos recursos, acompanhar sua gestão econômica e financeira e assim por diante (art. 5º), e um agente operador, a Caixa Econômica Federal. Apenas esta última é que tem personalidade jurídica. É ela, salvo quando se tratar de cobrança das contribuições, que representa juridicamente o FGTS judicial ou extrajudicialmente, ativa e passivamente, conforme, aliás, consta expressamente da Resolução 52, de 12.11.91, do Conselho Curador do Fundo.

Assim, em princípio (ressalvadas situações peculiares que possam surgir em face da causa ou do fundamento jurídico do pedido), quem deve figurar no pólo passivo da relação processual nas demandas onde se reclamam diferenças de correção monetária das contas do FGTS é a Caixa Econômica Federal, como representante do Fundo (ou, se quisermos ser mais rigorosos tecnicamente, é o Fundo, representado pelo seu agente operador, a Caixa Econômica Federal).

12. Conclusões

São as seguintes, portanto, as principais conclusões a que se pode chegar do que foi exposto:

I — No que se refere a aplicação da lei no tempo: *a*) o preceito constitucional, segundo o qual a lei não prejudicará o ato jurídico perfeito, o direito adquirido e a coisa julgada, é restrição ao poder de legislar aplicável inclusive às normas de Direito Público, como são as que editam planos econômicos; *b*) por ato jurídico perfeito entende-se aquele cujos elementos formadores, indispensáveis a sua existência, encontram-se completos; *c*) considera-se adquirido o direito tão pronto esteja apto a ser exercido, bem como quando o seu exercício dependa apenas de termo prefixo ou condição preestabelecida, inalterável a arbítrio de outrem; *d*) não se confunde aplicação retroativa, com aplicação imediata da lei: aquela é vedada, salvo se importar situação de vantagem ao destinatário, esta é em princípio, admitida; *e*) o critério técnico, adotado pela jurisprudência do STF e pela doutrina, para a solução dos problemas relacionados com a aplicação da lei no tempo, está baseado na identificação da natureza da situação jurídica: se individual (contratual) ou institucional (geral, estatutária); *f*) as situações individuais — que decorrem de atos específicos, notadamente de natureza contratual, em que as partes têm liberdade para disciplinar o conteúdo da relação jurídica não são modificáveis, nem mesmo quanto aos seus efeitos futuros, por lei nova, eis que isso importaria ofensa a ato jurídico perfeito; *g*) nas situações institucionais — cuja disciplina é prevista por normas abstratas e cuja aplicação individual depende do implemento de outro ato ou fato posterior à sua edição (suporte fático) a lei nova tem aplicação imediata e alcança inclusive as situações em curso de formação, de seu alcance ficam excluídas apenas as situações em que o suporte fático para a incidência da lei antiga já se havia completado inteiramente ainda na vigência daquela.

II — No que se refere especificamente ao Fundo de Garantia por Tempo de Serviço: *a*) o FGTS tem natureza institucional, e não contratual, de modo que as supervenientes modificações da lei que o disciplina têm aplicação imediata, alcançando situações jurídicas não aperfeiçoadas na vigência da lei anterior; *b*) a intercorrência legislativa que operou alterações nos critérios de cálculo da correção monetária das contas vinculadas, em junho de 1987 (Plano Bresser), janeiro de 1989 (Plano Verão) e abril de 1990 (Plano Collor), se deu antes de implementado o suporte fático para a incidência da lei antiga, não importando, conseqüentemente, ofensa a direito adquirido; *c*) de qualquer modo, a se admitir como legítimo o indexador antigo, este há de ser aplicado durante todo o período de competência, e não apenas no mês específico em que seu percentual foi superior ao índice da nova lei; *d*) os créditos de juros e correção monetária devidos as contas vinculadas correm à conta do próprio Fundo, que, por sua vez, é alimentado por receitas provenientes de variadas fontes (depósitos dos empregadores, receitas patrimoniais e financeiras, multas, receitas orçamentárias); *e*) por não ter personalidade jurídica própria, o FGTS é representado, em juízo, pela Caixa Econômica Federal, seu agente operador.

DOUTRINA

A TRILOGIA MOTIVO/CONTEÚDO/FINALIDADE DO ATO ADMINISTRATIVO EM FACE DO PRINCÍPIO DA RAZOABILIDADE

ANNA PAOLA ZONARI DE LORENZO
Advogada em São Paulo

Introdução. 1ª Parte — Conceitos gerais: I — Pressuposto — O princípio da legalidade; II — O ato administrativo. 2ª Parte — O princípio da razoabilidade: I — Breve histórico; II — Noção do princípio; III — Razoabilidade como pressuposto de autoridade e legitimidade; IV — A fluidez do conceito não impede sua aplicação concreta; V — A atualidade da visão teleológica do Direito.

INTRODUÇÃO

O exame do ato administrativo em sala de aula, a partir de leitura cuidadosamente selecionada, despertou nossos sentidos para algo até então não percebido — a importância maior da *finalidade* em vista da qual é atribuída a competência legal para o agir do Poder Público em cada caso concreto.

De súbito, os poucos conhecimentos adquiridos aqui e ali foram se interligando para compor a figura do ato administrativo e sua dimensão no âmbito do Direito Público. Dessa unidade que se formou destacam-se, nitidamente, alguns elementos absolutamente necessários à compreensão do ato administrativo. Não do ato administrativo em si mesmo considerado, mas como entidade integrada e integradora do sistema jurídico.

Na tentativa de visualizar de uma perspectiva mais ampla o ato administrativo é que nos acudiu a idéia de identificar em cada ponto que reputamos de interesse o que havia em comum. Para isso, partimos da aplicação que ao princípio da legalidade se dá no Direito Público e passamos à análise perfunctória de algumas noções que possibilitaram um arriscado enunciado do que entendemos por ato administrativo.

Encerrada esta primeira parte do trabalho e alocando-se o conceito na moldura do Direito Público, com destaque para o tema atinente à outorga de competências, pudemos identificar que havia uma íntima e indissociável ligação (inclusive do ponto de vista lógico) entre o que denominamos motivo, conteúdo e finalidade do ato administrativo.

Estes três aspectos, embora formadores de uma unidade, têm como elemento de ligação e de harmonização exatamente a finalidade, o que nos levou ao seu exame mais acurado. Em decorrência deste exame nos convencemos de que, efetivamente, a finalidade é a própria razão de ser do ato administrativo. Daí tornar-se elemento fundamental no exame da legalidade do ato administrativo, inclusive e principalmente para fins de seu controle.

A partir deste ponto, a relação estabelecida entre a trilogia motivo/conteúdo/finalidade com o princípio da razoabilidade veio naturalmente, já que este toma como objeto de análise exatamente o liame ali formado, sempre com vistas à comprovação de ter sido ou não atendida a finalidade legalmente prevista para determinado ato.

Por fim, a referência à moderna Teoria Geral do Direito, com destaque para a visão funcional da disciplina das relações humanas segundo a doutrina de Norberto Bobbio, serve para comprovar que de modo geral (e não apenas no âmbito do Direito Administrativo), as estruturas finalísticas ganham espaço para atender aos anseios cada vez mais dinâmicos da realidade social.

1ª PARTE — CONCEITOS GERAIS

I — Pressuposto — O princípio da legalidade

Ia. Distinção na aplicação do princípio da legalidade ao particular e à Administração

Antes de adentrarmos no exame da legalidade propriamente dita, é necessária uma palavra sobre o que vem a ser um princípio. Não encontramos nenhuma referência mais própria e precisa do que a afirmação do professor Celso Antônio Bandeira de Mello no sentido de que princípio "... é, por definição, mandamento nuclear de um sistema, verdadeiro alicerce dele, disposição fundamental que se irradia sobre diferentes normas compondo-lhes o espírito e servindo de critério para sua exata compreensão e inteligência exatamente por definir a lógica e a racionalidade do sistema normativo, no que lhe confere a tônica e lhe dá sentido harmônico. É o conhecimento dos princípios que preside a intelecção das diferentes partes componentes do todo unitário que há por nome sistema jurídico positivo".[1-2]

É cediço que o princípio da legalidade aplica-se de forma mais *estrita* na relação da lei com a Administração, do que na relação da lei com os particulares.

Enquanto na *atividade privada* pode-se fazer tudo o que não é proibido (há uma simples relação de *não-contradição* à lei), na *atividade administrativa* só se pode fazer o que é permitido em lei. Vale dizer, além da relação de *não-contradição*, tem-se uma relação de *subsunção* — há necessidade de norma permissiva.

Neste sentido estão juristas do calibre de Seabra Fagundes,[3] autor da frase lapidar

1. *Curso de Direito Administrativo*, Malheiros Editores, pp. 573 e 574.

2. E após esta mesma citação do professor Celso Antônio, Carlos Ari Sundfeld faz a seguinte reflexão: "Por isso, conhecer os princípios do Direito é condição essencial para aplicá-lo corretamente. Aquele que só conhece as regras, ignora a parcela mais importante do Direito — justamente a que faz delas um todo coerente, lógico e ordenado. Logo, aplica o Direito pela metade. Em outras palavras: aplicar as regras desconsiderando os princípios é como não crer em Deus mas preservar a fé em Nossa Senhora!" (*Fundamentos de Direito Público*, p. 136).

3. Sintetizando o pensamento do autor, leia-se o seguinte trecho de seu *O Controle dos Atos Administrativos pelo Poder Judiciário*, pp. 94 e 95: "Todas as atividades da Administração Pública são limitadas pela subordinação à ordem jurídica, ou seja, à legalidade. O procedimento administrativo não tem existência jurídica se lhe falta, como fonte primária, um texto de lei. Mas não basta que tenha sempre por fonte a lei. É preciso, ainda, que se exerça segundo a orientação dela e dentro dos limites nela traçados. Qualquer medida que tome o Poder Administrativo, em face de determinada situação individual, sem preceito de lei que a autorize, ou excedendo o âmbito de permissão da lei, será injurídica. Essa integral submissão da Administração Pública à lei constitui o denominado *princípio da legalidade,* aceito universalmente, e é uma conseqüência do sistema de legislação escrita e da própria natureza da função administrativa".

de que "Administrar é aplicar a lei de ofício",[4] Hely Lopes Meirelles[5] e Régis Fernandes de Oliveira.[6]

Assim, pode-se concluir pelo caráter estritamente subordinado da Administração à lei, o que se confirma pelo disposto nos arts. 5º, II ("ninguém será obrigado a fazer ou deixar de fazer alguma coisa senão em virtude de lei") e 84, IV ("Compete ao Presidente da República expedir decretos e regulamentos para a fiel execução das leis"), da CF/88.

Em suma, a Administração deve atendimento muito mais rígido à legalidade do que o particular. Até porque a submissão da Administração[7] à lei é o pilar do Estado de Direito moderno, como acentua Celso Antônio Bandeira de Mello ao afirmar que "Em síntese: como no Estado de Direito quer-se o 'governo das leis e não o governo dos homens' — de acordo com notória máxima oriunda do Direito inglês — a validade dos atos administrativos depende de que sejam, deveras, concreções dos comandos legais; vale dizer, providências intercalares que promovem a ligação fiel entre o plano abstrato das leis e a realização efetiva de seus ditames".[8-9]

Esta primeira premissa é útil para fins de ressaltar, desde logo, a noção de "Administração legal" a que alude Queiró[10] e que terá conseqüências assaz relevantes principalmente no estudo da finalidade do ato, a que nos propusemos.

Ib. O princípio da legalidade em sentido amplo implica atendimento de todo o ordenamento jurídico, em especial da Constituição Federal

Após esta breve incursão sobre a aplicação da legalidade no âmbito da Administração, cumpre, ainda, referir que o princípio da legalidade deve ser entendido em sua acepção mais ampla. Isto é, a conformidade com a lei, inclusive e principalmente para efeitos de controle judicial, não decorre apenas da observância rigorosa do texto legal, mas da subsunção ao Direito entendido como ordenamento jurídico, em que se inserem as normas e os princípios constitucionais.[11]

Daí a oportunidade das palavras de Juarez Freitas: "O sistema jurídico é mais

4. Ob. cit., pp. 4 e 5.

5. "Na Administração Pública não há liberdade nem vontade pessoal. Enquanto na administração particular é lícito fazer tudo que a lei não proíbe, na Administração Pública só é permitido fazer o que a lei autoriza. A lei para o particular significa 'pode fazer assim'; para o administrador público significa 'deve fazer assim'" (*Direito Administrativo Brasileiro*, Malheiros Editores, p. 82).

6. "De seu turno a Administração Pública encontra limites maiores que o do indivíduo. Enquanto que este apenas está sujeito à regra denominada compatibilidade, a Administração sujeita-se à regra da conformidade, isto é, apenas pode fazer o que lhe estiver estritamente gizado nos comandos normativos" ("Instrumentos brasileiros de defesa e participação dos administrados", *RT* 677/83).

7. Toma-se Administração em sentido lato, isto é, não só em relação ao Poder Executivo, mas em relação a qualquer órgão que pratique um ato administrativo, dentro dos limites da noção que será dada.

8. In "Legalidade — Discricionariedade — Seus limites e controle", *RDP* 86/42.

9. Confirma esta visão da legalidade Afonso Rodrigues Queiró, com base em vasta doutrina: Scheuner, Jellinek, Fleiner, Johr, Otto Mayer, Kelsen, Bernatzik, dentre outros ("A teoria do 'desvio de poder' em Direito Administrativo", *RDA* 6 e 7/41-78, p. 48).

10. Ob. cit., p. 49.

11. Neste sentido, apoia-se a profa. Lucia Figueiredo nos ensinamentos de Bachoff e Gianinni, transcritos em tradução livre no seu *Curso de Direito Administrativo*, p. 103: "Bachoff, em seu *Jueces y Constituición*, afirma: '...O controle da legalidade da Administração significa hoje, ao mesmo tempo, controle da constitucionalidade da Administração; significa que também se controla a Administração sobre o cumprimento do sistema de valores da Constituição'. Gianinni acentua, e, poderíamos dizer, no mesmo sentido de Bachoff: '...É supérfluo recordar que as normas-princípios absorvem uma função sistemática, ou seja, servem aos fins de interpretação e de aplicação de outras normas e à construção da ordenação sistemática'".

do que a soma de suas partes, porque estas o excedem, nas suas infinitas correlações. Numa perspectiva vitalizante e renovadora, sempre em atenção às exigências de uma racionalidade intersubjetiva, deve ser compreendido o sistema jurídico como uma rede axiológica e hierarquizada de princípios gerais e tópicos, de normas e de valores jurídicos cuja função é a de, evitando ou superando antinomias, dar cumprimento aos princípios e objetivos fundamentais do Estado Democrático de Direito, assim como se encontram consubstanciados, expressa ou implicitamente, na Constituição".[12-13]

Assim, admitindo-se no âmbito de legalidade a abrangência dos princípios gerais de direito, mister considerar o devido processo legal, que em sua atual faceta substancial visa proteger os direitos e garantias individuais.

Do mesmo modo, devem ser considerados outros princípios que também fazem atuar a legalidade. São eles os princípios da indisponibilidade dos interesses públicos, da finalidade, da razoabilidade e da proporcionalidade, da motivação, da impessoalidade, da publicidade etc.

Interessante notar que, se de um lado o desempenho da função estatal está submetido à lei, não apenas em sentido formal, mas também de maneira a abranger os princípios gerais antes referidos, que servem como limites à ação administrativa; de outro lado, é exatamente a aplicação daqueles mesmos valores que permite a salutar flexibilidade na busca dos meios para o atingimento dos fins públicos. De fato, não se pode deixar de considerar que também o Direito Administrativo, para bem adequar-se às constantes alterações das necessidades coletivas, não pode permanecer engessado, tem de ser dinâmico. Aliás, é esta necessidade de movimentação constante que torna possíveis e necessários os atos discricionários, ainda que sempre sujeitos à legalidade.[14]

Ainda, de se notar, que a observação não se aplica apenas ao ramo do Direito Administrativo, mas a todo o Direito Público. Não é por outro motivo que vem ganhando força a corrente doutrinária que prega a possibilidade de "mutação constitucional" (ou interpretação construtiva do Direito).[15]

Para esta doutrina, o intérprete faria uma releitura dos mesmos enunciados normativos, que passariam a ter nova acepção, embora formalmente se mantivessem. O intérprete teria, então, o poder de recriar o Direito, nos limites impostos pelo conjunto de regras e princípios vigentes. E, para viabilizar este constante processo de readequação entre o sentido das normas e os anseios so-

12. *Estudos de Direito Administrativo*, p. 137.

13. Ainda sobre a amplitude da legalidade em face da atual Constituição, são de grande valor, por sua clareza e precisão, os seguintes ensinamentos de Odete Medauar: "Hoje, indubitavelmente, no ordenamento pátrio, a legalidade administrativa assenta em bases mais amplas e, por conseguinte, há respaldo constitucional para um controle jurisdicional mais amplo sobre a atividade da Administração, como coroamento de uma evolução já verificada na doutrina e jurisprudência antes de outubro de 1988. Significativo, nessa linha, trecho do voto do Min. Celso de Mello no MS 20.999, julgado pelo STF em 21.3.90: 'É preciso evoluir cada vez mais no sentido da completa justiciabilidade da atividade estatal e fortalecer o postulado da inafastabilidade de toda e qualquer fiscalização judicial. A progressiva redução e eliminação dos círculos de imunidade do poder há de gerar, como expressivo efeito conseqüencial, a interdição de seu exercício abusivo' (*RDA* 179-180/117, jan.-jun./1990)" (*Controle Jurisdicional da Administração*, pp. 174 e 175).

14. Neste sentido a observação de José Cretella Jr., *verbis*: "O que pretendemos acentuar é que, por sua própria natureza, a fim de poder acompanhar a movimentação e mutabilidade incessante da vida, necessita a Administração de campo livre para intervir, reclamando flexibilidade constante, amplo campo em que possa decidir-se com relativa liberdade por esta ou aquela solução, conforme o exijam as circunstâncias (*Do Desvio de Poder*, pp. 38 e 39).

15. Neste sentido Inocêncio Mártires Coelho, in *Interpretação Constitucional*, p. 37; e Anna Cândida da Cunha Ferraz, in *Processos Informais de Mudança da Constituição*, São Paulo, pp. 126 e ss.

ciais, a finalidade a atingir passa a ser elemento de suma importância.

Esta teoria tem, no nosso entender, a grande virtude de garantir e promover a segurança jurídica, na medida em que afasta a necessidade de um corte radical para a substituição de um sistema ultrapassado por um novo em função das necessidades próprias de cada momento histórico.

Daí sua plena justificativa para os que entendem, como entendemos, que o projeto do Direito é o projeto da *segurança jurídica*, sendo a Justiça mera decorrência. Em suma: o Direito só é a arma dos fracos se cria limites aos fortes.

II — O ato administrativo

Fincado o pilar da legalidade, passaremos ao exame de alguns aspectos gerais concernentes ao ato administrativo, com vistas a criarmos o necessário suporte à análise do que denominamos trilogia motivo/conteúdo/finalidade.

IIa. Distinção entre ato e fato administrativo

Na linguagem de Kelsen,[16] que nos parece bastante apropriada para refletir a distinção entre fato e ato jurídico, diz-se que fato é qualquer acontecimento que ocorre no mundo do "ser" (da causalidade), seja fenômeno natural ou decorrente da vontade humana (esta manifestação pode ser positiva ou negativa). Fato jurídico é o fato relevante para o Direito. Esta relevância decorre, no mais das vezes, da jurisdicização de um fato comum, que uma vez previsto em regra coercitiva de comportamento promove um "dever-ser", ou um ato jurídico.

Portanto, ato jurídico resulta normalmente da manifestação da vontade humana[17] que cria, modifica ou extingue direitos, nos termos do art. 81 do Código Civil brasileiro.

Em suma, pode-se dizer que a diferença entre ato e fato jurídico está justamente em que ato jurídico é uma norma, uma prescrição (está no mundo do "dever-ser"), enquanto o fato jurídico apenas ocorre. Assim, a lei que previu o evento é ato jurídico, mas o evento cogitado na norma é fato jurídico (independentemente de se materializar ou não).[18] Se há prescrição há, pois, ato jurídico.

A título exemplificativo, referimo-nos à circulação de mercadorias geradora da obrigação de pagamento do ICMS. Este seria o fato jurídico ao qual corresponderia o ato jurídico de lançamento tributário, ato este privativo da Administração, nos termos do art. 142 do Código Tributário Nacional.

A utilidade da distinção ente fato e ato está na compreensão das figuras e também na necessidade de distingui-las porque distintos são os regimes jurídicos aplicáveis. Apenas para exemplificar, lembramos que o ato jurídico goza de presunção de legitimidade enquanto o fato jurídico não; o ato jurídico pode ser revogado ou anulado, o fato jurídico não; a figura da vontade pode ser relevante em alguns atos jurídicos, nos fatos jurídicos nunca.

16. *Teoria Pura do Direito*, pp. 5 a 10.

17. Não se pode deixar de lembrar o alerta, bastante atual, que faz o prof. Celso Antônio Bandeira de Mello ao apontar situações em que mesmo ausente a vontade humana possam ocorrer atos jurídicos, principalmente considerando que cada vez será mais comum a realização de atos praticados por máquinas. E o autor cita como exemplo uma central de semáforos de trânsito controlada unicamente por computadores, caso em que haverá ato administrativo decorrente das ordens "pare", "olhe" e "siga" para os motoristas, sem qualquer manifestação direta da vontade humana (*Curso...*, pp. 226-227).

18. Já Gordillo, ao ponderar sobre as distinções entre ato e fato administrativo, entende essencial a materialização do fato, *verbis*: "De lo expuesto resulta que *los actos* son las decisiones, declaraciones o manifestaciones de voluntad o de juicio; que *los hechos* son las actuaciones materiales, las operaciones

IIb. Conceito de ato administrativo

Antes da enunciação do que entendemos por ato administrativo, algumas considerações se fazem necessárias.

Em primeiro lugar, como visto no item anterior, quando nos referimos a ato estamos afastando a noção de fato jurídico.

Em segundo lugar, nos parece útil e adequada a distinção realizada por Oswaldo Aranha Bandeira de Mello entre os atos da Administração e os atos administrativos, na medida em que nem todos os atos praticados pela Administração podem tomar-se por administrativos. Nessa categoria o ilustre autor refere os atos regidos pelo Direito Privado (exemplo: compra e venda de imóveis, aluguel, troca etc.); os atos materiais (exemplo: a pavimentação de uma rua); e os atos políticos ou de governo (exemplo: a sanção ou veto de lei pelo Executivo).[19] Portanto, consideramos atos administrativos apenas aqueles ligados ao exercício de funções de autoridade.

Do mesmo modo, não se pode dizer que todos os atos administrativos têm de ser necessariamente praticados pela Administração. Com efeito, há atos administrativos praticados pelo Legislativo e pelo Judiciário (*v.g.*, quanto à vida funcional de seus servidores, ou no tocante às licitações realizadas nestas esferas).[20-21]

Já vimos que os atos administrativos devem conter todos os atributos próprios de Direito Público, como a total subordinação ao princípio da legalidade em seu sentido mais amplo. E mais, devem obediência, também, aos demais princípios decorrentes da própria legalidade, isto é, ao da finalidade, da razoabilidade, da proporcionalidade, da motivação, da moralidade, da responsabilidade do Estado, da continuidade do serviço público, da igualdade dos administrados em face da Administração etc.

Os atos serão, ainda, examinados em face do "dever-poder" decorrente das respectivas atribuições de competência.

Além disso tudo, entendemos deva estar sempre presente (expressa ou implicitamente) a indicação da finalidade do ato administrativo (considerados os limites e alcance que serão oportunamente referidos).

Posto isso, já se pode concluir no sentido de que ato administrativo seria, em nosso entender, o ato jurídico ao qual se aplicam os atributos próprios do Direito Público, praticado pelos órgãos do Poder Público, ou por quem lhes faça as vezes no exercício das funções públicas legalmente estabelecidas para a consecução do fim ali determinado, estando sujeito às várias formas de controle, inclusive e principalmente o judicial.[22]

técnicas realizadas en ejercicio de la función administrativa" (*Tratado de Derecho Administrativo*, Parte General, t. I, pp. III-20).

19. In *Princípios Gerais de Direito Administrativo*, Forense, v. I, p. 415.

20. Conforme Celso Antônio Bandeira de Mello, *Curso...*, p. 231.

21. Oswaldo Aranha Bandeira de Mello vai ainda mais longe ao incluir, dentre os atos administrativos, além daqueles praticados pelas pessoas jurídicas de direito público, também "os praticados por pessoas naturais ou jurídicas como pressuposto ou condição da manifestação da vontade do Estado, de modo a concorrerem para a prática de ato administrativo por parte deste ou tornarem eficaz o ato administrativo por este emanado. Assim, os atos de particulares requerendo perante a Administração Pública ou tomando posse em cargos públicos" (ob. cit., p. 415).

Ainda oportuna a observação de Augustín A. Gordillo: "no puede sostenerse, como lo hace Sandulli, que no deben ser considerados actos administrativos los dictados por un particular, *aunque se encuentre investido de funciones públicas* pues de dos cosas una: o són ambos función administrativa y acto administrativo, o ninguno de ellos es tal cosa" (*El Acto Administrativo*, pp. 42-43).

22. Themístocles Brandão Cavalcanti enuncia um elenco precioso de conceitos de ato administrativo na doutrina estrangeira às pp. 198 a 204 de seu *Tratado de Direito Administrativo*.

IIc. Direito Privado (vontade) x Direito Público (finalidade)

Alguns autores apontam as dificuldades de reconhecer o elemento distintivo na dicotomia estabelecida entre Direito Público e Direito Privado.[23]

Para nós, na esteira do caminho perfilhado por autorizada doutrina,[24-25] a grande distinção entre os atos no Direito Privado e no Direito Público é que naqueles a vontade é tudo, enquanto nestes a finalidade (fim) é tudo.

IId. Competência (tema do "poder-dever")

A lei outorga competência sempre visando determinado fim a ser cumprido pela Administração à vista de determinadas circunstâncias.

Mas o exercício da capacidade legalmente atribuída não é, como pode à primeira vista parecer, a concessão de poderes que a Administração possa manejar ao seu bel-prazer, se e quando entender cabíveis. Muito ao contrário, o exercício da obrigação funcional é, antes, de observância obrigatória, da qual não se pode furtar o agente toda vez que estiverem presentes as condições próprias à sua realização.[26]

A Administração tem o dever de agir em prol da coletividade, sempre em busca das finalidades legais. Exclusivamente para propiciar o cumprimento destes fins, lhes são atribuídas determinadas competências. A outorga de competências é, pois, subserviente da finalidade legal, que será sempre valorada à vista e em função do caso concreto.[27]

IIe. Em decorrência da competência: a trilogia motivo/conteúdo/finalidade

Como se disse, as regras de atribuição de competência de função administrativa (no sentido de "dever-poder") autorizam determinados comportamentos (conteúdo do ato),[28] em decorrência de determinadas

23. Carlos Ari Sundfeld, após refletir sobre esta dificuldade, conclui pela distinção em função da aplicação dos diferentes regimes jurídicos de Direito Público e Privado (ob. cit., pp. 128-132).

24. "A essência do direito privado está na autonomia da vontade dos respectivos sujeitos; a essência do direito público, do direito administrativo *in especie*, está na obrigação para os respectivos agentes de realizarem os interesses que as leis lhes entregam para que deles curem" (Afonso Rodrigues Queiró, art. cit., p. 52).

25. No mesmo sentido, Ruy Cirne Lima: "O fim — e não a vontade — domina todas as formas de administração. Supõe, destarte, a atividade administrativa a preexistência de uma regra jurídica, reconhecendo-lhe uma finalidade própria" (*Princípios de Direito Administrativo*, p. 22).

26. Daí a extrema propriedade das palavras de Celso Antônio Bandeira de Mello, ao tratar do tema das competências públicas: "Com efeito, inobstante os poderes que elas exprimem sejam, efetivamente, seu lado mais aparente, antes que poderes as competências são *deveres,* o que é particularmente visível no caso das competências administrativas. Na verdade, elas são deveres-poderes, expressão, esta, que descreve melhor suas naturezas do que a expressão poder-dever que começou a ser utilizada, algumas vezes, no Direito Administrativo, a partir de lições de Santi Romano. É que ditas competências são atribuídas ao Estado, a seus órgãos e, pois, aos agentes neles investidos, especificamente para que possam atender a certas finalidades públicas consagradas em lei; isto é, para que possam *cumprir o dever legal* de suprir interesses concebidos em proveito da coletividade" (ob. cit., p. 85).

27. Caio Tácito, *RDA* 56/1, p. 11.

28. Utilizamos a expressão conteúdo para designar o que a maioria dos autores entende por objeto do ato, no sentido exposto por Velasco: "...el efecto jurídico del acto emitido, es dicir, la declaración, el reconocimiento, la modificación o la extinción de una situación jurídica". E exemplifica o mesmo autor: "Derribar una casa sería el objeto de la orden competente para que se derribe...". E aduz, com propriedade: "El objeto ha de ser cierto y lícito. Es decir, ha de tener una realidad de hecho y jurídica, al propio tiempo, y además la cualidad que le hace susceptible de ser afectado por un cierto acto administrativo" ("El acto administrativo", *Revista de Derecho Privado*, p. 192).

circunstâncias (motivo legal[29] — que deverá ser o mesmo do ato praticado), para o atingimento de determinados fins (finalidade do ato).

Além dos três aspectos referidos, são habitualmente elencados como elementos do ato o sujeito incumbido de sua prática e a forma de que o mesmo se reveste (de como se apresenta).

Sem que se possa identificar a presença destes cinco aspectos não há ato administrativo, nem qualquer ato jurídico. Mas o que interessa a este trabalho é o exame da trilogia motivo/conteúdo/finalidade.

Isso porque é de sua inter-relação que surge a noção de "causa" do ato, no sentido em que posta por André Gonçalves Pereira,[30] com o imprescindível acréscimo do elemento finalidade por Celso Antônio Bandeira de Mello, que conclui nos seguintes termos: "Com efeito, motivo é o pressuposto de fato; causa é *a relação* entre ele e o conteúdo do ato em vista da finalidade que a lei lhe assinou como própria".[31]

Em face deste nexo lógico de adequação ou de pertinência que se verifica entre o motivo e o conteúdo, em função da finalidade do ato, isto é, no campo da causa, propriamente dita, é que se permitirá o exame da razoabilidade do ato administrativo, que, ao lado da teoria do desvio de poder, constitui figura essencial ao controle da legalidade do ato administrativo.

IIf. A suprema importância da finalidade legal do ato em razão de propiciar o controle de sua legalidade

A finalidade do ato nos parece especialmente cara e importante. Arriscamos afirmar que seria o elemento (pressuposto ou requisito) mais importante do ato administrativo, porque é ele, uma última instância, que lhe atribui a razão de ser e de existir. Daí nos determos um pouco mais para ressaltar alguns pontos que entendemos de suma importância no estudo do ato administrativo, especialmente em relação à sua finalidade.

Em primeiro lugar, cumpre distinguir que quando nos referimos à finalidade (ou ao fim), não estamos nos referindo ao fim público que deve ser objeto e objetivo a atingir de todo e qualquer comportamento administrativo, nem tampouco ao fim visado ou pretendido pela autoridade executiva. Referimo-nos ao fim almejado pela lei, que se apresenta íntima e indissociavelmente ligado à natureza do próprio ato analisado, tenha ou não sido expressamente previsto.[32]

A finalidade é o elemento que desvenda o verdadeiro sentido e alcance da norma e, em decorrência, indica a atuação estatal

29. Mais uma vez é Celso Antônio Bandeira de Mello quem nos socorre ao distinguir motivo do ato de motivo legal no sentido de "enquanto este último é a previsão *abstrata* de uma situação fática, empírica, o *motivo do ato é a própria situação material*, empírica, que efetivamente serviu de suporte real e objetivo para a prática do ato" (*Curso...*, p. 241).

Ainda sobre o motivo legal, tratado como causa jurídica por José Cretella Júnior, pode-se encontrar em sua obra um vasto elenco de conceitos possíveis, adotados por boa parte da doutrina nacional e internacional (*Direito Administrativo do Brasil*, Ed. RT, pp. 167-173).

30. "Para nós a causa tem um sentido claramente objectivo, estabelecendo uma necessária releção entre o mundo exterior e o acto administrativo. *A causa é uma relação de adequação entre os pressupostos do acto e o seu objecto.* Esclareçamos o sentido desta asserção: o poder administrativo visa a produzir efeitos no mundo exterior. Ao agir tem de tomar por base qualquer situação de facto ou de direito do mundo sensível. É inconcebível a actuação jurídica que não tenha qualquer apoio, seja qual for, escolhido pelo agente ou determinado pela lei, no mundo dos factos" (*Erro e Ilegalidade do Ato Administrativo*, p. 122).

31. *Curso...*, p. 250.

32. É Caio Tácito quem esclarece que "mesmo quando falte a explicitação do fim, poderá o intérprete deduzi-la do próprio conteúdo do preceito legal, levando em conta os interesses por ele protegidos e a competência do órgão administrativo incumbido de executá-lo" (*Direito Administrativo*, p. 62, nota de rodapé).

correspondente.[33] Por isso, muitas vezes somente pelo exame da finalidade se compreende qual o bem protegido pelo legislador e até mesmo a racionalidade da norma, ainda que se esteja diante de conceitos jurídicos indeterminados.[34]

Como visto, a finalidade do ato administrativo é prévia e legalmente estabelecida. Além disso, por se afigurar como elemento de outorga de competência da ação administrativa, é de observância vinculada e obrigatória.

Por este motivo que o ato não se convalida se praticado de modo a atingir finalidade diversa daquela especificamente prevista, ainda que tenha alcançado outro fim público, de igual ou maior interesse para a comunidade. É o que denominam alguns autores de nominalismo ou tipicidade dos atos administrativos e o que Celso Antônio Bandeira de Mello designou princípio da finalidade.[35 a 38]

No caso, haveria desvio de finalidade gerador de ilegalidade do ato por violação à própria regra atributiva de competência.[39]

O desvio de finalidade (ou de poder) poderia, ainda, decorrer de outras condutas que implicassem a utilização de uma competência em desacordo com a finalidade legal (*v.g.*, o atendimento de interesses pessoais, sectários, político-partidários, ter o administrador agido de má-fé etc.), o que não será examinado no presente trabalho, no qual pretendemos, apenas, desenhar a anatomia da finalidade do ato administrativo sem, no entanto, ocupar-nos das possíveis patologias.

Pode-se, então, concluir que o estrito atendimento da finalidade legal é condição de legalidade e de validade do ato, embora não raro se apresente a dificuldade de apuração de sua verdadeira essência.

Postas essas premissas, que em brevíssimas palavras pretenderam apenas situar o

33. Neste passo, Recaredo F. de Velasco faz importante observação, com a qual concordamos plenamente: "Conceder un aprovechamiento de aguas a un particular, satisface un fin privado; conceder un aprovechamento de aguas a una ciudad, satisface un fin público, crea un servicio público. En este segundo caso el fin interesa a la Administración y condiciona la licitud del acto; en el primero, el fin es indiferente. *Solamente interessa el fin como elemento del acto administrativo en cuanto se manifiesta éste como servicio público.* En los casos restantes basta con que el funcionario se haya movido dentro de su competencia, si los efectos del acto se mantienen congruentemente relacionados con las facultades objetivas de la propia Administración" ("El acto administrativo", *Revista de Derecho Privado*, pp. 191 e 192, grifamos).

34. Tanta importância dá à finalidade o professor Celso Antônio Bandeira de Mello que após a citação de dois exemplos brilhantes de qual seria a sua utilidade e importância conclui que "*é a finalidade e só a finalidade o que dá significação às realizações humanas.* O Direito, as leis, são realizações humanas. Não compreendidas suas finalidades, não haverá compreensão alguma do Direito ou de uma dada lei" (*Discricionariedade e Controle Jurisdicional*, Malheiros Editores, p. 47).

35. *Curso...*, pp. 64-65.

36. Gabino Fraga, de modo prático e sistemático, elencou as seguintes regras a serem aplicadas no tocante à finalidade do ato: "a) El agente no puede perseguir sino un fin de interés general; b) El agente público no debe perseguir una finalidad en oposición con la ley; c) No basta que el fin perseguido sea lícito y de interés general, sino que es necessario, además, que entre en la competencia del agente que realiza el acto; d) Pero aun siendo lícito el fin de interés público y dentro dela competencia del agente, no puede perseguirse sino por medio de los actos que la ley ha establecido al efecto" (*Derecho Administrativo*, p. 292).

37. Daí a propriedade da assertiva de Caio Tácito: "Não é a *qualidade* do fim, mas a sua *natureza legal* que legitima a prática administrativa" (*Direito Administrativo*, p. 103).

38. No mesmo sentido, Eduardo García de Enterría y Tomás-Ramón Fernández, ao afirmarem que "el acto administrativo, en cuanto es ejercicio de una potestad, debe servir necessariamente a ese fin típico, e incurrir en vicio legal si se aparta de él o pretende servir una finalidad distinta aun cuando se trate de otra finalidad pública (por ejemplo, una finalidad recaudatoria utilizando un poder de policía, supuesto muy normal en la jurisprudencia a propósito de las tasas municipales de inspeción de aparatos e instalaciones industriales, inspeción sólo justificable en efectivas razones de seguridad y no en un fin fiscal)" (*Curso de Derecho Administrativo*, Civitas, p. 530).

39. Tudo que ultrapasse o atendimento do fim legal seria uma "extralimitação da competência" (Celso Antônio Bandeira de Mello, *RDP* 86/42, p. 55).

leitor a respeito de nossa compreensão sobre alguns conceitos que servirão de pano de fundo para o desenrolar deste trabalho, passaremos ao exame proposto da relação entre a trilogia motivo/conteúdo/finalidade e o princípio da razoabilidade.

2ª PARTE — O PRINCÍPIO DA RAZOABILIDADE

I — Breve histórico

O princípio da razoabilidade teve suas origens na Inglaterra, na Magna Carta de 1.215, como apontam Luís Roberto Barroso[40] e Carlos Roberto de Siqueira Castro[41] em aprofundado histórico da origem e evolução do princípio do devido processo legal (gênese do primado da razoabilidade), ao qual nos reportamos por não se afigurar o desenvolvimento desta matéria próprio a este estudo.

Necessário, no entanto, frisar que foi na França que a razoabilidade apareceu, inicialmente, como forma de controle da legalidade dos atos administrativos, como aponta Suzana de Toledo Barros.[42]

II — Noção do princípio

O princípio que chamaremos da razoabilidade[43] nasceu para proteger a liberdade e assegurar os direitos fundamentais. Por isso, é considerado pela doutrina como decorrência do princípio da legalidade.[44]

Quanto ao fato de o princípio da razoabilidade não vir expresso na Constituição brasileira, isso não o torna menos importante ou menos efetivo, porque pode o mesmo ser inferido de outros princípios e normas expressamente referidos no texto constitucional. A título exemplificativo, pode-

40. *Interpretação e Aplicação da Constituição*, pp. 198 e ss.

41. *O Devido Processo Legal e a Razoabilidade das Leis na Nova Constituição do Brasil*, pp. 7 e ss.

42. A autora afirma que "o desenvolvimento do princípio da *proporcionalidade* na França, portanto, está sediado no campo do Direito Administrativo, decorrente da evolução da teoria do 'detourment du pouvoir', a qual, por sua vez, é deduzida a partir do princípio da legalidade no seu mais amplo sentido" (*O Princípio da Proporcionalidade e o Controle de Constitucionalidade das Leis Restritivas de Direitos Fundamentais*, p. 40).

43. Entendemos que razoabilidade e proporcionalidade são conceitos distintos, embora o segundo seja medida do primeiro. Na linha doutrinária que admite esta distinção, citamos Lucia Valle Figueiredo, para quem o princípio da razoabilidade se atrela às necessidades da coletividade, à legitimidade, à economicidade, aplicando-se "a lume de princípios gerais, a lume da razoabilidade, do que, em Direito Civil, se denomina *valores do homem médio*", enquanto o princípio da proporcionalidade pressupõe a adequação entre os atos e as necessidades ou, em suas palavras: "...só se sacrificam interesses individuais em função de interesses coletivos, de interesses primários, *na medida da estrita necessidade*, não se desbordando que se seja realmente indispensável para a implementação da necessidade pública" (*Curso de Direito Administrativo*, p. 46).

44. No sentido de distinguir as duas possíveis aplicações do princípio da razoabilidade foi o estudo desenvolvido por Maria Sylvia Zanella Di Pietro, *verbis*: "Pelo tratamento dado à matéria, verifica-se que alguns autores, mais influenciados pela doutrina norte-americana, ligam o princípio da razoabilidade ao do *devido processo legal* e ao da *isonomia*; é o caso, como se verá, de San Tiago Dantas, Ada Pellegrini Grinover, Carlos Roberto de Siqueira Castro. Outros seguem mais a linha do Direito francês, espanhol e argentino e identificam a razoabilidade com o princípio da *proporcionalidade entre os meios e fins*; é o caso de Diogo de Figueiredo Moreira Neto, Celso Antônio Bandeira de Mello e Lucia Valle Figueiredo. Ver-se-á que, embora a linha de raciocínio possa ser um pouco diversa, o resultado final é o mesmo, pois o que se quer é que haja compatibilidade, relação, proporção entre as medidas impostas pelo Legislativo ou Executivo e os fins objetivados, de forma implícita ou explícita, pela Constituição ou pela lei. Há que observar, contudo, que quando se associa a razoabilidade ao devido processo legal, o princípio se coloca mais como limite à discricionariedade na *função legislativa*; e quando se associa a razoabilidade com a proporcionalidade dos meios aos fins, o princípio se coloca mais como limite à discricionariedade administrativa" (*Discricionariedade Administrativa na Constituição de 1988*, pp. 139 e 140).

mos apontar a própria referência expressa à legalidade (art. 5º, II da CF/88) e o art. 37, *caput*, que determina a observância obrigatória, pela Administração, dos princípios da legalidade, impessoalidade, moralidade e impessoalidade.[45]

III — Razoabilidade como pressuposto de autoridade e legitimidade

Além de corolário da legalidade, a razoabilidade tem em mira impedir a arbitrariedade, no sentido de, como visto, impor às manifestações administrativas uma explicação obediente a "critérios aceitáveis do ponto de vista racional, em sintonia com o senso normal de pessoas equilibradas e respeitosas das finalidades que presidiram a outorga da competência exercida".[46]

Somente assim se afirma a legitimidade do exercício da competência administrativa em face da comunidade, sob pena de ser o ato considerado arbitrário. Isso quer dizer que o Estado de Direito implica na submissão do poder à razão, valorada segundo os critérios positivados ou apenas exigidos por determinada ordem social.

Portanto, a exatidão e justiça das decisões administrativas não se sustentam pela mera observância dos seus requisitos formais de validade. Para a legitimidade deste exercício, mister sejam racionais e razoáveis, tanto no sentido intuitivo que assalta à mente do cidadão comum diante da situação concreta, quanto no sentido de confrontar esta situação com juízos objetivos de valores e princípios jurídicos.

Visto por outro ângulo, o conceito mesmo de autoridade está, no Estado Democrático de Direito, intimamente ligado à necessidade de a Administração sustentar seus atos em critérios plausíveis de razoabilidade, para que não se apresentem como fruto da mera vontade que, aliás, tem aplicação muito reservada no âmbito do Direito Administrativo.

IV — A fluidez do conceito não impede sua aplicação concreta

IVa. O conceito vago e a primeira limitação pelo critério negativo

A noção de razoabilidade pode parecer, à primeira vista, muito fluida, posto tratar-se de um conceito dito vago, indetermi-

45. Neste sentido também podemos citar Paulo Bonavides, segundo o qual "...o princípio da proporcionalidade é hoje axioma do Direito Constitucional, corolário da constitucionalidade e cânone do Estado de Direito, bem como regra que tolhe toda a ação ilimitada do poder do Estado no quadro de juridicidade de cada sistema legítimo de autoridade" (*Curso de Direito Constitucional*, p. 397).

No sentido, a manifestação de Weida Zancaner: "Não há negar que a obrigatória subsunção da Administração aos princípios da razoabilidade e da moralidade — embora o princípio da razoabilidade não esteja elencado expressamente no art. 37 da Constituição, a Administração a ele se submete por ser ele da essência do Estado de Direito como veremos mais adiante..." (*RTDP* 2/205).

E, de modo geral, sobre serem tão importantes os princípios implícitos quanto os explícitos, Eros Grau assevera: "Os princípios gerais do Direito são, assim, efetivamente *descobertos* no interior de determinado ordenamento. E o são justamente porque neste mesmo ordenamento — isto é, no interior dele — já se encontravam, em estado de latência. (...) Trata-se, pelo contrário — e nesse passo desejo referir explicitamente os princípios *descobertos* no seio de uma Constituição — não de princípios declarados (porque anteriores a ela) pela Constituição, mas sim de princípios que, embora nela não expressamente enunciados, no seu bojo estão inseridos" (*A Ordem Econômica na Constituição de 1988 — Interpretação e Crítica*, pp. 130 e 131).

46. Celso Antônio Bandeira de Mello, *Curso...*, p. 66.

nado[47] ou prático,[48] o que poderia levar à desavisada conclusão pela impossibilidade de sua sindicância.[49]

No entanto, é surpreendente como se apresentam exatos e objetivos os meios pelos quais se pode proceder ao seu exame. Sem falar no critério negativo, do qual sempre podemos nos socorrer, mesmo se não pudermos apurar a solução melhor (ou mais razoável), ao menos para identificar qual efetivamente não é.

Com efeito, o atendimento à razoabilidade pode ser verificado pelo cotejo entre o resultado concreto do ato com a finalidade legal segundo a qual ter-se-ia dado o exercício da respectiva competência. Serve, ainda mais, à avaliação da causa do ato, isto é, da adequação entre motivo e conteúdo para o atendimento do fim legal.

IVb. Razoabilidade e proporcionalidade

A proporcionalidade também se exige para o cumprimento da razoabilidade, na medida em que nenhum ato pode exceder-se ao requerido para o cumprimento da lei, simplesmente porque nesta hipótese se estaria exigindo do administrado mais do que o necessário para o atingimento do interesse público, em flagrante descompasso com o escopo legal. Ato discrepante do razoável não está apto ao atendimento da finalidade legal que, em princípio, não se presume incongruente, ilógica, desatinada. Portanto, este ato será ilegítimo e passível de anulação pelo Judiciário.

Além da proporcionalidade, a razoabilidade também conta com a lealdade, a boa-fé e a confiança que o administrador deposita e ao mesmo tempo pode exigir da Administração para efeitos de balisá-la dentro de certos limites e assim conferir mais elementos ao seu controle judicial.

Essas noções postas assim de forma muito singela já foram, de certo modo, sistematizadas pela doutrina. Assim, a fim de aclarar e ordenar o raciocínio, adotamos a lição de Paulo Bonavides[50] que embora tome como objeto de estudo o Direito Constitucional, se presta muito bem ao elenco dos aspectos que pretendemos destacar.

IVc. Os elementos da razoabilidade

O referido autor elenca três elementos de concretização do que denominou princípio da proporcionalidade (para nós da razoabilidade), a saber: 1) pertinência ou adequação; 2) necessidade; e 3) proporcionalidade em sentido estrito.

1) *pertinência ou adequação*: pretende aferir se determinada medida retrata o meio certo para levar a determinado fim, baseado no interesse público. Implica, portanto, na própria vedação de arbítrio.[51] Exemplificando a atuação concreta deste critério Maria Sylvia Zanella Di Pietro aduz: "Mas não é somente a *desproporção* entre os meios

47. Na definição de Eduardo García de Enterría, *Curso de Derecho Administrativo*, pp. 445 e ss.

48. Conforme ensina Afonso Rodrigues Queiró, "A teoria do desvio de poder no Direito Administrativo", *RDA* 6 e 7.

49. Esclarecendo este ponto, nos parece oportuna a afirmação de Weida Zancaner no sentido de que: "Os conceitos jurídicos vagos ou conceitos jurídicos indeterminados, como são usualmente chamados pela doutrina, são, portanto, comuns no Direito e antes de dificultar sua compreensão, promovem a comunicação jurídica por constituirem um fator capaz de propiciar o ajustamento da norma, quando de sua aplicação, à finalidade em razão da qual foi editada".

50. Ob. cit., p. 205.

51. "A esse propósito, averbou Linares Quintana: '(La razonabilidad) consiste en la adecuación de los medios utilizados por el legislador a la obtención de los fines que determina la medida, a efectos de que tales medios no aparezcan como infundados o arbitrarios, es dicir, no proporcionados a las circunstancias que los motiva y a los fines que se procura alcanzar con ellos. (...) Tratasse, pues, de una correspondencia entre los medios propuestos y los fines que a través de ellos deben alcanzarsse'", *apud* Luís Roberto Barroso, ob. cit., p. 207.

e os fins que torna irrazoável a decisão. Também produz o mesmo efeito a medida que não tenha qualquer *correlação* com a finalidade almejada. É o que ocorreu no caso, já analisado, da exigência de prova de esforço físico para ingresso na carreira de delegado; o tipo de atividade por este exercida não exige esse tipo de capacidade. O mesmo ocorreria se acaso fosse exigida prova de datilografia e proficiência em língua estrangeira ou de conhecimentos jurídicos em um concurso para admissão de servente em repartição pública".[52]

2) *necessidade (ou exigibilidade)*: serve para assegurar que a medida não exceda aos limites indispensáveis à consecução do fim legítimo que se pretende atingir. Em outras palavras, dentre as medidas que podem ser escolhidas para a obtenção de um fim, a escolha deve recair sobre aquela que seja menos nociva aos interesses do cidadão. Isso quer dizer que a medida escolhida deve sempre qualificar-se como o meio mais idôneo e causar a menor restrição possível. Poder-se-ia imaginar que não se objetivaria examinar, em relação a este elemento, se a medida é ou não adequada, mas sim se porventura existiria outra menos gravosa e igualmente apta para atingir resultado igual ou melhor. Não é o que nos parece, porque não visualizamos hipótese concreta em que haja necessidade de medida inadequada.[53]

3) *proporcionalidade em sentido estrito*: a aplicação deste terceiro critério determinará a escolha da medida que leve em conta o conjunto de interesses em jogo no caso específico. Citando o constitucionalista Pierre Muller, Paulo Bonavides afirma que quem utiliza o princípio "se defronta ao mesmo passo com uma obrigação e uma interdição; obrigação de fazer uso de meios adequados e interdição quanto ao uso de meios desproporcionados".[54] Deste modo, verificada a adequação entre meios e fins e a necessidade da providência, compete verificar se existe precedência de um bem ou interesse sobre outro, de modo a evitar que, garantindo determinado direito seja, por via reflexa, afetado outro direito, também constitucionalmente assegurado. Daí a conclusão de Paulo Bonavides no sentido de que a proporcionalidade em sentido estrito importa em uma "verificação da relação custo-benefício da medida, isto é, da ponderação entre os danos causados e os resultados a serem obtidos".[55]

Cabe, ainda, lembrar que submetem-se, igualmente, ao exame da razoabilidade, para serem fulminadas, todas as medidas adotadas por capricho (*v.g.*, a não indicação dos motivos: "fi-lo porque qui-lo", como dizia o ex-presidente Jânio Quadros para não ter de dar satisfação sobre os motivos de seus atos) ou motivos pessoais como a vingança.

Também estariam nesta mesma condição, as medidas que contrariam manifestamente o senso comum do que é certo, justo, adequado ou consentâneo ao interesse público. Embora nestas últimas hipóteses o controle judicial se apresente mais difícil e complexo, não é impossível e poderá assumir caracteres distintivos à vista do caso concreto.

IVd. Razoabilidade e discricionariedade

Uma última observação se faz oportuna. Da exposição deste tópico, embora não o tenha sido dito com todas as palavras, percebe-se que estamos tratando da razoa-

52. Ob. cit., p. 148.

53. No mesmo sentido manifestou-se Suzana de Toledo Barros: "É forçoso concluir que o princípio da necessidade traz em si o requisito da adequação. Só se fala em exigibilidade se o meio empregado pelo legislador for idôneo à prossecução do fim constitucional. Gilmar Ferreira Mendes, citando Pieroth e Schlink, observa: 'apenas o que é *adequado* pode ser *necessário*, mas o que é *necessário* não pode ser inadequado'" (ob. cit., p. 78).

54. Ob. cit., p. 361.

55. Ob. cit., p. 361.

bilidade enquanto passível de aferição em relação aos atos que contenham alguma carga de discricionariedade.[56]

Isso se explica na medida em que o exame da matéria se deu em face da posição do administrador público diante da lei. Ora, se no caso dos comportamentos ditos vinculados "a lei preestabelece qual a única e obrigatória conduta a ser tomada perante situações por ela previamente caracterizadas..." (v. nota 56) não seria de boa hermenêutica supor a ocorrência de um resultado totalmente desarrazoado e mesmo que tal se desse não haveria vício de ilegalidade, mas sim de inconstitucionalidade. Neste caso teria havido violação, pelo legislador, do primado constitucional da razoabilidade, que poderia ser invocado em sua faceta de devido processo legal.

IVe. Conclusão

Portanto, entendemos que na aplicação concreta da norma é possível verificar o atendimento do critério de razoabilidade, na medida em que se examine a relação de pertinência lógica na trilogia motivo/conteúdo/finalidade do ato.

Neste sentido, invocamos, vez mais, os ensinamentos do prof. Celso Antônio Bandeira de Mello: "Com efeito, se o administrador embasa-se em determinados eventos ou situações e diante deles pratica ato *desproporcional* ao que era requerido para atingir o fim legal ou *inapto* a lhe dar satisfação, por insuficiente, inadequado, imprestável, verifica-se que 'os motivos em que se apoiou não eram justificadores da providência'; em uma palavra: não podiam ser os motivos implícitos na lei, porque 'não haverá a correlação lógica necessária' entre o que se tomou como estribo para expedir o ato e o conteúdo dele. Vale dizer: não era perante aqueles fatos que o bem jurídico consagrado na finalidade legal reclamaria a adoção da medida tomada".[57]

V — A atualidade da visão teleológica do Direito

Como disse Recaséns Siches, "em sua obra *O Fim no Direito*, Ihering afirma enfaticamente que 'o fim é o criador de todo Direito; não há norma jurídica que não deva sua origem a um fim, a um propósito, isto é, a um motivo prático'. O Direito não é um fim em si mesmo, é somente *um meio* a serviço de um fim". Este fim consiste na existência da sociedade. O critério ou medida que serve para julgar o Direito *não é um critério absoluto de verdade* — disse Ihering —, senão um *critério relativo de finalidade*.[58]

56. Neste passo se faz importante trazer à colação ao menos uma noção do que sejam comportamentos vinculados e discricionários, embora não se pretenda teorizar a respeito por não ser este o objetivo deste trabalho. Assim, para fins de intelecção dos conceitos registramos o pensamento do professor Celso Antônio Bandeira de Mello, vazado nos seguintes termos: "Como se sabe, no cumprimento de suas missões, a Administração tanto produz comportamentos ditos vinculados, quanto comportamentos ditos discricionários. Os primeiros têm lugar quando a lei preestabelece qual a única e obrigatória conduta a ser tomada perante situações por ela previamente caracterizadas mediante conceitos precisos, suscetíveis de aferição objetiva. Em tais casos, sempre que se estiver na presença de situações nela apontadas, a regra de direito já terá definido, com antecipação, a medida qualificada como ideal para satisfazer-lhe a finalidade. Os segundos — comportamentos discricionários — acodem quando a norma jurídica habilitante, ao invés de configurar de antemão a conduta necessária perante situações pré-definidas com rigor e precisão absolutas, comete ao agente administrativo o *encargo* de identificar, perante o caso concreto, qual a medida mais adequada para atender a finalidade legal. Nesta hipótese, a autoridade administrativa fica investida de *certa* margem de 'liberdade' para decidir, pois terá de sopesar as circunstâncias presentes, avaliar o caso concreto e resolver sobre a providência apta para atender com perfeição o objetivo legal, a fim de que ela seja a mais conveniente e oportuna, tendo em conta a finalidade da norma de competência" (*RDP* 86/42-59, pp. 43 e 44);

57. *RDP* 86/42, p. 52.

58. *Tratado General de Filosofía del Derecho*, Porrúa, p. 633. Tradução livre.

A citação (além de belíssima) é oportuna porque vem de encontro ao que procuraremos demonstrar a seguir.

A passagem da condição de Estado liberal (protetor) do século XIX para o Estado social (promocional) do século XX não passou despercebida por Norberto Bobbio, que tratou de identificar as transformações do Direito dali decorrentes.[59]

Esta percepção levou o referido autor a identificar no ordenamento protetivo-repressivo uma maior preocupação em coibir os comportamentos socialmente não desejados (tornando a ação não querida impossível, difícil, desvantajosa); de outro lado, constatar que no ordenamento promocional o interesse fundamental era provocar comportamentos socialmente desejados (tornando a ação querida necessária, fácil e vantajosa).[60]

Interessante notar que na visão estrutural do Direito prevalece uma função conservadora daquele conjunto de regras protetoras e repressivas; enquanto que na visão funcional do Direito dá-se ênfase à finalidade de mudança da situação existente.[61-62]

Partindo destes pressupostos da teoria de Norberto Bobbio e também dos ensinamentos de Tércio Sampaio Ferraz Jr., Marco Aurélio Greco[63] conclui que para fins da visão estrutural do Direito, a proteção de valores impõe a aplicação de normas condicionais (do tipo: se ocorrer determinada situação, então será possível realizar determinada conduta), à qual está subjacente a idéia do "por que". Neste primeiro caso, a relação de meios e fins implica vir primeiro o fato e depois a norma (exemplo: primeiro existe a água, para depois vir a legislação sobre águas). Vale dizer, desde que realizados determinados fatos, deflagram-se as respectivas conseqüências. Como os fatos não se alteram com vistas a deflagrarem as conseqüências, este é tido como um modelo, como dito, conservador.

Diversamente, para fazer atuar a visão funcional da disciplina das relações humanas, a tônica da norma jurídica deixa de ser o "por que" e passa a ser o "para que" (exemplo: legislar para proteção do meio ambiente, para a defesa do consumidor etc.). Vale dizer, a preocupação passa a estar no resultado a ser alcançado. Portanto, a *finalidade* passa a ser a pedra de toque desse sistema modificador e criador da realidade. Por isso, a norma vem antes do fato.

Evidentemente que um modelo não exclui o outro. São ambos coexistentes. Mas o ponto de interesse está em que o modelo finalístico de disciplina da conduta humana

59. *Dalla Strutura alla Funzione — Nuovi Studi di Teoria del Diritto*, pp. 13-32.

60. Bobbio, *Dalla...*, p. 26.

61. Bobbio, *Dalla...*, p. 31.

62. É Tércio Sampaio Ferraz Jr. quem sintetiza as idéias de Bobbio, diferenciando as duas técnicas de controle social na Apresentação de *Teoria do Ordenamento Jurídico*, nos seguintes termos: "Embora o cientista do Direito não seja um homem alheio à sociedade em que vive, a percepção da nova situação nos leva a considerar o seguinte: a) na tradição do Estado protetor e repressor, o jurista, encarando o Direito como um conjunto de regras dadas com função sancionadora e negativa, tende a assumir o papel de conservador daquelas regra que ele, então, 'sistematiza e interpreta'; b) já na nova situação do Estado promocional, o jurista, encarando o Direito 'também' como um conjunto de regras, mas em vista de uma função implementadora de comportamentos, tende a assumir um papel modificador e criador. (...) Se nos fosse permitido traduzir essas duas atitudes, diríamos que, no enfoque estrutural, a relação meio/fim no estudo do Direito fica limitada a um pressuposto global e abstrato, que quase não interfere na análise do tipo, por exemplo: 'O Direito é uma ordem coativa que visa à obtenção da segurança coletiva', e isso basta. Já no enfoque funcionalista, a relação meio/fim ganha outros relevos, passa mesmo a constituir o cerne da análise, exigindo, do jurista, novas modalizações do fenômeno normativo" (*Teoria do Ordenamento Jurídico*, pp. 15 e 16).

63. Transcrição de palestra realizada em Comandatuba, Bahia, em 23.11.96, nas "Jornadas de Direito Imobiliário", organizada pela Escola Nacional de Magistratura e SECOVI-SP, sobre o tema "PIS e COFINS na Atividade Imobiliária", publicada no *Repertório IOB de Jurisprudência*, 1ª quinzena de out./97, n. 19/97, caderno 1, pp. 479-473.

veio atender aos anseios dinâmicos da realidade atual.

Assim se deu, como nos demais campos do Direito, com o Direito Administrativo. Por exemplo, ao tornarem-se cada vez mais alargadas as hipóteses de desvio de finalidade.

Neste ponto, é inevitável a questão: a regulação finalística quereria dizer que os fins justificam a utilização de quaisquer meios?

Evidente que não. As estruturas finalísticas continuam dentro do sistema e por isso mesmo que sua disciplina está sujeita a todos os limites ali previstos. Em especial, Marco Aurélio Greco aponta três critérios que surgem como diferenciais dessa disciplina: "o primeiro é o da *necessidade*, o segundo da *adequação* e o terceiro da *proporcionalidade*.[64]

Os limites colocados por Marco Aurélio Greco à regulação finalística (necessidade, adequação e proporcionalidade) coincidem, exatamente, com os aspectos relacionados por Paulo Bonavides ao modo de atuação do princípio da razoabilidade. Daí se extrai que a regulação finalística tem sua efetiva e concreta limitação na razoabilidade.

Este item tem tratado do modelo finalístico em face do legislador que emitiria as normas para regular a conduta humana. Mas tudo que foi dito pode ser transposto, sem reservas, à atuação finalística do administrador em face da lei.

Confirma, pois, a moderna Teoria Geral do Direito, que põe ênfase na regulação finalística das relações humanas, tanto a suprema importância da finalidade do ato administrativo (que procuramos destacar em cada um dos tópicos analisados neste trabalho), como também a íntima relação entre o atingimento do escopo legal (em função da trilogia motivo/conteúdo/finalidade) e a aplicação do princípio da razoabilidade.

Bibliografia

BARROS, Suzana Toledo, *O Princípio da Proporcionalidade e o Controle de Constitucionalidade das Leis Restritivas de Direitos Fundamentais*, Brasília Jurídica, 1996.

BARROSO, José Roberto, *Interpretação e Aplicação da Constituição*, Saraiva, 1996.

BOBBIO, Norberto, *Dalla Strutura alla Funzione — Nuovi Studi di Teoria del Diritto*, Edizioni di Comunità, 1977.

___ *Teoria do Ordenamento Jurídico*, 7ª ed., Ed. Universidade de Brasília.

64. E continua o referido professor Marco Aurélio, exemplificando os conceitos apresentados: "Se a pergunta é: Se sou competente para legislar sobre proteção à infância, posso fazer tudo? Em primeiro lugar tenho de responder à pergunta da *necessidade*. A pergunta da necessidade vai nos dizer se é preciso fazer alguma coisa. Por exemplo e raciocinando em abstrato: a infância, num determinado momento, já está protegida? Se a resposta for 'sim, ela já está protegida', não cabe norma disciplinando proteção à infância; se, ao contrário, a resposta for 'não, não está protegida', existe a *necessidade* e está atendido o primeiro critério. O segundo critério é o de que a norma que vier a ser editada deve atender ao requisito *adequação*. Ou seja, passado o primeiro critério e concluindo que é preciso editar alguma norma para proteger a infância, cabe verificar então o segundo critério: esta matéria, este fenômeno que quero disciplinar é adequado para atingir o fim? Porque se ele não for adequado, estaremos saindo do campo autorizado para a edição da lei. Devo então verificar se, na relação entre meios e fins, o meio é *pertinente àquele fim*, se o meio é *adequado para atingir aquele resultado*. Por exemplo, é possível disciplinar a propaganda pois ela é um fenômeno correlato que interfere com a infância; portanto, se quero proteger a infância, é possível justificar, uma legislação, ou propriamente 'validar', como diz o prof. Tércio, a legislação que vier a ser editada, porque a propaganda é pertinente à finalidade da proteção da infância. Mas não basta haver a necessidade da norma, nem a adequação da norma, é também necessário que *haja proporcionalidade* nessa disciplina. Nesta análise vimos que é preciso editar a norma, que a propaganda é pertinente, mas ao disciplinar a propaganda para proteger a infância o legislador deve fazê-lo com um critério de proporcionalidade. Vale dizer, não pode impor disciplina tão rigorosa ou tão lassa que acabe negando o próprio resultado que se quer obter" (palestra citada de Comandatuba, pp. 5 e 6).

BONAVIDES, Paulo, *Curso de Direito Constitucional*, 7ª ed., Malheiros Editores, 1997.

CAVALCANTI, Themístocles Brandão, *Tratado de Direito Administrativo*, 4ª ed., Freitas Bastos, 1960.

CASTRO, Carlos Roberto de Siqueira, *O Devido Processo Legal e a Razoabilidade das Leis na Nova Constituição do Brasil*, 2ª ed., Forense.

COELHO, Inocêncio Mártires, *Processos Informais de Mudança da Constituição*, Max Limonad, 1986.

CRETELLA JR., José, *Direito Administrativo do Brasil*, Ed. RT.

___ *Do Desvio de Poder*, Ed. RT, pp. 38 e 39, 1964.

ENTERRÍA, Eduardo García y FERNÁNDEZ, Tomás-Ramón, *Curso de Derecho Administrativo*, 7ª ed., Civitas, 1995.

FAGUNDES, M. Seabra, *O Controle dos Atos Administrativos pelo Poder Judiciário*, 5ª ed., Forense.

FIGUEIREDO, Lucia Valle, *Curso de Direito Administrativo*, 2ª ed., Malheiros Editores.

FRAGA, Gabino, *Derecho Administrativo*, 11ª ed., Editorial Porrúa, 1966.

FREITAS, Juarez, *Estudos de Direito Administrativo*, Malheiros Editores, 1995.

GORDILLO, Augustín A., *Tratado de Derecho Administrativo*, Parte General, t. I, Ediciones Macchi, Buenos Aires.

____ *El Acto Administrativo*, 2ª ed., Abeledo-Perrot.

GRAU, Eros Roberto, *A Ordem Econômica na Constituição de 1988 — Interpretação e Crítica*, Ed. RT, 1990.

GRECO, Marco Aurélio, transcrição de palestra realizada em Comandatuba, Bahia, em 23.11.96, nas "Jornadas de Direito Imobiliário", organizada pela Escola Nacional de Magistratura e SECOVI-SP, sobre o tema "PIS e COFINS na Atividade Imobiliária", *Repertório IOB de Jurisprudência*, 1ª quinzena out./97, n. 19/97, Caderno 1, pp. 473-479.

KELSEN, Hans, *Teoria Pura do Direito*, Martins Fontes, 1994.

LIMA, Ruy Cirne, *Princípios de Direito Administrativo*, 5ª ed., Ed. RT.

MEDAUAR, Odete, *Estudos de Direito Administrativo*, Malheiros Editores, 1995.

MEIRELLES, Hely Lopes, *Direito Administrativo Brasileiro*, 21ª ed., Malheiros Editores.

MELLO, Celso Antônio Bandeira de, *Curso de Direito Administrativo*, 9ª ed., Malheiros Editores.

___ *Discricionariedade e Controle Jurisdicional*, 2ª ed., 2ª tir., Malheiros Editores.

___ "Legalidade — Discricionariedade — Seus limites e controle", *RDP* 86/42.

MELLO, Oswaldo Aranha, *Princípios Gerais de Direito Administrativo*, Forense, 1969.

OLIVEIRA, Régis Fernandes de, "Instrumentos brasileiros de defesa e participação do administrados", *RT* 677/83.

PEREIRA, André Gonçalves, *Erro e Ilegalidade do Ato Administrativo*, Lisboa, Ed. Ática.

PIETRO, Maria Sylvia Zanella Di, *Discricionariedade Administrativa na Constituição de 1988*, Atlas, 1991.

QUEIRÓ, Afonso Rodrigues, "A teoria do 'desvio de poder' em Direito Administrativo", *RDA* 6 e 7/41-78.

SICHES, Recaséns, *Tratado General de Filosofía del Derecho*, 3ª ed., Editorial Porrúa, 1965.

SUNDFELD, Carlos Ari, *Fundamentos de Direito Público*, 3ª ed., Malheiros Editores.

TÁCITO, Caio, *Direito Administrativo*, Saraiva, 1975.

____ "Abuso do poder administrativo no Brasil — Conceito e remédios", *RDA* 56/1.

VELASCO, Recaredo F. de, "El acto administrativo", Madrid, *Revista de Derecho Privado*, 1ª ed., 1929.

ZANCANER, Weida, "Razoabilidade e moralidade na Constituição de 1988", *RDP* 2/93, pp. 205-210.

PARECERES

PREÇOS: MODIFICAÇÃO UNILATERAL DE CONTRATO CELEBRADO COM A ADMINISTRAÇÃO — QUITAÇÃO — EXPECTATIVA INFLACIONÁRIA

EROS ROBERTO GRAU

Professor Titular da Faculdade de Direito da USP —
Professor Visitante da Faculdade de Direito da Universidade Montpellier I (França)

Os Sindicatos X e X' encaminharam-me a seguinte

Consulta

Algumas empresas da Administração indireta do Estado de São Paulo (a Sabesp e o Dersa, entre outras) decidiram, unilateralmente, por força da Resolução Conjunta SF/PGE 02, "re-repactuar" contratos (já convertidos em reais) que celebraram com empresas de arquitetura e de engenharia consultiva, sob a alegação de que nos preços contratados e repactuados para o real existe "contingência inflacionária".

Esse entendimento, submetido à Procuradoria-Geral do Estado, foi por esta descartado, visto que o § 1º do art. 1º do Decreto Estadual n. 27.133, de 26.6.87, declara não se aplicarem as suas disposições, aos contratos de consultoria e projetos.

Não obstante, o Secretário da Fazenda do Estado de São Paulo adotou entendimento adverso, concluindo ser, a referida resolução conjunta, aplicável às empresas de projeto.

Em face do entendimento do Secretário da Fazenda, a Sabesp e o Dersa vêm glosando as medições dos serviços das empresas, expurgando a contingência inflacionária supostamente embutida nos seus preços e, quanto às empresas que já concluíram os serviços cuja execução contrataram, delas exigindo o pagamento de importâncias das quais, em razão do expurgo, seriam devedoras.

O Decreto Estadual n. 32.117, de 1990, estipula que os preços nos contratos celebrados com o Estado devem ser à vista, com prazo de carência de 7 dias, nos quais (por se tratar de carência) não estão incluídos quaisquer percentuais de despesa financeira ou previsão inflacionária. Por sua vez, o art. 1º do Decreto n. 35.527, de 21.8.92, que trata dos procedimentos licitatórios no âmbito estadual, determina que o edital deve exigir que os preços ofertados, expressos em moeda corrente, sejam apurados sem a inclusão de qualquer encargo financeiro ou previsão inflacionária, condição essa que, se não observada pela empresa, pode resultar na desclassificação da sua proposta no certame.

Pergunta-se:

1. É procedente a presunção adotada pelas empresas estatais, de que haveria a incorporação de encargo financeiro no prazo (carência) de 7 dias dado para o pagamento das faturas para um preço que seria à vista, visando com isso reduzir os preços dos serviços, conforme item IV da Resolução Conjunta SF/PGE 02, de 5.10.95?

2. Essa presunção não configuraria uma modificação unilateral dos preços expressando, de certa forma, abuso de poder por parte da Administração?

3. Pode a Administração, com base na citada Resolução Conjunta SF/PGE 02, cobrar das empresas as diferenças referidas no item V.5 dessa Resolução em relação a contratos já encerrados, nos quais já se tenha verificado a quitação recíproca das obrigações?

4. E, nos contratos em andamento, pode a Administração apurar valores unilateralmente e à revelia do contratado e compensar com créditos que o mesmo (contratado) possua junto à Administração, referentes ao mesmo instrumento de contrato ou a outro em curso?

5. Qual o procedimento judicial que se deve adotar diante das indevidas exigências das empresas estatais?

Parecer

1. O encaminhamento das respostas a serem conferidas aos quesitos propostos na consulta reclama a consideração de distintas matérias, atinentes à noção jurídica de preço; ao nominalismo monetário; ao princípio do equilíbrio econômico-financeiro dos contratos; à invalidade da alteração unilateral dos negócios jurídicos, em particular quando o Estado for deles parte.

2. Cogitando de sua noção jurídica observei, em outra,[1] que o preço se expressa em quantia de moeda. *Preço* é conceituado, na linguagem corrente, como o *quantum* exigido, geralmente em dinheiro, para a aquisição de determinada mercadoria, coisa ou serviço.

Sucede, contudo, que o Direito Positivo expressa, através de distintos vocábulos, diversas retribuições pela aquisição de mercadorias, coisas e serviços. Assim, o Código Civil refere: *aluguel* (art. 1.192, II), *salário* (parágrafo único do art. 1.221), *juros* (arts. 1.263 e 1.303), *remuneração* (art. 1.310), *prêmio* (art. 1.432), *indenização* (parágrafo único do art. 1.338).

O conceito *preço* envolve tanto a noção de dinheiro — *pretium in numerata pecunia consistere debet*[2] — quanto a de *contraprestação*. O *preço* é uma prestação, consistente em dinheiro, que corresponde a uma contraprestação de outra natureza.[3] Na medida em que a prestação por contraprestação é expressão de uma *equivalência* em termos patrimoniais.

O *preço*, destarte, é elemento dos contratos de intercâmbio, aos quais von Ihering alude como *Vertrage des Tauschverkehrs*[4] e no quais se reclama uma *equivalência* entre prestação e contraprestação. Entenda-se aí *equivalência*, segundo ainda von Ihering, como a justa proporção entre presta-

1. *Licitação e Contrato Administrativo*, São Paulo, Malheiros Editores, 1995, pp. 90 e ss.

2. *Inst.*, III, 23, 2.

3. Cf. Arthur Nussbaum, *Teoría Jurídica del Diñero*, trad. de Luis Sancho Seral, Madri, Librerie General de Victoriano Suárez, 1929, p. 26.

4. *Der Zweck im Recht*, Erster Band, Zweite Umgearbeite Auflage, Druck and Verlag von Breitkopf & Härte, Leipzig, 1884, p. 129. Nos contratos de intercâmbio os interesses das partes estão em contraposição, polarizados. Cada parte persegue os seus próprios interesses; quanto mais desvantajosa for a compra para o comprador, mais vantajosa será para o vendedor, e vice-versa. A política de cada parte pode ser

ção e contraprestação,[5] o equilíbrio entre ambas, inferido através da experiência, desde o qual os contratantes entram em acordo.[6]

Preço, pois, é a contrapartida com a qual uma parte comparece perante outra parte em uma situação de diversidade de necessidades recíprocas, que, por isso mesmo, são satisfeitas mediante a troca de prestações diversas.

3. Importa, contudo, observamos, neste ponto, que nem toda a aferição de valor baseada no referencial monetário constitui preço. O preço — prestação, em dinheiro, que corresponde a uma contraprestação de outra natureza, estabelecida em relações de intercâmbio, sob o critério de equivalência — é espécie desse gênero.

sumariada na seguinte frase: o prejuízo dele é o meu lucro (*sein Schaden mein Gewinn*). Nos contratos de comunhão de escopo — von Ihering refere-se aos contratos de sociedade — os interesses dos contratantes são paralelos. Se um dos contratantes sofre prejuízo, os outros também o suportam. Do espírito de solidariedade de interesses que os caracteriza, o lema: a vantagem dele é a minha vantagem, minha vantagem é a sua vantagem (*sein Vorteil mein Vorteil, mein Vorteil sein Vorteil*). A distinção, em verdade, fora já discernida por Grócio, no século XVII, como observa Ascarelli (*Problemas das Sociedades Anônimas e Direito Comparado*, 2ª ed., São Paulo, Saraiva, 1969, p. 255): os contratos de intercâmbio *dirimunt partes*, os de comunhão de escopo *communionem adferunt*. Se nos contratos de intercâmbio o elemento fundamental é o *sinalagma* — vínculo de recíproca dependência entre as obrigações do contrato bilateral — na associação, como na sociedade e no consórcio, o elemento fundamental é o *escopo* (*objetivo*) *comum* (vide Fábio Konder Comparato, *Ensaios e Pareceres de Direito Empresarial*, Rio de Janeiro, Forense, 1978, p. 137, e *Novos Ensaios e Pareceres de Direito Empresarial*, Rio de Janeiro, Forense, 1981, p. 44). Daí a observação, ainda de von Ihering (ob. cit., p. 208): o contrato de intercâmbio tem por pressuposto a *diversidade*, enquanto que o contrato de sociedade — contrato de comunhão de escopo — a *identidade* de objetivo. Nos contratos de intercâmbio — e a contratos de intercâmbio respeita a consulta — prevalece a equivalência entre prestação e contraprestação, qual definida nas relações de mercado.

5. Ob. cit., p. 132.

6. Ob. cit., p. 133.

O preço forma-se segundo estrutura própria, visto que o nível do egoísmo dos agentes econômicos é informado pela composição dos custos de sua atividade, que lhes permite saber do lucro ou prejuízo que decorre da equivalência formada nas relações de mercado — equivalência que é o próprio preço.

De outra parte, o adquirente do bem ou serviço também aceita o preço que deve pagar porque conhece as variáveis que lhes dizem respeito, porque sobre elas ou em razão delas atua e as toma como determinantes do montante da contrapartida que representa, para si, determinado *preço*.

Essa circunstância também se manifesta, evidentemente, em relação ao setor público: os elementos que conformam a equivalência — suas variáveis — nos contratos com ele celebrados informam a proposta apresentada à licitação.

4. O enunciado desse preço, expressão nominal de certa quantia em moeda, pode ficar sujeito a reajuste, atualização ou correção monetária, segundo os permissivos pertinentes. Nisto, e com isso, pretende-se manter inalterado o nível da *equivalência* formada, na sua expressão monetária. O preço não sofre reajuste; sofre-o seu enunciado nominal quando assim o admitido pelo Direito Positivo. Nada mais.

5. Temos assim bem demarcada a questão, atinente ao *enunciado monetário dos preços*, que devo ponderar.

Não se trata de indagar da composição de um determinado *preço*, mas de uma quantia determinada de moeda que revela o *preço* em determinado contrato. Cuida-se, portanto, de indagar do nível da *equivalência* ajustado entre partes, que assegura o equilíbrio econômico-financeiro da relação contratual; equilíbrio interno do contrato o qual é sustentado sobre a *equivalência* representada pelo *preço*.

6. A *equivalência*, pois, não se traduz em mero enunciado formal do preço na estrutura dos contratos de intercâmbio. Sua funcionalidade apenas será alcançada se preservada e presente a *equivalência*, no momento em que os efeitos do negócio forem verificados.

Daí a complexidade dos regimes de *indexação* contratual, exacerbada sempre que se os sujeite a alteração, em especial quando se trate de extingui-los.

No momento, ou nos momentos, em que o pagamento do preço deva ser efetuado, os enunciados monetários devem traduzir a *equivalência*.

A ênfase posta na definição dos enunciados monetários como expressão do *preço* — da equivalência — reclama se tome sob consideração a noção de *nominalismo monetário*, a ser cotejada com a de *poder de compra*, correlacionando-as ao princípio do *equilíbrio econômico-financeiro* dos contratos.

7. Moeda — tenho reiteradamente insistido neste ponto — é *conceito jurídico*. A compreensão dessa circunstância é indispensável ao entendimento dos fenômenos monetários e de sua disciplina. Importa aqui aludirmos ao nominalismo monetário, na vertente que interessa à presente exposição, a da função de *padrão de valor* da moeda.

As relações quantitativas que se expressam no mundo jurídico são traduzidas em montantes de moeda em enunciados nominais da unidade monetária tomada pelo Direito Positivo, pressuposto que esses enunciados nominais representem o próprio pagamento a ser realizado.

É que a moeda, em seu valor nominal, encerra, de fato, a medida básica de valor das relações jurídicas, sem que daí decorra a afirmação da inexorável prevalência do nominalismo.

Não obstante, nosso Direito Positivo o consagra e adota, como deflui dos arts. 947, *caput* e 195, respectivamente do Código Civil e do Código Comercial.

Daí se segue que, a não ser em negócios jurídicos submetidos a regime específico ou em relação a situações jurídicas, também especial e particularmente reguladas pelo Direito Positivo, prevalece o enunciado do valor monetário.[7]

8. No caso, as regras a que se subordinaram o procedimento licitatório e a contratação, explicitamente afirmaram o *nominalismo* como critério para a enunciação dos preços, *vedando* a inserção, neles, de qualquer fator que refletisse pressuposta oscilação do poder de compra da moeda.

Assim está redigido o art. 1º do Decreto n. 35.527, de 21.8.92, que "dispõe sobre a atualização de preços propostos em licitações de obras, serviços e compras, no âmbito da Administração direta, indireta e fundacional do Estado e dá outras providências. Art. 1º. O ato convocatório da licitação de obras, serviços e compras deverá exigir que os preços, expressos em moeda corrente nacional, sejam apurados, à data da apresentação das correspondentes propostas, *sem a inclusão de qualquer encargo financeiro ou previsão inflacionária*" (grifei).

Contribui à plena compreensão do sentido dessa disposição a leitura do texto do art. 2º do Decreto n. 32.117, de 1990: "Art. 2º. O prazo de vencimento das obrigações contratuais deverá ser, no mínimo, de 7 (sete) dias para os contratos com preço à vista, nos quais não se inclua qualquer percentual de despesa financeira e ou previsão inflacionária na data de referência dos preços".

É evidente a conclusão de que, nos procedimentos licitatórios sujeitos a tais regras, os preços apresentados à licitação encerravam, em sua expressão nominal, a *equiva-*

7. Está claro que há hipóteses em que o nominalismo é afastado, o que por vezes enseja confusão a respeito de seu prevalecimento no ordenamento jurídico nacional. Nada há a confundir. O acolhimento de mecanismos de reajuste monetário, tanto em negócios privados como em normas de direito positivo, apenas evidencia, face a instabilidade do *poder de compra* de moeda, o temor que o nominalismo inspira.

lência consubstanciada no contrato celebrado com a Administração. Daí que, nesses casos, é no preço, tomado em seu *valor nominal*, tal como expresso na licitação e ajustado no contrato, que repousa o equilíbrio econômico e financeiro da relação de direito — nenhum pretexto justificaria a suposição ou pressuposição da inclusão de qualquer expectativa inflacionária nesse preço.

Por isso, a presunção *jure et de jure* de que os preços assim contratados não contêm qualquer expectativa inflacionária.

Note-se bem que, se assim não fosse, o procedimento licitatório seria *inválido* e, por decorrência, o próprio contrato, vez que teria sido violada a regra que expressamente veda a inclusão, no preço ofertado, de despesa ou previsão inflacionária.

9. Isto posto, devo deitar atenção a outra questão, enunciada nos seguintes termos: pode a Administração, unilateralmente, em contrato celebrado com particular, validamente modificar um dos elementos fundamentais da estrutura do contrato, o preço? Este — lembro — é elemento essencial dos contratos de intercâmbio.

A teoria dos contratos afirma como um de seus princípios aquele que determina seja recusada validade, em alguns casos, e eficácia, em outros, a estipulações contratuais unilaterais ou unilateralmente incluídas nos contratos.

A liberdade de contratar, estruturada sobre o princípio da igualdade, tem o sentido precípuo de viabilizar a realização dos efeitos e virtualidades da propriedade individual dos bens de produção; neste sentido, a liberdade de contratar é instrumental da propriedade privada dos bens de produção.[8] A igualdade, que a fundamenta e na qual encontra sustentação o ideal de preservação do equilíbrio entre as partes, há de ser assegurada tanto no plano da manifestação da vontade (momento da formação ou alteração do vínculo), quanto no plano dos efeitos do contrato (momento do equilíbrio econômico e financeiro do negócio).

A propósito, a observação de Messineo:[9] "Al riconoscimento della proprietà privata si ricollega idealmente il principio della *libertà contrattuale*; principio, questo, che è da intendere nel senso di *potere del soggetto* di affermare e attuare interessi, o di modificare situazioni, fissandone anche la disciplina; ossia, i presupposti e i modi; e che un tempo, era considerato pietra angolare della disciplina del contratto, costituendo il rovescio, e come il conpenso, del fatto che il contraente resta soggetto al rischio, inerente agli obblighi, che egli, stipulando il contratto, assume; esso rimane ancora quale *regola di fondo*, ove non operino limiti. Ma oggi, risulta fortemente attenuato: il comma I di una delle norme fondamentali, in tema di contratto in generale (art. 1.322), la cui rubrica si intitola all autonomia 'contrattuale', enuncia che le parti possono *liberamente determinare (autodeterminare) il contenuto del contratto, nei limiti che sono imposti dalla legge*; i quali, peraltro, variano da ordinamento a ordinamento".

Não há igualdade (jurídica) senão onde e quando as partes estipularem o contrato, o vínculo que entre si constituem, e seu conteúdo, manifestando-se, cada uma de *per si*, sobre um e outro.[10]

8. Vide meu *Elementos de Direito Econômico*, São Paulo, Ed. RT, 1981, p. 76.

9. Francesco Messineo, *Il Contrato in Genere*, v. XXI, t. 1 do *Trattato di Diritto Civile e Commerciale*, de Antonio Cicu e Francesco Messineo, Milão, Dott. A. Giuffrè Editore, 1972, p. 41.

10. Aí o magistério de Orlando Gomes (*Contratos*, Rio de Janeiro, Forense, 1977, p. 17), invocando Oertmann: "O mecanismo de formação do contrato compõe-se de declarações convergentes de vontades emitidas pelas partes. Para a perfeição do contrato, requer-se: em primeiro lugar, a existência de duas declarações, cada uma das quais, individualmente considerada, há de ser válida e eficaz; em segundo lugar, uma *coincidência de fundo* entre duas declarações. Por conseguinte, o acordo de vontades para a constituição e disciplina de uma relação jurídica de natureza patrimonial. O fim do acordo de vontades pode ser também a modificação ou a extinção do vínculo".

A coincidência das declarações de vontade é essencial à *formação do contrato*; diz Orlando Gomes:[11] "a coincidência é necessária nos pontos essenciais e decisivos para a formação do contrato, segundo a vontade de uma ou das duas partes. Sempre que faltar, o contrato não nasce ou será ineficaz". O consentimento, afirma Jacques Ghestin,[12] é o elemento essencial do contrato.

10. O fato é que a afirmação da livre iniciativa (arts. 1º, IV, e 170 da CF) enquanto *livre iniciativa econômica* pressupõe se realizem a formação do contrato e sua funcionalidade, em clima de liberdade contratual.[13]

11. Da vedação da imposição unilateral do negócio ou de condições e termos negociais trata o nosso Direito Positivo em distintos preceitos. O Código Civil cuida disso genericamente em seu art. 115, *in fine*, que proíbe as condições que sujeitarem o efeito do ato jurídico ao arbítrio de uma das partes; especificamente, em relação à compra e venda, no art. 1.125, que acoima de nulidade o contrato "quando se deixa ao arbítrio exclusivo de uma das partes a taxação do preço"; já quanto à locação de serviços, o artigo 1.218 determina que "não se tendo estipulado, nem chegado a acordo as partes, fixar-se-á por arbitramento a retribuição, segundo o costume do lugar, o tempo de serviço e sua qualidade".

Não se pode reconhecer como juridicamente válida, pois, a estipulação contratual, ou alteração dela, decorrente de decisão unilateral de uma das partes. E isso sobretudo em matéria de preço, que — repita-se — consubstancia elemento essencial da estrutura dos contratos de intercâmbio. No enunciado nominal do preço repousa o equilíbrio econômico e financeiro do vínculo, visto que o preço expressa a *equivalência* entre prestação e contraprestação contratuais.

Lembre-se que, no caso, a regra aplicável à licitação da qual resultou a contratação *vedava* a inclusão, no preço, de qualquer expectativa inflacionária. Logo — não será demasiada a repetição — se os preços ofertados a incluíssem, disso decorreriam as nulidades do procedimento licitatório e do próprio contrato.

12. Dir-se-á, no entanto, que o nosso ordenamento jurídico admite, em certas matérias, alteração negocial por decisão ou ato unilateral de uma das partes.

Isso é verdadeiro, atuando, contudo, para o efeito de, como exceção, confirmar a regra de vedação da estipulação contratual unilateralmente, por uma das partes, do que se extrai a conclusão de que ela apenas será admissível quando expressamente autorizada pelo Direito Positivo; essas exceções fazem *numerus clausus*.[14]

11. Ob. cit., p. 18.

12. *Traité de Droit Civil — La Formation du Contrat*, 3ª ed., Paris, LGDJ, 1993, p. 37.

13. Discorrendo sobre as várias acepções do conceito de *liberdade contratual*, Messineo (ob. cit., p. 48) principia afirmando que a liberdade contratual significa que nenhuma parte pode impor à outra, unilateralmente, o conteúdo, ou mesmo uma simples cláusula do contrato; este deve ser o resultado do *livre debate* entre as partes.

14. Ainda em outra ocasião (*Elementos de Direito Econômico*, cit., pp. 77 e ss.) anotei o fato de a liberdade contratual, que se decompõe em liberdade de contratar ou de abster-se de contratar e em liberdade de configuração interna dos contratos, sofrer limitações em ambos esses aspectos. Disse então: "Às normas jurídicas de cunho meramente dispositivo, do Estado liberal — apenas excepcionadas por uma ou outra disposição de ordem pública — sucede modernamente um conjunto de outras, impositivas, a definirem ora formas e fórmulas contratuais necessárias, ora a obrigação de contratar ou de não contratar. No que diz respeito à liberdade de configuração interna dos contratos, apresenta-se, sob o impacto das técnicas intervencionistas, extremamente relativada. Incidem sobre eles disposições que acabam por alterar os seus elementos essenciais. Pensamos o contrato como resultado de livres consentimento e estipulação de coisa e preço: um dos elementos primordiais à configuração interna do contrato é o preço. Em um regime de controle de preços, todavia, tal elemento é determinado, em grande número de casos, independentemente da vontade das partes. De outra banda, inúmeras vezes, também, as condições de validez do contrato e o condicionamento de sua execução dependem de ou

O art. 65, I, da Lei n. 8.666, de 21.6.93, enuncia as duas *únicas hipóteses* nas quais a Administração pode alterar unilateralmente o contrato celebrado com particular, ambas comprometidas com o princípio da *supremacia do interesse público*. Admite-se a alteração unilateral (a) *quando houver modificação do projeto ou das especificações, para melhor adequação técnica aos seus objetivos,* ou (b) *quando necessária a modificação do valor contratual em decorrência de acréscimo ou diminuição quantitativa de seu objeto, nos limites permitidos pela própria lei.*

É evidente — nítido como a luz solar passando através de um cristal (bem polido) — que nenhuma dessas hipóteses se verificou no caso da consulta. Nítido também, pois, que a Administração não está, no caso, autorizada a alterar unilateralmente os contratos celebrados com empresas de arquitetura e de engenharia consultiva.

13. Assim, ao pretender modificar, unilateralmente, contratos nos quais é parte,[15] a Administração avança pelos descaminhos da *ilegalidade*, e da agressão ao *interesse público*.

Os interesses públicos, coletivos, cuja satisfação deve ser perseguida pela Administração, não são — ensina Renato Alessi[16]

residem em disposições normativas ou atos administrativos externos à vontade das partes. Mencione-se a título de exemplificação, aqui, os contratos de transferência de tecnologia e análogos, em especial os celebrados com empresas do exterior, sujeitos cumulativamente a aprovação e registro do INPI e do Banco Central. Outro aspecto a referir é o relacionado à padronização dos contratos. Na passagem do século manifesta-se uma forte tendência neste sentido, inicialmente definida em função de razões de economia administrativa — em vista da necessidade de simplificação dos negócios — e, posteriormente, enfatizada pela mecanização da vida moderna. A técnica da padronização dos contratos surgiu, ao que tudo indica, no âmbito dos contratos de transporte ferroviário. A experiência demonstrou, no entanto, que a sua padronização por uma das partes conduzia a um inevitável comprometimento da liberdade de contratar daqueles que se colocam em posição adversa, na relação contratual, a do contratante que detém o poder de padronização. (...) Pois bem: logo se verificou que, na composição de interesse que o contrato instrumenta, quando uma das partes padroniza o contrato, é capaz de impor à outra condições e cláusulas que comprometem a própria essência de liberdade de contratar. Passou o Estado, então, não apenas a regular a capacidade de padronização dos contratos pela parte hipersuficiente, mas também a substituir a adesão de uma das partes ao contrato pela adesão de ambas as partes a padrões deles, que fixou. Aí o surgimento de contratos com cláusulas padronizadas por ato estatal, no que a relativização do princípio da liberdade de contratar, enquanto liberdade de configuração interna dos contratos. (...) De outra parte, enquanto liberdade de conclusão ou liberdade de não conclusão de contratos, a liberdade de contratar passa também por profunda reformulação. Manifesta-se então uma série de hipóteses em que ocorre falta de espontaneidade na vinculação contratual. O princípio em questão torna-se então sujeito a limitações que Larenz (*Derecho de Obligaciones*, trad. de Jaime Santos Briz, t. I, Madri, Ed. Revista de Derecho Privado, 1958, pp. 66 e ss.) classifica em dois tipos: *limitações imanentes ao próprio instituto contratual* e *limitações derivadas de princípios de economia dirigida*. Entre as primeiras encontramos as obrigações de contratar dos concessionários de serviços públicos e a obrigação de fazê-lo, quando a recusa contrataria os bons costumes. A obrigação de contratar imposta aos concessionários de serviço público — corolário do princípio inscrito no inciso IV do art. 175 da Constituição de 1988 — decorre da circunstância de estarem sujeitos ao dever de fornecer serviço à comunidade. Entre as obrigações de contratar por imposição dos bons costumes, segundo Larenz, incluem-se as do médico — que não pode se recusar, sem motivos fundados, a atender a um enfermo — e o do monopólio — que não pode ser recusar a prestar serviços ou bens a um possível competidor; os fundamentos do dever de contratar nos exemplos, estariam na vulneração de um dever profissional e na coibição da concorrência desleal. Quanto às segundas, surgem, segundo Larenz (ob. cit., pp. 70 e 71), "no clima de *ordenação dos mercados* e se distinguem daquelas imanentes ao princípio da liberdade contratual, consubstanciando uma parcial derrogação dele". Em nenhuma dessas hipóteses, no entanto, é admitida a alteração unilateral, por uma das partes, de estipulação contratual — em todas elas há atuação unilateral do Estado, não de qualquer das partes.

15. O interesse público é assim agredido porque toda e qualquer ilegalidade dele destoa, resultando-lhe adverso.

16. *Principi di Diritto Amministrativo*, I, 4ª ed., Milão, Giuffrè, 1978, pp. 232 e 233: "Questi interessi pubblici, colletivi, dei quali l'amministrazione deve

—, simplesmente o interesse da Administração enquanto aparato organizacional autônomo, porém aquele que é chamado interesse coletivo *primário*. Este é resultante do complexo dos interesses individuais prevalentes em determinada organização jurídica da coletividade, ao passo que o interesse do aparato organizacional que é a Administração, se pode ser concebido um interesse, desse aparato, unilateralmente considerado, será simplesmente um dos interesses *secundários* que se fazem sentir no seio da coletividade e que podem ser realizados somente na medida em que coincidam, e nos limites dessa coincidência, com o interesse coletivo primário.

A distinção — fundamental e necessária — entre *interesse público primário* e *interesse da Administração* (interesse público secundário) também está pacificada entre nós.[17]

Por certo é possível tomarmos como *interesse da Administração* o de pagar o mínimo a seus credores, como o que ela, Administração, permaneceria "mais rica". Mas esses interesses — interesses públicos secundários — diz Alessi, "possono essere realizzati soltanto in caso di coincidenza e nei limiti di siffatta coincidenza, con l'interesse collettivo primario"; interesse como tal

curare il soddisfacimento, non sono, si noti bene, simplicemente l'interesse dell'Amministrazione intesa come apparato organizzativo autonomo, sibbene quello che è stato chiamato l'interesse collettivo *primario*, formato dal complesso degli interessi individuali, prevalenti in una determinata organizzazione giuridica della colletività, mentre l'interesse dell'apparato, se può esser concepito un interesse dell'apparato unitariamente considerato, serebbe semplicemente uno degli interessi *secondari* che si fanno sentire in seno alla collettività, e che possono essere realizzati soltanto in caso di coincidenza, e nei limiti di siffatta coincidenza, con l'interesse colletivo primario. La peculiarità della posizione giuridica della pubblica Amministrazione sta appunto in ciò, che la sua funzione consiste nella realizzazione dell'interesse colletivo, pubblico, primario. Anche volendosi concepire un interesse, secondario, dell'Amministrazione considerata comme apparato organizzativo autonomo, esso non potrebbe esser realizzato se non in vista della coincidenza con l'interesse primario, pubblico". Carnelutti distingue interesses que são *individuais na modalidade* e *coletivos na finalidade*, chamando-os *interesses coletivos mediatos ou secundários* (*Sistema di Diritto Processuale Civile*, I, Padova, CEDAM, 1936, pp. 11 e 12).

17. Diz Celso Antônio Bandeira de Mello, (*Curso de Direito Administrativo*, 4ª ed., São Paulo, Malheiros Editores, 1993, p. 22), após averbar que os interesse públicos ou interesses *primários* são os interesses da coletividade como um todo e os interesses *secundários* são os que o Estado (pelo só fato de ser sujeito de direitos) poderia ter como qualquer outra pessoa, isto é, independentemente de sua qualidade de servidor de interesses da coletividade: "Poderia, portanto (o Estado, a Administração), ter o interesse secundário de resistir ao pagamento de indenizações, ainda que procedentes, ou de denegar pretensões bem fundadas que os administrados lhe fizessem, ou de cobrar tributos ou tarifas por valores exagerados. Estaria, por tal modo, defendendo interesses apenas 'seus', enquanto pessoa, enquanto entidade animada do propósito de despender o mínimo de recursos e abarrotar-se deles ao máximo. Não estaria, entretanto, atendendo ao interesse público, ao interesse primário, isto é, àquele que a lei aponta como sendo o interesse da coletividade: o da observância da ordem jurídica estabelecida a título de bem curar o interesse de todos. Por isso os interesses secundários não são atendíveis senão quando coincidirem com interesses primários, únicos que podem ser perseguidos por quem axiomaticamente os encarna e representa. Percebe-se, pois, que a Administração não pode proceder com a mesma desenvoltura e liberdade com que agem os particulares, ocupados na defesa das próprias conveniências, sob pena de trair sua missão própria e sua própria razão de existir". E insiste, ainda, o mesmo autor (p. 46): "Interesse público ou primário é o pertinente à sociedade como um todo e só ele pode ser validamente objetivado, pois este é o interesse que a *lei* consagra e entrega à compita do Estado como representante do corpo social. Interesse secundário é aquele que atina tão-só ao aparelho estatal enquanto entidade personalizada e que por isso mesmo pode lhe ser referido e nele encarnar-se pelo simples fato de ser pessoa. Para exemplificar o importante discrímen entre um e outro, comparem-se as seguintes hipóteses. Se o Estado causar danos a terceiros e indenizá-los das lesões inflingidas estará revelando-se obsequioso ao *interesse público*, pois é isto o que determina o art. 37, § 6º, da Constituição. Se tentar evadir-se a este dever de indenizar (mesmo consciente de haver produzido os danos) estará *contrariando o interesse público*, no afã de buscar um interesse secundário, concernente apenas ao aparelho estatal: interesse em subtrair-se a despesas (conquanto devidas) para permanecer 'mais rico', menos onerado patrimonial-

"non potrebbe esser realizzatto se non in vista della coincidenza con l'interesse primario, pubblico"; ou, na dicção de Celso Antônio Bandeira de Mello,[18] esses interesses "não são atendíveis senão quando coincidirem com interesses primários, únicos que podem ser perseguidos por quem axiomaticamente os encarna e representa".

A atividade de rapina em benefício da Administração, mas à margem da lei, não deixa de ser desonesta, além de denunciar, em quem a pratica ou promove, desapreço pela ordem jurídica.

A alteração de contrato unilateralmente, pela Administração, fora das hipóteses prevista no inciso I do art. 65 da Lei n. 8.666/93 constitui evidente ato inválido (portanto, ineficaz), configurando ilícito.

Não se trata, no caso, de abuso de direito, até porque apenas haverá abusividade, na relação contratual (tanto nos contratos entre particulares, quanto naqueles celebrados entre estes e a Administração), se o exercício do direito por uma das partes implicar, dolosa ou culposamente, prejuízo para a outra. Em outras palavras: para que de abuso se possa cogitar (abuso de direito ou abuso de poder) é indispensável seja, o sujeito, titular do direito ou se reconheça o poder de que estaria a abusar.[19]

Ocorre inexistir, no caso — e isso vimos à saciedade —, um *direito* a alteração unilateral do contrato, razão pela qual não se pode falar de seu *abuso*.

De outra banda, também não cabe falarmos em *poder*; atuação da Administração ao arrepio da lei consubstancia *arbitrariedade*. Não há, no caso, *abuso de poder*, *excesso de poder ou desvio de poder*, simplesmente porque a Administração não é titular de *poder* que justifique a alteração unilateral de contrato. À Administração não correspondem *poderes* que não sejam expressamente reconhecidos pelo ordenamento jurídico.

14. Devo finalmente enfatizar a circunstância de as Leis ns. 8.880/94 e 9.069/95, que respeitam à instituição do real como moeda nacional, disporem expressamente (em seu art. 7º, parágrafo único, a primeira; em seus arts. 21, § 4º, e 25, a segunda), a respeito da salvaguarda do equilíbrio econômico e financeiro dos contratos, quando promovida a conversão do antigo para o novo padrão monetário.

Os preços expressavam, na hipótese da consulta, o equilíbrio econômico e financeiro dos contratos. Por isso, qualquer modificação além da simples conversão do enunciado do preço para o novo padrão monetário poderia implicar enriquecimento para uma das partes — isto é, ela ou estaria pagando preço aquém da *equivalência* definida quando da licitação e formalização do contrato, ou acima desta: em qualquer das hipóteses, as modificações em nosso sistema monetário estariam sendo usadas como um *ganha e perde*, ensejando ausência de *causa* para o enriquecimento decorrente desse jogo.

Esse efeito torna-se mais grave ainda quando uma das partes na relação jurídica é a Administração. Ao Estado não é dado enriquecer-se às custas do administrado, inflingindo-lhes perdas injustificáveis por ato de *esperteza* do funcionário ou servidor que o represente. Retomo o que já acima averbei: a atividade de rapina em benefício da Administração, à margem da lei, não deixa de ser desonesta, além de denunciar, em quem a pratica ou promove, desapreço pela ordem jurídica.

A quebra da equivalência em virtude da minoração unilateral dos preços, mediante violação do princípio do equilíbrio econômico e financeiro dos contratos — aliás expressamente acolhido nas Leis ns. 8.880/

mente, lançando, destarte, sobre ombros alheios os ônus que o Direito pretende sejam suportados por todos. Tal conduta não é de interesse público, pois interesses secundários só podem ser satisfeitos quando coincidem com interesses primários".

18. Ob. cit., p. 22.

19. Everaldo de Cunha Luna, *Abuso de Direito*, 1ª ed., Rio de Janeiro, Forense, 1959, pp. 100 e ss.

94 e 9.069/95 — conduziria ao enriquecimento sem causa do Estado, além de constituir ato ilícito.

15. De resto, ainda que houvesse o legítimo crédito pelo Estado às quantias a serem compensadas, ainda assim não se poderia realizar a *compensação* que pretende a Administração impor aos seus contratos, como noticiada na consulta.

É que a compensação, nos termos do que determina o art. 1.010 do Código Civil, só pode verificar-se entre dívidas líquidas, vencidas e exigíveis.

Dívida líquida é a decorrente de obrigação líquida, que há de ser certa, quanto à sua existência, e determinada, quanto ao seu objeto (art. 1.533 do CC).

É evidente não se manifestar, na hipótese da consulta, obrigação, das contratadas para com o Estado, *certa* quanto a sua existência. Aliás, a exposição até este ponto desenvolvida demonstra precisamente a inexistência dessa suposta obrigação, e, mais que isso, a *inexistência* de direito, ou poder, da Administração, a unilateralmente reduzir os preços contratados.

16. A cobrança pretendida pela Administração, de valores que supõe ter pago a maior em relação a contratos já extintos e cujas obrigações foram objeto de quitação de parte a parte, consubstancia, nitidamente, ato ofensivo da ordem jurídica.

Isto porque a quitação extingue o crédito à obrigação quitada, extinguindo, por conseqüência, o *direito* de crédito. Daí que aquele que passa a quitação reconhece a extinção do seu direito, em virtude de seu regular exercício (omissivo, se o devedor paga o débito espontaneamente; ativo, se o exige — judicial ou extrajudicialmente — ao devedor). Logo, após a quitação não há mais direito a ser exercitado.[20] Segue-se que estará a praticar ato ilícito quem, inclusive a Administração, diz agir com base em débito que já quitou, visto que ausente o direito que diz exercitar.

20. Ainda quando se verifique pagamento indevido não é cabível a compensação; nesse caso, incumbe a quem pagou demais promover a ação de repetição do indébito.

17. O procedimento judicial que se deve adotar diante das exigências das empresas estatais é, no meu sentir, a ação declaratória de inexistência de débito perante elas, requerendo-se a tutela antecipada (art. 273, I, do CPC) para o efeito de sustar-se prontamente a compensação pretendida por aquelas empresas.

18. Em face de todo o exposto, dou as seguintes respostas aos quesitos formulados na consulta:

1. É procedente a presunção adotada pelas empresas estatais, de que haveria a incorporação de encargo financeiro no prazo (carência) de 7 dias dado para o pagamento das faturas para um preço que seria à vista, visando com isso reduzir os preços dos serviços, conforme item IV da Resolução Conjunta SF/PGE 02, de 5.10.95?

Resposta: *não*; a presunção improcede: no caso, a presunção *jure et de jure* (presunção que não admite prova contrária senão em procedimento judicial tendente a decretar a nulidade tanto da licitação quanto da contratação) é de que os preços contratados *não* contemplam qualquer despesa financeira ou expectativa inflacionária;

2. Essa presunção não configuraria uma modificação unilateral dos preços expressando, de certa forma, abuso de poder por parte da Administração?

Resposta: se a Administração assim vier a proceder estará perpetrando ato ilícito, do qual decorrerá o enriquecimento sem causa do Estado; não cabe, no caso, qualquer referência a *abuso de poder*, dado que o poder de alterar unilateralmente o contrato não é reconhecido à Administração, senão nas duas hipóteses do inciso I do artigo 65 da Lei n. 8.666/93, inaplicáveis todavia ao caso;

3. Pode a Administração, com base na citada Resolução Conjunta SF/PGE 02, cobrar das empresas as diferenças referidas no item V.5 dessa Resolução em relação a contratos já encerrados, nos quais já se tenha verificado a quitação recíproca das obrigações?

Resposta: *não*; a extinção do contrato implica em que já não possa ele produzir efeitos; aqueles aos quais deu causa já foram produzidos; não há como alcançar, alterando-o o passado; a quitação extingue o direito ao crédito satisfeito pelo pagamento objeto da quitação;

4. E, nos contratos em andamento, pode a Administração apurar valores unilateralmente e à revelia do contratado e compensar com créditos que o mesmo (contratado) possua junto à Administração, referentes ao mesmo instrumento de contrato ou a outro em curso?

Resposta: *não*; a Administração não pode modificar *unilateralmente* o vínculo contratual; a compensação pretendida pela Administração também é inválida, seja porque *inexistente* o crédito que pretende compensar, seja porque, por decorrência, é *ilíquida* a pretensa obrigação da contratada;

5. Qual o procedimento judicial que se deve adotar diante das indevidas exigências das empresas estatais?

Resposta: deve ser proposta ação declaratória de inexistência de débito contra aquelas empresas estatais, requerendo-se a tutela antecipada (art. 273, I, do Código de Processo Civil) para o efeito de sustar-se prontamente a compensação por elas pretendida.

É o que me parece.

São Paulo, 7 de abril de 1997

PARECERES

CONCESSÃO DE SERVIÇO PÚBLICO: DEVER DE PRESTAR SERVIÇO ADEQUADO E ALTERAÇÃO DAS CONDIÇÕES ECONÔMICAS — PRINCÍPIO DE ATUALIDADE — REEQUILÍBRIO ATRAVÉS DA PRORROGAÇÃO DO PRAZO DE EXPLORAÇÃO

FLORIANO P. AZEVEDO MARQUES NETO

Professor da Faculdade de Direito da PUC/SP

Cuida-se aqui de consulta envolvendo contrato firmado por consórcio de empresas — que tem por objeto "o fornecimento, instalação e manutenção às expensas do consórcio contratado, de abrigos destinados a usuários de ônibus em vias públicas do Município de São Paulo, mediante a exploração de publicidade por meio de painéis e outros dispositivos conjugados àquelas estruturas".

O referido contrato, ao que nos é informado, adveio de licitação promovida por empresa pública e foi formalizada em 17.9.84. Previa-se que o contrato teria prazo de execução de 10 anos a contar da primeira ordem de serviço.

Consta do relatório encartado à consulta que, por razões inimputáveis à contratada, o início do ajuste foi deveras conturbado. Fatores de ordem diversa empeceram a plena execução do contrato. Por esta razão, em 1991, reconheceu a Administração o direito do consórcio contratado em ter restituído o prazo de fluência contratual que lhe fora tolhido inicialmente. Tal restituição de prazo foi objeto de Termo Aditivo no qual se determinou que o prazo de vigência passasse a correr a partir do instante em que foram superados os fatos impeditivos à plena execução contratual.

Desde então, tem sido o contrato executado regularmente; pelos elementos encartados à consulta, o consórcio tem instalado os abrigos no padrão proposto à época da licitação; tem feito a manutenção adequada; regularmente faz o pagamento da taxa de fiscalização devida, nos termos do contrato, à Administração.

Recentemente, sustenta o consulente, que foi instado a instalar novos abrigos na região objeto do contrato, com novo *design*, novo material e novo padrão. Afirma que tal inovação decorreu da necessidade de homogeneização dos abrigos instalados na cidade, por força do novo padrão daquele mobiliário adotado pelo órgão municipal competente nas regiões não abarcadas no contrato. Estes novos abrigos, ainda pelo que nos é informado, têm sido instalados e conservados às exclusivas expensas do consórcio formulador da consulta.

Sustenta o consulente que esta nova instalação, feita no interesse da Administração e revertendo em inegável melhoria para a coletividade, alterou a equação inicialmente ajustada, quer no que respeita ao prazo de instalação e de exploração comercial, quer no que tange ao montante de investimento a ser realizado pelo contratado.

Paralelamente, noticia que houve, por conveniência da Administração, a cessão do contrato em apreço pela contratante original — empresa pública — para o órgão municipal competente aquiescendo o consulente com tal trespasse, não sem consignar ressalvas referentes à matéria sobre a qual ora nos debruçamos.

Expondo que no contrato em tela a única contrapartida que tem é a exploração comercial de publicidade nos abrigos, o consulente solicita-nos posicionamento jurídico quanto à viabilidade e a forma de ter estendido o prazo de vigência do contrato, a fim de permitir o ressarcimento do investimento ora realizado.

Fazendo acostar à consulta farta documentação além de elementos comerciais e econômicos demonstradores do quanto alegado, formula-nos os seguintes quesitos:

1. Diante da situação fática, enredada na consulta, faz jus o consulente à recomposição da condição econômica subjacente ao contrato?

2. Se positiva a resposta ao quesito anterior, quais são os mecanismos para tal recomposição no âmbito do contrato em apreço?

Assim lavrada a consulta, passamos a expor nosso entendimento.

Parecer

Para perfeito desate do problema posto, parece-nos imperativo enfrentar quatro momentos de raciocínio, a saber: i) a natureza do contrato em apreço; ii) a questão do equilíbrio econômico; iii) a conceituação das alterações referidas pelo consulente; e iv) a questão do eventual reequilíbrio à luz do contrato e da situação jurídica enfocados. A ver.

I — A natureza jurídica do contrato em apreço

1. O estudo da natureza jurídica de um contrato nos remete, sempre, à análise do seu objeto e das suas condições de efetivação. O contrato em tela, como dito antes, tem por escopo a implementação integral — inclusive com manutenção — de *abrigos destinados a usuários de ônibus*, equipamentos estes instalados em logradouros públicos. O custeio destas melhorias incumbe integralmente ao particular contratado. A retribuição a que faz direito é prevista para se efetivar, exclusivamente, pela venda de espaços publicitários nos referidos abrigos. Ou seja, a paga deve se dar pela exploração do bem que lhe incumbe instalar e deve ser buscada, nos termos do contrato, pelo contratado, por sua conta e risco. Assim pode ser sumulado o ajuste.

2. Bem é verdade que, numa leitura apressada, poder-se-ia imaginar tratar-se de um singelo contrato de fornecimento combinado com prestação de serviços de instalação e manutenção. No entanto, se apreciado mais detidamente, depura-se uma avença um pouco mais sofisticada. Em outras palavras, estamos diante de um típico contrato de parceria[1] do Poder Público com a inicia-

1. Arnoldo Wald nos oferece importante trilha para a moderna conceituação do "direito de parceria": "A formulação atual do desenvolvimento está vinculada a uma idéia que é, ao mesmo tempo, antiga e nova. Antiga na sua concepção, nova na sua densidade e nas dimensões que está alcançando. É a idéia de parceria. Parceria entre Nações, parceria entre o Estado e a iniciativa privada, parceria entre empresas concorrentes, parceria entre moradores do mesmo bairro, parceria entre o produtor e o consumidor, parceria entre acionistas e dirigentes de empresa e, finalmente, par-

tiva privada. Embora vetusta a contratação, revelava ela um grau de antevisão — ou de *visão prospectiva*[2] — da Administração de antanho.

3. De fato. Como nos ensina Celso Antônio Bandeira de Mello, "em épocas de forçada contração de investimentos públicos, não restará ao Estado senão a alternativa de buscar formas de colaboração com a iniciativa privada, convocando-a para custear total ou parcialmente a realização destes empreendimentos, mediante contrapartida diversa das tradicionalmente oferecidas. Não há dificuldades de monta para tanto, por ser vasto o repertório de vantagens que o Poder Público dispõe e pode oferecer aos particulares".[3]

4. Tal caráter de parceria se revela, antes de mais nada, pelo fato de que o contrato em tela permite que a coletividade desfrute de uma comodidade — disponha de albergue contra as intempéries enquanto aguarda o meio de transporte coletivo — sem que o Poder Público desembolse recursos com isto. A viabilização econômica da empreitada fica a cargo do particular, que vai buscar seu ressarcimento junto a outros entes da iniciativa privada, *v.g.*, aqueles que querem fazer publicidade.[4]

Como assevera Celso Antônio na cita acima, trata-se de *instrumento* digno de

ceria entre empregados e empregadores, com a participação nos lucros e com a função social atribuída à empresa. O conceito jurídico de parceria que encontrávamos meio perdido em alguns artigos do Código Civil, que tratam da parceria rural (arts. 1.410 a 1.423), se tornou hoje um novo instrumento jurídico da mais alta importância nas relações existentes em todos os ramos do Direito. (...) Na realidade, a parceria é o modo pelo qual a sociedade civil revê o seu contrato social com o Estado, é a fórmula de garantir o equilíbrio entre a economia e o direito, entre os interesses individuais e os interesses sociais, entre a eficácia e a ética, entre a rigidez do comando e a eqüidade" (in Arnoldo Wald, Luíza Rangel de Moraes e Alexandre de M. Wald, *O Direito de Parceria e a Nova Lei de Concessões*, 1996, pp. 27 e 33).

2. Esta visão se coaduna com a efetiva função dos que operam o Direito com descortino. Como certa feita já nos ensinou o sábio professor Miguel Reale: "Nossos juristas, em geral, ainda se conservam apegados a uma concepção retrospectiva do Direito, persistindo em querer compreender o sistema a partir das fontes. Essa visão retrospectiva é típica da mentalidade histórico-cultural que vigeu até a I Grande Guerra, podendo-se dizer que ela vem cedendo lugar, paulatinamente, a uma compreensão unitária, na qual o aspecto evolutivo se põe apenas como um dos fatores operantes, visto como se prefere considerar todos os elementos de maneira sincrônica e diacrônica, o que quer dizer integral e dinâmica, a salvo de reducionismos abstratos. *Corresponde à nova compreensão da sociedade e da história a crescente preocupação, também no plano das ciências humanas, pela interpretação e configuração dos fatos sociais em termos de modelos, isto é, de maneira não retrospectiva, mas prospectiva*" ("Direito e planificação", *Revista de Direito Público* 24/93 e ss., abr.-jun./73, grifos nossos).

3. In "Obra pública a custo zero", *RTDP* 3/32. Diz ainda o mestre: "Com efeito, em períodos nos quais os recursos públicos sejam escassos, insuficientes para cobrir o campo de necessidades, não haveria como atendê-las mediante contratos de obra ou prestação de serviço. No caso das obras públicas, a concessão de obras também careceria de préstimo, por inexeqüível, quando o bem desejado não se destina ao uso do público ou quando, embora destinando-se a isto, o acobertamento de seu custo e da margem remuneratória do empreendedor, em tempo razoável, demandaria tarifas excessivamente elevadas, proibitivas ou, quando menos, alijadoras de parte da comunidade a que devesse servir".

4. Marcos Augusto Perez, jovem professor de Direito Administrativo e Constitucional, nos traz valiosa contribuição no sentido de ver como este novo paradigma contratual altera as relações no direito público: "Privatiza-se, entretanto, também ao revalorizar os contratos de concessão de serviços e obras públicas, enquanto técnica de gestão administrativa, de modo a convocar a iniciativa privada a realizar investimentos nesta área e a colaborar com o setor público no atendimento das demandas sociais. (...) Essa visão da iniciativa privada como uma colaboradora do Poder Público, dada, evidentemente, uma conjuntura favorável para a sua concretização, é indispensável para a implementação da privatização. Problemas como a carência de recursos públicos, a necessidade de priorização dos gastos com a educação, segurança e a saúde pública, atividades de inequívoca responsabilidade da Administração Pública, a complexidade de resolução das questões ambientais urbanísticas, e a ineficiência da maioria dos serviços prestados aos cidadãos, entre outros fatores, trazem para a ordem do dia a conclamação da iniciativa privada para colaborar e

encômios.[5] Aliás, digno de nota é o fato de que o recurso ao instituto das parcerias junto à iniciativa privada para viabilização de empreendimentos ou cometimentos demandados pela coletividade encontra terreno bastante aplainado no âmbito da atual gestora do contrato em apreço.

5. Decorre óbvio que a contratação em apreço *não pode ser tratada como sendo um usual ajuste da Administração*. Suas especificidades e peculiaridades transpiram do próprio texto da avença. Defluem da natureza da contratação perpetrada, colocando-se em perfeita sintonia com o que propala a mais moderna doutrina pátria e estrangeira. Se não, vejamos:

5.1 Primeiramente, como já dito, o contrato não prescreve qualquer remuneração a ser feita pela Administração ao particular pelos abrigos que instala. Prescreve, ao revés, uma forma de paga que realça bem o caráter de *retribuição pela via de exploração do bem implementado, por conta e risco do particular*.

5.2 Não fosse isto bastante, o contrato prevê, na sua cláusula *x*, a obrigação do particular em remunerar ao Poder Público um percentual pela metragem de publicidade exposta nos equipamentos instalados. E tal remuneração — diz o item *x* — independe inclusive do recebimento, pelo contratado, dos valores devidos pelos anunciantes.

5.3 De outro lado, vemos disposto na cláusula ... que o ajuste se vincula à norma municipal que outorgava à empresa pública contratante original a permissão para *exploração publicitária*, o que deixa claro que, pela presente avença, haveria uma transferência para o particular da prerrogativa de exploração de um bem público, exploração esta direta ou indireta conforme a posição que se adote.[6] Se assim não fosse, nenhuma utilidade haveria na prescrição condicional constante da tal cláusula primeira.[7]

5.4 Prescreve ainda o contrato (item ... da cláusula *y*) que ao contratado incumbe suportar todos os ônus e obrigações concernentes ao objeto contratual.

5.5 Por fim, encontramos disposição no item ... da mesma cláusula consignando que os equipamentos instalados serão, ao final do contrato, incorporados ao patrimô-

se comprometer com a sua resolução" (Marcos Augusto Perez, in "Privatização e contrato. O contrato como técnica de remodelação da atuação estatal", *Revista de Direito Administrativo Aplicado* 7/1.037-1.039, ano 2, dez./95, Curitiba, Ed. Genesis).

5. O incentivo doutrinário para que se busquem alternativas viáveis à incapacidade de financiamento dos vultosos empreendimentos públicos pelo Estado — alternativa que se intenta buscar no caso vertente — é encontrada também nas palavras do insigne Augustín Gordillo. Diz o tratadista: "A crise econômica e fiscal leva a que o Estado não possa na atualidade financiar desde o orçamento até a construção de todas as obras públicas, como fazia no passado, ou a realização de todas as intervenções necessárias para a prestação dos serviços a cargo das empresas públicas. No caso das obras públicas, há muitos anos que o Estado começou a ter dificuldades para realizar os pagamentos compromissados" (palestra proferida no Seminário *Iniciativa Privada e Serviços Públicos*, promovido pelo IDEPE de 7 a 9.12.90 e publicada na *RDP* 98/144, trad. nossa).

6. De fato, se entendermos que a exploração decorre do espaço de veiculação da publicidade, estaríamos diante da exploração do uso de um bem público (*v.g.*, o logradouro onde se instala o suporte publicitário, já que nenhuma utilidade publicitária teria um abrigo igual se colocado em local não acessível por considerável contingente humano). De outra feita, se adotarmos que o que permite a exploração publicitária é o equipamento conferidor de uma utilidade ou comunidade pública — *v.g.*, o abrigo enquanto estrutura-suporte — estaríamos diante da exploração de uma obra (entendida como melhoria) pública. Naquele caso, óbvio, cuidar-se-ia de uma exploração direta de bem público. Neste, estamos diante de uma exploração indireta, pois predominante seria o incremento econômico propiciado a este bem, pela obra pública que nele se aloca.

7. Diga-se, de passagem, que, em virtude da cessão contratual noticiada pela consulente, pela qual a empresa pública — contratante original — trespassou o presente contrato para o órgão municipal competente, parece-nos que perdeu o objeto a disposição preliminar em apreço. Afinal, sentido algum faz vincular um contrato a uma disposição que autorizava algo a alguém que não é mais parte da relação contratual.

nio do Município, sem qualquer repasse indenizatório em favor do particular.

6. Destas notas, extraímos três conclusões que deverão perpassar toda a análise aqui desenvolvida: a) as obrigações assumidas no contrato não podem ser tidas como obrigações costumeiramente presentes nos contratos de obra, serviços e fornecimentos firmados pela Administração; b) o tratamento jurídico a ser dado às questões subjacentes deve ser amoldado à especificidade de tal contratação, e, c) a equação econômica do contrato — bem como as formas de sua recomposição — deve ser vista dentro destes parâmetros, os quais fazem o caso se aproximar da figura da concessão.

7. Efetivamente, o presente ajuste se amolda a um tipo específico de contrato de parceria. A *proximidade com a figura da concessão* parece-nos patente. Como sabemos de antigas lições, "o contrato de concessão é o ajuste pelo qual a Administração delega ao particular a execução remunerada de serviço ou obra pública, ou lhe concede o uso de um bem público, para que o explore por sua conta e risco e nas condições regulamentares e contratuais".[8] No caso em apreço, a figura que calha com precisão à relação estabelecida com a Administração parece ser a da *concessão de uso de um bem público*,[9] *precedida de uma obra pública*.[10]

8. Como anteriormente já dissemos neste trabalho, o contrato em apreço transfere ao particular o direito de explorar, por sua conta e risco, um bem — abrigos de ônibus — que ele, particular, deverá previamente fornecer, montar e instalar (o que denota a natureza de obra pública), permitindo a alocação deste bem em logradouros públicos (o que traz embutida uma permissão de uso de bem de uso comum — *v.g.*, ruas, praças etc.), revertendo, ao final do ajuste, tais bens (equipamentos) para o patrimônio do Município.

9. Diante destes traços, se coloca irrelevante saber se o uso do bem é ou não privativo do contratado, sendo que polemizar a este respeito constitui interminável polêmica que, malgrado o interesse doutrinário, não afeta o cerne do instituto.[11]

O fato é que, embora o uso do bem não seja privativo do contratado — por óbvio, pois a finalidade de um abrigo de ônibus é justamente acolher aqueles munícipes que nele precisem se abrigar — há um inegável caráter de *exclusividade na exploração econômica* do bem, haja vista que o negócio só pode se viabilizar economicamente se a comercialização dos espaços publicitários for exclusivamente permitida ao contratado.[12]

8. A definição, tão concisa quanto célebre, é de Hely Lopes Meirelles (in *Direito Administrativo Brasileiro*, 13ª ed. atual., p. 218).

9. Definindo o instituto, ensina Emílio Fernández Vasquez, que a concessão de uso de um bem público é "contrato de derecho público por medio del cual la Administración, a título gratuito o mediante remuneración, otorga a un particular la utilización privada de un bien público, así considerado originariamente (Cretella Júnior). Constituye un acuerdo entre la Administración y el particular com miras a una ocupación anormal de una porción de dominio afectado ao público" (in *Diccionario de Derecho Público*, Buenos Aires, Ed. Astrea, p. 123).

10. Sobre o conceito de obra pública, cf. Máximo Antonio Bezzi, *El Contrato de Obra Pública*, Abeledo-Perrot, 1982, pp. 11 e ss.

11. Poderíamos, em reforço à nossa tese, trazer por empréstimo a definição que Maria Sylvia Di Pietro confere à concessão de serviço público: "o contrato administrativo pelo qual a Administração Pública delega a outrem a execução de um serviço público, para que o execute em seu nome, por sua conta e risco, mediante tarifa paga pelo usuário ou outra forma de remuneração decorrente da exploração do serviço" (in *Parcerias na Administração Pública*, 1996 p. 49). Se substituirmos, na definição, o conceito de *serviço* pelo *de bem ou obra pública*, resta o cerne que se quer ressaltar no instituto da concessão, ou seja, a delegação da implementação de um cometimento de fruição pública pelo particular que tem por contrapartida a autorização de explorar a dita melhoria, fazendo-o por sua conta e risco mas dentro das condições previamente pactuadas.

12. Neste passo, mister firmar desde já nosso entendimento no sentido de que a exclusividade na comercialização da veiculação de publicidade nos equipamentos instalados pelo contratado é condição

10. Em suma, parece-nos inarredável que, embora assim o contrato não declare, a relação contratual firmada pela Administração com o consulente se aproxima de uma concessão, podendo ser tratada quer no âmbito legal, quer sob o prisma conceitual dentro do campo da teoria da concessão. É isto que pretendemos fazer ao depois. Antes, porém, vale visitar, ainda que rapidamente, a teoria do equilíbrio econômico-financeiro nos contratos administrativos.

II — O equilíbrio econômico-financeiro nos contratos administrativos

1. O reconhecimento de que o caráter exorbitante dos contratos administrativos não afeta o direito que possuem os contratados pelo Estado de receber a contrapartida econômica ajustada para a execução do que lhes acomete não é recente na doutrina ou na jurisprudência.

2. Com efeito, se por um lado — nas palavras do célebre Gaston Jéze[13] — os contratos administrativos se caracterizam "pela existência da supremacia estatal, da adoção do regime de direito público, que se manifesta nas chamadas cláusulas exorbitantes, rompendo o princípio da igualdade das partes que normalmente domina o contrato", por outro, o princípio da imutabilidade da equação econômico-financeira dos contratos administrativos também se põe remansoso tanto entre nós como entre os doutrinadores de fora.[14]

3. A manutenção do equilíbrio econômico e financeiro dos contratos firmados pelo Poder Público erigiu-se como um princípio geral de direito, tanto entre os estrangeiros quanto entre nós.[15] Tanto é que a nova Lei de Licitação (Lei 8.666/93) agasalhou tal princípio traduzindo-o, inclusive, em alguns de seus dispositivos (cf. arts. 57, § 1º; 58, § 1º).

que, ao nosso ver, implica também no impedimento do Poder Público permitir ou se omitir em coibir a concorrência de outros tipos de publicidade não previstas em lei. Com tal concurso, não previsto ou admitido à época da contratação, afeta-se condição central da exploração econômica outorgada ao particular, alterando-se condição fulcral do negócio.

13. Cf. *Les Contrats Administratifs*, 1927, p. 14.

14. Em remate, e apenas por rigor teórico, permitimo-nos citar algumas referências bibliográficas. Na doutrina forânea se destacam sobre o tema, entre outras, as contribuições de: Jean Rivero, *Droit Administratif*, 3ª ed., Dalloz, 1965, p. 108; Francis-Paul Benoît, *Le Droit Administratif Français*, Dalloz, 1968, p. 588; Georges Peguinot, *Theórie Générale du Contract Administratif*, Paris, A. Pedone, 1945, pp. 433 e 434; Marcel Waline, *Droit Administratif*, 9ª ed., Sirey, 1963, p. 618; Marcello Caetano, *Princípios Fundamentais de Direito Administrativo*, Forense, 1977, pp. 255 e 256; André de Laubadére, *Traité Theórique des Contrats Administratifs*, t. I, Paris, pp. 85-103. Valeria ainda citar algumas obras colacionadas por Arnoldo Wald que abordam o tema, entre as quais destacamos: Mattos de Vasconcelos (*RDA* II/153), o Min. Oscar Saraiva (*RDA* 1/323; V/277; X/284; XXV/257), Guimarães Menegale (*RDA* XXVII/312), Alcino Salazar (*RDA* XXXI/301), Alfredo de Almeida Paiva (*Aspectos dos Contratos de Empreitada*, Rio, Forense, 1955, p. 68) e Clóvis Paulo da Rocha (*Revista Jurídica da Faculdade Nacional de Direito* XVII/143, 1959). Em remate, vale colacionar também as seguintes obras, mais recentes até: Carlos Henrique Magalhães Marques (*RDP* 91/103); Eros Roberto Grau (*RDP* 96/61); e Hely Lopes Meirelles (*Estudos e Pareceres de Direito Público,* v. II/80 e v. III/2).

15. Dentre nossos doutrinadores, quem desponta, talvez como o maior expoente no estudo do tema, seja o prof. Caio Tácito. É em obra sua que colhemos esta breve e perfeita análise da evolução da regra em atenção: "Florescente no direito medieval, a cláusula desaparece com o predomínio do individualismo jurídico e o sentido absoluto da autonomia de vontade. A crise financeira no início do século atual fez ressurgir, porém, no direito administrativo francês, a presença da cláusula, como fundamento da revisão de prestações vincendas. A regra do equilíbrio financeiro do contrato administrativo consolidou-se a partir do famoso aresto do Conselho de Estado no caso da *Compagnie Générale Française des Tramways* (21.3.1910) no sentido de que sempre que se agravassem os encargos do outro contratante por ato unilateral da Administração cabia a esta indenizar a álea extraordinária acrescida ao contrato (ver Hauriou, *La Jurisprudence Administrative de 1892 a 1929*, t. III, pp. 470 e ss.). *O equilíbrio financeiro nos contratos administrativos tornou-se, assim, princípio geral de direito que har-*

4. E, com efeito, assim deve ser, na medida em que — ao menos para os contratos que impliquem contraprestações a título oneroso — o particular avença na perspectiva de obter proveito econômico, lucro, calculando-o a partir do que é previsível quando da sua proposta.[16]

Tal raciocínio já foi entre nós claramente exposto pelo mestre Hely Lopes Meirelles que afirmava: "Com efeito, o contrato administrativo, por parte da Administração, destina-se ao atendimento das necessidades públicas, mas, por parte do particular contratado, objetiva um lucro, através da remuneração consubstanciada nas cláusulas econômicas e financeiras. Esse lucro há que ser assegurado nos termos iniciais do ajuste porque, se, de um lado, a Administração tem o poder de modificar as condições de execução do contrato e de exigir a prestação da outra parte, ainda que ela mesma não tenha cumprido a sua, de outro lado, o particular contratado tem o direito de ver mantida a correlação encargo-remuneração estabelecida originariamente, uma vez que o seu objetivo ao participar da relação negocial foi, e continuará sendo, o ganho pecuniário. Objetivo perfeitamente lícito e respeitável, diga-se de passagem, que a Administração não pode, validamente, restringir, exigindo que, a partir de um dado momento, a execução de contrato prossiga em condições menos lucrativas e até mesmo prejudiciais ao contratado, sem qualquer culpa deste".[17]

5. Em suma, certo deve ser que o particular contrata com a Administração se comprometendo a executar obra ou serviço de interesse público, submetendo-se às condições ditadas pelo Poder Público e às cláusulas exorbitantes presentes no contrato, mas aspirando, em contrapartida, auferir ganhos na exata proporção da sua oferta inicial.[18] É defeso, pois, à Administração pretender que um contratado receba em contraprestação à sua atividade contratual menos do que lhe fora concedido quando da contratação.[19]

moniza a alteração das obrigações em benefício do interesse público mediante o chamado ato do príncipe, com o direito de justa remuneração do empresário particular, que colabora com a Administração Pública" (cf. "O equilíbrio financeiro nos contratos administrativos", *RDA* 187/92 e 93, jan.-mar./92).

16. Essa é a lição de Celso Antônio Bandeira de Mello: "Enquanto o particular procura o lucro, o Poder Público busca a satisfação de uma utilidade coletiva. Calha, pois, à Administração atuar em seus contratos com absoluta lisura e integral respeito aos interesses econômicos legítimos de seu contratante, pois não lhe assiste minimizá-los em ordem de colher benefícios econômicos suplementares ao previsto e hauridos em detrimento de outra parte. Para tanto o que importa, obviamente, não é a 'aparência' de um respeito ao valor contido na equação econômico-financeira, mas o real acatamento dele" (in *Curso de Direito Administrativo*, Malheiros Editores, p. 296).

17. In *Estudos e Pareceres de Direito Público*, v. VI/3.

18. Georges Péquignot: "Nous avons déjà indiqué que l'Administration, lorsqu'elle modifie de contract sur un point qui intéresse le service public, doit cependant maintenir son équation financière, c'est-à-dire, le bénéfice que le contractant esperait tirer de l'opération. *A fortiori*, tout autre modification étant mise à part, cette équation financière doit-elle être maintenue par l'impossibilité de réduire ou de supprimer directement la rémunération en vue de laquelle le cocontractant s'est engagé. Ce principe est fondamentale. Il doit être entendu très rigoureusement, car, application particulière de l'idée d'équation financière, il est la source de la sécurité juridique du cocontractant de l'Administration" (*Théorie Générale du Contract Administratif*, Paris, 1945, p. 435).

19. Em outra oportunidade, Hely Lopes Meirelles obtemperou: "Outro entendimento da doutrina dos ajustes administrativos que favorece a consulente é o que considera *a manutenção do equilíbrio ou equação econômico-financeira do contrato, 'direito fundamental' do contratado* (...). Esse entendimento acha-se consagrado em nossa Constituição quanto aos contratos de concessão (Constituição de 1969, art. 167, II). A equação econômico-financeira, permitimo-nos lembrar, é a relação que as partes estabelecem inicialmente no ajuste, entre os encargos do contratado e a retribuição da Administração, para a justa remuneração do seu objeto (cf. nosso *Licitação e Contrato Administrativo*, cit., p. 206). Essa correlação encargo-remuneração, configurando um direito do contratado, deve ser mantida durante toda a execução do contrato, independentemente de previsão legal ou contratual (André de Laubadère, *Traité Élémentaire*

6. Muito menos se pode obrigar ao particular contratado que suporte ônus maiores do que aqueles inicialmente exigidos sem a compensação apta a recompor o sinalagma econômico pactuado de início.

Se assim fosse, estaríamos diante de outros atos administrativos — desapropriações, requisições administrativas etc. — os quais, em algumas hipóteses motivadas, são até cabíveis, mas que não são admitidos sob o manto legal da relação contratual, bilateral por essência.

7. De mais a mais, a obrigação de preservar o núcleo da proporção econômica e financeira das avenças submetidas ao regime de direito público decorre também do próprio princípio da boa-fé.[20]

8. Se o princípio da boa-fé[21] deve nortear os contratos administrativos, certo deve restar que é vedado ao agente público se abrigar sob interpretações de normas ou cláusulas contratuais para reduzir o montante efetivo das contrapartidas econômicas a que o particular fez jus quando do perfazimento do contrato, ou — pior —, para, através destes artifícios, pretender exigir que o contratado suporte prejuízos com a execução do contrato.

9. Nesse diapasão, calha perfeitamente o escólio do eminente publicista português Marcello Caetano que nos ensina: "Da conjugação das idéias fundamentais em que temos insistido — de que o *particular é, de certo modo, colaborador da Administração*, pondo ao serviço do interesse público o seu interesse privado, disposto a correr o risco normal da empresa, mas *sem que lhe seja pedido um sacrifício desinteressado e excepcional* —, resulta a conseqüência de que *se o contrato tiver de ser executado em conjuntura econômica que subverta o equilíbrio financeiro estabelecido e não tivesse podido ser prevista no momento da celebração, a Administração deve partilhar dos prejuízos verificados ou rever o contrato de modo a restabelecer a base de justiça comutativa*, essencial ao reconhecimento legal da respectiva validade".[22]

10. Se a consagração da incolumidade da equação econômico-financeira — e, por tabela, a vedação da exigência pela Administração de que o contratado particular sofra prejuízos na execução do contrato — é remansosa para os contratos administrativos, tanto mais o é quando estamos diante de contratos de concessão.[23]

de Droit Administratif, 1957, p. 431). (...)" (Hely Lopes Meirelles, *Estudos e Pareceres de Direito Público*, v. VII, Ed. RT, pp. 97 e 98).

20. Cf. Celso Antônio Bandeira de Mello, "Contrato administrativo — equilíbrio econômico financeiro", in *RDA* 177/123.

21. A esse respeito de grande valia é a contribuição de Raúl Enrique Granillo Ocampo que afirma: "En el derecho público actual, la buena fe, como criterio administrativo o judicial, ejerce la función de delimitador del *quantum* de derechos y obligaciones de las partes. Es una técnica jurídica a través de la cual el derecho lógico pasa a convertirse en justicia particular para el caso concreto; es el freno de emergencia al que se recurre cuando la conclusión dogmática no es alcanzable, o el resultado al que se arriba es intrínsecamente injusto. Esa mayor intensidad funcional de la buena fe en el ámbito administrativo, fue advertida desde tiempos antiguos por Delgado Martín, cuando afirmaba que el derecho administrativo se inspira en la equidad, a diferencia del derecho civil que obedece al rigor de la ley" (in *Distribución de los Riesgos en la Contratación Administrativa*, p. 133).

22. In *Manual de Direito Administrativo*, v. I, Forense, 1970, pp. 568 e 569.

23. Caio Tácito nos fornece um bom histórico do assunto: "O princípio do equilíbrio financeiro nas concessões de serviço público, embrionariamente contido nos modelos acima assinalados, não desapareceu, antes se consolidou, com o seu reconhecimento no plano constitucional. A Constituição de 1934 marca o critério da justa retribuição do capital como fator essencial a fim de permitir o atendimento normal das necessidades públicas de expansão e melhoramento dos serviços concedidos (art. 137). O comando reaparece aperfeiçoado na Constituição de 1937 que atribui à revisão das tarifas o papel de permitir que, no interesse coletivo, delas retire o capital uma retribuição justa e adequada ao atendimento regular da prestação dos serviços (art. 147). Distingue o texto constitucional a dupla função da tarifa: retribuir o capital investido e propiciar recursos para a expansão e melhoramento do serviço. Preceito equivalente se repro-

11. Como nos ensina a melhor doutrina,[24] em palavras que fazemos nossas, "constituída a relação jurídica, *tem o concessionário* não somente o direito à exclusividade no desempenho da atividade concedida como *o direito à plena cobertura ao custo* do serviço, *nele compreendida a justa remuneração do capital segundo as exigências* de operação, *manutenção e expansão*, que são as três faces de um serviço adequado. (...) A regra do *equilíbrio econômico-financeiro* nas concessões é princípio geral de direito administrativo que *tem como conteúdo a permanência de proporcionalidade entre as obrigações das partes*".

12. Sem qualquer tipo de receio, podemos afirmar que a mantença da equação econômica é pressuposto mesmo do instituto da concessão. Afinal, se a concessão se apoia na perspectiva do Poder Público obter uma melhoria para a coletividade sem desembolsar recursos orçamentários, qualquer desequilíbrio havido nesta relação implicaria em que a Administração amealhasse bem em detrimento do concessionário. Cabal restaria o enriquecimento desprovido de causa por parte da Administração contratante, o que não pode ser admitido.[25]

13. Certo deve estar que a forma de desequilíbrio econômico em contratos de concessão pode se dar por uma gama muito maior de fatores do que ocorre com um contrato administrativo normal. Pode ele advir, entre outros fatores, da defasagem da tarifa cobrada, da imposição, direta ou indireta, de novos encargos para o concessionário, da alteração das condições de exploração do bem ou do serviço, ou de qualquer outro fator externo que afete as condições de realização do negócio, entendida aí a imbricação entre investimento, tempo de amortização, taxa de retorno, percentual de lucro, fluxo de caixa etc.[26]

14. É exatamente neste sentido que vem o remansoso entendimento de nossos Pretórios. Em arresto antigo, restou firmado pelo STF: "Na concessão de serviço público, como ato complexo, meio-regulamentar, meio-contratual, o concedente pode modificar, por lei, o funcionamento dos serviços, alterando o regime dos bens públicos envolvidos e até impondo novos ônus ao cessionário, desde que a este assegure o equilíbrio financeiro, para remuneração e amortização do capital efetivamente investido (Constituição de 1946, art. 151 e §; Constituição de 1967, art. 160)".[27]

duz na Constituição de 1946 (art. 151) e alcança a plenitude na Constituição de 1967 e na reforma de 1969, que definem como finalidade das tarifas, ao lado da justa remuneração do capital e do financiamento da expansão do capital e do financiamento da expansão do serviço, a de assegurar o equilíbrio econômico e financeiro do contrato (art. 160, na Constituição de 1937, art. 167 na Emenda Constitucional n. 1, de 1969). *A Constituição atual, mais sóbria, conserva, como finalidade da lei, a preservação do caráter especial dos contratos de concessão e destaca como de sua essência, a par dos direitos dos usuários, a adoção de política tarifária compatível com a prestação de serviço adequado* (art. 175)" (cf. "Concessão de energia elétrica — Tarifas — Equilíbrio financeiro", *RDA* 203/407 e 408, jan.-mar./96).

24. Caio Tácito, "Equilíbrio financeiro nas concessões de energia elétrica", *BDA* 8/489, ano XII, agos./96.

25. Eros Roberto Grau, com a objetividade que lhe é peculiar, ensina: "Por isso que — e deixo este aspecto bem vincado — a regra em pauta efetivamente se reveste de caráter impositivo: *porque o enriquecimento sem causa é (deve ser) vedado, por tal razão também devem ser alterados os contratos celebrados com a Administração a fim de que se restabeleça a relação, que as partes pactuaram inicialmente, entre os encargos do contratado e a retribuição da Administração* para a justa remuneração da obra, serviço ou fornecimento, objetivando a manutenção do inicial equilíbrio econômico-financeiro do contrato" (in "Princípio da equivalência e o equilíbrio econômico e financeiro dos contratos", *RDP* 96/64, out.-dez./90).

26. Plínio A. Branco: "As relações que se estabelecem entre investimento, remuneração do capital, taxa de renovação e despesas de operação das instalações (compreendendo as de custeio dos serviços e as de conservação das instalações), determinam a equação econômica do contrato de concessão" (cf. "Diretrizes modernas para a concessão de serviços de utilidades públicas", publicação da PMSP, 1949, p. 227, apud *RDP* 37-38/87, jan.-jun./76).

27. In *RTJ* 46/144.

15. O caráter de inegável colaboração que está envolvido numa parceria, em geral, e nas concessões em particular, torna ainda mais sensível a necessidade de equilíbrio. Afinal, é da sabedoria popular que, entre parceiros, não se pode admitir que um se beneficie do prejuízo do outro, que um se locuplete às custas daquele com quem firmou a parceria.

Na formulação feliz de Henry Lesguillons, neste tipo de ajuste é preciso que "cada parceiro faça inventário daquilo que é realmente fundamental na sua missão e assuma plenamente o seu papel, nada mais do que o seu papel, todo o seu papel".[28]

16. Em suma, "sempre que por ato próprio do poder concedente a estrutura financeira da concessão for alterada, nasce, portanto, para o concessionário, a exigibilidade do direito ao reequilíbrio da economia do contrato, de modo a substituir a equivalência entre as prestações, conforme a comum intenção que levou ao ajuste. O equilíbrio financeiro é cláusula fundamental e inequivocamente deve ser respeitado por representar elemento determinante do contrato".[29]

17. Firmadas estas notas doutrinárias, das quais emerge certo o dever da Administração em recompor o reequilíbrio econômico de contratos como os da espécie sempre que as condições de exploração do negócio outorgado ao particular como contrapartida da melhoria amealhada pela coletividade ou pelo Poder Público, cremos ser necessário adentrar na avaliação efetiva das alterações que estão a ocorrer no contrato em análise por força da situação fática relatada na consulta.

28. In H. Lesguillons, Marcel Sarmet *et alii*, *Financement Privé d'Ouvrages Publics à l'Horizon 1993*, Forum Européen de la Communication, 1991, p. 322, apud Arnoldo Wald, ob. cit., p. 69.

29. Orlando Carlos Gandolfo, in "Pedágio e equilíbrio econômico e financeiro do contrato de concessão", *RDP* 37-38/87, jan.-jun./76.

III — A natureza jurídica das alterações havidas

1. Pelo que vem relatado com a consulta, parece-nos claro que a Administração criou situação que tornou imperativa a alteração dos ônus do contratado.

2. De início, devemos ter em vista — como demonstrado acima — que estamos diante de típico *contrato de parceria*. Ao particular cabem os riscos do negócio, já que o Poder Público não desembolsa qualquer dinheiro para oferecer aos usuários do transporte coletivo a comodidade dos abrigos.

Como contrapartida, *o Poder Público não deve concorrer para* — direta ou indiretamente — *agravar a parcela de risco* antevista, no início do ajuste, *pelo contratado*. Se o faz, mesmo que sem este objetivo direto, desiguala-se a parceria, desloca-se a margem de risco do particular. Emerge daí o *dever de recompor* as condições da parceria, de reequilibrar as obrigações de parte a parte.

3. O raciocínio — irrefutável na tese — calha à perfeição na espécie. Por uma decisão administrativa, digna de elogios no seu conteúdo, o órgão municipal competente decidiu alterar o padrão dos abrigos de ônibus na cidade. Adotou novo e mais moderno equipamento, com aprimorado *design*, materiais mais bonitos e sofisticados, nova concepção. Pôs em licitação a aquisição e a instalação destes novos equipamentos na área circunvizinha àquela abrangida pelo contrato. Tendia ainda a instalar este equipamento também na área coberta pelo ajuste.[30]

4. Ora, nos é relatado que o ressarcimento do contratado se dá pela comercialização — por sua conta e risco — deste espaço. A partir do momento em que um

30. Apesar de não permitir que a Administração explore publicidade em abrigos na área abrangida pelo contrato, o ajuste previa — cláusula *A*, item b — a possibilidade da contratante instalar novos abrigos na área, podendo o contratado fazê-lo *nas condições a serem estabelecidas na ocasião*.

novo equipamento, com a mesma finalidade, passa a disputar o espaço urbano, parece óbvio que se agrava a dificuldade de comercialização desse espaço publicitário.

5. Afinal, é a regra cediça até mesmo para nós, jejunos em comunicação, que publicitário algum quer ver o produto que divulga associado a um suporte fragilizado no universo urbano. Ninguém aceitaria que seu produto fosse veiculado em um suporte obscurecido por um similar mais novo e moderno, bafejado pelos ventos da modernidade. A mensagem dos produtos anunciados nos abrigos de modelo antigo teria um efeito reverso, negativo, antipublicitário. A concorrência estética trazida pelos novos abrigos praticamente erradicaria o potencial de comercialização dos espaços publicitários comercializados pelo consulente.[31]

6. O fato criado pela Administração com a radical alteração dos padrões de abrigos introduzidos em várias áreas da cidade, caracteriza, portanto, para nós, caso típico de alteração do ajuste por *fato da administração*.

7. Neste passo, pedimos vênia para trazer o ensino de Manuel María Diez que, de maneira impecável, não só explica o instituto como o faz talhado a martelete para o caso vertente:[32]

"Em um sentido amplo se chama *ato dos poderes públicos, toda medida, ditada pelos mesmos, que traga como conseqüência fazer mais difícil e mais onerosa a execução de um contrato pelo co-contratante*. Essas medidas introduzem na execução do contrato o que se chama de *álea administrativa* por oposição à álea econômica que se encontra na teoria da imprevisão.

"O ato deve emanar da Administração que celebrou o contrato, para que, por isso, as conseqüências sejam imputáveis à Administração contratante. Esta situação é importante, já que aclara a linha de separação do ato dos poderes públicos e da imprevisão. Para que se possa invocar a teoria do ato dos poderes públicos, esse ato deve emanar da Administração contratante e, nesta hipótese, o co-contratante poderá reclamar a indenização total ou integral pelo prejuízo sofrido. Se emana de outra autoridade distinta da que concluiu o contrato, o co-contratante poderá invocar a teoria da imprevisão ainda, em certos casos, poderia aplicar-se a [teoria] do ato dos poderes públicos, como veremos mais adiante."[33]

Ou seja, pela *teoria do fato da administração* consagra-se o direito do particular contratado a ter preservado o âmago do que ajustou com o Poder Público em face de eventuais alterações trazidas para este pacto por medidas tomadas na mesma esfera administrativa que impactem, mesmo que

31. Frise-se, neste ponto, que a nova conjuntura trazida pelos abrigos que o órgão municipal competente passou a instalar veio a se agregar a um outro fator desigualador do negócio em tela, qual seja, a omissão da Administração em coibir a publicidade clandestina que se faz na cidade quer em bancas de jornal, quer em totens instalados nos canteiros públicos, quer em painéis ou outros pontos. Se a equação comercial do contrato se perfaz com a venda de espaço publicitário, a lassidão da Administração em aceitar todo o tipo de publicidade oferecida no espaço urbano, contribui para esvaziar o potencial econômico do produto do contratado — veículo para publicidade — implicando na redução do seu potencial retorno. Só essa omissão já traria, ao nosso ver, o direito do contratado a ser compensado pela perda econômica perpetrada. Porém, o assunto não está em baila.

32. Manuel María Diez, *Manual de Derecho Administrativo*, t. 1, Ed. Plus Ultra, p. 325, tradução e grifos nossos.

33. Acerca do que se deva entender por *mesma autoridade*, aclara o citado tratadista: "En cuanto a la autoridad contratante, *no es necesario que sea exactamente la misma autoridad. Basta que fuera un órgano de la misma persona pública que ha concluido el contrato*, es decir, que sería entonces autoridad contratante cualquier ministerio en un contrato celebrado por el Estado, pero no lo sería si el contrato hubiera sido celebrado por una comuna" (cf. ob. e loc. cits.). *Vê-se claro que, no caso vertente, pouco importa se o ato que afetou o contrato foi tomado pelo órgão municipal competente quando o ajuste ainda estava na alçada da empresa pública. Ambas as empresas se situam na esfera da Administração municipal, o que consagra a incidência da teoria do fato da administração.*

indiretamente, tais condições. Prossegue na explicação o professor argentino:

"A *teoria do ato dos poderes públicos* consiste, então, em que *alguma das medidas que toma a autoridade contratante em certas condições, abre, a favor do co-contratante*, frente à Administração com quem contratou, *um direito a ser integramente coberto pelos prejuízos derivados da álea administrativa*, vale dizer, integralmente indenizado pelas conseqüências onerosas que resultem para ele. (...).

"Quando as medidas que dão lugar à teoria do ato dos poderes públicos consistem naquelas pelas quais a Administração impõe à sua co-contratante novas obrigações em virtude do poder de modificação unilateral, esta hipótese de noção de ato dos poderes públicos se aplica sem dificuldade. Porém *a teoria se aplica também nos casos em que a Administração contratante agrava, indiretamente, a situação de seu co-contratante, com medidas que não têm por objeto afetar o contrato em si mesmo, mas que inobstante lhe trazem repercussão. Neste caso, quando se trata de medidas de alcance particular, a teoria se aplica e o co-contratante tem direito à indenização*."[34]

Entre os nossos comentadores,[35] encontramos similar lição:

"O *fato da administração* distingue-se do fato do príncipe, pois, enquanto o primeiro se relaciona diretamente com o contrato, o segundo *é praticado pela autoridade, não como "parte" no contrato, mas como autoridade pública que, como tal, acaba por praticar um ato que, reflexamente, repercute sobre o contrato.*

"*O fato da administração compreende qualquer conduta ou comportamento da Administração que*, como parte contratual, torne impossível a execução do contrato ou *provoque seu desequilíbrio econômico*."[36]

8. Pelos escólios apontados, poderíamos afirmar que, estando demonstrado que a decisão administrativa de alterar radicalmente o perfil dos equipamentos urbanos em tela trouxe inequívocos reflexos para o ajuste em apreço, emerge claro o direito do contratado em ver restabelecido o equilíbrio inicial que foi alterado por fato da administração.

9. Porém, à teoria do fato da administração deve se acrescentar outra ordem de argumentos. O sinalagma inicial deve ser recomposto também em atenção ao *princípio da atualidade* que reveste toda e qualquer concessão outorgada pelo Poder Público. Tal princípio, encontra boa formulação no art. 6º, § 2º da Lei Federal 8.987/95.[37]

10. A recomposição do desbalanceamento verificado no contrato, portanto, deve ser efetivada, também, em homenagem ao princípio da atualidade presente nas concessões, pois, quando o Poder Público se so-

34. Ob. e loc. cits., grifos nossos.

35. Veja-se, também, o ensino de Lucia Valle Figueiredo que traça uma importante nota para situar a teoria da álea administrativa em face da teoria do fato do príncipe: "Enquanto alguns se referem a esta figura conceitual como relativa a fatos provocados pela Administração Pública, qualquer que esta seja, com repercussões no contrato, *outros entendem que o fato do príncipe diz respeito somente a atos administrativos (lato sensu) da mesma autoridade contratante, no exercício de outra competência, e não daquela diretamente referida ao contrato. Tais atos administrativos, embora não imediatamente ligados aos contratos, neles repercutiriam, de tal forma, que chegariam a abalar a equação financeira.* Destarte, se o Estado provocar o desbalanceamento do contrato por atitudes tomadas mais diretamente por ele, Estado, deverá haver o ressarcimento" (cf. *Curso de Direto Administrativo*, p. 324, grifos nossos).

36. Maria Sylvia Zanella Di Pietro, *Direito Administrativo*, 4ª ed., p. 231.

37. É a dicção legal: "Art. 6º. *Toda concessão* ou permissão *pressupõe a prestação de serviço adequado ao pleno atendimento dos usuários*, conforme estabelecido nesta lei, nas normas pertinentes e no respectivo contrato. § 1º. O *serviço adequado é o que satisfaz* as condições de regularidade, continuidade, eficiência, segurança, *atualidade*, generalidade, cortesia na sua prestação e modicidade nas tarifas. § 2º. *A atualidade compreende a modernidade das técnicas, do equipamento e das instalações e a sua conservação, bem como a melhoria e expansão do serviço*".

corre dos particulares para viabilizar — através de uma concessão — um serviço ou uma melhoria para a coletividade, deve *ter sempre em vista a adequação deste bem ou serviço ao desfrute destes destinatários*. De nada valeria a concessão se ao fim dos primeiros anos de sua execução fossem os administrados obrigados a fazer uso de tecnologias superadas, de equipamentos ultrapassados ou desatualizados.

11. É por isto que se consagrou o referido princípio da atualidade,[38] o qual impele a incorporação de novas técnicas e novos equipamentos voltados a manter — e se possível melhorar — a qualidade do cometimento que se disponibiliza para o público. Nesta bitola é que se deve compreender as alterações introduzidas nos contratos que envolvem parceria como os da espécie.[39]

12. As modificações implementadas em favor da coletividade não podem se realizar às exclusivas custas do particular contratado, sob pena de caracterização do *enriquecimento sem causa* por parte do Poder Público. Se fosse assim, feridos estariam tanto os princípios da eqüidade — corolário da isonomia — quanto o princípio da boa-fé.[40]

38. Comentando o citado balizamento legal, Hamilton Rangel Júnior prescreve: "Atualidade, como instituto que a lei cria para incluir no conceito de serviço adequado a idéia de *crescente qualidade e quantidade do serviço, conforme a necessidade legítima do usuário*, acaba *estabelecendo, para o concessionário, a obrigação de acompanhar os eventuais avanços tecnológicos*, relativos ao seu serviço, para, nos limites do seu contrato, atualizá-lo" ("A prestação do serviço", in Odete Medauar (org.), *Concessão de Serviço Público*, p. 98).

39. Neste sentido é que se realça, uma vez mais, a importância do princípio da manutenção do equilíbrio econômico do contrato nos ajustes que envolvem a figura da concessão. Ilustrativa é a lição de Ramon Parada, aplicável ao caso ainda que versante sobre o reajustamento de tarifas: "En el contrato de servicios públicos es, sin embargo, en *donde se manifiesta con mayor evidencia la excepción al principio del riesgo y ventura y el correlativo derecho del concessionario al equilibrio económico*. Inicialmente, aquella excepción se concretó en la obligación de indemnizar los efectos producidos por los riesgos imprevisibles frente a situaciones económicas de crisis, en las que naufragaban estrepitosamente los presupuestos económicos sobre los que se había celebrado el contrato. Justamente, porque es de interés general y del propio servicio, la continuidad del concesionario – y no su ruina y la resolución de un contrato que abocaría a la celebración de otro nuevo con las tarifas asimismo actualizadas —, es por lo que la procedencia de la revisión para restablecer el equilibrio financiero ha de entenderse justificada en el interés público y como una facultad reglada, pese a la redacción de dicho precepto que lo configura como una potestad discrecional de la Administración (la Administración podrá modificar por razones de interés público (...) las tarifas que han de ser abonadas por los usuarios). *Asimismo, ha de reconocerse al concesionario el derecho a ser indemnizado en caso de quiebra por la sistemática negativa de la Administración* a acomodar las tarifas a los procesos inflacionarios" (cf. *Derecho Administrativo*, 6ª ed., v. I, Parte General, Marcial Pons, pp. 294 e 295).

40. Celso Antônio Bandeira de Mello é lapidar: "Quer-se sublinhar, ao cabo desta rememoração de noções cediças, que a índole deste tipo de relações entre Administração e particular assenta no respeito mútuo de interesses. Pretende-se encarecer que se trata de vínculo — segundo doutrina dominante na atualidade — no qual o chamado contratante privado é havido como um colaborador da Administração, de tal sorte que: 'tende a prevalecer a idéia de que o interesse do Estado é de assegurar uma remuneração normal (e não mais o menor lucro possível) a seu contratante, que vai ser associado, não como um executante a seu contratante, que vai ser associado, não como um executante sem iniciativa, mas como um colaborador ao qual tais iniciativas, pelo contrário, são pedidas em favor de uma tarefa de interesse público'. Enquanto o particular procura o lucro, o Poder Público busca a satisfação de uma utilidade coletiva. *Calha, pois, à Administração atuar em seus contratos com absoluta lisura e integral respeito aos interesses econômicos legítimos de seu contratante, pois não lhe assiste minimizá-los em ordem a colher benefícios econômicos suplementares ao previsto e hauridos em detrimento da outra parte*. Para tanto, o que importa, obviamente, não é a 'aparência' de um respeito ao valor contido na equação econômico-financeira, mas o real acatamento dele. De nada vale homenagear a forma quando se agrava o conteúdo. O que as partes colimam em um ajuste não é a satisfação de fórmulas ou de fantasias, mas um resultado real, uma realidade efetiva que se determina pelo espírito da avença; vale dizer, pelo conteúdo verdadeiro do convencionado" (cf. *Curso de Direito Administrativo*, 8ª ed. revista, pp. 394 e 395, grifos nossos).

12.1 O *princípio da eqüidade* resta ferido porquanto se estaria a impor a apenas um administrado — o contratado — os ônus de uma melhoria que reverte para toda a coletividade, desequiparando a correlação isonômica de ônus e bônus que deve ser distribuída uniformemente aos administrados, a qual deve balizar a atividade administrativa.[41]

12.2 O *princípio da boa-fé*, subjacente ao princípio constitucional da moralidade, sofreria afronta na medida em que a Administração, escudando-se em argumentos de ordem geral, estaria perpetrando um indevido dano ao particular, esquivando-se imotivadamente da reparação que é devida.[42]

13. Pois bem, pelo que se aduz dos documentos trazidos com a consulta, *as alterações no modelo de abrigos* foram tratadas *conjuntamente com a Administração*, contando com a *aquiescência desta*. Assim é que vemos, em correspondência datada de ..., respondendo o ofício do contratado — noticiando que estaria a alterar o padrão dos abrigos de modo a atender ao novo modelo adotado pelo órgão municipal competente — a empresa pública consignava que "*nada temos a opor* [à instalação de abrigos dentro do novo padrão determinado pelo referido órgão] *haja vista a inexistência de quaisquer ônus para a empresa pública*". E concluía, não sem alguma imperatividade: "Solicitamos ainda, que seja elaborado e submetido à aprovação desta empresa pública, cronograma de instalação dos novos abrigos, *situando-se no prazo máximo de 90 dias*."

Após solicitação do consulente, veio o órgão municipal competente na correspondência n. ... encaminhar os projetos e especificações dos novos abrigos, consignando que "os referidos projetos deverão servir como referência dos modelos a serem implantados na cidade".

E, por fim, a Diretoria de Obras da empresa pública, em resposta a missiva em que o consulente solicitava revisão do cronograma de retorno de investimentos com vistas a recompor seu equilíbrio inicial, consignava que: "tendo em vista a manifestação expressa do órgão municipal competente sobre os projetos de abrigos a serem implantados na cidade, *nada temos a opor quanto ao pleito*".

14. Pois bem. Não se pode dizer que a modernização do modelo de abrigo se deu ao arrepio ou à margem da aquiescência da Administração. Se assim é, negar ao contratado meios para recompor o equilíbrio que possuía antes dos fatos ensejadores da alteração seria consagrar o locupletamento indevido da municipalidade.[43] Afinal, os

41. Carlos Ari Sundfeld traz perfeita contribuição, ainda que lavrada para o instituto do poder de polícia, mas perfeitamente aplicável ao caso em tela: "Os sacrifícios de direito, embora resultantes de atos estatais legítimos, demandam o ressarcimento dos prejuízos suportados. É fácil demonstrá-lo. Os sacrifícios retiram de um ou de alguns indivíduos possibilidades de fruição garantidas à generalidade dos que se encontram na mesma situação. *Tais direitos são suprimidos em benefício da sociedade. Tem-se assim um prejuízo individual em proveito coletivo, que deve ser reparado pelo Poder Público. De outro modo, os ônus para atendimento dos interesses públicos seriam lançados sobre poucos, não divididos entre todos, em clara afronta à isonomia.* O princípio da igualdade assegurado pelo art. 5º do Texto Constitucional impõe, destarte, o ressarcimento" (in *Direito Administrativo Ordenador*, Malheiros Editores, p. 110).

42. Manoel de Oliveira Franco Sobrinho: "*Tudo isso é amoralidade administrativa, não moralidade*. Quebra da ordem jurídica na ordem constitucional. Instrumentos administrativos se chocando com mandamentos fundamentais. *Atos aparentemente legais autorizando soluções ajurídicas. Afrontando direitos. Subestimando garantias.* Criando situações inovadas procedimentais. Atos que se afastando da motivação dão outra figuração à finalidade" ("Ética e moralidade nos atos administrativos", in *Direito Administrativo na Década de 90, Estudos em Homenagem ao Prof. J. Cretella Júnior*, Ed. RT, p. 39).

43. Hely Lopes Meirelles que ensina: "todavia, mesmo no caso do contrato nulo ou de inexistência de contrato, pode tornar-se devido o pagamento dos trabalhos realizados para administração ou dos fornecimentos a ela feitos, não com fundamento em obrigação contratual, ausente na espécie, *mas sim no dever*

novos abrigos, nos termos da cláusula *a*, item *x*, "não serão devolvidos nem indenizados ao final do prazo contratual, ficando incorporados ao patrimônio do Município".

15. Isso, mais uma vez, feriria não só a teoria dos contratos administrativos em geral, como romperia o *nexo de parceria* subjacente ao presente ajuste.[44] Mais ainda, colidiria frontalmente com o próprio regime legal das concessões ora vigente.

16. Com efeito, embora não seja aplicável diretamente ao caso ora em voga (pois superveniente ao contrato e versante especificamente sobre as concessões de serviços) a Lei Federal 8.987/95 traz importante disposição para melhor divisarmos o instituto sobre o qual nos debruçamos.

O fato é que a lei prevê, em mais de uma oportunidade, que, ao final da concessão, *só reverterão para o Poder Público os bens que já estiverem amortizados pela exploração* do quanto concedido, devendo, no caso inverso, o *Poder Público indenizar o concessionário* pela diferença, a fim de afastar justamente o locupletamento indevido. É o teor do principal destes dispositivos que deve ser aplicado por analogia ao caso em tela: "Art. 36. A reversão no *advento do termo contratual* far-se-á com a *indenização das parcelas dos investimentos vinculados a bens reversíveis, ainda não amortizados* ou depreciados, *que tenham sido realizados com o objetivo de garantir* a continuidade e *atualidade* do serviço concedido".

Note-se que a lei prevê, expressamente, a possibilidade, ou mais, a *obrigatoriedade* do poder concedente indenizar o concessionário pelo diferencial dos bens que tiver incorporado à concessão *de molde a fazer frente ao atendimento do princípio da atualidade*, nas lindes já antes definidas. Portanto, frente à clareza do texto legal, erige-se como incontroverso o lastro legal do pleito do consulente.[45]

IV — O direito e as formas de reequilíbrio

1. Resta para nós demonstrado que a parceria objeto do contrato em apreço se abalou com o fato criado pela Administração e com a necessidade de se alterar os padrões dos abrigos.[46]

2. A coletividade está a adquirir — sem ônus qualquer para si — equipamento melhor, mais sofisticado e mais caro às custas do particular. Parece-nos, como já demonstrado, inconsentâneo com a ordem jurídica que não seja permitido ao particular perse-

moral de indenizar o benefício auferido pelo Estado, que não pode tirar proveito da atividade do particular sem o correspondente pagamento" (in *Direito Administrativo Brasileiro*, Ed. RT, p. 192).

44. Caio Tácito: "Quando o equilíbrio obrigacional instabilizar-se pela agravação dos encargos iniciais, abre-se por conseguinte, para o concessionário, 'un droit à indemnité, ou, plus exactament, le droit de reclamer un suplément de rémuneration', porque é da essência do instituto em causa 'la clause capitale, expresse ou tacite, de équilibre financier ou équation financiére du contrat'" (in "O equilíbrio financeiro da concessão de serviço público", *RDA* 63/3 e nota 11).

45. E assim já era nas mais remotas eras de nossa doutrina. Francisco Campos, há quase quatro décadas, asseverava: "Seja como for, porém, a equação financeira, estipulada de comum acordo entre concedente e concessionário, não poderá ser alterada por ato unilateral de nenhum dos dois. É esta a parte intangível ou imutável do ato de concessão. Se o poder concedente agrava as obrigações livremente assumidas pelo concessionário, este tem direito a que se reajuste a equação financeira, de maneira que continue inalterado o equilíbrio inicialmente estabelecido entre os encargos e a remuneração" (in *Direito Administrativo*, t. I, 1958, p. 82).

46. "*Assim sendo, na ocorrência de ato ou fato alheio à vontade do contratado, que desfaça o equilíbrio econômico-financeiro do ajuste, cumpre à Administração contratante, interessada na execução de seu objeto, tomar as providências necessárias ao pronto e cabal restabelecimento da equação original*. Isto sem prejuízo do ressarcimento dos danos sofridos pelo mesmo contratado, *desde que decorrentes de ato ou fato da Administração ou de fato do príncipe*" (Hely Lopes Meirelles, *Estudos e Pareceres de Direito Público*, v. VII, Ed. RT, pp. 97 e 98).

guir, com seu esforço e por seu próprio risco, a contrapartida econômica e financeira necessária a recompor o equilíbrio inicialmente verificado na contratação original.

3. Relevante nos parece, outrossim, que a alteração do padrão dos abrigos não decorreu da simples vontade do particular. Pelos elementos constantes dos autos, inclusive quando o contrato ainda estava na órbita de competência da empresa pública municipal; verificamos que a mudança no tipo de abrigo foi provocada pela necessidade de se adequar o modelo proposto pelo consórcio ao novo padrão de mobiliário adotado. Pelos elementos colacionados à consulta verifica-se que o esforço do contratado vai no sentido de aproximar o seu padrão de abrigo àqueles novos modelos adquiridos pela Administração para serem instalados na área não abarcada pelo presente contrato.

4. Portanto, quer por se tratar de *contrato administrativo* — resguardado como já exaustivamente dito pela proteção do equilíbrio econômico e financeiro — quer por cuidar de caso típico de *contrato de parceria* Poder Público/iniciativa privada — cuja essência está no sinalagma de contraprestação equânime e na lealdade entre as partes com vistas a um fim comum — parece-nos indesviável e lídimo o direito do contratado de ver recolocada a situação que inicialmente pactuara.[47]

47. Assim tem se posicionado a jurisprudência: "Como visto, *a doutrina é unissonante em proclamar que o equilíbrio econômico-financeiro* do contrato administrativo deve ser resguardado. E *quando se trata de contrato de concessão* de serviços públicos, como na hipótese sob julgamento, *a manutenção da equação financeira foi erigida em princípio de dignidade constitucional*. Desrespeitado este princípio por *ato comissivo ou omissivo do poder concedente*, impõe a recomposição da equação financeira, tendo em vista não só a imperiosa necessidade de que os serviços públicos tenham continuidade, mas também em razão do princípio jurídico que preconiza que todo aquele que, por ação ou omissão, causar prejuízo a outrem, fica obrigado a reparar o dano" (TRF-1ª R., Ap. cível 110.063, rel. Min. Luiz Vicente Leal, *RDA* 190/189).

5. Resumindo o até aqui visto, parece-nos certo que houve alteração das condições ajustadas em virtude de ato da Administração, enquadrável naquilo que a doutrina convencionou designar por *teoria do fato da administração*; que tal alteração afetou a equação econômica do contrato; que tal *alteração se deu no interesse público* e que ela se impôs não só por *circunstâncias criadas pela Administração* mas também com a aquiescência e a quase determinação desta.

Assim, e sendo indiscutível o direito que os particulares contratados têm de ver mantido o equilíbrio econômico e financeiro subjacente aos contratos, cumpre analisar a forma de recomposição desta equação.

6. Como já dito à farta, o presente contrato não implica qualquer desembolso para a Administração. O ressarcimento do contratado é obtido através da permissão de exploração de publicidade nos equipamentos que instala. Trata-se de contrato administrativo assemelhado a um contrato de concessão (cf. I, 6, *supra*).

7. Neste quadro, parece-nos que a contrapartida visada pelo particular se restringe à permissão de explorar a publicidade. A equação econômica, portanto, se coloca em função das seguintes variáveis: investimento total, tempo de desembolso deste montante, prazo de amortização, potencial de retorno com a venda da publicidade e prazo no qual se permite a dita exploração do mobiliário pelos anunciantes.

8. Sendo assim, quer nos parecer que a *única maneira de se recompor o equilíbrio do contrato sem implicar na alteração das condições contratuais* (por exemplo, com a introdução de indenização ou de custoso pagamento a ser feito, a título de ressarcimento, pela Administração) *seria ampliar o prazo de exploração dos abrigos*, tal qual requer o consulente. Tal entendimento nos parece plenamente albergado na legislação aplicável ao contrato.

9. Em primeiro lugar porque, como dissemos, o presente contrato se coloca com os traços característicos de uma concessão. Como tal, se outra vez tomássemos por analogia a legislação recém-editada para este tipo de ajustes, teríamos assegurado o direito do particular na preservação do equilíbrio econômico e financeiro. É este o teor do art. 9º, § 4º da Lei 8.987/95.[48]

Como nos ensina o professor Arnoldo Wald em parecer versando especificamente sobre a obrigação da Administração de ressarcir o contratado quando alterado o equilíbrio econômico-financeiro em contratos de concessão, "a autoridade pode modificar as obrigações do outro contratante, mas não lhe é lícito modificar a relação, ou seja, o equilíbrio financeiro, de tal modo que a qualquer novo encargo que atribua ao particular, deve o Estado fazer corresponder uma compensação adequada".[49]

10. Ainda que desconsiderada a proximidade do presente contrato com um contrato de concessão e tomado como simples contrato administrativo, respaldo legal há para o acatamento do pleito. Firmado em 1984, o presente contrato é regido pela Lei Municipal 8.248/75. Esta lei, com a redação que lhe foi dada pela Lei 9.404/91, estabelece no seu art. 44:

"Art. 44. Os contratos regidos por esta lei poderão ser alterados nos seguintes casos:

"I — Unilateralmente, pela Administração:

"a) quando houver modificações do projeto ou das especificações, *para melhor adequação técnica aos seus objetivos;* (...)."

11. Como não houve alteração no objeto do contrato e como demonstramos acima ter havido alteração dos projetos e das especificações dos abrigos no interesse da Administração, parece-nos plenamente possível recompor o equilíbrio do contrato dilatando-se o prazo de exploração da publicidade nos abrigos.[50]

12. Portanto, no nosso entender, a melhor e mais adequada maneira de recompor este âmago econômico é através da dilatação do prazo. Tal providência, ademais, se ajusta perfeitamente ao regime de prorrogações de prazo dispostas tanto no diploma aplicável à espécie (art. 38, da Lei Municipal 8.248/75)[51] como na lei vigente (art. 57 da Lei Federal 8.666/93).[52]

13. Não se diga que haveria prazo máximo de vigência para estes ajustes. As regras antiga e nova de limite de duração de contrato não se aplicam ao caso, pois tanto na lei municipal quanto na federal as normas de vigência estão vinculadas *à vigência dos créditos orçamentários,* o que não se dá aqui, haja vista que o contrato em tela

48. O teor do dispositivo é o seguinte: "Art. 9º. (...). § 4º. Em havendo alteração unilateral do contrato que afete o seu inicial equilíbrio econômico-financeiro, o poder concedente *deverá reestabelecê-lo,* concomitantemente à alteração".

49. In Parecer inédito, elaborado para o Departamento de Estradas de Rodagem do Estado de São Paulo-DER, em março de 1996 e autuado no TC 5733-026-96 do TEC-SP.

50. No mesmo sentido, aliás, vem o princípio consagrado na vigente Lei de Licitações (Lei 8.666/93) que, no § 6º do art. 65, prescreve: "§ 6º. Em havendo alteração unilateral do contrato que aumente os encargos do contratado, a Administração deverá restabelecer, por aditamento, o equilíbrio econômico-financeiro inicial".

51. O art. 38, da Lei Municipal 8.248/75 prescrevia: "§ 1º. Os prazos de início de etapas de execução, de conclusão e de entrega admitem prorrogação a critério da Administração, mantidas as cláusulas do contrato desde que ocorra algum dos seguintes motivos: I — alteração do projeto ou especificações, pela Administração; II — superveniência de fato excepcional e imprevisível, estranho à vontade das partes, que altere fundamentalmente as condições de execução do contrato".

52. "Art. 57. (...). § 1º. Os prazos de início de etapas de execução, de conclusão e de entrega admitem prorrogação, mantidas as demais cláusulas do contrato e *assegurada a manutenção de seu equilíbrio econômico-financeiro*, desde que ocorra algum dos seguintes motivos, devidamente autuados no processo: I — alteração do projeto ou especificações, pela Administração; II — superveniência de fato excepcional ou imprevisível, estranho à vontade das partes, que altere fundamentalmente as condições de execução do contrato".

não implica desembolsos orçamentários para o Poder Público, na medida em que é inteiramente custeado pelo particular. Ou seja, tais disposições cuidam de regras de natureza orçamentária inaplicáveis a contratos como o da espécie, que não prevê a existência de créditos ou *disponibilidades orçamentárias* simplesmente porque *não implica em gasto de dinheiro públicos*.

14. Tampouco se diga que este acréscimo de prazo deve se restringir ao limite máximo prescrito no § 1º do art. 65 da Lei Federal 8.666/93. Também isto não se põe aplicável.

14.1 Primeiro, porque o presente contrato, firmado que foi antes do advento do estatuto federal, não é abarcado por tais disposições como reiteradas vezes já deliberou o E. Tribunal de Contas do Município.[53] E o § 2º do art. 44 da Lei 8.248/75, acima transcrito, não permite dúvidas quando a inexistência destes limites.[54]

14.2 De outro lado, o limite contido na lei federal se refere ao percentual de acréscimo calculado sobre o valor do contrato. Em sendo o presente ajuste não oneroso para a Administração — pois que não há qualquer paga em favor do particular, mas, ao contrário, é o contratado que paga à Administração, não faz sentido tal limitação, sendo a mesma inaplicável.

14.3 Por fim, ainda que por absurda hipótese sustentássemos que tais limites se aplicam à cogitada alteração, tal dispositivo seria imprestável a situações como a vertente. E simplesmente porque seriam tais *limites inconstitucionais*.

De fato, como já asseveramos, a prorrogação de prazo aqui se coloca como imperativo à luz mesmo do interesse público. A dilatação do prazo inicialmente estimado, também consignamos, decorre da necessidade de consagrar o princípio da mantença do equilíbrio inicialmente pactuado.[55] Ora, pretender limitar a alteração aos limites dos acréscimos de obras ou serviços significaria ou obstar a recomposição do equilíbrio econômico e financeiro ou compelir o particular a não realizar o contrato a que fez jus ao vencer a licitação. Uma ou outra hipótese são contrárias ao assegurado no inciso XXI do art. 37 da CF.[56] *Se assim fosse, o*

53. Tal entendimento tem se consolidado junto aos órgãos municipais paulistanos, particularmente após o desbravador voto do Cons. Paulo Planet, que asseverou: "a aplicação do § 2º do art. 65 (da Lei Federal 8.666/93) viola a Constituição por não caracterizar, nem de longe, como uma norma geral (...)" (consultar o TC 72-002-633.95-23, *DOM* 29.6.95).

54. É o texto dos parágrafos do citado artigo: "§ 1º. O contratado fica obrigado a aceitar, nas mesmas condições contratuais, os acréscimos ou supressões que se fizerem nas obras, serviços ou compras, até 25% (vinte e cinco por cento) do objeto do contrato; e, no caso particular de reforma de edifícios, até o limite de 50% (cinqüenta por cento) para os acréscimos, excluída sempre desse cálculo a parcela de eventual reajuste. § 2º. O contratado fica obrigado a aceitar, nas mesmas condições contratuais, as alterações de quantidades e serviços extraordinários ditadas por necessidade de ordem técnica e indispensáveis à concretização do objeto contratual, *em percentuais superiores aos previstos no § 1º, devidamente justificadas*, mantido o objeto do contrato".

55. "Toda concessão, portanto, fica submetida a duas categorias de normas: as de natureza regulamentar e as de ordem contratual. As primeiras disciplinam o modo e forma de prestação do serviço; as segundas fixam as condições de remuneração do concessionário; por isso, aquelas são denominadas leis do serviço, e estas, cláusulas econômicas ou financeiras. Como as leis, aquelas são alteráveis, unilateralmente pelo Poder Público segundo as exigências da comunidade; como cláusulas contratuais, estas são fixas, só podendo ser modificadas por acordo entre as partes. (...) Consideram-se cláusulas econômicas ou financeiras as que entendem com a retribuição pecuniária do serviço e demais vantagens ou encargos patrimoniais do concessionário e que mantêm o 'equilíbrio econômico e financeiro do contrato', na boa expressão de Caio Tácito" (Hely Lopes Meirelles, *Direito Administrativo Brasileiro*, 21ª ed., atual. por Eurico de Andrade Azevedo, Délcio Balestero Aleixo e José Emmanuel Burle Filho, Malheiros Editores, pp. 343 e 344).

56. Carlos Ari Sundfeld: "Dispôs o art. 37, XXI da Constituição Nacional que as obras, serviços, compras e alienações da Administração Pública serão contratados com cláusulas que estabeleçam obrigações de pagamento, mantidas as condições efetivas da proposta, nos termos da lei. As obrigações de pagamento

dispositivo supostamente proibidor da alteração colimada seria inaplicável, porquanto inconstitucional.

15. Por todo o exposto, parece-nos indesviável o direito do consulente em obter a recomposição do equilíbrio inicialmente ajustado com a ampliação do prazo contratual, permitindo-se assim a ele se ressarcir do investimento que teve que implementar ao contrato — com a instalação de novos abrigos no novo padrão do órgão municipal competente — para atender à nova conjuntura e ao princípio da atualidade. E tal prorrogação — fartamente alicerçada em lei — deverá se dar no exato prazo necessário para reerguer a condição de exploração inicial, observadas todas as dimensões referidas no item IV, 7, *supra*.

V — Resposta aos quesitos

Assim firmado nosso entendimento, passamos a responder aos quesitos adrede formulados.

1. *Sim*. Sem qualquer sombra de dúvida, o consulente faz pleno jus à recomposição da condição econômica. E o faz não só por ter advindo ao caso em tela hipótese típica da teoria do fato da administração, mas também porque tal recomposição se faz imperativa ao lume de vários dispositivos constitucionais tais como o princípio da isonomia, da moralidade e da manutenção das condições efetivas de sua proposta. Não fosse só por lastro constitucional, seria também porque vários dispositivos legais estão não só a permitir como até mesmo a impender tal recomposição, nos termos do cogitado na consulta

2. Vários podem ser os mecanismos para reequilíbrio econômico-financeiro de contratos como os da espécie. Porém, no caso em tela, a forma que se avizinha mais adequada é a prorrogação do prazo de vigência do contrato, ampliando-se o elemento temporal da exploração dos abrigos com publicidade, no exato montante que, demonstradamente, se fizer necessário para a preservação das diversas dimensões econômicas implícitas ao ajuste, como ponderado acima.

São Paulo, 2 de dezembro de 1996

devem atender às condições efetivas da proposta feita pelo particular na licitação. (...). Destarte, alterando-se a situação à vista da qual foi formulada, haverá também de alterar-se a remuneração, em igual medida; caso contrário não estariam atendidas as condições efetivas da proposta. A garantia da intangibilidade da equação econômico-financeira do contrato administrativo foi consagrada constitucionalmente. (...). *Pode-se afirmar, então, que o regime jurídico dos contratos da Administração, no Brasil, compreende a regra da manutenção da equação econômico-financeira originalmente estabelecida, cabendo* ao contratado o direito a uma remuneração sempre compatível com aquela remuneração, e *à Administração o dever de rever o preço quando em decorrência* de ato estatal, de fatos imprevisíveis ou *da oscilação dos preços da economia, ele não mais permita a retribuição da prestação assumida pelo particular, de acordo com a equivalência estipulada pelas partes no contrato*" (in *Licitação e Contrato Administrativo*, p. 239).

IMÓVEL URBANO NÃO INSCRITO NO REGISTRO IMOBILIÁRIO — PROPRIEDADE DO MUNICÍPIO — PROVA DO DOMÍNIO ATRAVÉS DOS CADASTROS DA PREFEITURA — USUCAPIÃO: IMPOSSIBILIDADE

Márcio Luis Chila Freyesleben
Promotor de Justiça

Parecer

M. B. V., qualificada, ingressa com ação de usucapião perante o Juízo da 1ª Vara de Fazenda Pública Municipal, Comarca de Belo Horizonte-MG, processo n. 02492-922737-9, para aquisição do domínio de imóvel situado na Rua Tenente Anastácio de Moura n. 1.046, Bairro São Lucas, nesta Capital.

Alega a requerente que é possuidora do imóvel há quase meio século, de maneira mansa, pacífica e ininterrupta, nele tendo edificado sua casa de moradia. Informa que o imóvel não consta do Registro Imobiliário.

O Município de Belo Horizonte vem aos autos contrapor-se à pretensão da requerente, ao argumento de que o imóvel lhe pertence e, por conseguinte, não pode ser usucapido (art. 183, 3º, da CF/88). Alega o Município que a área em questão foi havida por desapropriação do Governo Estadual, em 1897, para a construção da Cidade de Minas, hoje Belo Horizonte, Capital de Minas Gerais. De acordo com o Decreto Estadual n. 1.088, de 29 de dezembro de 1897, os terrenos compreendidos dentro dos marcos geodésicos e que não tivessem sido vendidos pelo Estado de Minas Gerais passariam ao domínio da Prefeitura da Cidade de Minas.

Alega a autora, à guisa de contrariar a pretensão municipal, que o Governo do Estado não desapropriou a área, mas, através da Lei n. 3, de 17 de dezembro de 1893, apenas "autorizou" a desapropriação, fato este que não ficou provado pela ausência de registro idôneo e, portanto, não poderá ser presumido público o imóvel.

Em apertada síntese, é o resumo da demanda.

1. Afirmar categoricamente que o imóvel em lide é, ou não, do Município, representa empreitada para historiador, pois envolve a pesquisa e a organização de documentos do fim do século passado, o que prenuncia trabalho de ingente dificuldade.

Como bem dissera o dr. Ernane Fidélis dos Santos: "fazer prova, por outros meios, de condições legais de aquisição de propriedade, com fundamento em lei que se refere a situações fáticas, ocorridas há mais de cem anos, é de todo impossível".[1]

1. In *Procedimentos Especiais*, 2ª ed., Ed. Universitária, 1976, p. 56.

Sin embargo, o conhecimento de lides de tal natureza exige dos operadores do Direito, no mínimo, a compreensão do contexto em que eram inseridas as relações que deram origem ao direito ora reclamado pelo Município. Entender a evolução jurídica dos imóveis no Brasil é pressuposto necessário ao desate da causa.

Do mesmo modo, urge conhecer a dinâmica dos fatos no exato momento em que o direito de propriedade se aperfeiçoou, ou seja, no instante do nascimento da Capital.

Apesar de pouco comum, pretendo encaminhar o presente parecer buscando na história da propriedade brasileira e na história da Capital mineira a solução para a presente demanda.

É o que tentarei fazer.

2. No princípio, todas as terras no Brasil eram públicas e pertencentes a Portugal, por direito de conquista.

Uma das primeiras medidas destinadas à promoção da colonização foi a repartição das terras em Capitanias Hereditárias, iniciada em 1534, por Fernando de Noronha, com a "divisão da costa brasileira em 15 setores lineares (respeito aos limites impostos pelo Tratado de Tordesilhas), com extensões de 30 a 100 léguas".[2]

"Os que recebiam a terra eram os donatários, que tinham direitos (nomeação de autoridades e juízes, recebimentos de taxas e distribuição de terras) e deveres (todas as despesas de transportes e ajuda aos povoadores). Seus donatários não possuíam direitos sobre a terra, já que o rei mantinha sua suserania."[3]

Se acaso o donatário não cumprisse as condições impostas, o que com freqüência ocorria, caía em comisso, tornando-se devolvidas à Coroa as terras concedidas.

O termo devoluto significa justamente a devolução, o retorno, a volta da terra ao domínio do Trono: *terra devoluta*.

"Desde a instalação das Capitanias Hereditárias, os donatários deveriam distribuir terras para promover o povoamento e iniciar a produção na colônia. As doações tinham como conseqüência a posse de sesmarias. Ao sesmeiro (o que recebia sesmaria) cabia a posse alodial da terra, ou seja, a posse da terra era plena, não implicando qualquer vínculo de dependência pessoal."[4]

A sesmaria era um lote de terra inculta cedido a quem se dispusesse a cultivá-lo, sendo certo que o não-cumprimento desta cláusula importava multa e até mesmo a perda da terra (*terra devoluta*).

O regime de Capitanias Hereditárias, no dizer de Benedito Silvério Ribeiro, foi efêmero, não deixando traços marcantes. Segundo o nobre jurista, "o instituto que efetivamente marcou a primeira fase de nossa estrutura fundiária foi o sistema sesmarial".[5]

A outorga de sesmarias em regime enfitêutico gerou grandes latifúndios, inexplorados em sua maioria. Além disso, surgiram conflitos entre os ocupantes de terras devolutas e os concessionários de terras por sesmarias, criando um clima de insegurança, principalmente pelo desrespeito às divisas fixadas.

"Em 1822, pouco antes da Independência, foi suspensa a concessão de sesmarias, iniciando-se a segunda fase de ocupação; como não havia legislação discriminando o uso das terras, as pessoas tomavam posse e começavam a cultivá-las; a partir de então, a morada habitual e o cultivo da terra passaram a ser considerados fatores essenciais à legitimidade da posse. Desse modo, enquanto o regime de sesmarias favoreceu os grandes proprietários, que acabavam por não cultivar adequadamente a terra, o período de ocupação beneficiou o pequeno colono que, fazendo da terra sua morada habi-

2. Luiz Koshiba e Denise Manzi Fruze Pereira, in *História do Brasil*, 5ª ed., Atual Editora, p. 31.

3. Ob. e loc. cits.

4. Ob. cit., p. 35.

5. In *Tratado de Usucapião*, v. I, Saraiva, 1992, p. 502.

tual, cultivava-a com o próprio trabalho e o de sua família."[6]

Em meados do século XIX imperava o caos na propriedade territorial do Brasil, o que levou à edição da Lei Imperial n. 601, de 18 de setembro de 1850, conhecida como Lei da Terra.

De acordo com a Lei n. 601, terras devolutas, no magistério do Conselheiro Joaquim Ribas, eram consideradas:

"a) As que não se acharem applicadas a algum uso publico, nacional, provincial ou municipal;

"b) As que não se acharem no dominio particular por qualquer titulo legitimo, nem fôrem havidas por sesmarias e outras concessões do governo geral ou provincial, não incursas em commisso por falta de cumprimento das condições de medição, confirmação e cultura;

"c) As que não se acharem occupadas por posse que, apezar de não se fundarem em titulo legal, foram legitimadas pela lei"[7] (*sic*).

Ficava garantido o direito do sesmeiro revalidar a sua concessão, desde que, mesmo sem cumprir as condições impostas, mantivesse a terra cultivada e nela morasse com sua família.

A medida, de um lado, buscava afastar os especuladores e os latifundiários; de outro, permitia, através do efetivo cultivo da terra, que a mesma não fosse declarada devoluta.

A Lei n. 601 permitiu, por exclusão, a conceituação do termo *terras devolutas*: "São *terras devolutas*: 1º. as que não se acharem applicadas a uso algum publico federal, estadual ou municipal, nem forem do dominio particular por qualquer titulo legitimo; 2º. os terrenos dos antigos aldeiamentos de indios (Lei n. 601, de 18 de setembro de 1850, art. 3º; Reg. n. 1.318, de 30 de janeiro de 1854)"[8] (*sic*).

Observa Celso Ribeiro Bastos, que "essas terras, até a Proclamação da República, pertenciam à Nação. A Constituição de 1891 transferiu aos Estados-membros as situadas nos seus respectivos territórios, reservando à União a porção de território indispensável para a defesa das fronteiras, fortificações, construções militares e estradas de ferro federais".[9]

3. O povoado eleito para sediar a nova Capital mineira nascera pelo impulso das contingências nacionais.

O "Curral del-Rei foi um povoado que nasceu do pouso de bandeirantes. O paulista João Leite da Silva Ortiz teria se fixado entre 1701 e 1702 na Fazenda do Cercado. Em 1711, recebeu a carta de sesmaria dos terrenos da fazenda e, em 1714, foi nomeado pelo governador, como capitão de uma companhia de Ordenanças do Distrito de Curral del-Rei. Naquele mesmo ano, o arraial passou a pertencer à comarca de Rio das Velhas (Sabará). Em 12 de abril de 1890, pelo Decreto n. 36, do Presidente do Estado, João Pinheiro, passou a se chamar Bello Horizonte".[10]

Conta a história, que, "em 1733, o arraial de Curral del-Rei estava em franco desenvolvimento. Tinha muitas construções de boa qualidade, em torno das quais prosperavam fazendas de plantio e criação. As principais atividades eram a lavoura, criação e negócio de gado e fabricação de farinha. Em *Traços Históricos e Discriptivos de Bello Horizonte*, de autoria do padre Francisco Martins Dias, consta que, em 1815, o Curral del-Rei ocupava uma área de 95 quilômetros quadrados, com uma população de

6. Maria Sylvia Zanella Di Pietro, *Direito Administrativo*, 3ª ed., Atlas, 1993, p. 406.

7. In *Direito Civil Brasileiro*, ed. histórica, Ed. Rio, p. 443.

8. Clóvis Beviláqua, *Código Civil dos Estados Unidos do Brasil*, v. I, 7ª ed., ed. histórica, Ed. Rio, p. 304.

9. In *Curso de Direito Administrativo*, 2ª ed., Saraiva, 1996, p. 314.

10. *BH 100 Anos — Nossa História*, CD-ROM.

quase 18 mil habitantes, distribuídos pela sede e lugarejos próximos".[11]

Na área de Curral del-Rei "foi implantada, por volta de 1828, uma fábrica de produção de algodão, acompanhando o surto fabril que atingiu Minas Gerais, tornando-se o Estado um dos maiores produtores do Brasil. Em 1845, surgiu outra unidade, de fundição de ferro e bronze, nas proximidades da Lagoa de Maria Dias (próximo ao cruzamento hoje da Avenida Paraná com a Rua Carijós, no centro da cidade). Duas fábricas de tecido e manufaturas instaladas em Sabará (1855), cidade à qual o arraial estava ligado, também tiveram reflexo positivo".[12]

Sabe-se, ainda, em relação às atividades do povo que habitava o arraial, que, "em 1890, um ano antes da decisão de mudança da Capital, na localidade havia três templos católicos: a Matriz da Boa Viagem e as Capelas do Rosário e de Santana. Sua população era de aproximadamente 4.000 habitantes e, além de igrejas e das duas capelas, possuía dois largos, oito ruas, 172 casas, 16 estabelecimentos comerciais, duas escolas públicas, uma farmácia, 31 fazendas de cultura e criação; era banhado por vários córregos como o Leitão, Ilha, Capão Grande, Cercadinho, Taquaril e Cardoso e pelo Ribeirão Arrudas, que o atravessa. Possuía ainda oito olarias fabricando telhas, tijolos e panelas, várias pedreiras de granito e calcário, uma fundição de ferro e bronze com 40 operários, 40 fábricas de farinha de mandioca, 16 engenhos de cana que produziam açúcar, rapadura e aguardente, além de uma cultura de café em início e dois cultivadores de vinha, exportava madeira e frutas".[13]

4. Pois bem. A Cidade de Minas foi erigida tendo como pano de fundo o cenário descrito.

Através da Lei n. 3, de 21 de dezembro de 1893, art. 2º, itens 1º e 3º, ficou autorizada a organização do plano definitivo da nova cidade, bem como a desapropriação dos terrenos que ficassem compreendidos na planta que fosse aprovada. Referido dispositivo foi regulamentado pelo Decreto n. 680, de 16 de fevereiro de 1894, ficando constituída a Comissão Construtora da Nova Capital (art. 1º).

A desapropriação era necessária, porque, nos exatos termos da Lei n. 601, as terras do arraial de Belo Horizonte não eram devolutas. Naquela época, para que as terras, que foram devolutas, não fossem mais consideradas *terras devolutas*, deveriam ter sido necessariamente *adquiridas*: "teria de ser provado o título legítimo, ou a posse que se haja legitimado segundo a Lei n. 601, de 18 de setembro de 1850. Qualquer posse teria de ser legítima, nos precisos termos dos arts. 5º e 9º. Para que alguém que fosse posseiro antes da Lei n. 601 pudesse alienar ou hipotecar terras, teria sido necessário o título do terreno, passado pela Repartição Provincial designada pelo Governo Imperial".[14]

Para a *aquisição* de terras, o possuidor deveria cultivá-las. O conceito de terra cultivada, para fins de legitimação da posse, era dado pela própria Lei n. 601: "não se consideram princípios de cultura para a revalidação ou para a legitimação, os simples roçados, derribadas ou queimadas de matos ou campos, levantamento de ranchos, ou ato de semelhante natureza, não estando acompanhados de cultura efetiva e morada habitual".[15]

O arraial de Belo Horizonte era um próspero povoado. Segundo o relato minudente do engenheiro Aarão Reis, chefe da Comissão Construtora, por ocasião de sua

11. *BH 100 Anos — Nossa História*, CD-ROM.
12. *BH 100 Anos — Nossa História*, CD-ROM.
13. *BH 100 Anos — Nossa História*, CD-ROM.

14. Pontes de Miranda, in *Tratado de Direito Privado*, 4ª ed., t. XI, Parte Especial, Ed. RT, 1983, p. 214.

15. Cf. Vampré e C. Carvalho, citados por J. M. Carvalho Santos, in *Código Civil Brasileiro Interpretado*, 11ª ed., v. II, Parte Geral, Ed. Freitas Bastos, p. 121.

exoneração, motivada por descontentamentos frente às decisões do Governo, que desgastaram bruscamente sua autoridade, recolhe-se o seguinte fragmento: "(...) os terrenos do arraial de Belo Horizonte eram em grande parte de propriedade particular, que teriam de ser desapropriados para o levantamento da projetada cidade, tornando-se, por isso, sob o ponto de vista econômico e administrativo, mais difícil e onerosa minha missão, não só por terem de ser aumentados os estipêndios com a desapropriação de mais de 400 propriedades, a maior parte edificadas e cultivadas, como pelos embaraços que teria de encontrar na relutância de seus proprietários, que se veriam forçados a emigrar dentro de curto espaço de tempo, abandonando os seus lares, plantações e hábitos de longa data".[16]

Tal afirmativa fica reforçada com a informação prestada pelo engenheiro Aarão Reis de que, com poucas exceções, "*foram efetuadas as desapropriações por meio de escrituras públicas de compra e venda*";[17] e mais, apenas nove processos judiciais de desapropriação foram necessários ajuizar.

Reputo de grande valor a determinação da origem das terras e da natureza jurídica das posses e domínios. Como se percebe facilmente, as terras do arraial eram particulares. Se as terras fossem devolutas, seriam de propriedade do Estado de Minas Gerais, de acordo com a Constituição de 1891, e não haveria necessidade de desapropriá-las, pois seria um absurdo imaginar o Estado de Minas Gerais desapropriando a si próprio.

Portanto, tratava-se de terras particulares que foram, inequivocamente, desapropriadas pelo governo do Estado de Minas Gerais. Entendo não haver a menor dúvida a respeito de que tenha sido realizada a desapropriação de toda a área correspondente à nova cidade, como determinava o arts. 2º e 3º, da Lei n. 3: "proceder à desapropriação dos terrenos particulares, compreendidos na planta que for aprovada" (*sic*).

À guisa de comprovação, traga-se o seguinte fato concreto: "A outra etapa histórica do Barreiro de Cima começou com a instalação da Colônia Vargem Grande, em 1896, nas terras que pertenciam ao Major Cândido Brochado, vendidas para Manoel Pereira de Melo Viana, que, por sua vez, vendeu-as ao Estado por 75 mil réis. A iniciativa de compra foi do engenheiro Aarão Reis, com o objetivo de aproveitar as águas dos córregos da região para abastecer a população da cidade".[18]

Todo o raciocínio por mim desenvolvido até este exato ponto teve um só objetivo: demonstrar que toda a área era particular e entrou para o patrimônio do Estado de Minas Gerais, via desapropriação.

5. O chefe do Departamento Patrimonial da Prefeitura de Belo Horizonte afirma, com os dedos em cruz e com a mão sobre a Bíblia Sagrada, que: "a origem do domínio e posse dos lotes da Prefeitura de Belo Horizonte nas Seções 1ª a 14ª Urbana e 1ª a 8ª Suburbana, da Concórdia e das ex-colônias, decorre das disposições do Decreto Estadual n. 1.088, de 29 de dezembro de 1897, que criou a Prefeitura de Belo Horizonte (Prefeitura da Cidade de Minas Gerais); os terrenos constantes da planta geral da futura capital do Estado de Minas Gerais, aprovada pelo Decreto Estadual n. 817, de 15 de abril de 1895, ainda não vendidos pelo governo do Estado de Minas Gerais, passaram a pertencer à Prefeitura de Belo Horizonte, por força do Decreto 1.088, de 29 de dezembro de 1897, como sucessora do Estado, quando da criação do Município, naquela data; todos os terrenos necessários à formação da área destinada à localização da futura capital do Estado de Minas Gerais foram desapropriados, em virtu-

16. Exposição apresentada ao Governo do Estado de Minas Gerais pelo dr. Arão Reis ao deixar a chefia da Comissão Construtora.

17. Idem.

18. *BH 100 Anos — Nossa História*, CD-ROM.

de do Decreto n. 680, de 14 de fevereiro de 1894, que regulamentou o disposto no art. 2º da Lei n. 3, de 17 de dezembro de 1893, adicional à Constituição do Estado, sendo as aquisições realizadas pelo Estado de Minas Gerais, por intermédio da Comissão Construtora da Nova Capital".[19]

O Decreto n. 1.088, em seu art. 1º, diz expressamente: "Fica creada a prefeitura da Cidade de Minas, comprehendendo o território do districto de Bello Horizonte..." (*sic*).

Diz ainda, em seu art. 12: "A fazenda municipal da Cidade de Minas pertencerão os bens immoveis, moveis e semoventes que adquirir..." (*sic*).

A bem da verdade, o Decreto n. 1.088 não diz exatamente que os bens não vendidos pelo Estado passariam ao domínio do Município, todavia esta é uma conclusão óbvia.

A Cidade de Minas foi criada sob a égide da Constituição de 1891. A 15 de novembro de 1889, um golpe de Estado derrubou a monarquia, destituindo o Imperador e proclamando a República Federativa. O primeiro ato jurídico do movimento armado foi a edição do Decreto n. 1, da lavra de Rui Barbosa, que instituía a forma de governo da Nação brasileira: a República Federativa.

Como conseqüência, as províncias foram alçadas em Estados-membros e passaram a gozar da *autonomia* característica de uma Federação.

Não poderia ser diferente, pois, no dizer de Darcy Azambuja: "a faculdade de auto-organização e de autogoverno, dentro dos limites fixados na Constituição Federal, é um dos traços fundamentais do regime federativo. Se ele falta, não há mais Estado federal, e sim Estado unitário".[20]

Notadamente, o Município não era peça estrutural do regime federativo brasileiro, à semelhança da União e dos Estados-membros. Foi a Constituição de 1988 que inseriu o Município no contexto Federativo, nivelando-o aos demais entes.

No entanto, é preciso não perder de vista que a nota característica da Federação é a *autonomia*, ou seja, o princípio federativo se traduz pela autonomia recíproca constitucionalmente assegurada aos entes integrantes da Federação.

A história registra que, durante os quarenta anos de vigência da Constituição de 1891, os Municípios foram vítimas do hábito de *centralismo* e da opressão do *coronelismo*, que os transformaram em verdadeiros feudos de políticos truculentos e inescrupulosos. Durante oito lustros os Municípios viveram sob os desígnios da opressão, da ignorância e do mandonismo.

No entanto, essa situação fática não se coadunava com as novas tendências da República Federativa. A Constituição de 1891, coerente com o princípio do federalismo, determinava: "Art. 68. Os Estados organizar-se-ão de forma que fique assegurada a autonomia dos municípios em tudo quanto respeite ao seu peculiar interesse".

"Com tal liberdade, as Constituições estaduais modelaram os seus Municípios, com maior ou menor amplitude na administração, em termos que lhes asseguravam a autonomia pregada na Lei Magna".[21]

Destarte, conquanto os Municípios, sob a égide da Constituição de 1891, não integrassem a Federação, gozavam de "autonomia".

6. "O conceito etimológico de autonomia coincide com o sentido jurídico da palavra: governo próprio."[22]

Na crítica aguda de Mário Masagão, o art. 68 da Constituição de 1891, ao unir a idéia de autonomia à idéia de um mínimo

19. Legislação Municipal, CD-ROM.

20. In *Teoria Geral do Estado*, 27ª ed., Ed. Globo, p. 376.

21. Hely Lopes Meirelles, in *Direito Municipal Brasileiro*, 6ª ed., Malheiros Editores, 1993, p. 31.

22. Mário Masagão, in *Curso de Direito Administrativo*, 6ª ed., Ed. RT, 1977, p. 116.

de atribuições, relativas ao interesse peculiar do Município, criou um conceito novo e próprio de *autonomia*: "Esse erro perdurou na legislação posterior, criando-se um conceito de autonomia próprio do Direito brasileiro, e que compreende não só a eleição do prefeito e vereadores, como também uma esfera de atribuições, coisa que, tecnicamente, se prende a outro assunto, o da descentralização".[23]

Mesmo que na prática os Estados não respeitassem a autonomia dos Municípios, isto não a infirmava. A autonomia estava consagrada no texto constitucional e necessariamente deveria surtir conseqüências.

Apesar das infindáveis discussões suscitadas em torno do conteúdo da autonomia municipal, ela era uma realidade jurídica inarredável, porque, como bem analisa J. H. Meirelles Teixeira: "(...) certo é que os dispositivos, a respeito, das Constituições brasileiras, não somente consagram a autonomia municipal, como princípio de organização política e administrativa, mas também lhe assinalam desde logo, conteúdo inderrogável por lei ordinária, constituindo tal conteúdo direito público subjetivo, oponível à União e aos Estados".[24]

E nem a ausência de precisão do conteúdo da autonomia municipal lhe diminuiria o *status*, porque, conforme ensina Roque Antonio Carrazza, invocando Sampaio Dória: "(...) o assunto não encerra 'nenhum enigma, ao alcance, somente dos iniciados, nem realidade que se desenhe muito além das nuvens, como tramas de metafísica, em que só a dialética conclui e decide'. Ademais, todo conceito, ainda que vago e impreciso, é, por definição, uma noção finita (Queiró), graças a que possui, necessariamente, um núcleo incontroverso".[25]

7. A evidência, a Cidade de Minas se constitui um Município autônomo, competente para gerir tudo quanto respeitasse ao seu peculiar interesse (descentralização).

No dizer do prof. José Cretella Júnior: "Sob o aspecto material, na prática, na realidade objetiva, o Município (ou Comuna) apresenta-se como um agrupamento de pessoas, reunidas em família, com finalidades econômicas e *com sede em determinado espaço territorial*" (grifei).[26]

E repisa, o mestre administrativista: "Suporte fático do Município é o agrupamento de pessoas *em determinada circunstância territorial*" (grifei).[27]

Notadamente, a idéia de autonomia está inevitavelmente atrelada à idéia de território. O Município é autônomo sobre a base física de seu território. A criação de um Município importa a idéia de transferência do domínio territorial.

A autonomia do Município, como uma decorrência do princípio federativo, informa-nos o seguinte: "Elevado o território a Município, adquire personalidade jurídica, autonomia política e capacidade processual para compor o seu governo, administrar seus bens e postular em Juízo. Desde a promulgação da lei estadual que reconhece a nova entidade municipal, *todas as rendas e* ***bens públicos*** *locais passam a lhe pertencer*, salvo os que estiverem vinculados a serviços públicos do Município primitivo ou a serviço de utilidade pública por ele concedidos e que se situem no território desmembrado mas sirvam ao primitivo cedente" (grifei e destaquei).[28]

Na mesma linha de pensamento: "Quando ocorre o desmembramento, os bens públicos municipais, situados no território desmembrado, passam à propriedade do novo Município, na data de sua instalação (...)".[29]

23. Ob. e loc. cits.

24. Cit. por Celso Ribeiro Bastos, in *Curso de Direito Constitucional*, 12ª ed., Saraiva, 1990, p. 277.

25. In *Curso de Direito Constitucional Tributário*, 10ª ed., Malheiros Editores, 1997, p. 114.

26. In *Direito Administrativo Municipal*, 2ª ed., Forense, 1981, p. 73.

27. Ob. e loc. cits.

28. Hely Lopes Meirelles, ob. cit., p. 62.

29. José Cretella Júnior, ob. cit., p. 96.

É dizer, quando o dr. Chrispim Jacques Bias Fortes, Presidente do Estado de Minas Gerais, editou o Decreto n. 1.088, de 29 de dezembro de 1897, Sua Excelência criou a Cidade de Minas e lhe transferiu o território do distrito de Belo Horizonte: "Fica creada a prefeitura da Cidade de Minas, *comprehendendo o território do districto de Bello Horizonte* (...)" (art. 1º).

8. Excetuados os lotes cedidos a funcionários, particulares e empresas, nos termos do art. 2º, itens 5º, 6º, 7º e 8º, da Lei n. 3, de 17 de dezembro de 1893, todos os demais foram transferidos para o domínio da Cidade de Minas.

Após a criação da Cidade de Minas, alguns lotes foram transferidos em regime de aforamento, nos termos do Decreto n. 1.118, de 22 de março de 1898, outros lotes foram reservados para obras estaduais, nos termos do art. 9º, do Decreto n. 1.211, de 31 de outubro de 1898. Todavia, a titularidade dos mesmos já pertencia à Prefeitura da nova cidade.

Com certeza, inúmeros outros lotes foram vendidos, à medida em que a cidade crescia e atraía imigrantes.

Naquela época, não estava em vigor o atual Código Civil, publicado somente em 1916. O Direito anterior atribuía força traslativa ao contrato, admitindo que os imóveis se transferissem *solo consensu*. "Considerava-se, então, que a propriedade se transmitia exclusivamente pelo contrato, sem a necessidade de outra qualquer exigência".[30]

Com o advento do Código Civil, o Registro Imobiliário tornou-se, além de obrigatório, a forma de aquisição e de transmissão da propriedade imóvel.

O revogado Decreto n. 4.857, de 9 de novembro de 1939, em seu art. 244, com o escopo de assegurar o princípio da continuidade temporal das transmissões, determinava que: "Em qualquer caso não se poderá fazer a transcrição ou inscrição sem prévio registro anterior, e, *quando nenhum haja, do último anterior ao Código Civil*, salvo se este não estivesse obrigado a registro, segundo o direito de então vigente, de modo a assegurar continuidade do registro de cada prédio (...)".

No caso em questão, havia obrigatoriedade de registro. "Em 30 de junho de 1854, através do Decreto n. 1.318, o governo recomendava a todos os proprietários do Curral del-Rei, que registrassem suas terras".[31] Não só, de acordo com a Lei de Posturas, Decreto n. 1.211, de 31 de outubro de 1898, as vendas de imóveis à particulares, assim como a transferência de imóveis entre particulares, deveriam ser registradas em livro de tombamento, na Prefeitura da Cidade de Minas.

Indubitavelmente, os primeiros registros imobiliários foram alimentados a partir dos arquivos da Prefeitura da Cidade de Minas. Os proprietários de lotes deveriam providenciar o registro, até porque se tornava, pela sistemática implantada pelo Código Civil, condição necessária para a prova do domínio e, portanto, para a sua alienação.

Hoje, um século depois, presumem-se que todos os lotes vendidos ou cedidos pelo Estado de Minas Gerais, até a edição do Decreto 1.088, e, após, pela Prefeitura da Cidade de Minas, foram devidamente registrados em livro de tombamento e, posteriormente, trasladados para o Registro Imobiliário.

Imóveis localizados dentro da área delimitada na planta geodésica, que não constantes do Registro Imobiliário, são, até prova em contrário, imóveis componentes do acervo do Município de Belo Horizonte.

A única prova em contrário admissível seria a exibição do último registro realizado na Prefeitura, antes da vigência do Código Civil, prova indispensável à demons-

30. Caio Mário da Silva Pereira, in *Instituições de Direito Civil*, 12ª ed., v. IV, Forense, 1997, p. 90.

31. *BH 100 Anos — Nossa História*, CD-ROM.

tração de que o imóvel saíra da esfera de domínio do Município para ingressar na do particular; usucapível, portanto.

9. De tudo que ficou dito, é de se afastar o argumento da autora de que o Município não pode provar que a terra lhe pertence. A autora é que deve provar que o imóvel não é público.

A autora não se beneficia do fato de que os imóveis remanescentes não estão registrados em nome do Município, porque "toda terra sem título de propriedade particular é do domínio público".[32]

En efecto, inicialmente toda terra brasileira era pública, pertencente a Portugal pela posse histórica, em razão do direito de conquista. Paulatinamente, a Coroa portuguesa foi transferindo a terra a particulares, através de concessões de sesmarias, vendas, doações, permutas, legitimações de posse, *mas sempre por título legal*. Daí, dizer-se que toda terra sem título de propriedade particular presume-se de domínio público.

José Otaviano de Lima Pereira, citado por Benedito Silvério Ribeiro, ressalta que os bens imóveis no Brasil, em princípio propriedade exclusiva do Estado, passaram a constituir duas grandes classes, em relação às pessoas a que pertencem: a dos bens públicos e a dos particulares. E acrescenta: "O direito de propriedade do poder público sobre os bens da primeira classe, como a sua posse, preexiste como regra geral, tendo por si uma presunção *juris et de jure*. Ao contrário, o domínio e posse dos bens da segunda classe devem ser provados, para que cesse aquela presunção, e isso porque a propriedade particular constitui exceção à referida regra geral da dominialidade pública".[33]

Assim sendo, Benedito Silvério Ribeiro arremata com suas próprias palavras: "Destarte, à falta de comprovação ou, pelo menos, indicação de que em qualquer tempo tenha o bem pertencido ao domínio particular, infalivelmente terá de ser considerado público, insusceptível, portanto, de ser usucapido, como enunciado na Súmula 340 do Supremo Tribunal Federal".[34]

10. Para provar o domínio de bem imóvel, o Registro Imobiliário é *condicio sine qua non* ao particular, mas não, ao Poder Público.

A transferência de terras públicas, inclusive as devolutas, do Estado para o Município não necessita de nenhum ato transmissivo de domínio, porque "ela se efetua *ex vi legis,* em virtude da criação do Município e da sua instalação",[35] nos termos da lei estadual que o criou, no caso, o Decreto n. 1.088.

O Município, para exercer seu direito sobre as terras públicas, não necessita demarcá-las ou registrá-las no Cartório Imobiliário da circunscrição competente. O Município pode, inclusive, transferi-las ao Estado ou a União, por lei municipal, sem que, para tanto, precise registrá-las.

"O registro é exigido para a transferência de bens em razão de atos privados."[36]

Benedito Silvério Ribeiro afirma categoricamente: "É oportuna a lição de Hely Lopes Meirelles, de que a transferência de imóveis de uma entidade para outra, ou mesmo a uma autarquia, desde que feita por ato legislativo, independe de transcrição, por não ser exigível qualquer formalidade complementar para a eficácia da lei que contém uma declaração de soberania territorial do Estado; se, porém, a alienação se fizer em forma civil, ou por ato administrativo, será necessária a transcrição do título para que se complete a transferência de domínio".[37]

Adiante, enfatiza o prof. Benedito: "O registro, conquanto regularize totalmente a

32. Hely Lopes Meirelles, in *Direito Administrativo Brasileiro*, 14ª ed., Ed. RT, 1989, p. 451.

33. In *Tratado de Usucapião*, v. 1, Saraiva, 1992, p. 590.

34. Ob. e loc. cits.

35. Ob. cit., p. 510.

36. Ob. e loc. cits.

37. Ob. e loc. cits.

situação dominial, não é condição a essa titularidade. A propriedade prova-se por registros cadastrais em repartições públicas, especialmente nos serviços responsáveis pelo patrimônio público".[38]

Para a Administração Pública, o domínio dos bens imóveis decorre da lei. As terras devolutas, por exemplo, pertencem à União e aos Estados por força da Constituição; as praças, os jardins, as áreas de circulação, as áreas comuns de loteamentos urbanos etc., pertencem ao Município, independentemente de registro, porque, na lição de Maria Helena Diniz: "Nestas hipóteses, o Poder Público será, automaticamente, em virtude de lei, proprietário, exercendo seus direitos sobre os imóveis sem que haja necessidade de matriculá-los no Registro Imobiliário".[39]

11. Convém salientar que os imóveis municipais contidos nas Seções 1ª e 14ª (Urbana) e 1ª a 8ª (Suburbana), da Concórdia e das ex-colônias, transferidos por decorrência do Decreto Estadual n. 1.088, de 29 de dezembro de 1897, são bens do tipo dominicais, quer dizer, bens da parcela disponível do Município e constituem "bens do patrimônio privado do Município",[40] ou seja, são bens desafetados.

Muito embora o registro não seja condição de propriedade dos mesmos pelo Município, será através dele — do registro — que referidos imóveis cumprirão a destinação precípua, qual seja, compor o cabedal de bens públicos alienáveis, na forma da lei.

Em hipótese alguma poderão ser alienados a particulares sem que sejam, antes, levados a registro; antes mesmo, "se vier, o Poder Público, a efetuar construções em seu terreno, deverá observar os dispostos legais atinentes à averbação".[41]

Por serem bens dominicais desde 1897, os imóveis municipais se encontram em situação insólita, em condições semelhantes às das terra devolutas: sem registro.

O Município deveria envidar esforços, não só para regularizar a situação dos imóveis junto ao Registro Imobiliário, mas também para legitimar a posse das pessoas que sobre eles edificaram suas moradas.

Trata-se de típico caso de complacência da Administração Pública, pois permitiu que, já nos primórdios da Capital, 6.000 operários, trazidos por Aarão Reis para trabalhar na construção da cidade, erguessem suas cafuas e formassem, onde é hoje o Bairro Floresta, a primeira favela da cidade.

12. Em suma, o imóvel situado na Rua Tenente Anastácio de Moura n. 1.046, Bairro São Lucas, nesta Capital, pertence ao Município de Belo Horizonte, conforme certifica o Departamento Patrimonial e confirma o Sr. Perito às fls. 134, 135 e 136.

Posto isto, sou pela *improcedência* do pedido de usucapião, por se tratar de imóvel público (art. 183, 3º, da CF/88).

Belo Horizonte, 15 de novembro de 1997 (Dia da Proclamação da República e ano do Centenário da Cidade de Belo Horizonte).

38. Ob. e loc. cits.

39. In *Sistemas de Registros de Imóveis*, Saraiva, 1992, p. 456.

40. José Cretella Júnior, ob. cit., p. 79.

41. Maria Helena Diniz, ob. e loc. cits.

ESTUDOS E COMENTÁRIOS

DA COMPETÊNCIA ADMINISTRATIVA PARA APLICAR A LEI POSTERIOR MAIS FAVORÁVEL, EM CASO DE PUNIÇÕES IMPOSTAS AOS ADMINISTRADORES DE INSTITUIÇÃO FINANCEIRA, COM BASE NO ART. 44 DA LEI BANCÁRIA

LUIZ ALFREDO PAULIN

Procurador da Fazenda Nacional — Doutor em Direito Internacional pela USP — Professor de Direito Internacional da Faculdade de Direito de São Bernardo do Campo

I — Introdução. II — Competência exclusiva do Conselho de Recursos do Sistema Financeiro Nacional para conhecer recursos: A) Das regras do Direito Administrativo; B) Das regras do Código de Processo Penal e sua aplicação subsidiária: a) Cabimento da "revisão" para aplicação da "novatio legis in mellius"; b) Da competência do Conselho de Recursos do Sistema Financeiro Nacional; c) Da inexistência de competência originária do Conselho de Recursos do Sistema Financeiro Nacional. III — Da competência do Banco Central do Brasil para julgar pedidos de adequação de pena: A) Da inexistência de norma administrativa atribuindo competência para adequar pena em razão da "novatio legis in mellius", e a solução dada pelo processo penal; B) Da aplicação subsidiária das regras do processo penal; C) Da incompetência do Conselho de Recursos do Sistema Financeiro Nacional para conhecer de pedido de adequação de pena. IV — Conclusão.

I — Introdução

A Lei 4.595/64 estabeleceu um regime punitivo para aqueles que descumprirem seus objetivos. Encontram-se sujeitos a este regime as instituições financeiras, os membros de seu Conselho Fiscal e seus administradores. Estes últimos são passíveis de sofrerem sanções a serem aplicadas pelo Banco Central do Brasil, que vão desde a simples advertência até a inabilitação. Quanto a pena de inabilitação, esta, segundo o que determinava o art. 44, IV da Lei Bancária, poderia ser de caráter temporário ou permanente. Até o ano de 1988, não havia maiores contestações quanto à validade da pena de inabilitação permanente, a qual, diga-se de passagem, sempre foi reservada para casos bastante graves. Entretanto, com o advento da Carta de 1988, muitos entenderam que a norma que possibilitava a aplicação da pena de inabilitação permanente não teria sido recepcionada pela nova ordem. Diziam estes que o art. 5º, XLVII, "b" da CF teria proibido a aplicação de toda espécie de pena de caráter perpétuo. Assim, segundo estes intérpretes, haveria incompatibilidade entre o retromencionado dispositivo da Carta e o art. 44, IV da Lei 4.595/64, na parte que estabelecia a pena de inabilitação permanente, posto que tal pena poderia ser classificada como de caráter perpétuo.

Na hipótese do raciocínio acima relatado encontrar-se correto, a partir da entrada em vigor da nova Carta, o Poder Público teria ficado impedido de aplicar aos administradores de instituição financeira pena de inabilitação permanente. Note-se que a nova regra se refletiria não somente sobre casos a serem conhecidos pela Administração, daí por diante, como também beneficiaria aqueles que tivessem sofrido dita sanção, antes da entrada em vigor da Carta de 1988. Realmente, não se deve olvidar que, em matéria punitiva, vige o princípio segundo o qual, as leis posteriores mais benéficas são aplicadas retroativamente. Portanto, se válida esta interpretação, a lei posterior mais benéfica alcançaria os casos já julgados definitivamente, inclusive aqueles já alcançados pela preclusão administrativa.

2. Não se cogita, neste trabalho, estudar a recepção, pela nova ordem constitucional, do art. 44, IV da Lei Bancária, na parte em que este estabelece pena de inabilitação permanente. Este assunto, de suma importância, deverá ser tratado em uma melhor oportunidade. Pretende-se, isto sim, abordar outro aspecto que a temática enseja, qual seja, determinar o órgão dentro da Administração competente para julgar os pedidos de aplicação da lei posterior mais benéfica, firmados por administradores de instituição financeira que tiverem sofrido pena de inabilitação permanente, cuja decisão tiver transitado em julgado, antes de outubro de 1988, e que entenderam que a CF não teria recepcionado o art. 44, IV, da Lei 4.595/64, na parte que trata da inabilitação permanente. Portanto, neste trabalho não se pretende ultrapassar os limites da análise da competência administrativa de proceder o julgamento de certos pedidos.

Inicialmente, seria praticamente desnecessário afirmar que pedido de adequação de pena, com estas características, deve ser julgado pelo órgão da Administração que, na hipótese da pretensão ser procedente, puder atendê-la. De fato, a análise de um dado pedido deve ser feita pelo órgão que puder atendê-lo. Vejamos pois, qual seria este órgão.

3. Como se sabe, a pena de inabilitação permanente, no âmbito da Lei 4.595/64, é obrigatoriamente aplicada pelo Banco Central do Brasil. Contra esta decisão, existe a possibilidade de se recorrer ao Conselho de Recursos do Sistema Financeiro Nacional. São estas as duas únicas instâncias existentes neste tipo de processo administrativo. Não há a possibilidade de qualquer outro órgão, vinculado à Administração, intervir em procedimentos como os retromencionados. Por conseguinte, no processo de julgamento de qualquer situação envolvendo aplicação de penalidades contra administradores de instituição financeira, com base na Lei 4.595/64, há a intervenção única e exclusiva do Banco Central do Brasil e do Conselho de Recursos do Sistema Financeira Nacional. Logo, caberia a um destes dois órgãos analisar o pedido de adequação de pena.

Se assim o é, cumpriria se perquirir a qual deles seria atribuída a função de analisar pedidos de adequação de penas, decorrentes da existência de uma *novatio legis in mellius*. Verifique-se, pois, primeiramente, a possibilidade do Conselho de Recursos do Sistema Financeiro Nacional proceder ao julgamento de pedidos, como os retromencionados.

II — Competência exclusiva do Conselho de Recursos do Sistema Financeiro Nacional para conhecer recursos

A) Das regras do Direito Administrativo

4. O Conselho de Recursos do Sistema Financeiro Nacional foi criado com a função específica de conhecer *recursos* intentados contra decisões prolatadas pelo Banco Central do Brasil (ou pela Comissão de Valores Mobiliários, nos termos do disposto no Decreto 91.152/85). A esta conclusão chega-se não só a partir de uma interpretação histórica ou teleológica, mas até mesmo por meio de uma interpretação gramatical do texto do Decreto 91.152, de 15.3.85. Para tanto, necessário tão-somente se tomar o *caput* do art. 1º do Decreto 91.152/85.[1]

O dispositivo legal é inequívoco ao estabelecer que a finalidade do Conselho é a de julgar, em *segunda e última instância os recursos* interpostos. Neste passo, para que não restem dúvidas, melhor que se informe que inexiste qualquer outro artigo, naquele diploma legal, onde se estabeleça outras atribuições ao órgão, diversas daquelas previstas no artigo 1º.

Outro argumento que reforça o entendimento de que o Conselho do Recursos do Sistema Financeiro Nacional tem por finalidade conhecer exclusivamente de recursos é a própria denominação que lhe foi dada. Muito embora a denominação do órgão não determine necessariamente as medidas que estão sujeitas à sua jurisdição, o fato é que ao se estabelecer que o ente criado em 15.3.85 se denominaria *Conselho de Recursos* do Sistema Financeiro Nacional fica claro que o legislador pretendeu que a finalidade única do mesmo seria julgar recursos.

Destarte, para que algum tipo de pedido seja julgado pelo Conselho de Recursos do Sistema Financeiro Nacional, seria necessário que tal pedido tivesse a natureza jurídica de recurso.

Impõe-se, daí, afirmar que é pré-requisito para que o Conselho de Recursos do Sistema Financeiro Nacional conheça do pedido de adequação de pena com base na existência de lei posterior mais favorável, que esta solicitação apresente inequivocamente a natureza jurídica de recurso.

5. Analise-se, pois, se o pedido de adequação de pena, em função de uma *novatio legis in mellius,* apresenta características de recurso.

Inicialmente, deve-se recordar que os recursos são aqueles taxativamente previstos em lei. A este respeito, Vicente Greco Filho[2] assevera:

"O recurso depende de previsão legal. O rol de recursos e suas hipóteses é, *numerus clausus*, porque a tendência das decisões é a de se estabilizarem, devendo a possibilidade de sua alteração ser prevista em lei".

6. *In casu*, a Lei 4.595/64, o Decreto 91.152, ou mesmo a Resolução 1.065, não criam qualquer recurso, que vise adequar pena, em decorrência de uma *novatio legis in mellius*. Decorre disto que, se os recur-

1. O disposito *in casu* tem a seguinte redação: "Art. 1º. Fica criado, no Ministério da Fazenda, o Conselho de Recursos do Sistema Financeiro Nacional, com a finalidade de julgar, em segunda e última instância, os recursos interpostos das decisões relativas à aplicação de penalidades administrativas previstas:

I — No inciso XXVI do art. 4º e nos §§ 5º do art. 44, da Lei 4.595, de 31.12.64; no art. 3º do Decreto-lei 448, de 3.2.69; e no parágrafo único do art. 25 da Lei 4131, de 3.9.62, com a redação que lhe deu a Lei 4.390, de 29.8.64;

II — no § 4º do art. 11 da Lei 6.385, de 7.12.76;

III — no § 2º do art. 43 da Lei 4.380, de 21.8.64, combinado com o § 7º do art. 4º da Lei n. 4.595, de 31.12.64;

IV — no § 2º do art. 2º do Decreto-lei 1.248, de 29.11.72, e no art. 74 da Lei 5.025, de 10.6.66."

2. Vicente Greco Filho, *Manual de Processo Penal*, 2ª ed., São Paulo, Saraiva, p. 307, 1993.

sos são aqueles taxativamente previstos em lei, e se as normas positivas que regem a matéria não prevêem a existência de recursos que tenham por função adequar a pena, tal pedido não pode ser considerado recurso.

Logo, se, como já foi dito, ao Conselho de Recursos do Sistema Financeiro Nacional é lícito conhecer única e exclusivamente de recursos, e não havendo nas normas que regem seu funcionamento recurso próprio, objetivando adequar pena, quando da ocorrência de uma *novatio legis in mellius*, fica afastada, desde logo, a competência deste órgão de segunda instância para conhecer de solicitações de adequação de pena.

B) Das regras do Código de Processo Penal e sua aplicação subsidiária

7. A simples inexistência de recurso dentro da legislação administrativa, objetivando a adequação da pena decorrente da *novatio legis in mellius*, não encerraria definitivamente a discussão sobre a competência do Conselho, para conhecer deste tipo de solicitação. Isto porque, se entende que em relação a processos como os aqui tratados aplicam-se as regras do processo penal, subsidiariamente. De fato, isto é verdade. Confira-se o que diz Hely Lopes Meirelles,[3] comentando os processos punitivos: "Nesses procedimentos são adotáveis, subsidiariamente, os preceitos do processo penal comum, quando não conflitantes com as normas administrativas pertinentes".

Tomando-se as palavras acima transcritas, força é convir que se, em tese, dentro do processo penal comum houvesse recurso, cabível em caso de adequação de pena decorrente de *novatio legis in mellius*, e se estas disposições pudessem ser aplicadas subsidiariamente em processos como os estudados aqui, poderia se qualificar o Conselho de Recursos do Sistema Financeiro Nacional como competente para apreciar o pedido. Porém, entende-se que não é o caso.

8. A aplicação subsidiária das regras do processo penal em nada alteraria o entendimento que se alcançou, no sentido da inexistência de recurso objetivando a aplicação de uma lei posterior mais favorável, em relação a casos já alcançados pela preclusão administrativa. Isto porque, dentro das disposições do CPP não há qualquer *recurso* cabível para situações como as supra descritas. É certo que, por intermédio de uma análise perfunctória das disposições constantes do Código de Processo Penal poderia se pretender utilizar a *revisão criminal* para alterar decisões já transitadas em julgado, em hipóteses assemelhadas à aqui tratada. Dois são os motivos pelo qual a aplicação subsidiária das disposições do CPP relativas a *revisão criminal* em nada alteraria a conclusão a que se chegou acima. A primeira delas está ligada ao fato de que o recurso de revisão não se presta a adequar a pena, em função de uma *novatio legis in mellius*. É o que se verá a seguir.

a) Cabimento da *revisão* para aplicação da *novatio legis in mellius*

9. A denominada *revisão criminal* encontra-se regulada pelo CPP, em seu art. 621. A leitura do referido texto legal demonstra, desde logo, que não se encontra dentro das hipóteses taxativamente previstas ali, a possibilidade de decisões já transitadas em julgado, serem revistas em função da aplicação da *novatio legis in mellius*. Doutrina e jurisprudência são unânimes neste sentido. Veja-se, neste sentido, o voto prolatado por S. Exa. o Min. Francisco Rezek (relator), no julgamento do RE 113.316-3 (*RT* 620/404): "A divergência do verbete simulado é patente. A hipótese não se enquadra nos casos de revisão criminal. Tra-

3. Hely Lopes Meirelles, *Direito Administrativo Brasileiro*, 17ª ed., Malheiros Editores, p. 593, 1992.

ta-se, tão-só, de apreciar a incidência da lei nova aos fatos já acertados no Juízo Criminal quando da condenação. A competência para semelhante exercício é do Juiz das Execuções Penais, nos termos da Lei 7.210/84, art. 66, I, e do entendimento cristalizado na Súmula 611".

10. O TACrim-SP também assim entende. Do acórdão prolatado nos autos da revisão 179.670-7 (*RT* 659/275) cujo relator foi o Juiz Haroldo Luz, colhe-se: "Não se toma, a seguir, conhecimento desta ação na parte alusiva à aplicação do disposto nos arts. 16 e 29, § 1º, ambos do CP, que, com a redação da Lei 7.209, de 11.7.84, poderiam beneficiar em tese o interessado, porque a matéria, em virtude do procedimento previsto pelo art. 13 e seus §§ da LICPP, refoge do âmbito revisional, e, portanto, consoante observa João Martins de Oliveira, 'diante desta franquia legal tão simples, é desnecessário o apego ao processo de revisão' (*Revisão Criminal*, São Paulo, Sugestões Literárias, p. 140, n. 50, 1967)".

11. A doutrina encontra-se concorde com o posicionamento retro exposto. Júlio Fabrini Mirabete[4] comentando o assunto, informa: "Já se tem decidido pela aplicação da lei nova mais benigna através de revisão criminal. Argumentava-se que o art. 13 da LICPP se limitou a aplicação da lei nova com relação às condenações ocorridas na vigência da então Consolidação das Leis Penais. Tal orientação, porém, foi fulminada pelo STF da Súmula 611, assim formulada: 'Transitada em julgado a sentença condenatória, compete ao Juízo das Execuções a aplicação da lei mais benigna'. Justifica-se plenamente tal posição porque a *aplicação da lei nova mais favorável não está entre as hipóteses de revisão previstas taxativamente no artigo 621 do Código de Processo Penal*" (grifo nosso).

4. Julio Fabrini Mirabete, *Execução Penal*, 5ª ed., São Paulo, Atlas, p. 186, 1993.

12. Conclui-se, pois, que a lei não permite a utilização da *revisão criminal* para a aplicação da *novatio legis in mellius*.

b) Da competência do Conselho de Recursos do Sistema Financeiro Nacional

13. O segundo motivo pelo qual a aplicação subsidiária do art. 621 do Código de Processo Penal em nada alteraria a situação aqui tratada prende-se ao fato que a *revisão criminal*, a despeito de se encontrar disciplinada no Código de Processo Penal, na parte destinada a recurso, não tem esta natureza jurídica.

14. Antes de iniciar o tratamento desta questão, deve-se recordar um princípio básico de Direito Processual, muitas vezes esquecido. Trata-se do modo de reforma de decisões judiciais. Muito embora a maneira mais utilizada e mais conhecida seja o recurso, esta não é a única. Como bem aponta o professor Vicente Greco Filho:[5] "O sistema processual prevê dois tipos de instrumentos para a reforma de decisões judiciais: recursos e ações".

15. No Processo Civil também se admite a existência destas duas formas de impugnação das decisões judiciais. José Carlos Barbosa Moreira[6] ensina: "O exercício do direito de impugnação pode atuar de dois modos diferentes. No comum dos casos, ele tem como conseqüência fazer prosseguir o processo que até então vinha correndo. (...) A título excepcional, em hipóteses taxativamente previstas, admite o ordenamento que se impugnem decisões por outros meios. Aqui, porém, o oferecimento da impugnação não fará prosseguir o mesmo processo, em que se proferira a decisão impugnada: dará lugar à instauração de outro processo, ca-

5. Ob. cit., p. 305.

6. José Carlos Barbosa Moreira, *O Novo Processo Civil Brasileiro*, 5ª ed., Rio de Janeiro, Forense, pp. 157 e 158, 1983.

paz embora, conforme o seu resultado, de influir no do primeiro. Os meios de impugnação dividem-se, pois, em duas grandes classes: a dos recursos — assim chamados os que se podem exercitar dentro do processo em que surgiu a decisão impugnada — e o das ações impugnativas autônomas, cujo exercício, em regra, pressupõe a irrecorribilidade da decisão, ou seja, o seu trânsito em julgado".

16. Dito isto, cumpre verificar que tem-se entendido que *a revisão criminal* — remédio jurídico adequado para questionar decisões judiciais já transitadas em julgado — não tem natureza de recurso, mas sim de ação autônoma. Greco,[7] que em sua obra trata do assunto não no capítulo reservado aos recursos, mas sim do capítulo reservado ao procedimento, mais especificamente quando estuda os procedimentos especiais do Código, assim define a revisão criminal: "*A revisão criminal é uma ação* de competência originária dos tribunais que tem por finalidade a desconstituição de sentença ou acórdão transitado em julgado no que for desfavorável ao acusado" (grifo nosso).

17. Neste mesmo sentido se posiciona Mirabete,[8] *verbis*: "Muito discutida, a natureza jurídica da revisão. Uns a entendem como uma função *sui generis*, mais de ação rescisória do que recurso, e que foi instituída no Brasil pelo Decreto n. 847, de 11.11.1884, e mantida pela Lei n. 221, de 20.11.1894, de acordo com a Constituição de 1891, para substituir o antigo recurso de revista. Outros a consideram como remédio jurídico processual e não recurso ou revista. Há os que o entendem como recurso excepcional, por só caber de sentenças transitadas em julgado pois pretendem que todo recurso é ação, ou recurso misto. A opinião mais aceita, realmente, é a de que *a revisão deve ser considerada como ação* penal já que ela instaura uma relação jurídico-processual contra a sentença transitada em julgado" (grifo nosso).

18. Por fim, a conclusiva opinião de Pontes de Miranda:[9] "*A revisão criminal é ação*, e é remédio jurídico processual, e não recurso. Não se confunde com a revista; há ação do réu — ação no Brasil, de direito constitucional, para a revisão de processo findo. E há o remédio processual específico, a 'ação' de revisão criminal. Não se trata, pois, de simples recurso. A ação rescisória contra sentenças não se aplica a decisões criminais. Mas a revisão faz-lhe as vezes" (grifo nosso).

19. Assim, vê-se que, embora classificado como recurso, a *revisão criminal* tem natureza jurídica de ação. Destarte, tendo em vista que o Conselho de Recursos do Sistema Financeiro Nacional só tem competência para conhecer de recursos, ainda que a aplicação da *novatio legis in mellius* pudesse ser feita através do recurso de revisão, por não ser este tecnicamente recurso, a aplicação subsidiária das regras do Código de Processo Penal não autorizariam a este órgão conhecer do pedido de adequação da pena.

20. Do exposto nos itens 7 à 19 retro, pode-se concluir que, a aplicação subsidiária das regras do processo penal, especialmente no que se refere *a revisão*, não seria capaz de possibilitar ao Conselho de Recursos do Sistema Financeiro Nacional conhecer de pedidos de adequação de pena, em virtude de uma *novatio legis in mellius*, uma vez que:

7. Ob. cit., pp. 396 e 397.

8. Julio Fabrini Mirabete, *Processo Penal*, São Paulo, Atlas, p. 642, 1991.

9. Pontes de Miranda, *Tratado das Ações*, t. IV, São Paulo, Ed. RT, p. 603, 1973.

a) a *revisão* não se presta a atacar decisões transitadas em julgado, em função da existência de *novatio legis in mellius*;

b) ainda que se prestasse, esta não tem natureza de recurso. Logo, sua aplicação subsidiária não seria suficiente para deslocar a competência para o Conselho de Recursos do Sistema Financeiro Nacional, posto que este órgão só analisa pedidos que tenham natureza jurídica de recurso.

c) Da inexistência de competência originária do Conselho de Recursos do Sistema Financeiro Nacional

21. Caberia, para finalizar, a análise de competência do Conselho de Recursos do Sistema Financeiro Nacional para conhecer de pedidos de adequação de pena, decorrente de uma *novatio legis in mellius*, já alcançados pela preclusão administrativa, aplicando-se, subsidiariamente, as regras do processo penal, tratar de um último ponto. Conforme já se verificou, o recurso de revisão não seria instrumento hábil para induzir a competência do Conselho de Recursos do Sistema Financeiro Nacional para tratar de assuntos como os aqui estudados, na medida em que, no rol do art. 621, do CPP, não se encontra prevista a hipótese de aplicação da *novatio legis in mellius. Tão-somente para fim de argumentação*, este fato será desprezado. Suponha-se, assim, por hipótese, que constasse da enumeração taxativa do art. 621 do CPP a possibilidade da *revisão* servir-se para possibilitar a aplicação da *novatio legis in mellius*, em casos já com trânsito em julgado. Ainda assim, restaria a questão relacionada ao fato de a *revisão* não ter natureza jurídica de recurso. Neste ponto, poder-se-ia falsamente argumentar que, as regras do art. 624 do Código de Processo Penal criariam uma competência aos tribunais em geral para conhecer de tais pedidos. Logo, a aplicação subsidiária destas regras ao processo administrativo indicariam o Conselho de Recursos do Sistema Financeiro Nacional como responsável pelo conhecimento deste tipo de pretensão, já que este é o órgão de segunda instância. Tal raciocínio, *data venia*, não subsiste a menor análise e isto será demonstrado.

22. Primeiramente, deve-se ter claro que, quando há referência a aplicação subsidiária, isto não quer dizer que as disposições do Código de Processo Penal são automaticamente aplicadas ao processo administrativo. Ou seja, o processo administrativo não é regulado inteiramente pelo Código de Processo Penal. Ora, a aplicação subsidiária está ligada a uma idéia de complementariedade. Assim, na medida em que as regras próprias disciplinam a matéria, não há de se aplicar regras subsidiárias. Desnecessário que se diga, outrossim, que esta aplicação será menos recomendada, na medida em que se verifique antinomia entre as regras administrativas e as regras do processo penal. Tal alerta já havia sido dado por Hely Lopes Meirelles[10] que prescreve a aplicação subsidiária das regras do processo penal *"quando não conflitantes com as normas administrativas pertinentes"* (grifo nosso).

Na questão ora tratada, há norma administrativa a este respeito. De fato, há disposição legal específica circunscrevendo e delimitando a competência do Conselho de Recursos do Sistema Financeiro Nacional, o qual, como já se disse, resume suas atividades ao conhecimento de recursos.

23. Alguns poderiam dizer que a conclusão a que se chegou acima é incorreta, sustentando não haver incompatibilidade entre o art. 624 do Código de Processo Penal e o Decreto 91.152/85. Poderia se defender que o Decreto e demais legislação aplicável não vedam expressamente o conhecimento de uma ação originária. Portanto, a lei processual penal que vincula inexo-

10. Ob. e loc. cits.

ravelmente a *revisão* aos tribunais automaticamente reconheceria a todo e qualquer órgão de segunda instância a possibilidade de conhecer desta ação, independente da natureza jurídica desta, bem como independentemente do fato de o regimento do tribunal, ou das normas que disciplinem seu funcionamento preverem expressamente o conhecimento de tal medida. Esta conclusão, *venia concessa*, é incorreta, não considerando um fato absolutamente importante. Deve-se levar em conta que a lei, independentemente das disposições relativas à revisão, atribui *normalmente* aos tribunais comuns competências originárias e recursais. A própria Constituição ao definir a competência de cada órgão jurisdicional as classifica enquanto originárias e recursais Confira-se, por exemplo, o art. 102 da CF. Comentando este artigo, José Afonso da Silva[11] leciona: "As matérias de competência do STF constam do art. 102, especificadas em três grupos: I — as que lhe cabe processar e julgar *originariamente*, ou seja como juízo único e definitivo, e são as questões relacionadas no inc. I; II — as que lhe incumbem *julgar em recurso* ordinário, e são as indicadas no inc. II; III — e, finalmente, as *que lhe toca julgar, em recurso* extraordinário, e são as causas decididas em única ou última instância, quando a decisão recorrida envolva uma das questões constitucionais referidas nas alíneas do inc. III" (grifo nosso).

24. Comentando outros artigos da Constituição Federal referentes aos outros tribunais, este mesmo autor trata das competências das demais Cortes dividindo-as em originárias e recursais. Confira-se, por exemplo, o comentário de José Afonso da Silva, relativamente as competências do STJ[12] ou dos Tribunais Regionais Federais.[13] Realmente, a própria Constituição adota, na prática, esta sistemática, dividindo a competência dos tribunais em originárias e recursais, no que é seguida pela doutrina. Força é convir, pois, que na estrutura do Poder Judiciário nacional, é inerente a ocorrência de competências originárias, no que tange aos tribunais.

25. Portanto, a atribuição de competência a um tribunal componente do Poder Judiciário para conhecer de ação, é compatível com suas características básicas, posto que, como foi previamente informado, é normal, regular e até *inerente* aos órgãos de segunda instância, do Poder Judiciário, conhecerem processos originariamente. Já no que tange ao Conselho de Recursos do Sistema Financeiro Nacional, o mesmo não ocorre. Conforme já se disse, possivelmente *ad nauseam*, a legislação pertinente não atribui em nenhum momento e para nenhum efeito, qualquer competência originária ao Conselho de Recursos do Sistema Financeiro Nacional, sendo as normas de Direito Positivo aplicável à espécie absolutamente claras ao adistringir as atividades do órgão ao julgamento de recursos. Disto se conclui que o fato da lei processual penal atribuir aos órgãos de segunda instância competência para conhecer da *revisão* não pode ser tomado como base para se vincular referida *revisão* à segunda instância, independente de qualquer previsão, ou mesmo em contrariedade às normas pertinentes. Não há, pois, que se falar em aplicação subsidiária das regras do processo penal comum, quando demonstrado existirem regras próprias e peculiares de Direito Administrativo que regulam a matéria de forma diversa, sendo certo outrossim, que, neste ponto, especificamente, não há uma perfeita correspondência entre as funções e competências dos tribunais comuns e do Conselho de Recursos do Sistema Financeiro Nacional.

11. José Afonso da Silva, *Curso de Direito Constitucional Positivo*, 6ª ed., São Paulo, Ed. RT, p. 479, 1990.

12. Ob. cit., p. 483.

13. Ob. cit., p. 486.

26. De todo o exposto, neste título, já é possível serem sumariadas as seguintes conclusões:

a) o Conselho de Recursos do Sistema Financeiro Nacional é competente única e exclusivamente para conhecer de recursos;

b) as normas de Direito Positivo aplicadas diretamente à espécie não prevêem recurso junto ao Conselho, objetivando a aplicação da *novatio legis in mellius*, a casos já julgados definitivamente. Destarte, o Conselho de Recursos do Sistema Financeiro Nacional não estaria autorizado a conhecer deste tipo de pedido;

c) a aplicação subsidiária das regras de processo penal não alteram a conclusão acima, na medida em que o Código de Processo Penal não estabelece qualquer tipo de *recurso*, objetivando a aplicação da *novatio legis in mellius* a casos já julgados definitivamente;

d) não se pode considerar *a revisão criminal* como recurso que o processo penal coloca à disposição dos interessados, para aplicação da *novatio legis in mellius*, a casos já julgados definitivamente, posto que não se encontra dentre as hipóteses enumeradas no art. 621 do Código de Processo Penal, a possibilidade de se alterar a sentença, em decorrência da edição de lei posterior mais benéfica;

e) ainda que assim não fosse, a *revisão* não é tecnicamente um recurso e sim uma ação, circunstância que afastaria a possibilidade de o Conselho de Recurso do Sistema Financeiro Nacional conhecê-lo;

f) ainda que se desprezasse a conclusão a que se chegou na alínea "d" retro, e se considerasse que a *revisão* fosse meio hábil para a aplicação da *novatio legis in mellius*, a casos já julgados definitivamente, o art. 624 do Código de Processo Penal não poderia ser invocado para dar condições de admissibilidade a *revisão*, posto que este artigo é incompatível com a legislação que criou e regulou o Conselho de Recursos do Sistema Financeiro Nacional, não sendo possível, pois, sua aplicação subsidiária.

27. Tendo-se concluído que o pedido de adequação da pena não pode ser conhecido pelo Conselho de Recursos do Sistema Financeiro Nacional, restaria se indagar se o Banco Central do Brasil estaria autorizado a tanto. É o que será feito, a partir do item subseqüente.

III — Da competência do Banco Central do Brasil para julgar pedidos de adequação de pena

a) Da inexistência de norma administrativa atribuindo competência para adequar pena em razão da "novatio legis in mellius", e a solução dada pelo processo penal

28. Toda a discussão a respeito da competência para julgar pedidos de adequação de pena decorre do fato da inexistência de norma de Direito Positivo que direta e claramente definam a matéria. Ou seja, o Direito Administrativo não estabelece inequivocamente o órgão competente para conhecer do pedido de adequação de pena.

Se assim o é, isto é, na ausência de norma específica, há de se socorrer das regras do processo penal, como bem recomendava Hely Lopes Meirelles, tomando-se, todavia, a devida precaução, no sentido de verificar se as mesmas não se chocam com preceitos de caráter administrativo.

29. No âmbito do processo penal doutrina e jurisprudência são concordes sobre qual o órgão responsável por julgar pedidos de adequação de pena, decorrente de uma *novatio legis in mellius*, na hipótese da condenação já ter transitado em julgado. Efetivamente, a inexistência de divergência a este respeito decorre principalmente do fato de haver norma de Direito Positivo específica a este respeito naquela área, acrescida do fato, não menos importante, da matéria já ter sido sumulada pelo Supremo Tribunal Federal.

30. As normas de Direito Positivo, como já se havia adiantado quando se tratou da *revisão*, são inequívocas ao estabelecer que o juízo monocrático das execuções penais é o órgão responsável por tal mister, sempre que a sentença já tiver transitada em julgado. Assim é que o art. 13 da chamada Lei de Introdução ao Código de Processo Penal, o Decreto-lei 3.931, de 11.12.41, determina: "Art. 13. A aplicação da lei nova a fato julgado por sentença condenatória irrecorrível, nos casos previstos do art. 2º e seus §§, do Código Penal, far-se-á mediante despacho do juiz, de ofício, ou a requerimento do condenado ou do Ministério Público. § 1º. Do despacho caberá recurso em sentido estrito. § 2º. O recurso interposto pelo Ministério Público terá efeito suspensivo, no caso de condenação por crime que a lei anterior comine, no máximo, pena privativa de liberdade, por tempo igual ou superior a 8 (oito) anos".

31. Por seu turno, a Lei das Execuções Penais, Lei 7.210, de 11.7.84, em seu art. 66, I, dispõe: "Art. 66. Compete ao juiz da execução: I — aplicar aos casos julgados lei posterior que de qualquer modo favorecer o condenado".

32. A doutrina é uníssona ao abraçar o entendimento de que o Juízo das Execuções é o órgão incumbido de aplicar a *novatio legis in mellius*. Manifesta-se, neste sentido, Damásio E. de Jesus:[14] "Se a lei nova mais benigna, nas hipóteses do art. 2º, e seu parágrafo único, do CP, surge antes de o juiz proferir a sentença, o caso não oferece dificuldade, cabendo a ele fazer, na decisão, a adequação penal. Quando, entretanto, a sentença condenatória já transitou em julgado, a quem cabe a nova adequação penal: ao juiz de primeiro grau ou ao tribunal, em grau de revisão criminal ou *habeas corpus*? Neste caso, a competência é do juiz de primeiro grau (da ação ou da execução penal), nos termos do que dispõe o art. 13, *caput*, da LICPP".

33. Mirabete, por sua vez, em texto transcrito no item 17 retro concorda com este posicionamento Paulo Lúcio Nogueira[15] diz: "Cabe, assim, ao juiz da execução apreciar o pedido de aplicação da *lex mitior*, ou da lei nova mais benigna (*RT* 600/327, 597/405), cabendo-lhe recurso de agravo contra sua decisão".

34. A jurisprudência disto não discorda. No julgamento do RE 113.316-3, já mencionado, reconhece expressamente o sr. relator ser o Juízo da Execuções Penais o órgão competente para julgar a matéria. Aliás, este ponto já havia sido definitivamente resolvido pelos termos da Súmula 611, do Pretório Excelso, cujo teor é o seguinte: "Transitada em julgado a sentença condenatória, compete ao Juízo das Execuções a aplicação de lei mais benigna".

35. Isto posto, evidencia-se que a aplicação da *novatio legis in mellius* a casos já definitivamente julgados, deve ser feita, no âmbito do processo penal, pelo Juízo das Execuções Penais. Seria o caso, neste momento, de se perquirir qual a solução a ser dada para a aplicação *novatio legis in mellius*, na hipótese de penalidades sofridas com base no art. 44 da Lei 4.595/64.

b) Da aplicação subsidiária das regras do processo penal

36. Repita-se que, na ausência de regras específicas, para solução do caso, deve-se tomar, subsidiariamente, as regras do pro-

14. Damásio E. de Jesus, *Direito Penal — Parte Geral*, 10ª ed., São Paulo, Saraiva, p. 80, 1985.

15. Paulo Lúcio Nogueira, *Comentário à Lei de Execução Penal*, 2ª ed., São Paulo, Saraiva, p. 90, 1994.

cesso penal comum. No processo penal comum, o órgão responsável pela aplicação da *novatio legis in mellius* é o Juízo da Execução Penal. Para que se proceda a aplicação da aplicação subsidiária, conforme acima previsto, caberia indagar qual seria, no campo administrativo, o órgão correspondente ao Juízo das Execuções Penais. Não resta dúvida, ser o Banco Central do Brasil o ente que, na Administração Pública, e para os fins aqui propostos, exerce as funções *correspondentes* ao Juízo das Execuções Penais. Senão verifique-se:

37. A pena que se pretende ver adequada é pena de inabilitação permanente. Esta pena impede que o condenado exerça as funções de administrador de instituição financeira. Ora, de que forma o Estado executa esta pena, impedindo que o condenado exerça as funções para as quais está inabilitado? Fora de dúvida que o Estado desempenha esta função impedindo a posse do eleito para exercício de cargo de administrador de instituição financeira. A posse, por sua vez, é impedida, por conta das funções atribuídas ao Banco Central do Brasil, nos termos do art. 33 e seus §§, da Lei 4.595/64.[16] Com isto, evidencia-se que o órgão competente para dar cumprimento a decisão que aplicou a penalidade em tela é a autarquia federal criada pela Lei 4.595/64, vez que, é ela o órgão que corresponde, na área administrativa ao Juízo das Execuções Penais.

38. Lembre-se, ainda, que uma das razões pelas quais se atribui competência ao Juízo das Execuções Penais para conhecer de pedidos de adequação de pena, é o fato de se tratar de juízo de primeiro grau. Como bem adverte Mirabete,[17] justificando a competência do Juízo das Execuções Penais, "decidindo-se sobre a aplicação da lei nova mais benigna através da revisão subtraia-se ao Ministério Público ou ao condenado o segundo grau de jurisdição (recurso em sentido estrito ou agravo)". Ora, no âmbito administrativo é o Banco Central do Brasil que desempenha as funções de órgão de primeiro grau.

39. Isto posto, só resta concluir que é o Banco Central do Brasil o órgão responsável por julgar o pedido de adequação de pena. Note-se, a propósito, que a aplicação subsidiária das normas de processo penal justificada frente a ausência de norma positiva específica, apontou para solução que, de maneira alguma, se mostra incompatível com qualquer disposição ou princípio aplicável à espécie.

c) Da incompetência do Conselho de Recursos do Sistema Financeiro Nacional para conhecer de pedido de adequação de pena

40. Ao se concluir que o órgão responsável por julgar pedido de adequação de pena, em virtude da ocorrência da *novatio legis in mellius*, seria o Banco Central do Brasil, automaticamente fica prejudicada qualquer análise suplementar sobre a eventual competência de outro órgão, posto que, em situações como aqui tratadas, não há que se falar em competência concorrente.

16. O art. 33 da Lei 4.595/64 tem o seguinte teor:

"Art. 33. As instituições financeiras privadas deverão comunicar ao Banco Central do Brasil os atos relativos à eleição de diretores e membros de órgãos consultivos, fiscais e semelhantes, no prazo de 15 (quinze) dias de sua ocorrência, de acordo com o estabelecido no art. 10, inc. X, desta Lei.

§ 1º. O Banco Central do Brasil, no prazo máximo de 60 (sessenta) dias, decidirá aceitar ou recusar o nome do eleito que não atender às condições a que se refere o art. 10, inc. X, desta Lei.

§ 2º. A posse do eleito dependerá da aceitação a que se refere o parágrafo anterior.

§ 3º Oferecida integralmente a documentação prevista nas normas referidas no art. 10, inc. X, desta Lei, e decorrido, sem manifestação do Banco Central do Brasil, o prazo mencionado no § 1º deste artigo, entender-se-á não ter havido recusa à posse."

17. *Execução...*, p. 186.

Entretanto, apenas para se reforçar a convicção de que o Conselho de Recursos do Sistema Financeiro Nacional não é o órgão responsável para conhecer de situações como estas, necessário se faz verificar, tão-somente, a natureza jurídica do pedido de adequação de pena. Walter Fanganiello Maierovitch,[18] em excelente artigo relacionado a execução penal assim se expressa: "Concluindo, o direito da execução penal é composto pelo processo de execução da sanção (pena ou medida de segurança) e pelo processo cognitivo incidental de alteração do título executório".

41. Vê-se, pois, que referido autor não considera que o pedido de adequação da pena possa a vir a ser considerado como recurso, mas sim como ação autônoma. Destarte, se assim o é, torna-se patente que o Conselho de Recursos do Sistema Financeiro Nacional não está habilitado a conhecer deste tipo de ação, posto que, conforme já ficou demonstrado no tempo oportuno, referido órgão só tem competência recursal, não lhe atribuindo a lei qualquer competência originária. Logo, afastada qualquer dúvida sobre a possibilidade do CRSFN conhecer da solicitação de adequação de pena.

IV — Conclusão

42. De todo o exposto, só resta concluir que, sob hipótese alguma o Conselho de Recursos do Sistema Financeiro Nacional teria competência para conhecer de pedidos de adequação de pena, fundamentado na existência de uma *novatio legis in mellius*. Na medida em que este órgão examina exclusivamente recursos, inexistindo na órbita administrativa nenhum tipo de recurso próprio para esta finalidade. Ressalte-se ainda que o Direito Processual Penal, aplicado subsidiariamente e em casos como este, não prevê a existência de qualquer recurso, com esta finalidade.

Por outro lado, há de se reconhecer que, administrativamente, não há norma definindo claramente qual o órgão competente para conhecer de pedidos de adequação de pena, fundamentado na existência de uma *novatio legis in mellius*. Não havendo tal disposição, determina a melhor doutrina que se utilize subsidiariamente as regras do processo penal. O processo penal, por sua vez, em hipóteses como a em estudo, apontaria como órgão competente para aplicar a *novatio legis in mellius*, quando a decisão já houvesse transitado em julgado, o Juízo da Execuções Penais. No âmbito administrativo, e para os fins aqui propostos, o órgão correspondente ao Juízo das Execuções Penais seria o Banco Central do Brasil. Portanto, cabe ao Banco Central do Brasil julgar os pedidos de adequação de pena, em função da existência de uma *novatio legis in mellius*, quando a decisão já houvesse transitado em julgado.

18. "Apontamento sobre direito da execução penal", in *RT* 687/270.

DECLARATÓRIA DE CONSTITUCIONALIDADE CONTRA A CONSTITUIÇÃO

ANTÔNIO SOUZA PRUDENTE

Juiz Federal e Professor da Universidade Católica de Brasília

"Pior do que ferir a Constituição é ignorá-la"
Geraldo Ataliba

Com fulcro no ideário prepotente do capitalismo neoliberal deste final de século, surge, no Brasil, a proposta centralizadora do efeito vinculante das decisões de mérito da cúpula do Judiciário (STF), que se iniciara já, formalmente, com o enxerto excrescente das *ações declaratórias de constitucionalidade*, no corpo normativo de nossa Lei Fundamental; através da Emenda Constitucional n. 3, de 17.3.93, nestas letras: "As decisões definitivas de mérito, proferidas pelo Supremo Tribunal Federal, nas ações declaratórias de constitucionalidade de lei ou ato normativo federal, produzirão eficácia contra todos e efeito vinculante, relativamente aos demais órgãos do Poder Judiciário e ao Poder Executivo" (CF, art. 102, § 2º).

O controle concentrado de constitucionalidade, no ordenamento jurídico nacional, contempla, agora, não só a *ação direta de inconstitucionalidade de lei ou ato normativo federal ou estadual* (ADIn) e a tímida e ineficaz *ação de inconstitucionalidade por omissão de medida para tornar efetiva norma constitucional*, mas, também, a autoritária *ação declaratória de constitucionalidade de lei ou ato normativo federal* (CF, arts. 102, I e respectivo § 2º e 103, *caput* e respectivos §§ 2º e 4º), ao lado do clássico controle difuso de constitucionalidade (CF, arts. 97 e 102, *caput* e respectivo inciso III, alíneas *a*, *b*, *c*) de origem norte-americana, a consagrar, ainda, na ordem jurídica deste país, o sistema misto de controle de constitucionalidade, para garantia do sonhado Estado Democrático de Direito, onde todo poder deve emanar do povo, que o exerce por meio de representantes eleitos ou diretamente, nos termos da Constituição (CF, art. 1º, *caput* e respectivo parágrafo único) e não da vontade soberana dos príncipes que dominam as cúpulas dos poderes constituídos.

Observe-se que a Lei Maior dera ao Supremo Tribunal Federal a *competência precípua* (*não exclusiva*) de guardar a Constituição (CF, art. 102, *caput*), admitindo, assim, também, o controle de constitucionalidade por juízes e tribunais do país, por via incidental, na instrumentalidade do sistema difuso.

Nesse *contexto, o efeito vinculante das decisões definitivas de mérito*, proferidas pelo STF, nas ações declaratórias de constitucionalidade de lei ou ato normativo federal, *relativamente aos demais órgãos do Poder Judiciário*, violenta o sistema difuso de controle de constitucionalidade, que a doutrina de Marshall consagrou na consciência democrática do povo americano, com a determinação de que ao aplicar as leis na solução dos conflitos, o juiz deve antes verificar se elas se harmonizam com a Constituição, porque, só assim, serão tidas como leis.

Assegura-se, portanto, no controle difuso de constitucionalidade, a livre convicção e independência do juiz natural, como garantia fundamental do cidadão, inscrita em cláusula pétrea. Já no processo objetivo da ação declaratória de constitucionalidade, onde só figura a reduzida legitimação ativa do poder político (CF, art. 103, § 4º), sem partes contrapostas, ausentes o contraditório e a ampla defesa, estrangulando-se a cláusula garantidora do *due process of law*, não há como resultar segurança jurídica para os cidadãos, que não tiveram, ali, nem voz nem vez de contraditar a argumentação do Estado.

Qualquer processo judicial ou político, em que se anule a plenitude da defesa, se afigura injusto e inconstitucional e, por conseguinte, absolutamente nulo, a confirmar a assertiva de Otto Bachof de que "também uma norma constitucional pode ser nula, se desrespeitar em medida insuportável os postulados fundamentais da Justiça",[1] como a que impõe aos juízes e tribunais do Brasil a "perversão jurídica" do efeito vinculante das decisões definitivas de mérito da Suprema Corte, no processo unilateral de declaração de constitucionalidade de lei ou de ato normativo federal.

Não obstante os doutos fundamentos do voto condutor da ação declaratória de constitucionalidade n. 1 DF-STF, declarando, em tese, como questão de ordem, sua constitucionalidade formal, nos termos da Emenda Constitucional n. 3/93 (*RTJ* 157/373), vencido, por maioria plena, o eminente Ministro Marco Aurélio, vejo a referida ação como uma anomalia processual, a violar, expressamente as garantias fundamentais do cidadão, na promessa constitucional do Estado Democrático de Direito e de Justiça.

Nesta infeliz vocação ditatorial, processou-se a ação declaratória de constitucionalidade n. 4-6-DF, em que não se busca, apenas, a declaração judicial da constitucionalidade do art. 1º da Lei n. 9.494, de 10.9.97, pelo Alto Pretório, em controle concentrado e abstrato, como objeto exclusivo do processo especial, sem qualquer relação genética com os processos judiciais em curso, mas numa total agressão aos comandos da Lei Fundamental, atrelaram-se os controles de constitucionalidade concentrado e difuso, em caráter avocatório da questão constitucional, em trâmite nas instâncias ordinárias, que restaram, no caso, brutalmente suprimidas pela Corte Suprema, em manifesto sacrifício da garantia do devido processo legal, para que fosse atendido, liminarmente, inusitado pedido de medida cautelar (não previsto constitucionalmente para essa modalidade de ação), com eficácia *ex nunc* e *erga omnes* e *efeito vinculante* (que não fora postulado na peça inicial da aludida ação), mas que restou concedido, *de ofício* e *extra petita*, para sustar, até o julgamento definitivo de mérito, a produção de qualquer decisão sobre pedido de tutela antecipada contra a Fazenda Pública; que tenha por pressuposto a afirmação da constitucionalidade ou da inconstitucionalidade do malsinado art. 1º da Lei n. 9.494/97, assim como os efeitos futuros das decisões de antecipação de tutela já proferidas contra a Fazenda Pública (*DJU* de 13.2.98, Seção 1).

Consagrou-se, assim, em curioso e prepotente malabarismo jurídico, no corpo do processo objetivo da ação declaratória de constitucionalidade n. 4-DF, em referência, a incorporação da instrumentalidade

1. Otto Bachof, *Normas Constitucionais Inconstitucionais?*, Atlântida Ed., trad. e nota prévia de José Manuel M. Cardoso da Costa, p. 3.

abusiva do projeto de incidente de inconstitucionalidade, preconizado pela Assessoria Jurídica da Presidência da República, aproveitando a inusitada mesclagem dos controles de constitucionalidade concentrado e difuso, nos autos de uma mesma ação.

A vocação arbitrária e visceralmente inconstitucional da ação declaratória de constitucionalidade, formalmente prevista no texto constitucional, sob o forjado pretexto de "completar o complexo sistema de controle de constitucionalidade brasileiro e de solucionar, de logo, controvérsias ensejadoras de um sem-número de demandas, evitando-se prejuízo às partes e à própria segurança pública do país", exacerba a concentração de poder na cúpula do Judiciário, e aniquila a figura do juiz natural, no controle difuso de constitucionalidade, abandonando a Justiça na mira autoritária dos príncipes, para ruína dos valores democráticos.

Busca-se uma magistratura ordinária, dócil e genuflexa às decisões vinculantes do Poder Supremo, a não gerar obstáculos às investidas injustas e gananciosas do projeto neoliberal; adotado pelo Estado brasileiro, no influxo globalizante deste final de século, e que, a exemplo do fracassado nacional-socialismo dos anos 40, possibilita a criação de uma doutrina autoritária do Direito, bem a gosto das ditaduras históricas, onde "o sistema já não pode ser manejado pelos homens, porque as pessoas são manejadas pelo sistema,"[2] a impor, sem fronteiras, a vontade insana e absoluta do *Führer*.

A Constituição da República Federativa do Brasil, no entanto, consagra, ainda, a advertência permanente de que a onipotência dos poderes tem limites, no projeto democrático do Direito e da Justiça.

Brasília (DF), 1º.4.98

2. Eduardo J. Couture, *Introducción al Estudio del Processo Civil*, Ed. Depalma, Buenos Aires, 2ª ed., p. 76, 1988.

ESTUDOS E COMENTÁRIOS

REFORMA CONSTITUCIONAL — REGRA DE ESTRUTURA — LIMITAÇÃO

GABRIEL IVO

Mestre em Direito Constitucional pela PUC/SP
— Procurador de Estado em Alagoas

1. Introdução. 2. Considerações gerais acerca do termo "poder constituinte". 3. Definição do conceito de poder constituinte derivado. 4. Poder constituinte derivado, regra de estrutura e fato jurídico: 4.a Introdução; 4.b Norma jurídica; 4.c Normas de comportamento e normas de estrutura; 4.d Norma de estrutura do poder constituinte derivado. 4.e Poder constituinte derivado e fato jurídico. 5. Existência e validade do produto do poder constituinte derivado. 6. Os limites da reforma. 7. A invalidação da emenda. 8. Conclusão. Bibliografia.

1. Introdução

Quando nos posicionamos no interior do sistema jurídico, verificamos que normas regulam a criação de outras normas. O Direito auto-regula-se. A criação jurídica olvidando as regras de admissão postas pelo próprio sistema importa revolução jurídica. O presente trabalho pretende estudar alguns aspectos desse movimento do Direito tomando como objeto a Reforma Constitucional, que consiste numa das formas de criação jurídica previstas no ordenamento.

Uma questão inicial precisa ser tocada. A locução *poder constituinte*, no seu uso, refere-se a mais de uma situação, o que a torna denotativamente vaga e conotativamente ambígua.

Na primeira situação verificamos que a sua utilização tem vários significados, ou seja, na sua extensão encontramos: poder constituinte originário, poder constituinte revolucionário, poder constituinte derivado, poder constituinte decorrente, poder constituinte de revisão estadual etc. Na segunda situação temos que as mesmas propriedades não são encontradas em todos os casos em que a expressão costuma ser empregada, ou seja, o critério de uso não é o mesmo. Poder constituinte é definido como o que faz a Constituição, no entanto, é empregado para definir a ação reformadora da Constituição como, ainda, para designar a tarefa de instituir as coletividades de um Estado Federal.

Visando a evitar as situações mostradas, faremos uma singela elucidação acerca do termo "poder constituinte" para, num segundo momento, definir o conceito de poder constituinte derivado.

2. Considerações gerais acerca do termo "poder constituinte"

A doutrina define o termo "poder constituinte originário" como aquele que cria a

Constituição do Estado. Suas marcas indispensáveis, nomeadamente, são: ilimitação, incondicionamento e insubordinação.

Do produto do poder constituinte originário decorre outro poder, chamado de poder constituinte derivado ou instituído. Tem essa denominação porque constitui criação do primeiro. O corolário dessa derivação consiste no fato de não possuir as características típicas do poder constituinte originário; tem a finalidade de rever a criação do primeiro poder: a Constituição.

Sendo um poder constituinte de segundo grau, não possui as características do originário: é limitado, subordinado e condicionado. A Constituição Federal impõe-lhe fronteiras, e não pode desenvolver-se livremente, posto moldado por formas e condições.

Podemos constatar que o poder constituinte derivado é totalmente diverso do poder constituinte originário: enquanto o primeiro tem sua ação reduzida por amarras previamente estabelecidas, o segundo não está submetido a coisa alguma.[1] Um pertence ao mundo do Direito, aquele que se desenvolve numa ordem de validade, no plano do dever-ser. O outro está localizado no mundo dos fatos, o ambiente não-jurídico, não resultante da incidência das normas jurídicas. Por isso, as características de um são exatamente a negação das características do outro. O poder constituinte originário, analisado do ponto de vista jurídico, pode tudo; já o poder constituinte derivado só pode agir dentro do âmbito marcado na Constituição Federal.

O poder constituinte originário não surge de norma jurídica, é independente do Direito e nenhuma norma o condiciona. Dentro do espectro político, portanto, estabelece tudo o que quiser, sendo incontrastável. Já o poder constituinte decorrente é limitado, formal e materialmente.

O poder constituinte derivado destina-se a reformar a Constituição, é uma criação desta. Da mesma maneira que a Constituição cria os Poderes Legislativo, Executivo e Judiciário,[2] cria também um poder constituinte derivado.

Os poderes que a Constituição produz nada mais são que um conjunto limitado de competências. São órgãos prescritos para a realização de determinadas tarefas, que só poderão ocorrer validamente se se vergarem às formalidades previstas. Atuam sempre na moldura do ordenamento jurídico.

O poder constituinte derivado criado pela Constituição não significa força, nem potência. Apresenta-se como uma potência, uma atribuição, uma competência. Conforme toda competência, sofre rígidas limitações, pois toda fixação de competência tem como corolário básico a exclusão das demais competências não concedidas. Enquanto o poder constituinte originário é ilimitado, incondicionado e autônomo, o derivado sofre balizamentos formais e vedações materiais, circunstanciais e temporais, bem como vedações lógicas, que são os limites implícitos.[3] Dada essa característica do po-

1. Evidentemente estamos falando de limites jurídicos. O poder constituinte originário sofre influências de naturezas diversas, como: social, política, econômica etc. Até mesmo outras modalidades de condicionamentos, do tipo pessoal e afetivo, já que composto por homens, de acesso impossível. As influências, portanto, são de todos os modos, e o que sabemos delas, apenas aparências, pois a realidade em si é-nos inteiramente inacessível. A investigação sobre as causas de uma revolução não retrocede ao infinito; há um momento em que se opera um corte, contentando-se com as causas ou motivos próximos e revelados; as verdadeiras causas nunca saberemos.

2. "Quando a Constituição discrimina os Poderes, Legislativo, Executivo, Judiciário, assiste-se à atividade do poder constituinte, procedendo à distinção entre as regras que ele mesmo se incumbiu de ditar e as que ficaram no poder legislativo ordinário" (Pontes de Miranda, in "Poder estatal. Poder constituinte. Poderes constituídos", p. 7).

3. Segundo Luís Alberto David Araújo: "O processo de alteração constitucional tem requisitos próprios, distintos da produção legislativa ordinária e complementar. É o que identifica a rigidez constitucional. Uma emenda constitucional não pode tramitar em

der constituinte derivado, é incorreto articulá-lo em torno da idéia de poder, já que poder também é destinado para denominar o poder constituinte originário, que tem aspectos totalmente distintos. Um é poder de fato; o outro é poder jurídico. Todavia, o poder que chamam de derivado nada mais é que uma competência para reformar a Constituição, que só difere da competência para legislação ordinária diante do produto.

Há, portanto, uma diferença conceitual entre o poder constituinte chamado de originário e o poder constituinte dito derivado.

Urge, por conseguinte, uma tomada de posição, porquanto um não pode ser tomado pelo outro. Se chamamos o primeiro de poder constituinte não poderemos assim denominar o segundo. Mas o fato é que ambos produzem normas da mesma natureza: normas constitucionais, ou seja, normas fundantes, fonte de validade de todas as demais normas. Mas há uma diferença. O primeiro produz normas como desejar; já o segundo terá um campo delimitado de atuação, como vimos. Um seria um poder constituinte metajurídico; e o outro, um poder constituinte jurídico.

Por ser metajurídico, o primeiro seria o poder constituinte da Ciência Política; o segundo, como poder jurídico, é o poder constituinte do Direito Constitucional.[4]

Assim, para que possamos denominar a reforma da Constituição como uma ação do poder constituinte derivado, temos de tomá-lo no significado jurídico,[5] ou seja: poder constituinte derivado é aquele que tem a competência de modificar a Constituição sob firmes bases estabelecidas na própria Constituição. Poder constituinte com a elucidação de que se trata de uma competência jurídica para modificar a Constituição. Assim, a modificação solene ou formal[6] realizada na Constituição é fruto do poder constituinte derivado, que é o mesmo que uma competência — regra de estrutura —, porquanto se funda numa norma jurídica. Segundo Celso Antônio Bandeira de Mello, o "Poder Constituinte Derivado merece o nome de constituinte na medida em que se

momento de intranqüilidade nacional, como na vigência de intervenção federal, de estado de defesa ou de estado de sítio. A matéria de uma emenda rejeitada ou havida por prejudicada não pode ser apresentada na mesma sessão legislativa. E as vedações materiais, as cláusulas pétreas, designam o núcleo imutável da Constituição. Além do processo e das vedações circunstanciais, da vedação temporal e da vedação material, há vedações lógicas implícitas no texto da Lei Maior" (in "Os limites da revisão constitucional", pp. 179-188, São Paulo).

4. Paulo Bonavides, in *Curso de Direito Constitucional*, p. 128.

5. Sempre que não for possível a estipulação precisa dos vocábulos, devemos proceder ao processo de elucidação, que consiste na explicitação do sentido em que foi utilizado.

6. A Constituição é modificada não apenas de maneira formal. A interpretação judicial pode determinar verdadeira mudança constitucional; lembra Afonso Arinos de Mello Franco que a competência expressa do poder constituinte derivado de mudar a Constituição "(...) não afasta a competência das Cortes Supremas judiciárias de introduzirem verdadeiras emendas no texto constitucional, através de interpretações construtivas (...)" (*Curso de Direito Constitucional Brasileiro*, p. 105). *Data venia*, entendemos que modificação não se deu. A interpretação apenas desvelou uma norma que já existia em algum dispositivo constitucional. A interpretação apenas libertou a norma jurídica que se encontrava aprisionada no texto constitucional. A norma jurídica não é o enunciado, é a significação que retiramos da leitura dele. É produzida na mente do intérprete. Adverte Paulo de Barros Carvalho: "A norma jurídica é exatamente o juízo (ou pensamento) que a leitura do texto provoca no nosso espírito. Basta isso para nos advertir que um único texto pode originar significações diferentes, consoante as diversas noções que o sujeito cognoscente tenha dos termos empregados pelo legislador. Ao enunciar os juízos, expedindo as respectivas proposições, ficarão registradas as discrepâncias de entendimento dos sujeitos, a propósito dos termos utilizados" (*Curso de Direito Tributário*, p. 7). Por fim, diz Canotilho: "Considerar a interpretação como tarefa, significativa, por conseguinte, que toda norma é 'significa', mas o significado não constitui dado prévio; é, sim, o resultado da tarefa interpretativa" (*Direito Constitucional*, p. 21). A norma não é criada pelo intérprete, ele apenas lhe tira o véu, a expressa. A norma preexiste, aprisionada, no enunciado.

trata de um poder jurídico reconhecido para modificar uma regra que seria hierarquicamente superior a todas as outras e, de conseguinte, um poder suficiente de direito para constituir uma regra jurídica que será igualmente superior a todas as outras regras jurídicas, cumprindo então a mesmíssima função que a cumpria a Constituição, e que, modificados os dispositivos, modificados anteriormente, se colocasse como fonte hierarquicamente mais elevada que as demais fontes de Direito".[7]

O poder constituinte derivado produz norma constitucional hierarquicamente localizada acima das demais normas. Concluído o processo de atuação, as normas produzidas ocupam o lugar das normas revogadas.

Os limites, contudo, à atuação do denominado poder constituinte derivado podem ser de dois matizes.

No campo material o poder constituinte derivado sofre limites impostos pelas cláusulas imodificáveis, cujo descumprimento é aferido em face da discrepância verificada entre o seu conteúdo e o conteúdo da norma produzida.

Os limites materiais na Constituição Federal brasileira situam-se no § 4º do art. 60. Não afastando a hipótese dos limites implícitos, a matéria não contida no núcleo imutável poderá ser objeto de modificação. No campo formal, incluídos os aspectos circunstanciais, os limites dizem respeito ao procedimento, ao órgão, à iniciativa, à tramitação e ao *quorum*.

3. *Definição do conceito de poder constituinte derivado*

Definir uma palavra é indicar o seu significado. No sentido largo, conceito significa todo processo possibilitador da descrição de um objeto cognoscível. O que tentamos fazer até agora foi um procedimento semântico com função de apontar as notas que permitem isolar o conceito de poder constituinte derivado dos demais poderes constituintes existentes no discurso da Ciência do Direito.

Todo caminho percorrido foi necessário para deixar nítido que o poder constituinte derivado consiste numa competência contida na Constituição Federal. Ao contrário do constantemente afirmado, o poder constituinte derivado não é, do ponto de vista jurídico, constituinte.

Com efeito, se poder constituinte consiste no que faz a Constituição de um Estado, afirmar que o poder (= competência) que a modifica é, identicamente, poder constituinte significa afirmar que constituinte é igualmente não constituinte.

A reforma, segundo Nélson Saldanha,[8] não institui uma Constituição; mantém uma já feita. Consoante o autor o poder de reforma é um poder cirúrgico, um poder *reconstituinte*, visto que apenas refaz uma Constituição pronta. As diferenças não permitem situá-los num mesmo plano.[9] O autor, no entanto, entende como poder constituinte originário — expressão que reputa pleonástica — apenas aquele que atua inauguralmente, na formação histórica inicial do Estado, o que originou estruturas e experiências constitucionais num determinado Estado, ou seja, o poder constituinte fundacional. O poder que estabelece uma nova Constituição dentro de uma seqüência constitucional[10] — conforme ainda o mesmo autor — equivale a um poder instituído, o que seria, dentro da classificação usual, poder consti-

7. In "O poder constituinte", *Revista de Direito Constitucional e Ciência Política*, p. 73.

8. In *Poder Constituinte*, p. 87.

9. Nélson Saldanha anota: "É, todavia, inaceitável esta identificação, e logicamente estranha a expressão 'poder constituinte de revisão'. Pois fazer Constituição é uma coisa; emendar é outra. O poder constituinte tem um alcance muito maior; é ele que coloca a vida constitucional, que precede toda existência constitucional" (idem, ibidem, p. 86).

10. In *Elementos de Direito Constitucional*, p. 35.

tuinte revolucionário, uma espécie de poder constituinte originário ao lado do fundacional.

Mesmo o autor não entendendo o poder constituinte revolucionário como poder constituinte originário, e sim poder instituído, o que importa notar é que denuncia o equívoco da expressão poder constituinte para a designação de poderes instituídos pela própria Constituição.

Consoante Michel Temer,[11] seria mais adequado reservar a expressão "poder constituinte" apenas para o caso de emanação normativa direta da soberania popular; os outros poderes consistiriam em fixação de competência contida na Constituição. São duas: a reformadora, capaz de modificar a Constituição; e a ordinária, apta para editar a normatividade infraconstitucional.

Assim, para evitar ambigüidades ou uso de expressões imprecisas, como poder constituinte factual, aquele incontrastável em relação à norma jurídica, e poder constituinte jurídico, o qual se funda numa norma jurídica, afastamos o uso dessas expressões.

No plano jurídico não há poder constituinte, mas tão-somente competência para modificar a Constituição Federal. Tal competência consta de normas jurídicas denominadas normas de estrutura.

O chamado poder constituinte instituído só pode ser considerado como um poder dentro do sistema jurídico. Poder intraconstitucional completamente dependente e subordinado à Constituição Federal. Constitui poder instrumental, para adaptar a Constituição Federal às novas realidades impostas pelos fatos sociais, criando norma jurídica da mesma posição hierárquica da que modifica.

As contradições são armadilhas que comprometem a comunicação, e podem não traduzir adequadamente os objetivos cognoscitivos que se pretende. Fica confuso, portanto, articular conceitos distintos em torno de semelhante rótulo "poder constituinte". Se o poder constituinte é ilimitado do ponto de vista jurídico, o poder também chamado de constituinte mas que sofre limitações de normas jurídicas, poder constituinte não haverá de ser.

A expressão "poder constituinte" utilizada indistintamente pode e deve ser evitada, pois as situações que se enformam a partir de seu significado resultam melhor analisadas por outros termos.

4. Poder constituinte derivado, regra de estrutura e fato jurídico

4.a Introdução

O universo jurídico tem sua nota distintiva do universo físico natural precisamente pela peculiaridade de ser constituído de regras elaboradas pelo homem. O Direito não é um fenômeno da natureza, mas sim um fenômeno humano.[12] O homem livremente compõe uma estrutura lógica, apanha um antecedente e a ele enlaça um conseqüente.

O mundo natural, mesmo provido de uma ordem, não se rege por meio dessa relação de imputabilidade, e sim da de causa e efeito. A ordem encontrada na Natureza possibilita a explicação dos fenômenos naturais da frutificação, da relação dos astros etc. Mas essa ordem ou sistema exprime-se por leis não compostas como as regras jurídicas. São as leis da Física, da Química etc. A ordem do mundo natural decorre da necessidade, e suas leis não são substituídas.

A lei natural enuncia que determinado fenômeno haverá de produzir-se como necessária conseqüência de um outro fenômeno. Resulta, portanto, explicativa do nexo existente entre ambos, que consiste na cau-

11. In *Elementos de Direito Constitucional*, p. 35.

12. José de Oliveira Ascensão, in *O Direito — Introdução e Teoria Geral*, p. 13.

salidade. As normas jurídicas, ao contrário, nada descrevem, e sim exigem que alguém faça ou omita algo, e, em tal sentido, estatui uma obrigação.

Um fato físico ou mesmo social constitui causa de outros fatos físicos ou sociais; a lei que os preside é a da causalidade, manifestada em termos de antecedência, de simultaneidade ou de sucessividade no tempo.

A ordem humana decorre da liberdade, as leis não estão postas previamente, surgem da liberdade humana de escolher os fatos e por meio de normas regular as condutas. As normas jurídicas projetam-se sobre a região material da conduta. Coisas e animais podem ser e são contempladas pelo Direito, como objetos, mas não se relacionam em termos de direitos, nem muito menos as normas estabelecem regra de conduta para eles.

Firmar a oposição entre o mundo do *ser* e do *dever-ser* consiste em aparato fundamental. De que algo seja, pode inferir-se que algo foi ou será, mas não que o que existe deve ser. Do estudo de um fato podemos prever suas conseqüências ou, ao contrário, determinar as causas de sua aparição, porém não formular conclusões sobre se o que realmente existe deve ser como é. O que deve ser, em troca, pode não haver sido, não ser atualmente e não chegar a ser nunca; no entanto, a exigência normativa continua sendo válida. A norma jurídica não tem pretensão veritativa, e sim de validade. A questão sobre o porquê de um *ser* determinado somente encontrará resposta em outro *ser*, que surge como causa do primeiro: a pergunta sobre o porquê de um *dever-ser* ou de uma norma jurídica necessariamente conduz a outro *dever-ser* ou a outra norma, em que o primeiro *dever-ser* ou a primeira norma é seu fundamento.

Mas as normas jurídicas, além do seu vetor semântico — a conduta —, atingem, unicamente, como será demonstrado adiante, os fatos e as condutas possíveis, estando fora do raio do seu enlace as ocorrências factuais e os comportamentos necessários ou impossíveis.

O fato torna-se jurídico em virtude de a norma nele incidir. A motivação valorativa da escolha do fato é tema da política do Direito. Agora, retirado o sentido normativo, os fatos perdem o nexo construído pelo homem e retornam ao mundo natural. Como adverte Lourival Vilanova, o Direito não vem para reproduzir o mundo, mas para alterá-lo segundo pautas valorativas escolhidas pelo homem: "Altera-se o mundo físico mediante o trabalho e a tecnologia, que o potencia em resultados. E altera-se o mundo social mediante a linguagem das normas, uma classe da qual é a linguagem das normas do Direito".[13] A vocação do Direito é incidir na realidade social, e não com ela coincidir.

Este breve esclarecimento tem apenas o propósito de chamar a atenção para a nota de que as relações do mundo natural não são criadas pelo homem, e sim descobertas e, posteriormente, descritas em linguagem. Antes da descoberta tais relações já existiam, contudo sem a linguagem para se falar sobre elas não era possível seu conhecimento.

4.b Norma jurídica

É comum no mundo do Direito a seguinte situação: a norma incide num fato e vincula a esse fato um relacionamento entre sujeitos de direitos. Mas o fenômeno descrito, mostrando a norma na sua atuação dinâmica, comporta algumas elucidações.

O Direito situado no plano do objeto, ou seja, visto como linguagem-objeto, apresenta-se de maneira enunciativa. Explicando: sempre que falamos ou escrevemos nos expressamos por meio de enunciados. Estes enunciados, conjunto de palavras, são significativos porque cumprem o requisito

13. In *As Estruturas Lógicas e o Sistema do Direito Positivo*, pp. 3 e 4.

de expressar cabalmente uma idéia. Apresentam-se como conjunto de fonemas ou grafemas que, obedecendo a regras gramaticais de determinado idioma, consubstancia a mensagem expedida pelo sujeito emissor para ser recebida pelo destinatário, no contexto da comunicação.[14]

Os enunciados, portanto, têm existência concreta, o que ocorre mediante o suporte físico, e precisam estar bem construídos, pois a desordem interna priva-os de significação, não sendo considerados enunciados.

O enunciado estabelece uma relação, pois refere-se a algo do mundo exterior ou interior, de existência concreta ou imaginária, atual ou passada, que é o seu significado; suscita em nossa mente uma noção, idéia ou conceito; é a significação.[15] O Direito apresenta-se vertido num corpo de linguagem, nele encontramos enunciados. O Direito não é uma linguagem. Exprime-se e se manifesta por conduto de uma linguagem.

Transportando a relação triádica ou trilateral — suporte físico, significado e significação —, apresentada acima, ao Direito, teremos: o enunciado — suporte físico — é representado pelos textos legais, que se referem à região material da conduta — o significado, do qual retiramos um conceito correspondente a uma norma jurídica. A norma jurídica, portanto, consiste na significação. Paulo de Barros Carvalho enfatiza que "nunca é demais repetir que as normas jurídicas são as significações que a leitura do texto desperta em nosso espírito, e nem sempre coincidem com os artigos em que o legislador distribui a matéria, no corpo escrito da lei".[16]

Assim, a estrutura sintático-gramatical é o enunciado da norma jurídica. Porém, as

14. Paulo de Barros Carvalho, in "Formalização da linguagem — Proposições e fórmulas", *Revista do Programa de Pós-Graduação da PUC-SP*, p.143.

15. Paulo de Barros Carvalho, in *Língua e Linguagem — Signos Lingüísticos — Funções, Formas e Tipos de Linguagem — Hierarquia de Linguagens*, p. 4.

16. In *Curso de Direito Tributário*, cit., p. 153.

normas jurídicas têm uma estrutura lógico-sintática de significação. São juízos hipotéticos em que se enlaça certa conseqüência à realização condicional de determinado evento previsto no antecedente.

Como uma proposição é a significação de um enunciado, a norma jurídica constitui-se numa proposição prescritiva obtida por meio de todo o sistema jurídico no qual está integrada.

Tomando todo o ordenamento jurídico e realizando uma recomposição lógica, temos uma hipótese e uma tese ligadas por uma conexão. A hipótese é a parte da norma descritora de uma situação de possível ocorrência no mundo. A conseqüência prescreve uma relação deôntica.

Conforme mostrado linhas antes, o Direito expressa-se por intermédio de uma linguagem, possibilitando, assim, o seu estudo em três planos, quais sejam: o sintático, o semântico e o pragmático.

Juan Ramón Capella[17] explica que o estudo de qualquer linguagem pode conduzir-se em três níveis: no primeiro se consideram os signos lingüísticos independentemente do seu significado e da pessoa que os usa; é o nível sintático. Também podem relacionar-se os signos com entidades estranhas a eles, e então a relação examinada será com o seu significado e se tratará de uma investigação semântica, ou, se a relação é com o usuário da linguagem, consistirá numa investigação pragmática. Assim, no plano sintático, os signos são examinados nas suas relações mútuas, isto é, signo com signo; o plano semântico ocupa-se da relação do signo com o objeto que ele representa; e no pragmático os signos são vistos na relação que mantêm com os utentes da linguagem.

O estudo da estrutura lógica da norma jurídica situa-se no plano sintático. Aqui percebemos que tipo de termos tem e o modo de composição na construção de uma norma.

17. In *El Derecho como Lenguaje*, p. 22.

Em todas as normas jurídicas encontramos a mesma estrutura sintática, não obstante seu revestimento verbal não obedecer a uma forma-padrão. O importante, no entanto, para que determinado enunciado, ainda que assuma a forma descritiva, possa restar caracterizado como normativo é a possibilidade de sua reenunciação. Assim, traduzindo ou recompondo logicamente as diversas modalidades verbais, temos sempre: "se se dá um fato *F* qualquer, então o sujeito *S* deve fazer, ou deve omitir ou pode fazer ou omitir conduta *C* ante outro sujeito".[18]

Embora as proposições jurídicas sejam prescritivas (deônticas), e não meramente descritivas (apofânticas), podem ser enunciadas — e isso ocorre freqüentemente — sob revestimento verbal não-prescritivo.

Mas há sempre uma hipótese e uma tese. A estrutura interna é implicacional, ou seja, a hipótese implica a tese. Na hipótese há a descrição, sem valor veritativo, de possível situação fática no mundo fenomênico, cuja ocorrência realiza o descrito na hipótese, que desemboca na conseqüência. Juntas, a hipótese e a tese, compõem o arquétipo estrutural da norma jurídica.

Referindo-se à hipótese da norma jurídica, diz Lourival Vilanova[19] que consiste numa proposição descritiva de situação objetiva possível, é construção valorativamente tecida, com dados de fato, incidente na realidade e não coincidente com a realidade. A tese ou conseqüência da norma jurídica prescreve a relação que será estabelecida ante a realização da hipótese ou antecedente.

O agente produtor de normas pode livremente selecionar fatos e sobre eles fazer incidir hipóteses, sendo o conteúdo definido politicamente. No entanto, há sujeições formais que não podem ser superadas, "pode combinar-se uma só hipótese para uma só conseqüência, ou várias hipóteses para várias conseqüências, mas não se pode arbitrariamente constituir uma outra estrutura além dessas possíveis estruturas".[20]

Dentro das combinações acima, toda norma jurídica apresenta essa estrutura hipotético-condicional, o que consiste num limite sintático. Por isso dizemos que as normas jurídicas têm homogeneidade sintática e heterogeneidade semântica.

Do ponto de vista semântico também há um limite. A relação que se estabelece entre o suporte físico (palavra falada ou escrita) e o significado, que é a referência objetiva (o que prescreve a norma) tem um óbice intransponível ínsito ao Direito: "se for factualmente necessário, ou factualmente impossível uma conduta ou um fato, resultará um sem-sentido estatuir proposição normativa contraposta ao curso natural das coisas".[21]

A hipótese e a tese apenas significam um membro da norma jurídica completa. Consoante Lourival Vilanova, a norma jurídica completa possui estrutura dual: norma primária e norma secundária. Na norma primária, vimos que "dado o fato *A*, deve ser a conduta *B*". Já a norma secundária, que tem idêntica estrutura sintática, seria que "dado o descumprimento de *B*, deve ser a sanção *C*". Ou seja, não ocorrendo a prescrição da norma primária, então deve ter lugar uma relação jurídica asseguradora do cumprimento daquela primeira. Assim, o inadimplemento do dever contido na conseqüência da primeira norma, constitui a hipótese da segunda norma.

Lourival Vilanova sintetiza: "Cada proposição normativa (sublinhando o ente lógico 'proposição'), parte constituinte da proposição normativa total, mostra estrutura implicacional: se se dá um fato *F*, recolhido numa proposição *P*, um sujeito se põe em relação deôntica com outro sujeito: se se verifica conduta oposta (contrária ou complementar) à conduta estabelecida como

18. Lourival Vilanova, in *Estruturas Lógicas e o Sistema do Direito Positivo*, cit., p. 51.

19. Idem, ibid., p. 47.

20. Idem, ibid., p. 48.

21. Idem, ibid., p. 50.

deonticamente devida, formulada na proposição 'não-q', então outra relação de sujeito para sujeito, deonticamente especificada, vem a se estabelecer, recolhida na proposição *r*. Em síntese de linguagem formalizada: 'p-q', 'não-q-r'".[22]

Vista a norma jurídica completa, vale consignar que a relação implicacional entre a hipótese e a tese, tanto na norma primária como na norma secundária, opera-se por meio de um conectivo deôntico (dever-ser), que recebe o nome de dever-ser interproposicional, devido vir entre a proposição hipótese e a proposição tese. Sua ação é inapelável; ocorrendo o fato previsto, instaura-se a conseqüência de modo automático e infalível. O dever-ser interproposicional não se modaliza, esta característica pertence ao dever-ser intraproposicional, aquele contido no conseqüente da norma cujos modais são: permitido, obrigatório e proibido.

Por fim, cabe dizer que as normas jurídicas não têm pretensões veritativas, ou seja, valores de verdade, próprio das proposições descritivas. Limitam-se a valores de validade, as normas jurídicas são válidas ou inválidas, e não verdadeiras ou falsas. Deste modo é indiferente a verificação no mundo fáctico do previsto na norma, pois esta não deixa de ter validade porque não foi cumprida.

4.c Normas de comportamento e normas de estrutura

Tomando como elemento diferenciador o fato da norma jurídica servir ou não à produção de outras normas, podemos classificá-las,[23] em sentido aberto, como normas de comportamento e normas de estrutura.

As normas jurídicas não somente regulam a conduta humana por meio do estabelecimento de modais deônticos; também o fazem estabelecendo aquelas condutas que criam ou produzem as normas jurídicas. Tais normas determinam o processo de criação de outras normas e assentam o seu conteúdo.[24]

Assim, quem se coloca no interior do sistema jurídico percebe que o Direito regula a sua própria criação.[25] Pois, além das normas de conduta, em todo ordenamento existe um outro tipo de normas, chamadas de normas de estrutura ou de competência,[26] que se constituem em verdadeiras normas-sobre-normas. São as normas que não prescrevem a conduta que se deve ou não ter, mas como se devem criar outras normas. Estabelecem as condições e os procedimentos por meio dos quais surgem normas jurídicas válidas. Apartam-se das normas de comportamento ou de conduta porque a expressão do dever-ser intraproposicional, que se encontra no conseqüente de toda norma, não se modaliza em permitido, obrigatório e proibido:[27] é neutro. Em seu prescritor ou conseqüência, conforme sublinha Eurico

22. Idem, ibid., p. 65.

23. Para os objetivos do nosso estudo tal classificação se mostra extremamente importante. Como advertem Ricardo A. Guiborg, Alejandro M. Ghigliani e Ricardo V. Guarinoni, in *Introducción al Conocimiento Científico*, pp. 39 e 40, não há classificações verdadeiras nem falsas para cada objeto. Há, sim, classificações aceitas ou poucos conhecidas, úteis ou inúteis (para algum fim determinado), frutífera ou estéreis (em alguma determinada direção). Cada classificação, portanto, tem sua própria utilidade dentro de determinadas circunstâncias ou para certas pessoas ou funções.

24. Cf. Ulises Schmill O., in Introdução ao livro de Hans Kelsen, *Problemas Capitales de la Teoría Jurídica del Estado*, p. XX.

25. Hans Kelsen, in *Teoria Pura do Direito*, p. 30. Segundo Celso Ribeiro Bastos e Carlos Ayres Britto, "a auto-suficiência do direito radica-se na faculdade de dispor sobre o seu próprio modo de criação, modificação e extinção", in *Interpretação e Aplicabilidade das Normas Constitucionais*, p. 7.

26. Norberto Bobbio, in *Teoria do Ordenamento Jurídico*, p. 33.

27. "Quienes se encuentram de alguna maneta vinculados al lenguaje del derecho, de la moral o, en general, al lenguaje de las normas, manejan ciertas nociones como las de obligación, permisión y prohibición" (Delia Teresa Echave, Maria Eugenia Urquijo e Ricardo A. Guibourg, in *Filosofía y Derecho, Lógica, Proposición y Norma*, p. 119).

Marco Diniz de Santi,[28] não há relação jurídica, e sim relação jurídico-formal. Alguns autores chegam a afirmar que as normas de estrutura não se apresentam como juízos hipotéticos.[29]

As normas estatuidoras da produção normativa indicam o órgão e o procedimento a ser seguido para que sejam compostas normas jurídicas válidas. Representam para o sistema jurídico papel similar ao desenvolvido pelas regras gramaticais em determinado idioma,[30] pois na gramática é onde se encontram depositadas as normas para que as orações sejam construídas com sentido.

Como observa Norberto Bobbio, as normas de estrutura, embora de forma aberta, também regulam o comportamento: "As normas de estrutura podem também ser consideradas como normas para a produção jurídica: quer dizer, como as normas que regulam os procedimentos de regulação jurídica. Elas não regulam o comportamento, mas o modo de regular um comportamento, ou, mais exatamente, o comportamento que elas regulam é o de produzir normas".[31]

4.d Norma de estrutura do poder constituinte derivado

O poder constituinte derivado consiste numa regra de estrutura que estabelece como devem ser produzidas as Emendas Constitucionais. O art. 60 da Constituição Federal prescreve:

"Art. 60. A Constituição poderá ser emendada mediante proposta:

I — de um terço no mínimo, dos membros da Câmara dos Deputados ou do Senado Federal;

II — do Presidente da República;

III — de mais da metade das Assembléias Legislativas das unidades da Federação, manifestando-se, cada uma delas, pela maioria relativa de seus membros.

§ 1º. A Constituição não poderá ser emendada na vigência de intervenção federal, de estado de defesa ou de estado de sítio.

§ 2º. A proposta será discutida e votada em cada Casa do Congresso Nacional, em dois turnos, considerando-se aprovada se obtiver, em ambos, três quintos dos votos dos respectivos membros.

§ 3º. A emenda à Constituição será promulgada pelas Mesas da Câmara dos Deputados e do Senado Federal, com o respectivo número de ordem.

§ 4º. Não será objeto de deliberação a proposta de emenda tendente a abolir:

I — a forma federativa de Estado;

II — o voto direto, secreto, universal e periódico;

III — a separação dos poderes;

III — os direitos e garantias individuais.

§ 5º. A matéria constante de proposta de emenda rejeitada ou havida por prejudicada não pode ser objeto de nova proposta na mesma sessão legislativa."

O dispositivo acima deve ser recomposto e entendido dentro do contexto da Constituição Federal. Ele estabelece um órgão, prescreve a competência a ser desempenhada em sede material, e a forma.

A norma a ser introduzida por meio da emenda à Constituição, além de não poder ter qualquer conteúdo, haja vista que terá de observar a proibição contida nos incisos do § 4º, terá de obedecer a forma prescrita para a sua elaboração.

28. In *Lançamento Tributário*, p. 68.

29. Esta é a posição de Miguel Reale que, sobre as regras de organização ou competência, afirma: "O que as caracteriza é a obrigação objetiva de algo que deve ser feito, sem que o dever enunciado fique subordinado à ocorrência de um fato previsto, do qual possam ou não resultar determinadas conseqüências. Ora, não havendo a alternativa do cumprimento ou não da regra, não há que falar em hipoteticidade" (*Lições Preliminares de Direito*, p. 95).

30. Paulo de Barros Carvalho, in *Curso de Direito Tributário*, ob. cit., p. 87.

31. In *Teoria do Ordenamento Jurídico*, ob. cit., p. 45.

É da adequação à norma de estrutura, entendida nos seus sentidos formal e material, que a Emenda Constitucional retira a sua validade. A validade, portanto, deriva da relação da Emenda Constitucional com a própria Constituição Federal, uma questão preponderantemente sintática.

Os elementos que extraímos do art. 60 da Constituição Federal, são identificadores de uma Constituição rígida.[32]

As cláusulas pétreas, contudo, não significam rigidez constitucional em seu grau máximo. Os conceitos de cláusula imodificável e rigidez não se reduzem um ao outro.

Rigidez constitucional consiste na possibilidade de alteração da Constituição, só que por um processo especial com critérios mais difíceis que os atribuídos à feitura da lei ordinária.

Cláusula pétrea significa a impossibilidade de alteração de determinadas matérias contidas na Constituição — em léxico de Carl Schmitt seriam as decisões políticas fundamentais. O núcleo infranqueável da Constituição, portanto apartado do conceito de rigidez, que é franqueável, só que por um processo mais complexo.

Modificação de cláusula pétrea significa ruptura da continuidade constitucional. E revolução jurídica, institui-se Constituição nova por procedimento não previsto pelas normas de mutação constitucional.

Rigidez diz respeito à forma, procedimento. Já a cláusula pétrea é núcleo material, de conteúdo. Portanto, inconfundíveis.

Assim, a formulação da norma de estrutura do poder constituinte derivado seria:

a) *norma primária* — dada a elaboração de Emenda Constitucional, ela deve respeitar a forma prescrita, os princípios constitucionais e o conteúdo das normas situadas no art. 60, CF.[33]

b) *norma secundária* — se a forma, os princípios constitucionais, e as demais normas situadas na CF não forem respeitados, a Emenda Constitucional deve ser invalidada.

4.e Poder constituinte derivado e fato jurídico

Da atuação da norma jurídica de estrutura que estabelece o poder constituinte derivado surge a emenda à Constituição. Trata-se da fenomenologia da incidência.

Cumpre-nos que expliquemos esse fenômeno da norma jurídica transformar em fato jurídico o suporte fáctico.

A norma jurídica prevê certa situação factual que em face da incidência transforma-se em fato jurídico. Temos, portanto, a norma jurídica, o suporte fáctico e o fato jurídico.

Por meio da hipótese a norma jurídica descreve certa situação de possível ocorrência no mundo natural. A situação prevista representa o suporte fáctico, "aquele fato, ou grupos de fatos que o compõe, e sobre o qual a regra incide".[34] Segundo Marcos Bernardes de Mello,[35] a incidência é o efeito da norma jurídica de transformar em fato jurídico a parte do suporte fáctico que o Direito considerou relevante para ingressar no mundo jurídico.

O efeito da norma jurídica é a incidência, que, por sua vez, tem o efeito de juridicizar o fato, tornando-o jurídico. Dessa composição, que adquire existência através da

32. As Constituições rígidas segundo James Bryce: "(...) posueen una autoridad superior a la de las otras leyes del Estado y son modificadas por procedimientos diferentes a aquellos por los que se dictan y revocan las demás leyes" (*Constituciones Flexibles y Constituciones Rígidas*, p. 94).

33. O sentido e o alcance das vedações materiais devem ser sacados da análise sistemática de todo o texto constitucional. Nunca é demais lembrar que norma jurídica não se confunde com seu enunciado.

34. Pontes de Miranda, in *Tratado de Direito Privado*, p. 19.

35. In *Teoria do Fato Jurídico (Plano da Existência)*, p. 57.

linguagem (ninguém toca ou vê a incidência), decorre a eficácia legal.

Podemos conceituar a eficácia legal, portanto, como o efeito da incidência da norma vigente juridicizando o fato, fazendo-o jurídico.

Visto de outro ângulo, podemos afirmar que o fato jurídico consiste no efeito da eficácia legal.

Do primeiro momento desse fenômeno complexo que é a juridicização, ou seja, a norma juridicizando o fato tornando-o jurídico, podemos sustentar os conceitos de eficácia legal, suporte fáctico e fato jurídico.

Eficácia legal significa o efeito da incidência da norma jurídica juridicizando o fato.

Suporte fáctico é o fato bruto, base de incidência da norma jurídica.

Fato jurídico representa a parte do suporte fáctico que entra no mundo do Direito por meio da incidência da norma.

Num momento lógico posterior, o fato jurídico que entrou[36] no mundo do Direito propicia o surgimento de efeitos, que são as relações jurídicas ou normas jurídicas. Somente depois de gerado o fato jurídico, por força da incidência, é que poderemos falar de situações jurídicas e todas as espécies de efeitos jurídicos,[37] o que consiste na eficácia jurídica.

Não se pode confundir, portanto, a *eficácia legal*, da qual nasce o fato jurídico, com a *eficácia jurídica*, decorrente do fato jurídico já existente. Mirado num recorte lógico, podemos afirmar que uma pressupõe a outra.

Com efeito, se o fato jurídico faz nascer norma jurídica, o poder constituinte derivado, aqui entendido como o procedimento realizado, ou seja, a série de atos necessários para a postura da Emenda Constitucional, também significa fato jurídico, ou seja, fonte de normas constitucionais. O excerto de Lourival Vilanova aplica-se à situação: "As normas de organização (e competência), e as normas do 'processo legislativo', constitucionalmente postas, incidem em fatos e os fatos tornam jurígenos. O que denominamos 'fontes do direito' são fatos jurídicos criadores de normas: fatos sobre os quais incidem hipóteses fácticas, dando em resultado normas de certa hierarquia".[38]

Da incidência da norma jurídica que prevê o poder constituinte derivado, surge a emenda à Constituição. Na dinâmica jurídica, o procedimento de elaboração da emenda à Carta Magna, também chamado de poder constituinte derivado, representa fato jurídico, do qual decorrem normas constitucionais. Dito melhor: o órgão juridicamente qualificado pela Constituição Federal para produzir, mediante um procedimento, a Emenda Constitucional.

O processo constituinte derivado, criador da emenda à Constituição, consiste num fato complexo. O órgão competente somente o é por previsão normativa. O Direito consiste numa hierarquia de fontes normativas, onde a assembléia constituinte encontra-se no vértice, ou seja, representa a fonte superior, acima dos demais núcleos produtores de regras. O poder constituinte derivado é uma fonte abaixo da fonte superior.

Com efeito, não havendo a norma de estrutura que preveja o poder constituinte derivado, inexistirá fato jurídico; ausente o fato jurídico, não se cria a Emenda Constitucional.

Visto, assim, por seu carácter dinâmico, onde o Direito regula a sua própria cria-

36. "Não entra, sempre, todo ele. Às mais das vezes, despe-se de aparências, de circunstâncias, de que o direito abstraiu; e outras vezes de aparências, de formalismos, ou se reveste de certas circunstâncias, fisicamente estranhas a ele, para poder entrar no mundo jurídico"(Pontes de Miranda, in *Tratado de Direito Privado*, ob. cit., p. 20).

37. Marcos Bernardes de Mello, in *Teoria do Fato Jurídico (Plano da Existência)*, ob. cit., p. 20.

38. In *Causalidade e Relação no Direito*, pp. 21 e 22.

ção, na medida em que uma norma jurídica determina o modo de criação de uma outra norma, é possível perceber a importância dos fatos jurídicos (que surgem da incidência da regra) na gênese das normas.

Num sistema nomológico o desenvolvimento obedece à derivação de proposições básicas situadas no interior do sistema,[39] não é o caso do Direito. Este consiste num sistema nomoempírico prescritivo, aberto ao acrescentamento de outras normas, que surgem mediante fatos jurídicos juridicizados por outras normas.

Podemos, portanto, denominar o procedimento[40] do poder constituinte derivado como um fato jurídico criador de normas jurídicas constitucionais. Mas não se deve olvidar, no entanto, que não há fato jurídico sem norma jurídica. Sem esta um fato não adquire qualificação de fato jurídico. Os fatos jurídicos, portanto, são internos a cada sistema normativo; não há fato jurídico solto, alheio ao sistema. Longe do alcance da norma jurídica não existe fato jurídico, e sim, fato juridicamente neutro.

Por fim, e para justificar a caracterização principal do poder constituinte derivado como norma de estrutura, embora o seu procedimento possibilite caracterizá-lo como fato jurídico, é importante fixar que apreender algo juridicamente significa apreender algo como Direito, vale dizer: como norma jurídica ou conteúdo de uma norma jurídica, como algo determinado através de uma norma jurídica.

39. Lourival Vilanova, in *Sistema as Estruturas Lógicas e do Direito Positivo*, ob. cit., p. 117.

40. A lição do professor Eurico Marco Diniz de Santi, como sempre é rigorosa: "Considerando a importância do fato jurídico na constituição do conceito de validade e diante da imprecisão que enferma o termo 'procedimento', do qual o fato jurídico suficiente é o resultado final da série e pressuposto essencial para a postura de norma jurídica válida, propõe-se, para a definição do conceito de validade, a substituição da noção vaga de 'procedimento', enquanto conjunto de fatos ou atos que configuram o fato jurídico suficiente, pela mais técnica, precisa e que pressupõe este: 'fato jurídico suficiente'" (*Lançamento Tributário*, ob. cit., p. 62).

5. Existência e validade do produto do poder constituinte derivado

A validade de qualquer norma jurídica não se constitui num atributo que passamos deduzir intrinsecamente, ou seja, as normas jurídicas não são válidas em si: dependem do relacionamento da norma com as demais normas do contexto. A validade de uma norma, portanto, segundo lição de Tércio Sampaio Ferraz Júnior,[41] depende do ordenamento no qual está inserida.

Da incidência da norma jurídica que estabelece o poder constituinte derivado, surge a emenda à Constituição como o seu produto, que, por sua vez, consiste num suporte físico veiculador de normas jurídicas constitucionais. A emenda à Constituição significa o produto do fenômeno de produção normativa, veículo introdutor de normas jurídicas.

O surgimento de uma emenda à Constituição Federal, contudo, pode ocorrer regularmente ou não. Pontes de Miranda faz a distinção entre a existência, a validade e a eficácia das normas jurídicas. Para que uma norma exista, basta que ingresse no mundo jurídico, o que poderá ocorrer de forma regular ou irregular. Uma norma jurídica que ingressa no mundo jurídico irregularmente possui existência sem validade. Esta só ocorre quando a produção é realizada de forma regular pelos órgãos do sistema. Segundo o autor são três planos inconfundíveis: "o plano da existência em que o fato jurídico, inclusive a regra jurídica como fato é, ou não é; o da validade, em que o fato jurídico vale, ou não vale (= é nulo ou anulável); e o da eficácia que é o da irradiação do fato jurídico".[42]

41. In *Introdução ao Estudo do Direito*, p. 164.

42. In *Comentários à Constituição de 1967, com a Emenda n. 1 de 1969*, p. 620.

A explicação da existência e da validade de uma norma fica facilitada pela distinção entre suporte fáctico suficiente e suporte fáctico deficiente.

O suporte fáctico suficiente implica a existência da norma jurídica, deram-se as manifestações de vontade. Ao sofrer a incidência da norma jurídica, a parte relevante do suporte fáctico, já como fato jurídico, é transportada ao mundo jurídico, ingressando no plano da existência. Neste plano entram todos fatos jurídicos, não se cogitando, portanto, de invalidade ou eficácia, o que importa é a existência, a qual decorre do suporte fáctico suficiente.[43]

Tendo em mente apenas a eficácia legal, percebemos que esta ocorre quando se verifica suporte fáctico suficiente, possibilitando, assim, o surgimento do fato jurídico. A insuficiência do suporte fáctico implica não configuração do fato jurídico.

O suporte fáctico eficiente implica na validade da norma jurídica, em face do atendimento, corretamente, de todos os pressupostos. A eficiência, segundo Pontes de Miranda,[44] significa a afirmação de que o suporte fáctico não foi deficiente, satisfez todos os pressupostos. No plano da validade, conforme observa Marcos Bernardes de Mello,[45] o Direito fará a triagem entre o que é perfeito (que não tem qualquer vício invalidante) e o que está eivado de defeito invalidante, uma espécie de controle de qualidade.

Numa representação imaginária dos dois momentos, o da eficácia legal e o da eficácia jurídica, podemos dizer que a incidência apenas ocorre quando há suporte fáctico suficiente. A insuficiência impede a incidência. A incidência, contudo, pode ocorrer em duas situações distintas: 1) diante de suporte fáctico suficiente e deficiente, e; 2) diante de suporte fáctico suficiente e eficiente. O resultado, então, será: 1) fato jurídico suficiente e deficiente e; 2) fato jurídico suficiente e eficiente. Conforme o primeiro a norma existirá invalidamente; em face do segundo a norma terá existência com validade.

Vale assinalar que do suporte fáctico insuficiente não decorre norma jurídica, pois a gravidade do defeito impede o surgimento do fato jurídico.

Eis, em apertada síntese, o pensamento de Pontes de Miranda e Marcos Bernardes de Mello. A tarefa agora consiste em confrontá-lo com a lição de outros autores.

Segundo Paulo de Barros Carvalho, ser norma válida quer significar que mantém relação de pertinencialidade com o sistema "S", ou que nele foi posta por órgão legitimado a produzi-la, mediante procedimento estabelecido para esse fim.[46] Ou seja, conforme explica Lourival Vilanova, "do ponto-de-vista formal-jurídico, que todas tenham validade, isto é, relação de pertinencialidade. A pertinencialidade é um conjunto de condições de forma e de conteúdo, ou de forma somente, para uma proposição jurídica existir, isto é, ser válida — pertencer a um sistema jurídico 'S'"[47]

Do exposto no parágrafo anterior, notamos que validade significa o mesmo que existência em Pontes de Miranda e Marcos Bernardes de Mello.

Em Hans Kelsen encontramos a mesma situação, consoante o autor, "por validade queremos designar a existência específica de normas. Dizer que uma norma é válida é dizer que pressupomos sua existência ou obrigatoriedade para aqueles cuja conduta regula".[48]

43. Marcos Bernardes de Mello, in *Teoria do Fato Jurídico (Plano da Existência)*, ob. cit., p. 78.

44. In *Tratado de Direito Privado*, p. 3.

45. In *Teoria do Fato Jurídico (Plano da Existência)*, ob. cit., p. 79.

46. In *Curso de Direito Tributário*, ob. cit., p. 63.

47. In *As Estruturas Lógicas e o Sistema do Direito Positivo*, ob. cit., p. 242.

48. In *Teoria Geral do Direito e do Estado*, p. 36.

Por isso Paulo de Barros Carvalho[49] afirma que a validade se confunde com a existência, de sorte que declarar que uma norma existe implica reconhecer a sua validade, em face de determinado sistema jurídico.

No mesmo sentido é a lição de José Souto Maior Borges: "no plano normativo, a existência se confunde com a própria validade da norma. Uma norma será jurídica enquanto juridicamente vale. Conseqüentemente, a afirmação de que uma norma jurídica só existe enquanto é válida equivale à afirmação de que juridicamente a existência da norma se define pela sua validade. Existência e validade da norma jurídica são assim equivalentes. Demonstrar a existência da norma jurídica é demonstrar a sua validade. Existir é juridicamente ser válido. Dizer que uma norma jurídica existe significa o mesmo que afirmar a sua validade".[50]

O sentido da existência da norma jurídica, portanto, consiste na validade que recebe de uma outra norma hierarquicamente superior. Afirmar ser válida uma norma jurídica significa o mesmo que pronunciar que foi criada consoante outras normas do sistema no qual ela se insere, porquanto fora deste a norma jurídica não existe. A validade de uma norma, portanto, consiste num conceito relacional: revelador da relação[51] de subordinação existente entre uma norma em face de outra norma. Validade, é a existência específica de uma norma, o que resulta da sua postura em conformidade com a prescrição de outras normas.

A validade de uma norma independe do ato de vontade. Sem este a norma não se constitui, no entanto, a validade, qualidade específica sua, é decorrente da relação que tem ela no interior do sistema de normas, a validade não depende do fato de querer subjetivo.[52]

A norma jurídica válida mas que apresenta defeito na sua produção, poderá ser invalidada. Situação idêntica encontramos no conceito de existência em Pontes de Miranda, onde uma norma existente de forma inválida sujeita-se à invalidação.

No que pertine à norma produzida com regularidade, ou seja, sem defeito no processo de produção, tem-se que é válida com impossibilidade de invalidação. É o mesmo quadro que acontece no conceito de validade em Pontes de Miranda.

Ante os instrumentais apresentados, podemos mostrar as situações que podem surgir no processo de produção normativa.

Havendo suporte fáctico suficiente decorre norma jurídica. Suporte fáctico suficiente e eficiente constitui norma jurídica válida, produzida com correção, impassível de invalidação. Do suporte fáctico suficiente, porém deficiente, decorre norma jurídica válida, mas face defeito no suporte fáctico da norma de estrutura, fica passível de invalidação.[53]

A norma jurídica enquanto não invalidada por outra, continua pertencente ao sistema e, como tal, revestida de validade.[54] A não aplicabilidade da norma, por juízo de inconstitucionalidade, não opera a inexistência da norma, que permanecerá válida e podendo ser aplicada por outro órgão em outro caso.

49. In *Curso de Direito Tributário*, ob. cit., p. 64.

50. In *Obrigação Tributária — Uma Introdução Metodológica*, p. 48.

51. Relação significa "o modo de ser ou de comportar-se dos objetos entre si", Nicola Abbagnano, in *Dicionário de Filosofia*, p. 809.

52. "Quanto à gênese ou processo efetivo de formação, a norma depende do ato empírico de vontade; quanto à validade, independe. (...) O sentido objetivo de valer procede, porém, do sistema, cujas partes são normas válidas" (Lourival Vilanova, in "Teoria da norma fundamental — Comentários à margem de Kelsen", *Estudos em Homenagem a Miguel Reale*, p. 33).

53. Eurico Marcos Diniz de Santi, in "Validade, vigência, eficácia e aplicação das normas jurídicas", *Revista Direito*, p. 141.

54. Paulo de Barros Carvalho, in *Curso de Direito Tributário*, ob. cit., p. 64.

Tem-se por suficiente o suporte fáctico quando a norma pode ser reconduzida ao núcleo normativo instituidor do órgão e do procedimento. Foi criada pelo órgão competente, conforme procedimento estabelecido para esse fim. Acontece, porém, que a norma pode não retornar perfeitamente ao núcleo normativo originário, em face de defeito no processo de produção, por não atender a requisitos formais ou não se adequar às exigências materiais previstas para a produção. A criação da norma somente será perfeita quando forem cumpridos todos os requisitos de forma e procedimento, que são a competência e o conteúdo determinados na norma superior.

A suficiência do suporte fáctico decorre da ocorrência das fases necessárias à sua produção. Já suficiência com eficiência decorre quando além das fases necessárias à produção jurídica, estas ocorrem regularmente.

Existe validade das normas introduzidas por emendas à Constituição Federal quando produzidas pelo órgão competente, conforme certos requisitos de forma e procedimento previstos e conteúdo, ou seja, criação conforme a competência estipulada na Carta Magna. Pode ser invalidada, contudo, no caso de irregularidade no processo ou inadequação quanto ao conteúdo, ou seja, a matéria contida na Emenda Constitucional é incompatível com o conteúdo da norma da Constituição Federal. A irregularidade pode advir de dois caminhos: a) entre conteúdos, o da norma introduzida pela emenda é incompatível com o da norma Constitucional Federal; b) entre procedimento e conteúdo, o procedimento de elaboração da Emenda Constitucional é inadequado ao conteúdo de norma da Constituição Federal que prescreve o procedimento. O resultado dos vícios é um só: inconstitucionalidade, ou invalidade com efeitos *ex tunc*. Motivo: extrapolação da competência deferida pela Constituição Federal.

Seguindo o caminho seguro trilhado por Eurico Marco Diniz de Santi, podemos definir o conceito de validade como : "(...) a qualidade de norma jurídica pertencer a dado sistema jurídico positivo, em decorrência de haver sido produzida: (i) por sujeito competente e mediante (ii) fato jurídico suficiente para sua edição".[55]

O atributo de validade da emenda à Constituição, então, decorre do seu relacionamento com outra norma que lhe é supraordenada e da qual extrai o seu fundamento de validade, que é a Constituição Federal.

Diante disso, a emenda à Constituição, para ser válida e, por conseguinte, pertencer ao sistema do Direito Positivo, requer fato jurídico suficiente, ou seja, sua produção terá de ocorrer por órgão competente, por meio do procedimento adequado e conter determinado conteúdo.

O órgão competente é o Congresso Nacional, e o procedimento consiste na ação do órgão que é determinada pelo art. 60 da CF. Já o conteúdo, é informado de modo direto ou indireto pela Lei Fundamental, ora prescrevendo determinado conteúdo, ora vedando, ora permitindo.

Os critérios de validade de uma norma jurídica, portanto, são estabelecidos por outra norma superior pertencente ao sistema do qual ela faz parte, já que o Direito regula a sua própria criação como expôs Hans Kelsen: "Isso pode operar-se por forma a que uma norma apenas determine o processo por que outra norma é produzida. Mas também é possível que seja determinado ainda — em certa medida — o conteúdo da norma a produzir. Como, dado o carácter dinâmico do Direito, uma norma somente é válida porque e na medida em que foi produzida por uma determinada maneira, isto é, pela maneira determinada por uma outra norma, esta outra norma representa o fundamento imediato de validade daquela. A relação entre a norma que regula a produção de uma outra e a norma assim regularmente produzida pode ser fi-

55. In *Lançamento Tributário*, p. 62.

gurada pela imagem espacial da supra-infra-ordenação. A norma que regula a produção é a norma superior, a norma produzida segundo as determinações daquela é a inferior. A ordem jurídica não é um sistema de normas jurídicas ordenadas no mesmo plano, situadas umas ao lado das outras, mas é uma construção escalonada de diferentes camadas ou níveis de normas jurídicas".[56]

A posição que cada norma ocupa na escala do sistema é, em suma, relativa. A um tempo pode funcionar como sobre-norma e norma-objeto. À exceção dos pontos limites, criar uma norma é sempre ato de aplicação de outra norma. Os pontos limites são: a) a norma fundamental, que funciona como a última no regresso ascendente, não provém de outra, consiste em norma de construção sem ser de aplicação e b) o ato final de execução da conseqüência jurídica, que não dá margem a nenhuma outra norma.[57]

A norma fundamental jurisdiciza o fato constituinte, que é a base do veículo introdutor de normas denominado Constituição. A norma fundamental não é uma norma posta, mas pressuposta. Consiste em pressuposto gnosiológico da Ciência do Direito. A norma fundamental juridicizando o fato constituinte confere unidade e homogeneidade ao objeto, que é o conjunto das normas jurídicas válidas. Conforme elucida Paulo de Barros Carvalho, "para imprimir o caráter de uniformidade que toda ciência reclama, dá-se o corte metodológico da norma fundamental, concebida artificialmente para fazer da atividade constituinte um *factum* juridicamente hábil para instaurar nova ordem de Direito Positivo".[58]

A norma fundamental é um princípio epistemológico jurídico. Sem a norma fundamental ficaríamos no eterno regresso ao infinito, à procura da última norma, o que obstaria o começo da atividade cognoscitiva; ou o sacrifício do isolamento do objeto.

Podemos afirmar, portanto, que norma vem de norma, e que o ordenamento jurídico é um conjunto de normas jurídicas válidas. Uma norma só pertence a um sistema se pode ser conduzida à norma fundamental. Lourival Vilanova[59] anota que cada norma provém de outra norma e cada norma dá lugar, ao se aplicar à realidade, a outra norma. O método de construção de proposições normativas — continua o mestre — está estipulado por outras normas.

A norma fundamental, portanto, é o modelo de explicação para o ponto que confere homogeneidade às regras do Direito: a normatividade. Exerce a mesma função que os postulados num sistema científico.[60]

Mas a validade da norma jurídica fica condicionada à efetividade do ordenamento do ponto de vista global. Em função desse aspecto é que Roberto José Vernengo[61] somente admite a validade de uma norma quando a sua criação tenha ocorrido conforme procedimento previsto pelo ordenamento, que não tenha sido revogada e que o ordenamento jurídico seja suficientemente eficaz.[62]

56. In *Teoria Pura do Direito*, ob. cit., pp. 309-310.

57. "Apenas os atos pelos quais não se estabelece norma alguma podem ser mera aplicação do Direito. De tal natureza é a execução de uma sanção num caso concreto. Esse é um dos casos limítrofes mencionados cima. O outro é o da norma fundamental. Ela determina a criação da primeira constituição; mas, sendo pressuposta pelo pensamento jurídico, a sua pressuposição não é, ela própria, denominada por nenhuma norma superior, e portanto, não é aplicação de Direito" (Hans Kelsen, in *Teoria Geral do Direito e do Estado*, ob. cit., p. 138).

58. In *Curso de Direito Tributário*, ob. cit., p. 38.

59. In *As Estruturas Lógicas e o Sistema do Direito Positivo*, ob. cit., p. 109.

60. Norberto Bobbio, in *Teoria do Ordenamento Jurídico*, ob. cit., p. 62.

61. In *Curso de Teoría General del Derecho*, ob. cit., p. 156.

62. Ao incluirmos, nas condições necessárias para a validade da norma a eficácia do ordenamento tomado globalmente, não estamos tratando da eficácia da norma tomada isoladamente.

6. Os limites da reforma

Do ponto de vista sintático, ou seja, da relação das normas entre si, é possível fazermos a distinção entre normas-origem e normas-derivadas. As normas-derivadas remontam à norma-origem, porquanto devem ser editadas conforme esta determina. A Constituição Federal funciona como norma-origem para a produção da Emenda Constitucional. A emenda só poderá, validamente, introduzir norma constitucional quando for produzida segundo o processo específico, entendido inclusive as barreiras materiais, previsto na CF.

A validade de uma Emenda Constitucional, portanto, depende de seu relacionamento com as demais normas constantes na Constituição, são as chamadas *regras de admissão,* porquanto estabelecem os critérios de validade. A não observância das regras de admissão faz incidir *as regras de rechaço,* que estabelecem a maneira de uma norma perder a sua validade.

As regras de admissão de uma Emenda Constitucional, que significam a conformação total da norma de estrutura do poder constituinte derivado, podem ser classificadas como formais e materiais. Segundo Lourival Vilanova,[63] quando Kelsen observa que o sistema jurídico tem a particularidade de regular a sua própria criação, podemos traduzir em termos de sintaxe: o sistema de proposições normativas contém, como parte integrante de si mesmo, as regras (proposições) de formação e de transformação de suas proposições.

As regras formais de admissão significam que a Reforma Constitucional deve observar os incisos I, II e III, e os §§ 1º, 2º, 3º, e 5º do art. 60, da CF.

O processo de alteração constitucional terá de observar a iniciativa, o *quorum* especial, os turnos de votação, e a promulgação. Ainda inseridas no contexto formal, temos que o processo de mudança constitucional não poderá ocorrer em momentos de intranqüilidade, como na vigência de intervenção federal, estado de defesa ou de estado sítio. Há, também, uma espécie de vedação temporal prescrita no § 5º, do art. 60, que proíbe a retomada de discussão rejeitada ou havida por prejudicada na mesma sessão legislativa. Estas normas são o fundamento formal de validade da Emenda Constitucional. Funcionam como uma espécie de gramática constitucional, porquanto estabelecem como as emendas podem ser validamente construídas.

As regras materiais de admissão têm um sentido negativo, significam que a Emenda Constitucional não pode ter como conteúdo normativo as matérias insertas no § 4º do art. 60, da CF. Consistem num limite semântico, tendo em vista o âmbito de validade material da norma jurídica. São as cha-

Não admitimos a "desuetudo" (costume negativo) como forma de extinção de norma jurídica válida. A eficácia não atua como condição negativa de validade de uma norma jurídica. A única forma da ineficácia de uma norma singular atuar como fator de eliminação da sua validade, é a sua previsão ao sistema jurídico. Uma norma pode ser válida sem ser eficaz. O ordenamento jurídico tomado em seu conjunto só é válido se for eficaz.

No sistema brasileiro não se pode alegar, o desuso, costume ou prática contrária a uma norma, com o intuito de obter-se a sua anaplicação. O desuso constitui um dos casos de conflito ou discrepância entre o critério formal de validade jurídica e a pauta sociológica acerca do direito. Do ponto de vista jurídico, as normas vigentes não perdem sua força obrigatória pelo fato de não serem aceitas, nem pela formação de práticas que se oponham contraditoriamente ao que prescrevem.

63. As normas que estatuem como criar outras normas, isto é, as normas-de-normas, ou proposições-de-proposições, não são regras sintáticas fora do sistema. Estão no interior dele. Não são metasistemáticas. Apesar de constituírem um nível de metalinguagem (uma linguagem que diz como fazer para criar novas estruturas de linguagem) inserem-se dentro do sistema. Em rigor, uma norma N é metaproposição face à norma N.; esta norma N, face N., é, por sua vez, metaproposição" (Lourival Vilanova, in *Estruturas Lógicas e Sistema do Direito Positivo*, p. 109).

madas cláusulas pétreas. Conforme lição de Lourival Vilanova, "as Constituições positivas contêm preceitos cujo conteúdo é inviolável, normas imodificáveis por outras normas, quer ordinárias, quer normas de revisão constitucional".[64] Tais cláusulas, no entanto, não podem ser entendidas na sua literariedade. Como já observado, as normas jurídicas não são os enunciados, e sim, a significação que colhemos da sua leitura.

Destarte, quando no texto há a referência à forma federativa de Estado, significa dizer que a federação não pode ser objeto de emenda em toda a sua significação. Qualquer alteração no modelo competencial insculpido na Constituição implica alteração do pacto federativo. A subtração de parcela de competência do Município para designá-la à União ou aos Estados-membros, resultaria numa outra federação. A forma federativa do Estado brasileiro representa a maneira como está disposta na Constituição Federal, com toda a sua arquitetura competencial, que não pode, validamente, ser alterada. O significado das cláusulas pétreas só pode ser atingida dentro do contexto constitucional. O significado de base não serve. A separação de poderes, por exemplo, a ser respeitada pela emenda é a prescrita na Constituição em toda sua moldura. Alterar as funções de quaisquer dos poderes importa na feitura de uma nova Constituição, dar-se-á revolução jurídica,[65] porquanto haverá quebra da continuidade normativa. O mesmo podemos afirmar com relação aos direitos e garantias individuais, que não se esgotam na enumeração do art. 5º, porquanto podemos encontrá-los em outros enunciados do texto constitucional onde foram depositados.

Só por intermédio de uma revolução, entendida no seu significado jurídico, poder-se alterar as normas veiculadas pelo § 4º do art. 60 da Constituição Federal, ou seja: a forma federativa do Estado; o voto direto, secreto, universal e periódico; a separação dos poderes; e os direitos e garantias individuais. Contudo, os signos apontados não possuem significado em si mesmos, o sentido e o alcance das cláusulas imodificáveis só se tornam possíveis se sairmos do significado de base e adentrarmos no significado contextual, o qual decorre do relacionamento das normas no interior da Constituição.

A última asserção, acima, nos conduz a uma característica inafastável do Direito: projetar-se em sistema. Os elementos (repertório) de um sistema não convivem isoladamente nem justapostos. Uns implicam outros, uns são parte de outros e todos ingressam numa forma mais abrangente, numa estrutura total, que é o sistema. Os princípios constituem-se nos alicerces de um sistema jurídico, porquanto dão coerência e funcionam como critérios de interpretação e integração. Os princípios são normas jurídicas, possuem a mesma estrutura sintática, mas têm maior tinta axiológica. As normas jurídicas têm homogeneidade sintática e heterogeneidade semântica.

Dentro do sistema total, a Constituição representa um subsistema, portanto, os elementos da Constituição (normas = princípios e regras) não têm valor isoladamente, pois, como se inserem num sistema, condicionam-se reciprocamente, de sorte que não se pode interpretar uns sem ter presente a significação dos demais.

Por isso não podemos, sob pena de negar o caráter sistemático do Direito, tomar o significado das normas contidas no § 4º do art. 60 isoladamente. Ao exemplo do ordenamento jurídico em geral, uma Constituição também estrutura suas normas, do ponto de vista hermenêutico, escalonadamente. Não um escalonamento entendido como a hierarquia que se estabelece entre a norma constitucional e a norma infraconstitucional, onde esta encontra seu fundamento de validade, seu engate lógico, sua fonte

64. In *Teoria Jurídica da Revolução*, ob. cit., p. 22.

65. Cf. Lourival Vilanova, in "Teoria jurídica da revolução (anotações à margem de Kelsen)", *RDP*, 70.

geradora, naquela. A estrutura escalonadada no interior da Constituição deve ser vista e apreendida, apenas, do ângulo hermenêutico, pois em relação ao instrumento introdutor, todas possuem o mesmo *status* hierárquico: são normas constitucionais. Não há superioridade sintática entre as normas constitucionais, e sim, axiológica, portanto, semântica.

No momento interpretativo constitucional o sujeito cognoscente deverá observar que os valores jurídicos, depositados nas normas, também estão dispostos de maneira escalonada. Os princípios, normas jurídicas que veiculam os valores jurídicos mais caros, ocupam posição privilegiada dentro da Constituição.

7. A invalidação da emenda

A Reforma Constitucional não pode ir além de certo núcleo, porquanto se a Constituição resulta alterada em seus fundamentos, sem total obediência ao processo que ela mesma estabelece, temos em sentido jurídico-formal, uma revolução.

Assim, se há incompatibilidade, a norma introduzida pela emenda forçosamente é irregular, inconstitucional, está viciada, portanto, de nulidade absoluta. Não houve fato jurídico suficiente para a sua produção, porquanto a validade consiste em atributo de norma jurídica, mas que é conferido pelo fato jurídico que a engendrou.[66]

A inobservância das regras de admissão importa em inconstitucionalidade formal ou material da emenda. O termo inconstitucionalidade tem duas denotações: o vício e sanção. Significa a invalidação da norma constitucional introduzida pela emenda por meio dos processos previstos no próprio ordenamento jurídico, que garantem a supremacia da Constituição,[67] tendo em vista defeito grave na conformação do fato jurídico. A Constituição, como observa Eduardo García Enterría, "no sólo es una norma, sino precisamente la primera de las normas del ordenamiento entero, la norma fundamental, *lex superior*".[68] Qualquer instrumento introdutor da norma, portanto, só será válido, com impossibilidade de invalidação, se estiver composto conforme o prescrito na Constituição.

Norma invalida norma. Uma norma jurídica, portanto, só pode ser invalidada por outra norma jurídica. A norma que invalida uma outra norma possui a mesma estrutura de toda norma, ou seja, a forma hipotética, por isso a homogeneidade sintática.

A hipótese de incidência da norma invalidante descreve como fato a norma invalidada, delineada pelo motivo da invalidação, que é o defeito na sua formação (nulidade). Na conseqüência ou prescritor estarão estabelecidos os efeitos: deve ser a invalidade *ex tunc* da norma.[69]

A deficiência do fato jurídico capaz de ter como conseqüência a invalidade *ex tunc da* emenda pode ser, como visto, de duas ordens: formal ou material.

Não é suficiente, no entanto, que simplesmente se enuncie o princípio da nulidade de uma norma. É preciso assegurar a sua observância para manter o ordenamento jurídico, tal objetivo apenas é alcançado quando se atribui a um órgão para examinar em cada oportunidade se existe colisão entre normas, e aplicar a que reveste a hierarquia superior.[70]

66. Cf. Eurico Marco Diniz de Santi, in *Lançamento Tributário*, p. 63.

67. "A norma num sistema jurídico é válida até que o sistema, mediante outra norma válida, cancele sua validade" (Eurico Marco Diniz de Santi, in *Lançamento Tributário*, p. 64).

68. In *La Constitución como Norma y el Tribunal Constitucional*, p. 49.

69. Confira-se o primeiro livro de Eurico Marcos Diniz de Santi, in *Lançamento Tributário*, p. 64.

70. Cf. Alexandro E. Ghuigliani, in *Del Control Jurisdicional de Constitucionalidad*, pp. 2 e 3.

A competência para a produção da norma invalidante pertence ao Poder Judiciário,[71] que é o órgão investido de jurisdição de controle para deter a ilegitimidade constitucional e conferir prevalência à Constituição,[72] e pode tomar duas maneiras. Por meio da fiscalização concreta, que é exercitável num caso específico por qualquer juiz. A outra maneira consiste na fiscalização abstrata. Ou seja, a argüição direta da inconstitucionalidade nos termos do art. 103, da CF.

Assim, temos:

a) Pressupostos da norma invalidante da reforma constitucional

Os pressupostos para a edição da norma de invalidação, são: (i) motivo da norma, (ii) a autoridade competente e (iii) o procedimento previsto.

O motivo da norma invalidante consiste num fato de uma norma constitucional válida apresentar insuficiência na sua elaboração. O órgão competente é o Poder Judiciário. O procedimento pode tomar duas formas: difuso ou concentrado.

b) Elementos da norma invalidante da reforma constitucional

Podemos elencar como elementos da norma a hipótese e a tese.

Na hipótese, temos a motivação, enunciação do motivo da norma, no caso a descrição do fato jurídico configurado pela "existência" de uma norma constitucional válida que padece de vício.

Na tese ou conseqüência normativa, temos uma relação jurídica que prescreve a invalidação desta norma viciada, irradiando efeitos *ex tunc*, por se tratar de nulidade.[73]

8. Conclusão

O importante é observar que as emendas à Constituição sujeitam-se ao controle da constitucionalidade, porquanto se trata de produto fruto da incidência de um regra de estrutura. A alteração constitucional é programada pela própria Constituição, "se há ruptura da Constituição vigente, modificação dessa substância sem ser pelas vias que a própria constituição estabelece, há revolução, nada importando para o conceito jurídico de ruptura da continuidade constitucional que seja revolução de massas, de uma minoria dirigente, ou um golpe de Estado, cujos agentes são poderes constituídos".[74]

A feitura das normas jurídicas se faz por meio de normas contidas no própria sistema jurídico, que prescrevem qual o modo e qual o conteúdo que devem ter as normas criadas. Como adverte Lourival Vilanova,[75] as normas são criadas, entram em incidência, começam a vigência (o estar em vigor), são ab-rogadas por outras normas. Isso é, de resto, expressão da continuidade jurídica: nenhuma norma é posta sem norma prévia em que repouse seu fundamento de validade. Assim são feitas e refeitas as regras constitucionais, as leis ordinárias, os regu-

71. Discordamos do entendimento de Ronaldo Poletti quando afirma que "as limitações circunstanciais e formais parecem indicar matéria *interna corporis* Congresso", o que impediria a sua sindicabilidade pelo Poder Judiciário, in *Controle da Constitucionalidade das Leis*, p. 204.

72. Segundo Alf Ross "...los tribunales deben aplicar solo las regras de conducta creadas de acuerdo con las condiciones estabelecidas en las normas de competencia. Si no se han cumplido dichas condiciones, los tribunales deben dejar a un lado esas normas de conducta, por nulas" (*Sobre el Derecho y la Justícia*, p. 50.

73. Cf. Eurico Marco Diniz de Santi, in *Lançamento Tributário*, p. 22l.

74. Lourival Vilanova, in "Teoria jurídica da revolução", ob. cit., p. 40.

75. In "Teoria jurídica da revolução", ob. cit., p. 36.

lamentos, as resoluções e decretos, as sentenças e os múltiplos tipos e subtipos de negócios jurídicos, em direito público e em direito privado. Dentro do sistema, o grau normativo mais alto, como sabemos é a Constituição positiva.

A possibilidade do controle é amplamente aceita pelo Supremo Tribunal Federal.[76] Sob o pálio da atual Constituição Federal várias emendas já foram objeto de fiscalização da constitucionalidade.

É que o denominado poder constituinte derivado consiste numa regra de estrutura que estabelece a maneira como deve ser elaborada a Emenda Constitucional. A sua conformação traça a competência, definindo as balizas formais e materiais da função reformadora da Constituição.

Bibliografia

ABBAGNANO, Nicola, *Dicionário de Filosofia*, trad. de Alfredo Bosi, 2ª ed., São Paulo, Ed. Mestre Jou, 1982.

ARAÚJO, Luís Alberto David, "Os limites da revisão constitucional", *Revista da Associação dos Pós-Graduandos da PUC-SP* 3, 1993.

ASCENSÃO, José de Oliveira, *O Direito — Introdução e Teoria Geral*, 7ª ed., Coimbra, Livraria Almedina, 1993.

BANDEIRA DE MELLO, Celso Antônio, "Poder Constituinte", *Revista de Direito Constitucional e Ciência Política*, Rio de Janeiro, 1985.

BASTOS, Celso Ribeiro e BRITTO, Carlos Ayres, *Interpretação e Aplicabilidade das Normas Constitucionais*, São Paulo, Saraiva, 1982.

BOBBIO, Norberto, *Teoria do Ordenamento Jurídico*, trad. de Maria Celeste Cordeiro Leite dos Santos, Brasília/São Paulo, Ed. UNS/Polis, 1990.

BONAVIDES, Paulo, *Curso de Direito Constitucional*, 4ª ed., São Paulo, Malheiros Editores, 1993.

BORGES, José Souto Maior, *Obrigação Tributária — Uma Introdução Metodológica*, São Paulo, Saraiva, 1984.

76. Cf. Gilmar Ferreira Mendes, in *Jurisdição Constitucional*, pp. 154 e 155.

BRYCE, James, *Constituciones Flexibles y Constituciones Rígidas*, 2ª ed., Madrid, Instituto de Estudios Políticos, 1962.

CAPELLA, Juan Ramon, *El Derecho como Lenguaje*, Barcelona, Ed. Ariel, 1968.

CARVALHO, Paulo de Barros, *Curso de Direito Tributário*, 7ª ed., São Paulo, Saraiva, 1995.

____ *Língua e Linguagem — Signos Lingüísticos — Funções, Formas e Tipos de Linguagem — Hierarquia de Linguagens*, obra inédita.

____ "Formalização da linguagem — Proposições e fórmulas", *Revista Direito do Programa de Pós-Graduação da PUC-SP*, São Paulo, 1, 1995.

CANOTILHO, José Joaquim Gomes, *Direito Constitucional*, 5ª ed., 2ª reimp., Coimbra, Livraria Almedina, 1992.

ECHAVE, Delia Teresa; URQUIJO, Maria Eugenia; GUIBOURG, Ricardo A., *Filosofía y Derecho, Proposición y Norma,* Buenos Aires, Astrea, 1991.

ENTERRÍA, Eduardo García de Enterría, *La Constitución como Norma y el Tribunal Constitucional*, Madrid, Ed. Civitas, 1994.

FERRAZ JÚNIOR, Tércio Sampaio, *Introdução ao Estudo do Direito*, São Paulo, Atlas, 1991.

FRANCO, Afonso Arinos de Mello, *Curso de Direito Constitucional*, v. 1, Rio de Janeiro, Forense, 1968.

GUIBOURG, Ricardo A.; GHIGLIANI, Alejandro M., GUARINONI, Ricardo V., *Introducción al Conocimiento*, Buenos Aires, Eudeba, 1985.

KELSEN, Hans, *Teoria Pura do Direito*, 6ª ed., trad. de João Baptista Machado, Coimbra, Arménio Amado Ed., 1984.

____ *Teoria Geral do Direito e do Estado*, trad. Luís Carlos Borges, 1ª ed., brasileira, São Paulo, Martins Fontes, 1990.

MELLO, Marcos Bernardes de, *Teoria do Fato Jurídico (Plano da Existência)*, 7ª ed., São Paulo, Saraiva, 1995.

MENDES, Gilmar, *Jurisdição Constitucional*, São Paulo, Saraiva, 1996.

MIRANDA, Pontes, "Poder estatal, poder constituinte, poderes constituídos", *Revista Forense* 105, janeiro de 1946, ano XLIII.

____ *Tratado de Direito Privado*, t. I, 4ª ed., 2ª tir., São Paulo, Ed. RT, 1983.

____ *Tratado de Direito Privado*, t. IV, 4ª ed., São Paulo, Ed. RT, 1983.

____ *Comentários à Constituição de 1967, com a Emenda n. 1, de 1969*, t. III, 3ª ed., Rio de Janeiro, Forense, 1987.

POLETTI, Ronaldo, *Controle da Constitucionalidade das Leis*, Rio de Janeiro, Forense, 1995.

REALE, Miguel, *Lições Preliminares de Direito*, 7ª ed., São Paulo, Saraiva, 1980.

ROSS, Alf, *Sobre el Derecho y la Justicia*, trad. de Genaro R. Carriò, Buenos Aires, Editorial Universitária, 1994.

SALDANHA, Nélson, *Poder Constituinte*, São Paulo, Ed. RT, 1986.

SANTI, Eurico Marco Diniz de, "Validade, vigência, eficácia e aplicação das normas jurídicas", *Revista Direito* 2, 1995.

____ *Lançamento Tributário*, São Paulo, Max Limonad, 1996.

SCHAMILL, O., *Ulises. Introdución ao Livro de Hans Kelsen: Problemas Capitales de la Teoría Jurídica del Estado*, México, Ed. Porrúa, 1987.

TEMER, Michel. *Elementos de Direito Constitucional*, 11ª ed., São Paulo, Malheiros Editores, 1995.

VILANOVA, Lourival, *As Estruturas Lógicas e o Sistema do Direito Positivo*, São Paulo, Ed. RT, 1977.

____ *Causalidade e Relação no Direito*, 2ª ed., São Paulo, Saraiva, 1989.

____ "Teoria jurídica da revolução (anotações à margem de Kelsen)", *Revista de Direito Público* 70, abril/junho de 1984, ano XVII.

____ "Teoria da norma fundamental (comentários à margem de Kelsen)", *Estudos em Homenagem a Miguel Reale*, São Paulo, Ed. RT, 1977.

PRIVATIZAÇÃO E SERVIÇOS PÚBLICOS*

CELSO ANTÔNIO BANDEIRA DE MELLO
Professor Titular de Direito Administrativo da Faculdade de Direito da PUC/SP

Inicialmente, saúdo o Presidente da Mesa, ex-Presidente da Ordem dos Advogados do Brasil, senador Bernardo Cabral, assim como a meus colegas drs. Raimundo Falcão e Jacinto Coutinho, e agradeço a honra que me foi concedida através deste convite para falar em Encontro Nacional de Advogados brasileiros em momento tão delicado da vida do País.

Com efeito, momento tão delicado que o eminente professor Paulo Bonavides, hoje agraciado com a Medalha Rui Barbosa, reputou necessário, nesta mesma oportunidade, em alocução notável na qual certamente expressou sentimentos de toda a coletividade consciente da Nação, dirigir um apelo ao Chefe do Poder Executivo demandando-lhe que mantenha o País nas trilhas da civilização e abstenha-se de submergi-lo, como desgraçadamente vem ocorrendo, nas águas turvas de um "pseudomodernismo" neoliberal e globalizador, que só pode significar a desgraça dos países marginalizados, eufemisticamente referidos como países em via de desenvolvimento — caso típico do Brasil —, do mesmo passo em que atende apenas a conveniências dos países cêntricos e da finança internacional.

Falar em um Encontro Nacional de Advogados em uma oportunidade destas é sempre um privilégio, maiormente quando o tema a ser abordado, tal como aquele que me foi cometido — "Privatização e Serviços Públicos" —, tangencia questões intimamente imbricadas com aqueles mesmos tópicos a que acabo de me referir.

As expressões "privatização" e "serviços públicos" são, ambas, designativas de conceitos altanto vagos, altanto imprecisos. Sem embargo, para considerar dito tema necessita-se partir de alguma noção aclaradora do significado de cada um deles, para que se estabeleça, ao menos convencionalmente, identificação do objeto sobre o qual se discorrerá. Comecemos, pois, pelo serviço público.

Deixaremos de lado qualquer propósito de aprofundamento sobre as testilhas doutrinárias ao respeito de seu conceito. Sem embargo, não se pode deixar de registrar, quando menos, dois sentidos atribuíveis a tal expressão.

Um deles, de cunho antes sociológico que jurídico, foi cunhado por Léon Duguit,

* Palestra proferida na XVI Conferência Nacional dos Advogados, promovida pelo Conselho Federal da Ordem dos Advogados do Brasil, de 1 a 5 de setembro de 1996, em Fortaleza.

publicista notável e que foi o próprio fundador e chefe da chamada Escola do Serviço Público, segundo o qual serviço público é todo serviço que resulta da interdependência social e que, bem por isto, não pode ser assumido senão pela intervenção da força governante. Desta mesma compostura é a noção adotada pelo eminente e saudoso administrativista gaúcho Rui Cirne Lima, para quem serviço público é todo serviço existencial à coletividade em um momento dado e que, dessarte, necessita ser prestado pelo Poder Público.

A este tipo de formulação contrapõe-se outra, de natureza profundamente diversa, e que foi sustentada exemplarmente por Gaston Jèze, o mais notável discípulo de Duguit, que, censurando o caráter sociologista desta forma de conceber serviço público, propunha que dele se tivesse uma noção estritamente técnico-jurídica, de acordo com a qual serviço público é um processo técnico — e não o único — através do qual se satisfazem necessidades de interesse geral. Ao falar em processo técnico pretendia Jèze enfatizar que o que caracteriza o serviço público é o fato de ser prestado sob a égide de um regime jurídico específico, característico, marcado pela existência de prerrogativas de autoridade, consagradoras da supremacia do interesse público, bem como por restrições especiais, igualmente instituídas no interesse da coletividade. A importância da noção de serviço público é de imediato perceptível se considerarmos que é a partir dela que se separa o campo especificamente pertinente à atuação do Estado como protagonista da prestação, direta ou indireta, de certas atividades, havidas como ínsitas à sua esfera, daquel'outro campo que concerne aos particulares e que, nesta conformidade, haverá de ficar entregue à livre iniciativa, compondo o domínio próprio da atividade econômica.

Feitas estas anotações preliminares, formulo o conceito que me parece adequado, um conceito restrito, abrangente apenas dos serviços públicos administrativos. Serviços públicos seriam as atividades de prestação de utilidade ou comodidade material, singularmente fruíveis pelos administrados e submetidas a um regime específico de direito público, desempenhadas, pois, pelo Estado ou sob sua égide, por considerá-las atinentes a interesses integrados em sua esfera de ação própria. Constituem-se, então, em bens, *res extra commercium*. Logo, pertencem, por definição, ao setor público e estão nele inamovivelmente sediados. Em última instância, concernem à coletividade. Por isto, não podem ser privatizados, no sentido de que não podem ser erradicados da esfera pública, já que pertencem ao todo social. Isto não significa que não possam ser prestados por particulares. Significa, entretanto, que o titular deles é o Estado; que a senhoria sobre eles fica permanentemente retida em mãos do Poder Público; que as condições em que serão efetuados são ditadas e unilateralmente modificáveis a qualquer tempo por aquele a quem pertencem e que, por isto, podem ser retomados sempre que as conveniências públicas o demandarem. O particular prestador deterá apenas a execução material dos serviços, a ser efetuada nos termos e condições impostos pela autoridade estatal concedente de seu desempenho.

O Texto Constitucional brasileiro fornece indicações, ainda que não exaustivas, para o reconhecimento da existência e demarcação dos dois campos em que se divide o universo de atividades concernentes à prestação de utilidades e comodidades materiais, isto é, o campo de alçada do Estado e o dos particulares. Respectivamente, o dos serviços públicos e o da esfera econômica. É que a Lei Magna arrola inúmeros serviços como da alçada de pessoas públicas, do mesmo passo em que contempla expressamente como um dos fundamentos da ordem econômica a livre iniciativa e, entre outros princípios dela, o da livre concorrência, assim como delineia as hipóteses em que, em caráter excepcional, o Estado explorará a atividade econômica. Ou seja: o Texto Magno contrapõe serviços públicos, de um lado — campo específico de prestação estatal de serviços (que se submeterão ao regime especial aludido) —, e, de outro lado, ordem econômica — setor de livre prestação de serviços pelos particulares, onde imperará o regime da livre iniciativa, do direito privado, ficando ditas atividades meramente sujeitas aos condicionamentos e fiscalizações inerentes às normas públicas expressivas do chamado "poder de polícia" do Estado.

Alguns artigos merecem referência especial. Desde logo, de um lado, ou seja, no que concerne aos serviços públicos, o art. 2l, incisos X a XII (letras "a" a "f" deste último), pois ali se arrolam serviços cuja prestação se declara ser de competência da União — tais o serviço postal e o correio aéreo nacional, serviços de telecomunicações, de radiodifusão sonora, de sons e imagens, serviços e instalações de energia elétrica de qualquer origem e natureza, navegação aérea, aerospacial e infra-estrutura aeroportuária, transporte ferroviário e aquaviário entre portos brasileiros e fronteiras nacionais ou que cruzem os limites de Estado ou Território, transporte rodoviário interestadual e internacional de passageiros, serviços relativos a portos marítimos, fluviais e lacustres. De par com o art. 21 cumpre referir, ainda, o art. 25 e seu parágrafo único, atinentes à competência dos Estados, por força dos quais a estes pertencerão, em simetria com a competência federal, aqueles serviços que pertenceriam à União no caso de transporem limites de Estados, mas não os transpondo, e ultrapassando apenas os limites de Municípios, pertencerão aos Estados, bem como os serviços locais de gás canalizado que expressamente lhes foram atribuídos pelo § 2º do art. 25. Interessa mencionar ainda, como arrolador de serviços públicos, o art. 30, inciso V, atinente à competência municipal para a prestação do serviço de transporte coletivo, sem prejuízo de outros serviços de interesse local.

É bem de ver que tais arrolamentos não são exaustivos, mas, de todo modo, já correspondem a um campo predefinido.

Contrapostamente a tais serviços, outros assistirão aos particulares, visto que no art. 170 se consagra que a ordem econômica acolhe como um de seus fundamentos a "livre iniciativa" e, entre outros princípios, observará o da "livre concorrência" (inciso IV). Acresce que, nos termos do art. 173, ressalvados os casos previstos na Constituição, o Estado não poderá explorar atividade econômica, senão em face de imperativos da segurança nacional ou relevante interesse público, tal como estes vierem a ser definidos em lei.

Em suma: há determinados serviços que a Constituição já prefigurou como públicos. Há a previsão de que a atividade econômica é livre e que só em caráter excepcional, nas condições mencionadas, é que o Estado poderá explorá-la. Logo, os serviços que possam ser havidos como concernentes ao desempenho de atividade econômica constituem-se em esfera de ação própria dos particulares, e não do Estado. É claro que não se trata de um apartamento rígido, ou seja, reconhecível com nitidez e precisão absolutas, porquanto, além dos serviços públicos expressamente mencionados na Constituição, outros poderão ser instituídos. Donde, será o conceito algo vago, um tanto impreciso, de "atividade econômica" que determinará a linha divisória final entre as duas órbitas.

Uma vez que todo e qualquer serviço, aí incluídos os públicos, é suscetível de gerar proveitos econômicos ("exploração econômica") — pois, evidentemente, se não o fosse, não haveria sequer como outorgá-lo em concessão —, já se vê que não haveria como apartar "atividade econômica" de serviço público tomando como base esta aptidão para gerar lucros, proveito econômico. Sem embargo, a distinção constitucional proposta é entre atividade econômica e serviços públicos.

Assim, não há outro meio de reconhecer o que é atividade econômica, e, conseqüentemente, de identificar limites à criação de serviços públicos, senão recorrendo à "concepção geral da Sociedade", em dado tempo, sobre quais as atividades nela havidas como meramente econômicas, próprias então dos particulares, em oposição àqueloutras igualmente tidas, pelo mesmo critério, como típicas do Estado.

Cumpre, aqui, abrir parênteses para um aclaramento. Nada há de surpreendente em tal fluidez ou em tal recurso às "concepções da Sociedade". Se bem observarmos, este é fenômeno corrente e moente em Direito; absolutamente comum e inafastável. Toda vez que as normas jurídicas falam em moralidade pública, em segurança pública, em ordem pública, em tranqüilidade pública, em urgência — para tomarmos apenas noções das mais correntias —, o sentido delas é sempre dado pela concepção social vigente, já que, em si mesmas, não trazem consigo precisão significativa bastante para delimitação de contornos rígidos, objetivamente determináveis, em um grande número de casos, para não se falar em sua variabilidade no tempo e no espaço. Assim, será a "interpretação" de tais conceitos, a qual é feita inexoravelmente com base na intelecção que ditas palavras sugerem ao espírito do intérprete em dado local e tempo histórico, que lhes vai conferir precisão operacional.

Com efeito, já se disse que o que se aplica não é o Direito, mas a interpretação que dele se faz. Em rigor, o Direito jamais tem ou poderia ter outro conteúdo senão aquele mesmo que resulta da intelecção que se faça de suas palavras. Donde, a remissão a tal intelecção é pura e simplesmente uma contingência essencial, e não acidental ou casual. Diga-se, de passagem, que tais observações não significam confundir os planos do "ser" e do "dever-ser", cuja distinção foi tão adequada e certeiramente enfatizada por Kelsen, ao anotar que as normas e (portanto) o Direito alocam-se no plano ôntico do "dever-ser", sujeitando-se ao critério da "imputação", e não ao da "causalidade", a qual é pertinente ao mundo do "ser" e das realidades empíricas. Estes dois mundos são efetivamente irredutíveis, governando-se por critérios distintos.

O que se passa não é a confusão entre ambos, mas coisa diversa; a saber: o Direito só pode aplicar-se (cumprindo sua função) como resultado de uma mediação entre a norma e a realidade, que é efetuada pelo Homem, intérprete, aplicador, o qual pertence ao mundo do ser, no qual está inserido e embebido por todas as circunstâncias envolventes. Logo, a intelecção que faz do conteúdo do "dever-ser" transmitido nas normas é aquela que traduz esta mesma inserção (e outra seria impossível). Donde, será sempre expressiva dos condicionantes inerentes à sua condição própria e, pois, de sua imersão no caldo da concepção social correspondente a um dado tempo histórico e espaço, com as inflexões relativas a suas pessoais circunstâncias, também estas, de resto, envoltas pela ambiência coletiva, isto é, pela "concepção geral da Sociedade".

Fechados estes parênteses, pode-se, então, dizer que esta que foi indicada — e nenhuma outra — é a forma de se separar atividade econômica de serviço público, repudiando-se formalmente o critério absurdo, por visceralmente inconsistente, como visto, de identificar atividade econômica como sendo aquela que produz lucros ou que enseja sua produção. Estas averbações que se vêm de fazer sobre o discrímen em causa também demonstram outra coisa: o despropósito de se falar em "serviços públicos econômicos" para referir a exploração de atividade econômica quando feita pelo Estado, pois isto implicaria colocar sob um mesmo rótulo atividades sujeitas a regimes jurídicos distintos — o de serviço público e o de exploração de atividade econômica —, retirando, então, qualquer préstimo jurídico ao conceito de serviço público, além de borrar a antítese terminológica indicada pela própria Constituição (serviço público, de um lado, e exploração de atividade econômica, de outro) — procedimento, este, que o exegeta avisado trataria expeditamente de evitar, a todo transe.

Delineados, assim, os contornos da idéia de serviço público, cumpre, agora, proceder a semelhantes intentos no que concerne à expressão "privatização", pondo em realce as confusões que vêm sendo provocadas por um uso inadequado de tal terminologia.

No Direito brasileiro a lei que veio regular as privatizações — Lei 8.031, de 12.4.90 — não está reportada a serviços públicos, mas a atividades estatais de "exploração econômica", conforme se depreende, notadamente, de seu art. 2º e respectivo § 3º. Ou seja: o que entra em pauta, sob tal nome, é a transferência de empresas estatais exploradoras de atividade econômica para o setor privado. A professora Maria Sylvia Zanella Di Pietro, em livro muito interessante sobre *Parcerias da Administração Pública*, recentemente editado, anota que a expressão "privatização" tem sido usada em sentidos variados e, às vezes, demasiado amplos, ressaltando que esta voz vem sendo empregada inclusive para referir a adoção de assuntos vetustos — como é o caso da concessão de serviços públicos — os quais, ao contrário do que resultaria do sentido natural ou técnico da palavra "privatização", não trazem consigo a idéia de que a atividade em questão deixe de ser pública e passe a ser privada.

Com efeito, não há novidade alguma, nem privatização alguma, na concessão de serviços ou de obras públicas a particulares. É certo, apenas, que as sobreditas concessões, durante um certo período, entraram em relativo desuso, pois tais atividades, ao invés de serem prestadas pelo sobredito meio, passaram a sê-lo mediante empresas públicas ou sociedades de economia mista criadas pelo Estado para tal fim. Este movimento, entre nós, à época, deu, mesmo, azo a um artigo que haveria de se tornar famoso, da lavra de Bilac Pinto, intitulado "O declínio das concessões de serviço público e o advento das modernas empresas públicas". Tal fenômeno haveria de ser exasperado durante o período de duração do golpe militar de 1964, quando, a todo propósito, eram instituídas empresas governamentais com ou sem lei, das quais muitas tinham como objetivo a prestação de serviços públicos e muitas outras visavam a uma desatada e inconstitucional exploração de atividade econômica pelo Estado. Presentemente há uma completa reversão de tal tendência, mas isto não significa "privatização".

Com efeito, "privatizar" quer dizer erradicar do setor público dada atividade, para torná-la, a partir daí, atividade privada, isto é, própria dos particulares, pertencente ao domínio jurídico destes, o que equivale a dizer: a) integrada no campo próprio da livre iniciativa — logo, de exercício livre, "independentemente de autorização de órgãos públicos, salvo os casos indicados em lei", para usar da linguagem do parágrafo único do art. 170 da Constituição Federal; b) conseqüentemente, alocada em setor insuscetível de exploração direta pelo Estado, salvo quando imperativos da segurança nacional ou relevante interesse público, tal como definidos em lei, o autorizem, conforme determina o art. 173 do mesmo diploma superior; e c) liberta da sujeição a qualquer planejamento público com força impositiva, o qual, se existir, terá, para ela, caráter meramente indicativo, a teor do art. 174 da Lei Magna.

Nada se pode objetar à devolução ao setor privado de atividades que efetivamente lhe concernem — as de exploração de atividade econômica —, desde que não estejam em pauta empresas essenciais à segurança nacional ou a interesses públicos relevantes, como no caso da Cia. Vale do Rio Doce ou da Petrobrás. Também nada haveria a objetar ao retorno das concessões de serviços ou obras públicas a particulares, sobretudo se o Estado, carente de recursos, não pode manter atualizadas e eficientes suas empresas ou se não as pode controlar de maneira a impedir o uso clientelístico que delas tradicionalmente se faz, conquanto — repita-se, enfaticamente — não esteja em pauta, nesta última hipótese, o tema de privatização propriamente dita.

Se sob o rótulo de "privatização" se referem medidas perfeitamente justificáveis ou simplesmente indispensáveis, como a devolução à órbita privada de empresas exploradoras de atividade econômica, freqüentemente inúteis e — pior que isto — dispendiosas, ou, então, concessões de serviços públicos, procedimentos muitas vezes necessários para viabilizar ou agilizar serviços desta espécie insatisfatoriamente prestados por empresas estatais (mesmo não se tratando, nesta última hipótese, como visto, de privatizações propriamente ditas), *ipso facto*, confere-se à mencionada expressão uma conotação positiva, isto é, simpática, porque rotuladora de comportamentos aplausíveis, prezáveis, merecedores de acolhimento por toda a Sociedade. Sem embargo, embalada nesta aura de compreensível prestígio, vem, de contrabando, trazida com ela, toda uma série de idéias e correlatas providências que, longe de concorrerem para o benefício da coletividade, como tão bem acentuou o professor Paulo Bonavides, disseminam as teses de um neoliberalismo, ou seja, de um absenteísmo do Estado e do progressivo enfraquecimento, quando não desmantelamento, de seu aparelho.

Ora, tais idéias e, pior ainda, as ações delas consectárias são absolutamente incompatíveis com a situação de um País vitimado por notórias mazelas próprias de um subdesenvolvimento profundo cujas expressões mais visíveis são um desnível econômico levado ao paroxismo. Momentaneamente ficaram como que em suspenso a tese e a antítese, de cujo embate se produziria a síntese. Daí que não mais se pode ouvir senão o cântico monocórdio entoador de loas à globalização, ao neoliberalismo e, afinal, ao seu filho ungido: a privatização.

É sob a égide de tais fatores que o Brasil governamental de hoje se retrai inteiramente das preocupações sociais e abraça uma política econômica e um projeto de reformas antinômico aos valores que presidiram a Constituição-cidadã, a Constituição de 1988. Então, mesmo em sua vigência, sem pejo algum, desenvolve-se uma linha de conduta que faz *tabula rasa* do que ali está proclamado. Nada significa, então, o fato de a Lei Magna estabelecer em seu pórtico, isto é, no art. 1º, que a cidadania, a valorização da dignidade humana, os valores sociais do trabalho, são fundamentos da República, nem desperta qualquer comportamento conseqüente a regra do art. 2º, na qual são estabelecidos como objetivos fundamentais, entre outros, os de construir uma sociedade livre, justa e solidária, de erradicar a pobreza, a marginalização, e reduzir as desigualdades sociais e regionais. Assim também, não vem sendo conferido qualquer efeito prático ao comando da cabeça do art. 170, onde se lê que a ordem econômica está fundada não apenas na livre iniciativa, mas também na valorização do trabalho, e que sua finalidade é assegurar a todos uma existência digna, conforme aos ditames da justiça social. Outrossim, nas ações governamentais não é dada qualquer ressonância à exigência constitucional de que a ordem econômica obedeça, entre outros princípios que ali se declaram obrigatórios, aos da busca do pleno emprego (cf. inciso VIII do mesmo art. 170) e da redução das desigualdades sociais e regionais (consoante previsto no inciso VII). Inversamente, o que se vê é o crescimento de uma legião de miseráveis, alimentado pelo desemprego, em relação ao qual não se oferece combate algum, mas se incrementa, por obra de uma política neoliberal, de tal sorte que mesmo na cidade tida como a mais rica do País — São Paulo — cresce assustadoramente o número de miseráveis, de sem-teto, que se abrigam sob seus inúmeros viadutos, ou que neles cavam ocos para entocar-se como animais, ou que, simplesmente, vegetam sobre os jardins e praças públicas. Não é de estranhar então, que a criminalidade cresça alarmantemente e que os meninos de rua, progressivamente transformados em marginais de periculosidade crescente, proliferem em ritmo superior ao que se conhecia no passado, de tal maneira que a questão social converte-se, antes, em fonte geradora da necessidade crescente do combate à delinqüência, de resto altamente insatisfatório, como seria inevitável. Com isto, por obra de uma política inconstitucional, poder-se-ia pensar que está a sufragar implicitamente a frase proferida em outros tempos e atribuída a Washington Luiz, segundo a qual "a questão social é um caso de polícia".

É certo que todos estes males já têm uma longa história, não nasceram neste instante, o que, a toda evidência, desautorizaria lançar sobre as costas do atual Governo a responsabilidade por eles, assim como não se pode pretender que, em um passe de mágica, saneie nossas mazelas. Sem embargo, é igualmente certo que se constitui em dever seu, pelo menos, não agravar tais mazelas, desenvolver uma política social decidida, alocar preferencialmente recursos para áreas da educação, saúde e assistência social, instrumentar o Estado fortalecendo seu aparelho, recusar uma política econômica propiciatória de desemprego e da desnacionalização, concentrar suas energias no fortalecimento da cidadania. Ora, isto parece ser exatamente o oposto de sua linha de atuação, comprometida que está, de um lado, com as teses em voga e, de outro, com preferenciais esforços em interesses políticos menores, como o da reelegibilidade do Presidente, da imposição de regras que enfraquecem o espaço das oposições ou que podem propiciar ao Executivo condições mais favoráveis de influência sobre as decisões judiciais — caso das súmulas vinculantes —, ou que deprimem o prosperar de uma vivência democrática e, conseqüentemente, da evolução e difusão de uma consciência de cidadania, pois, inconstitucionalmente, substitui-se ao Legislativo, usurpa seu papel, governando através de medidas provisórias, com o quê transforma o regime do País, convertendo-o, grotescamente, no único Estado dirigido mediante normas expedidas em prestações mensais, geralmente iguais e sucessivas.

É certo, sem dúvida — e em inúmeras ocasiões costumo frisar este fato, por sua grande importância —, que o Brasil, desde o ano de 1500, quando de sua descoberta, até os dias de hoje, viveu quase sempre à margem da democracia. É claro que dela não haveria cogitar em épocas históricas mais recuadas — ou seja, durante o período do Brasil-Colônia. Também não a conheceu, naturalmente, ao longo do Império. Mas, infelizmente, ao tempo da chamada República Velha, das eleições "a bico de pena", não haveria falar-se verdadeiramente em democracia. Nem se poderia imaginá-la em seguimento à Revolução de 30, ao largo da ditadura getulista. Com a queda dela e com a Constituição de 1946 foi que pela primeira vez o País pôde experimentar a vivência de uma democracia política, mesmo assim maculada pelo expurgo de deputados, cabendo ainda anotar que democracia social o Brasil não conheceu em dia algum de sua história. Ora bem, a democracia política, entretanto, mal-iniciada, haveria de durar apenas cerca de 18 anos, porque em 1º de abril de 1964 — não por acaso o dia da mentira — os militares, açulados por civis habitualmente perdedores nas eleições, saíram dos quartéis e assomaram o Poder, açambarcando-o. Esta ditadura castrense terminaria por findar-se ao cabo do Governo Figueiredo, o último da seqüência de militares. Com freqüência se diz que a sua derrocada deveu-se a um movimento de inconformismo popular que se exponenciou, abicando nas manifestações conhecidas como das "Diretas já", quando, nas ruas, os populares gritavam: "O povo não é bobo, abaixo a rede Globo", "Democracia já", e outros *slogans* expressivos de sua insatisfação ou de que identificavam seus inimigos e os comprometidos com a ditadura. Não creio nisto. Antes entendo que o regime implodiu. Já estava corroído por dentro, pois não mais convinha, não mais respondia eficientemente aos interesses de seus fautores, isto é, das classes conservadoras do País, de tal sorte que já vinha se esboroando, definhando, diluindo-se até acabar.

Em verdade, apenas acabaram as formas exteriores dele. Desapareceu a fisionomia ostensivamente autocrática — que, aliás, nem mais exibia convincentemente em seus últimos tempos. Sem embargo, persiste redivivo sob outra roupagem, camuflado em maneirismos sutis — e já agora agravado no que concerne ao descaso absoluto com as preocupações de ordem social e, muito visivelmente, no que atina à preservação de interesses nacionais básicos, pois se embala no canto de sereia da "globalização", que vende uma mensagem desnacionalizadora por excelência. Mesmo na esfera da ordem puramente institucional o que estamos tendo é a simples substituição do autocratismo, manifestado por via dos decretos-leis, pelas ainda mais desatadas "medidas provisórias", que são expedidas em um defluxo incontido, a revelar de maneira explosivamente clara que o Executivo continua a dirigir o País a seu bel-prazer, inconstitucionalmente, sem respeitar os limites condicionantes do uso de tal providência e sem se importar com o fato de que usurpa, dessarte, as funções legislativas, próprias do Congresso Nacional e, dessarte, o transforma em um apêndice quase inútil e dispendioso, prestante para acudir às aspirações e projetos, inclusive pessoais, do Chefe do Poder Executivo. Claro está que tudo isto foi possível em razão do histórico a que se aludiu, da ausência de uma experiência real de democracia, da ausência de uma consciência de cidadania.

Assim, continuamos, como dantes, a contar apenas com 18 anos de democracia, pois a direção do País via decretos-leis ou via medidas provisórias, como hoje ocorre, não pode ser chamada de democrática. Antes, retrata uma ditadura, embora despida daqueles aspectos mais execráveis, quais os de constranger diretamente as liberdades públicas e individuais. Sem embargo, em termos de funcionamento institucional é, ainda assim, uma ditadura. Ademais, substancialmente, em seu ideário, a ditadura presente reproduz, em larga escala, os mesmos interesses do passado — o das classes conservadoras dominantes, cuja prevalência esmagadora caracteriza quase toda a nossa história. Deveras, ao findar-se o regime militar, pouco depois, as mesmas forças políticas que o engendraram e o sustentavam cooptaram, nas últimas eleições, muito eficientemente, alguns dos segmentos mais representativos da antiga Oposição. Assim, uma facção partidária cujo nome pretiro não declinar — chamemo-la de "Partido dos Intelectuais" —, cujos integrantes cumpriram relevante papel no passado, ao assomar ao Poder, longe de cumprir o ideário que dantes proclamava, transformou-se em caudatária dos mesmos grupos e idéias que combatia. Foi, como dito, cooptada pelos que pareciam derrotados. É tão manifesto este fenômeno, tão ostensivo, que até as mesmas pessoas físicas egressas do regime anterior ou vinculadas umbilicalmente à ditadura militar são hoje, igualmente, figuras estelares e ocupam posições de relevo no atual Governo ou comparecem como aliados preciosos, tratados com a correspondente reverência. É que, no substancial, se identificam.

Igualam-se em sua adesão ao "neoliberalismo" político e econômico, igualam-se nos aplausos à "globalização", coincidem no propósito de um Estado "mínimo", esquecidos de que os mesmos países que exportam tais concepções superaram carências na área social à custa de muito intervencionismo nestas esferas e de que também de há muito, graças a isto, oferecem a suas populações um sistema de seguridade eficiente. As velhas forças reacionárias e seus aliados recém-convertidos àquele ideário coincidem também no desejo de desarticular o organismo do Estado, em enfraquecer as garantias do servidor público, cuja persistência é necessária para que possam atuar tecnicamente, com independência assecuratória da impessoalidade da máquina administrativa, exigida pelo Texto Constitucional. Concordam, outrossim, em que convém reduzir os benefícios já tão insatisfatórios da Previdência Pública. Finalmente, identificam-se no uso de meios tortuosos para manter avidamente o controle do Poder.

A "privatização" é apresentada como sendo a consecução de tudo isto. Sob tal rótulo, pois, tanto se abriga a retirada do Estado daqueles setores econômicos, propriamente ditos, nos quais se achava malalocado quanto a outorga, em concessão a particulares, da execução de serviços públicos que as empresas estatais não mais tinham ou não mais têm condições de prestar satisfatoriamente, seja por falta de recursos, seja por outras razões, quanto todo o restante do ideário "neoliberal" e "globalizador".

Eis por que consideramos indispensável, depois de expor noções técnicas sobre serviço público e privatização, proceder, em uma segunda parte, a esta longuíssima digressão. Com efeito, pareceu-nos que o tema que nos foi assinado deveria ser, a final, correlacionado ao quadro geral em que se encarta, para que o reconhecimento, quase que generalizado, da boa procedência de algumas medidas tomadas sob a égide da terminologia "privatização" não valha como aval de todo o restante que também se propõe ou se faz sob este mesmo nome. Dessarte, ficam não apenas feitas as devidas ressalvas, mas, sobretudo, ficam denunciados os males e perigos que este termo genericamente engloba.

JURISPRUDÊNCIA

SUPREMO TRIBUNAL FEDERAL

RE 163.224-6-SP-Pleno

j. 9.11.94

Recorrente: Estado de São Paulo

Recorrido: Bruno de Souza Galvão

Ementa: Constitucional. Administrativo. Servidor público. Proventos e vencimentos: acumulação. CF, art. 37, XVI, XVII.

I — A acumulação de proventos e vencimentos somente é permitida quando se tratar de cargos, funções ou empregos acumuláveis na atividade, na forma permitida pela Constituição. CF, art. 37, XVI, XVII; art. 95, parágrafo único, I. Na vigência da Constituição de 1946, art. 185, que continha norma igual à que está inscrita no art. 37, XVI, CF/88, a jurisprudência do STF era no sentido da impossibilidade da acumulação de proventos com vencimentos, salvo se os cargos de que decorrem essas remunerações fossem acumuláveis.

II — Precedentes do STF: RE 81.729-SP, ERE 68.480, MS 19.902, RE 77.237-SP, RE 76.241-RJ.

III — RE conhecido e provido.

ACÓRDÃO

Vistos, relatados e discutidos estes autos, acordam os Ministros do STF, em Sessão Plenária, na conformidade da ata do julgamento e das notas taquigráficas, por maioria de votos, conhecer do recurso e lhe dar provimento, vencido o Sr. Ministro Marco Aurélio, que dele não conhecia. Votou o Presidente. Ausente, ocasionalmente, o Sr. Ministro Sepúlveda Pertence.

Brasília, 9 de novembro de 1994. Octávio Gallotti, Presidente. Carlos Velloso, Relator.

RELATÓRIO

O Sr. Ministro Carlos Velloso: Bruno de Souza Galvão, investigador de polícia aposentado, impetrou mandado de segurança contra ato do Presidente da Comissão Permanente de Acúmulo de Cargos da Secretaria do Estado de São Paulo, que considerou ilegal o acúmulo de proventos de sua aposentadoria com os vencimentos de professor da Secretaria de Educação do Estado, e contra ato do Chefe do Departamento de Despesa de Pessoal da Secretaria da Fazenda do Estado, que determinou a suspensão do pagamento das aulas ministradas e, também, contra ato da Diretora da EEPSG, consubstanciado na proibição do impetrante de continuar no exercício do cargo de professor.

A sentença de fls. 46/49 julgou "procedente a ação para conceder a segurança e anular o ato que considerou ilegal a acumulação e garantir ao impetrante todos os direitos, inclusive pecuniários, decorrentes do exercício das funções de professor de matemática".

A Terceira Câmara do Tribunal de Justiça do Estado de São Paulo, por unanimidade, negou provimento ao recurso oficial, entendendo que não houve violação ao art. 37, XVI, da Constituição Federal, pois "nada há a impedir o exercício de cargo ou função pública em acumulação com proventos de aposentado".

Inconformada, a Fazenda do Estado de São Paulo interpõe recurso extraordinário, com fundamento no art. 102, III, *a*, da Constituição Federal.

Alega a recorrente que o acórdão violou o inciso XVI do art. 37 da Carta Magna, pois a acumulação em questão refoge às exceções expressamente admitidas pelo referido dispositivo. Ressalta que essa norma deve ser interpretada restritivamente e que a decisão recorrida contraria não só as hipóteses previstas, mas também os princípios constitucionais norteadores da Administração Pública. Sustenta ser anadmissível qualquer acumulação não prevista pela Constituição Federal.

O recurso foi admitido na origem.

O ilustre Subprocurador-geral da República, Dr. Antonio Fernando Barros e Silva de Souza, oficiando às fls. 116/127, opina pelo provimento do recurso, tendo em vista que o acórdão recorrido contrariou o disposto no art. 37, XVI, da Constituição Federal.

É o relatório.

VOTO

O Sr. Ministro Carlos Velloso (relator): O acórdão recorrido decidiu pela legitimidade constitucional da acumulação de cargo ou função pública com proventos de aposentado. Está no acórdão:

(...) Existe precedente deste Egrégio Tribunal, acórdão oriundo da Egrégia Segunda Câmara, Rel. Des. Urbano Ruiz, onde, com apoio em ensinamento de José Afonso da Silva e Celso A. Bandeira de Mello, os doutos julgadores concluiram que afora não se poder "construir proibições onde não existem", "hoje é possível acumular sem restrições proventos — isto é, o que se recebe na condição de aposentado com vencimentos de cargo, função ou emprego que exerça, isto porque o aposentado não exerce cargo algum" (in apelação 132.997.1) (fl. 89).

O acórdão argumentou no sentido de que o art. 37, XVI, da Constituição, "estabelece restrições taxativas, e, entre elas, nada há a impedir o exercício de cargo ou função pública em acumulação com proventos de aposentado".

Sustenta-se, no recurso extraordinário, que o acórdão violou o disposto no art. 37, XVI, da Constituição Federal, que não admite a acumulação de proventos com a remuneração pelo exercício de outro cargo. Afirma o recorrente que a proibição de acumulação é a regra geral e a situação do recorrido não se enquadra em qualquer das exceções previstas na Constituição (art. 37, XVI; art. 95, parágrafo único, I; art. 128, II, *d* e art. 17, §§ 1º e 2º, ADCT), que são as únicas admissíveis. Sustenta-se, também, que a vedação da acumulação questionada justifica-se pelo caráter democrático da Constituição de 1988, a garantir "o valor do trabalho (inc. IV ao art. 5º), a busca do pleno emprego (inc. III do art. 170) e o objetivo da justiça social (art. 193)".

Examinemos o recurso.

A Constituição de 1946, dispondo a respeito do tema, estabelecia: "Art. 185. É vedada a acumulação de quaisquer cargos, exceto a prevista no art. 96, I, e a de dois cargos de magistério ou a de um destes com outro técnico ou científico, contanto que haja correlação de matérias e compatibilidade de horário".

A exceção prevista no art. 96, I, referida no art. 185, acima transcrito, dizia respeito à possibilidade de o juiz exercer a função de professor.

A Constituição de 1967 prescrevia: "Art. 99. É vedada a acumulação remunerada de cargos e funções públicas, exceto: I — a de juiz com um cargo e professor; II — a de dois cargos de professor; III — a de um cargo de professor com outro técnico ou científico; ou IV — a de dois cargos privativos de médicos. § 1º. Em qualquer dos casos, a acumulação somente será permitida quando houver correlação de matérias e compatibilidade de horários. § 2º. A proibição de acumular estende-se a cargos, funções ou empregos em autarquias, empresas públicas e sociedades de economia mista. (...) § 4º. A proibição de acumular proventos não se aplica aos aposentados, quanto ao exercício de mandato eletivo, quanto ao de um cargo em comissão ou quanto a contrato para prestação de serviços ou especializados".

A Constituição de 1988 estabelece, a seu turno: "Art. 37. (...) XVI — é vedada a acumulação remunerada de cargos públicos, exceto, quando houver compatibilidade de horários: a) a de dois cargos de professor; b) a de um cargo de professor com outro técnico ou científico; c) a de dois cargos privativos de médico; XVII — a proibição de acumular estende-se a empregos e funções e abrange autarquias, empresas públicas, sociedades de economia mista e fundações mantidas pelo Poder Público".

No que toca aos magistrados, a regra é a inscrita no art. 95, parágrafo único, I, da Constituição.

Verifica-se, portanto, que as disposições inscritas nas Constituições de 1946, art. 185, e de 1988, art. 37, XVI, são iguais. Por muito tempo, discutiu-se, sob o pálio da CF/46, no STF, se seria possível a acumulação de proventos da aposentadoria com vencimentos de cargo público. A jurisprudência da Corte Suprema, a princípio, foi vacilante. Todavia, dá notícia o eminente Ministro Xavier de Albuquerque, no voto que proferiu no RE 81.729-SP, que, quando do julgamento dos ERE 68.480 e do MS 19.902, o Plenário pôs "termo à hesitação das Turmas, manifestada em acórdãos discrepantes, que a acumulação de proventos e vencimentos somente era permitida, mesmo no regime da Constituição de 1946, quando se tratasse de cargos, funções ou empregos legalmente acumuláveis na atividade" (*RTJ* 75/325). O acórdão do citado RE 81.729-SP, julgado em 5.9.75 e relatado pelo sr. Ministro Xavier de Albuquerque, ficou assim ementado:

1) Acumulação. A de proventos e vencimentos somente era permitida, mesmo no regime da Constituição de 1946, quando se tratasse de cargos, funções ou empregos legalmente acumuláveis na atividade. Não se podendo reconhecer, no caso, tal direito, dispensa-se a indagação sobre se sobreviveria ele à Constituição de 1967.

2) A estabilidade do art. 177, § 2º da Constituição de 1967 pressupõe investidura regular no cargo, função ou emprego de que se tratar.

3) Recurso extraordinário não conhecido (*RTJ* 75/324).

No RE 77.237-SP, relator o sr. Ministro Rodrigues Alckmin, o STF decidira, em Turma, em 7.6.74:

Ementa: Funcionário público. Acumulação de proventos do cargo de Fiscal de Rendas com vencimentos do cargo de Advogado do Estado. Inexistência de direito adquirido. Ilegalidade da acumulação. Direito de opção. Recurso extraordinário conhecido e provido em parte (audiência de publicação de 19.6.74).

Destaco do voto do sr. Ministro Rodrigues Alckmin, proferido no RE 77.237-SP, acima indicado:

Devo acrescentar, quanto à acumulação de vencimentos e proventos mesmo na vigência da CF de 1946, que não era, ela, de admitir-se. No RE 72.722-GB, julgado por esta Primeira Turma, em 21.9.73, tive a oportunidade de ponderar:

Destaco, das contra-razões da União, o seguinte trecho (fls. 127): "(...) mesmo no regime da Constituição de 1946, a acumulação era vedada não só aos funcionários em atividade como também aos aposentados. Assim, aliás, decidiu esse Pretório Excelso no recurso em mandado de segurança 8.886 (*DJ* de 7.5.64, p. 212)".

Do voto proferido pelo eminente Ministro Víctor Nunes Leal, no aludido julgado destacamos o seguinte trecho, bastante elucidativo: "Reconheço que a questão não está imune de dúvidas. Sabemos todos que há parlamentares, acumulando subsídios com proventos de aposentadoria em cargos que não eram magistério. Um ex-Presidente da República recebeu, com atraso, proventos de reserva cumulativamente com o subsídio da investidura representativa. Parece-me também que a mesma acumulação se permitiu a um militar embaixador. Eu próprio pleiteei, como advogado, e obtive do Supremo Tribunal, mediante interpretação do Código de Vencimentos, que um militar da reserva acumulasse seus proventos com o exercício e os vencimentos de cargo dirigente de uma autarquia. Entretanto, meditando mais profundamente sobre o problema, convenci-me de que essa acumulação é inadmissível em face do art. 185 da Constituição, para cuja interpretação também se deve recorrer ao art. 182, § 5º, referente aos militares. O art. 185 só permite a acumulação de dois cargos de magistério, ou de um cargo de magistério com outro de natureza técnica, mas não autoriza a acumulação de dois cargos técnicos. Que esse regime se estende à acumulação de proventos de inatividade a própria Constituição o diz, em relação aos militares, no art. 182, § 5º, e assim o decidimos, no ano passado, no caso do General Pio Borges (MS 9.339, de 25.7.62, *DJ* de 27.12.62, p. 874). Em *relação aos servidores civis, no plano federal, a lei ordinária dispõe no mesmo sentido*" (Estatuto, art. 192, *d*) (grifei).

Com efeito, o art. 185 da Constituição de 1946 não comportava, *data venia*, a interpretação preconizada pelo recorrente.

Já o insigne Pedro Lessa, ao se pronunciar sobre norma idêntica contida na Constituição de 1891, ensinava: "O legislador constituinte não vedou somente a acumulação de dois ou mais cargos remunerados. *Vedou por mais forte razão a acumulação de duas ou mais remunerações, uma das quais correspondente a um lugar atualmente exercido, e a outro, ou as outras, percebidas a título de apojubilação ou reforma.* Se o legislador proibiu ao indivíduo válido acumular o exercício de dois cargos remunerados, como havia de tolerar que o inválido, o incapaz de trabalhar, o inapto para o exercício de função pública, além de perceber a sua aposentadoria, ainda receba vencimentos pelo exercício de um cargo ilegal de um cargo que não podia ocupar? (in *Revista do Supremo Tribunal Federal*, v. 2, p. 200)" (grifei).

No mesmo sentido a opinião do acatado Themístocles Brandão Cavalcanti: "A proibição de acumulação compreende não só o exercício simultâneo mas também a simples percepção dos seus proventos. É um princípio consagrado porque decorre dos próprios fundamentos do instituto" (*Tratado de Direito Administrativo*, v. IV, p. 295).

Acrescento que, no MS 19.902, acompanhei o voto do eminente Ministro Oswaldo Trigueiro, que dava pela ilegitimidade da acumulação na vigência da CF/1946, opinião a que aderiram, salvo equívoco, os eminentes ministros Xavier de Albuquerque, Antônio Neder, Bilac Pinto e Luiz Gallotti.

Conheço do recurso, assim, e lhe dou provimento em parte, julgando a causa, tão-somente para que ao recorrido impetrante se assegure o direito de opção, no prazo que o Executivo fixar.

É meu voto.

No MS 19.902-DF, relator para o acórdão o sr. Ministro Oswaldo Trigueiro, referido pelo sr. Ministro Xavier de Albuquerque, no RE 81.729-SP, decidiu o STF, em 8.11.72, pelo seu Plenário:

> Funcionário. Aposentadoria em cargo inacumulável. Ilegitimidade da acumulação dos proventos da inatividade com os vencimentos do cargo que exerce. Pedido de segurança indeferido (*RTJ* 71/10).

No seu voto, o saudoso Ministro Oswaldo Trigueiro reportou-se ao voto que proferiu nos ERE 68.480, afirmando:

> (...) Pelos fundamentos do voto que ali proferi, e que junto por cópia, entendi não ser permitida — *ex vi* do disposto no art. 185 da Constituição Federal de 1946, nos arts. 189 e 192 da L. 1.711 e nos arts. 10, 12 e 16 do D. 35.956 — a acumulação de proventos de aposentadoria federal com vencimentos de cargo estadual (*RTJ* 71/13).

O acórdão dos ERE 68.480-SC, relatado pelo sr. Ministro Oswaldo Trigueiro, porta a seguinte ementa:

Ementa: Acumulação. A acumulação de proventos e vencimentos somente é permitida quando se trate de cargos legalmente acumuláveis na atividade. Embargos conhecidos e recebidos (julgamento de 9.11.72).

No seu voto, o eminente Ministro Oswaldo Trigueiro deixa expresso que "a Constituição de 1946, a Lei 1.711 e o Decreto 35.956, certamente, proibiam a acumulação na inatividade, quando não permitida na atividade". Mais: "O acórdão embargado parte do pressuposto de que, na vigência da Constituição de 1946, inexistia a vedação de acumular vencimentos e proventos. *Data venia*, penso que essa proibição, implícita no texto constitucional, estava expressa na Lei 1.711 e no Decreto 35.956, através de normas cuja validade me parece incontestável". Invocou, ao cabo, a opinião de Themístocles Cavalcanti, no sentido de que "a proibição de acumulação compreenda não só o exercício simultâneo mas também a simples percepção dos seus proventos. É um princípio consagrado porque decorre dos próprios fundamentos do instituto" (*Tratado de Direito Administrativo*, v. IV, p. 295).

No julgamento do RE 76.241-RJ, relator o sr. Ministro Moreira Alves, decidiu o STF:

> Acumulação. Na vigência da Constituição Federal de 1946, era vedada acumulação de subsídios decorrentes de mandato parlamentar com proventos de aposentadoria. Precedentes mais recentes do STF. MS 19.902, ERE 68.480, RE 78.948 e RE 67.894.
>
> RE conhecido e provido (*RTJ* 83/791).

No seu voto, o eminente Ministro Moreira Alves deixou expresso:

> (...) Atualmente, em face das decisões do plenário deste Tribunal, nas quais se enfrentou o mérito do tema, firmou-se a jurisprudência de que, na vigência da Constituição de 1946, não era possível a acumulação de proventos com vencimentos, salvo se os cargos de que decorrem essas remunerações fossem acumuláveis (*RTJ* 83/795).

A jurisprudência do STF, portanto, interpretando norma constitucional — art. 185 da Constituição de 1946 — igual à que está inscrita no art. 37, XVI, da Constituição de 1988, era no sentido de que a acumulação de proventos e vencimentos somente é permitida quando se trate de cargos legalmente acumuláveis na atividade.

Esse sempre foi, aliás, o meu entendimento.

Quando nomeado para esta Corte, ocupava o cargo de Ministro do Superior Tribunal de Justiça, com cerca de trinta e cinco anos de serviço. À época, existia parecer do Consultor-Geral da República, aprovado pelo Presidente da República, no sentido da licitude da acumulação de vencimentos com proventos. Não acolhi a sugestão de alguns no sentido de aposentar-se no cargo de Ministro do STJ e empossar-me no cargo de Ministro do STF. Requeri, expressamente, exoneração do cargo de Ministro daquela Corte. Isto, porque, repito, sempre entendi que a acumulação de proventos e vencimentos somente é permitida quando se trate de cargos legalmente acumuláveis na atividade.

Tenho como acertada a lição do professor Ivan Barbosa Rigolin, a dizer que "o que se proíbe é o duplo ganho, mas é exatamente isso que parece interessar ao servidor aposentado que volta a ocupar posto público, e nesse sentido entendemos, a partir da nova Carta, proibida tal acumulação, se remunerada" (*O Servidor Público na Constituição de 1988*, Saraiva, 1989, p. 159). Divirjo do prof. Ivan Barbosa Rigolin, entretanto, num ponto: não estendo a afirmativa, em termos radicais, à acumulação de proventos com vencimentos de cargos em comissão, declarados em lei de livre nomeação e exoneração, dado que, com relação a estes, a sistemática é diferente. Esta questão, entretanto, não é objeto da presente ação, de modo que a sua discussão, no caso, não é pertinente.

O que não é possível é a acumulação de proventos com vencimentos de cargos efetivos, cargos de carreira.

Não procede a afirmativa no sentido de que a Constituição apenas veda a acumulação de cargos públicos. Que a Constituição é expressa no estabelecer tal acumulação, não há dúvida. Partir dessa proibição para a afirmativa no sentido de que a Constituição permitiria a acumulação de proventos com vencimentos, é ir longe demais. O que deve ficar esclarecido é que deveria ser expressa a permissão excepcional, a acumulação de proventos com vencimentos, dado que a proibição está implícita na vedação expressa. É que os proventos decorrem, sempre, de um cargo exercido na atividade. Se a regra é a proibição de acumulação, a permissão, que é exceção, há de ser expressa, há de ser escrita. Escrevendo sob o pálio da Constituição de 1946, esclareceu o professor Haroldo Valadão: "Se tivesse em vista fazer tais exceções, deveria a Constituição ter usado outra locução que não acumulação de quaisquer cargos ou, a manter esta, deveria ter excetuado, expressa e declaradamente, os subsídios, os proventos da inatividade e os soldos qual fez para o magistério e os cargos técnico-científicos. Conservando a mesma redação na regra geral, redação que constantemente abrangeu os casos apontados, redação de significado conhecido no país, e não abrindo para estes disposição especial, quis, por certo, o constituinte de 1946 permanecer firme com a orientação dominante do direito pátrio no assunto" (Haroldo Valadão, Parecer, 20.5.48, *RDA* 15/304, p. 335).

É que, no magistério do professor Valadão, "vedando a acumulação de quaisquer cargos, foi o texto constitucional o mais amplo, usando a palavra 'acumulação' sem restrições, a abranger e impedir, portanto, todas as formas de acumulação, e, assim, quer de exercício quer de remuneração" (ob. e loc. cits., p. 336). Como já acentuamos, e a lição é, ainda, do prof. Valadão, "a aposentadoria e a reforma são dadas, também, num certo cargo ou num determinado posto, sendo o funcionário inativo, professor aposentado da Faculdade *X*, Ministro aposentado do Tribunal *J*, contra-almirante reformado, general reformado etc. É que a aposentadoria e a reforma acham-se, também, ligadas diretamente ao cargo ou ao ponto do inativo, como direito ou vantagem dele conseqüente. Os aposentados são funcionários públicos de uma categoria especial, são funcionários inativos" (ob. e loc. cits., p. 339).

De fato. A aposentadoria encontra disciplina na Constituição e nas leis dos servidores públicos. A Constituição estabelece os casos de aposentadoria e o tempo de serviço necessário a sua obtenção (CF, art. 40), estabelecendo, mais, que "os proventos da aposentadoria serão revistos, na mesma proporção e na mesma data, sempre que se modificar a remuneração dos serviços em atividade, sendo também estendidos aos inativos quaisquer benefícios ou vantagens posteriormente concedidos aos servidores em atividade, inclusive quando decorrentes da transformação ou reclassificação do cargo ou função em que se deu a aposentadoria, na forma da lei" (art. 40, § 4º). No que concerne aos servidores federais, a Lei 8.112, de 1990, disciplina a aposentadoria nos arts. 185, § 1º, 186 a 195. Os servidores públicos aposentados não deixam de ser servidores públicos: são, como bem afirmou Haroldo Valadão, servidores públicos inativos. A proibição de acumulação de vencimentos com proventos decorre, na realidade, de uma regra simples: é que os vencimentos, que são percebidos pelos servidores públicos ativos, decorrem de um exercício atual do cargo, enquanto os proventos, dos aposentados decorrem de um exercício passado. Ambos, entretanto, vencimentos e proventos, constituem remuneração decorrente do exercício — atual ou passado — de cargos públicos, ou de empregos e funções em autarquia, empresas públicas, sociedades de economia e fundações mantidas pelo poder público (CF, art. 37, XVI e XVII, art. 40). Por isso mesmo, essa acumulação de vencimentos e proventos incide na regra proibitiva, porque ambos — vencimentos e proventos — constituem remuneração decorrente do exercício de cargo público. E a Constituição, no art. 37, XVI, ao estabelecer que "é vedada a acumulação remunerada de cargos públicos", observadas as exceções por ela previstas, está justamente vedando a acumulação decorrente do exercício de cargos públicos.

Registre-se, de outro lado, o elemento histórico, a conspirar contra a tese dos acumuladores. Em trabalho que escreveu sob o tema, o prof. Caio Tácito anotou que "as acumulações remuneradas nasceram no Brasil, como herança recebida da corte portuguesa, na qual o privilégio de poucos monopolizava os empregos públicos" e que "Barbalho mostrou, em página célebre, como a acumulação remunerada era fruto originário do validismo palaciano (*Comentários à Constituição Federal Brasileira*, 1902, p. 339)" (Caio Tácito, "Acumulação de cargos na Constituição do Brasil", *RDP* 7/16). Já no Império, procurou-se impedir o duplo ganho no serviço público. Proclamada a República, a proibição foi constitucionalizada (CF/1891, art. 73). Os interesses, entretanto, lembra Caio Tácito, eram enormes. Surgiram, então, as exceções, mas o STF, "em inúmeros acórdãos, declarou, repetidamente, a inconstitucionalidade das acumulações", lembra o ilustre publicista. Não obstante as exceções que os acumuladores sempre imaginavam, na 1ª República, muita vez com sucesso, certo é que, a partir de 1930 "voltaria, porém, a mentalidade de saneamento de mal secular. O Decreto 19.576, de 8.1.1931, estabelece norma severa contra as acumulações remuneradas, tornando-se ilícitas, salvo, temporariamente, as funções de magistério, ou deste com cargo técnico ou científico", esclarece o autor. A regra, então, da vedação da acumulação remunerada, persiste na Constituição de 1934 e nas Constituições seguintes, certo que o sentido da proibição sempre foi o de impedir o duplo ganho, a dupla remuneração, assim na linha da lição de Carlos Maximiliano, citada por Haroldo Valadão: "Em suma: não se acumulam cargos; pouco importa que sejam federais, estaduais ou municipais; nem proventos, quer eles resultem de aposentadoria, jubilação ou reforma, quer se denominem ordenado, gratificação, soldo, subsídio, emolumentos ou custas (ob. cit., p. 826)" (Haroldo Valadão, ob. e loc. cits., p. 332).

Tenho, pois, como acertado o parecer do ilustre Subprocurador-Geral Antônio Fernando de Souza, quando escreve:

> (...)
>
> 24. Ora, se é a própria Constituição que mantém o aposentado umbilicalmente ligado ao cargo em que se deu a inatividade, aquinhoando-o com todos os benefícios e vantagens a ele atribuídos após a aposentadoria, inclusive quando decorrentes de transformação ou reclassificação, resulta claro que também o considera *equiparado a ocupante de cargo público, para os fins de art. 37, inc. XVI, da CF.*
>
> 25. Essa *equiparação* operada pela mencionada norma constitucional, ao meu ver, não é artificial, nem contrária aos conceitos fornecidos pelos cultores do Direito Administrativo. Ao comentar o art. 40, da Constituição em vigor, José Cretella Júnior, depois de ressaltar que é ponto pacífico na doutrina e legislação de todos os países que a aposentadoria não faz cessar as relações em emprego público, relativamente ao aposentado observou: "(...) *livra-se de alguns dos deveres, mas fica sujeito a outros, estando, assim, preso ainda que tenuamente*, à relação jurídica que sempre o ligou ao Estado" (*Comentários à CF/88*, Forense, 1991, pp. 2.418 e 2.422).
>
> 26. A situação atribuída ao servidor público aposentado pela atual Constituição há de ser considerada como relevante para a interpretação de normas com a do art. 37, inc. XVI, na medida em que o texto constitucional em vigor, *diversamente dos anteriores* que dispensavam tratamento menos benéfico, concedeu ao aposentado direitos e van-

tagens que somente eram reconhecidos em favor dos servidores em atividade.

27. O equívoco na fundamentação do acórdão recorrido, e nele incidem todos os que se valem da mesma argumentação, reside na importância que dá à ausência do termo *proventos* na disposição constitucional em questão, sem atentar, seja para tratamento peculiar e específico que a Constituição deu aos servidores públicos aposentados, contemplados com um plexo comparável aos dos servidores ativos, seja para os princípios e objetivos do novo sistema constitucional, circunstâncias capazes de influir na fixação do exato alcance do preceito constitucional.

28. Entretanto, ainda que sejam desprezadas as considerações anteriores, a inexistência de menção no texto constitucional, que proíbe a acumulação de cargos, a situação do servidor aposentado não pode ser utilizada como argumento a favor da acumulação em casos como o dos autos. É que a ausência dessa referência nas Constituições de 1891 (art. 73), de 1937 (art. 159) e de 1946 (art. 185) nunca foi obstáculo a que se admitisse a existência da respectiva vedação, conforme demonstrou Themístocles Brandão Cavalcanti (*A Constituição Federal Comentada*, 1953, IV/144-166), ao reconhecer que essa solução está de acordo com a nossa tradição.

29. As Constituições que fizeram referência expressa à situação do aposentado quando trataram de acumulação de cargos (Constituição de 1934, art. 172, § 4º; Constituição de 1967, art. 97, § 3º e EC 1/69, art. 99, § 4º), o fizeram exclusivamente para, com caráter de excepcionalidade, indicar as hipóteses em que se admitiria a acumulação e definir as condições em que ela ocorreria, posicionamento que revela estar a vedação contida na regra genérica que proíbe a acumulação de cargos.

30. É precisamente por isso que Torquato Jardim, referindo-se ao art. 97, § 3º da Constituição de 1967, emendada em 1969 (art. 99, § 4º), depois de anotar que a vedação historicamente abrange a acumulação de proventos com exercício de outro cargo público, faz as seguintes observações (Parecer, *RDP* 90/121): "A exceção criada na Carta de 1967-69 teve por fim afastar a jurisprudência do STF e os pareceres da Consultoria-Geral da República que afirmavam a intenção constituinte de vedação da acumulação na Constituição de 1946. (...) O Texto de 1988 reencontra-se com o de 1946, fazendo desaparecer a exceção para os aposentados, razão por não haver sobre o que tergiversar: os aposentados não podem acumular a aposentadoria com emprego no serviço público".

Mais:

32. Portanto, como ficou demonstrado acima, é improcedente o fundamento adotado no acórdão recorrido, no sentido de que o art. 37, inc. XVI, da CF não alcança a acumulação de cargo público com proventos de aposentadoria decorrente de cargo público inacumulável na atividade, porque a disposição constitucional somente refere-se a cargos públicos e o aposentado não ocupa cargo público, conclusão que, ao meu ver, é suficiente para justificar o provimento do recurso.

33. Todavia, é conveniente que se faça um exame, ainda que breve, do outro argumento utilizado pelos que defendem a solução adotada no acórdão questionado. É aquele no sentido de que o inc. XVI, do art. 37 da CF, por ser regra restritiva de direitos, deve ser interpretado restritivamente.

34. A regra interpretativa que determina a exegese restritiva das disposições que instituem exceções às regras gerais, em matéria de interpretação constitucional, não tem a importância que se lhe quer emprestar. Na espécie, a *finalidade* da norma suplanta tudo. Não se pode admitir interpretação que impeça a realização ampla do objetivo ou objetivos visados pelo texto.

35. Já se mostrou acima que somente uma inteligência compreensiva da mencionada disposição constitucional, de modo a abranger também os casos de acumulação de cargo público com a percepção de proventos da aposentadoria em cargo público, capaz de impedir qualquer violação ao princípio da *inacumulabilidade*, que se destina a prestigiar os valores e os objetivos anteriormente destacados, revela o exato alcance da regra em questão.

36. Ademais, não se pode perder de vista que a regra é a *inacumulabilidade*, de modo que restrita há de ser a interpretação que se deve dar às suas exceções. Em voto proferido no STF, observou o Min. Moreira Alves: "Interpreto, sr. Presidente, o disposto no § 4º do art. 99 da Constituição Federal

de modo estrito, uma vez que se trata de princípio de exceção" (ERE 90.933-RJ, *RTJ* 105/633).

37. Antes de concluir, quero consignar uma advertência feita por Adílson Abreu Dallari que, apesar de adotar interpretação diversa da que foi sustentada acima, afastou os argumentos metajurídicos dos que procuram justificar as acumulações: "A acumulação de cargos é um anacronismo. Conforme se pode observar, pelo exame da evolução desse instituto no Brasil, ela tem como fatores determinantes duas situações: o excesso de poder e a falta de pessoal qualificado. Ou servia para possibilitar que pessoas privilegiadas e bem relacionadas acumulassem poder, remuneração, influência política e prestígio social, ou, então, possibilitava o preenchimento de funções públicas realmente importantes em setores nos quais havia carência de profissionais habilitados. Ora, no Brasil do século XX não mais se justificam os privilégios dos tempos da Colônia, do Império e da Velha República; nem tem qualquer sentido falar-se em falta de profissionais para o provimento de cargos e funções da Administração pública" (*Regime Constitucional dos Servidores Públicos*, 2ª ed., 1990, pp. 60 e 70).

38. Em conclusão, no inc. XVI do art. 37, da Constituição, que estabelece o *princípio da inacumulabilidade* de cargos públicos, está compreendida a *vedação de acumulação de aposentadoria em cargo público com o exercício de outro cargo público*, vedação que se aplica a todas as espécies de acumulações, submetida a uma única exceção: *quando se tratar de acumulação que seria lícita também na atividade* (letras *a*, *b* e *c*, do inc. XVI, do art. 37, CF/88).

Assim sendo, o parecer é no sentido do *provimento* do recurso, tendo em vista que o acórdão recorrido contrariou o disposto no art. 37, inc. XVI, da Constituição Federal.

Do exposto, conheço do recurso e dou-lhe provimento.

VOTO

O sr. Ministro Francisco Rezek: A tese jurídica que o recurso que o recurso extraordinário quer ver derrubada pelo Supremo é a de que, em princípio, é possível começar nova carreira depois de haver esgotado, com a aposentadoria, outra carreira na função pública.

A esse respeito a jurisprudência do STF é monolítica. Foi fiel, em passado recente, àquilo que se disse em passado remoto. Envolve expoentes da corte como Víctor Nunes e Oswaldo Trigueiro. O que se produziu de doutrina em sentido contrário não me parece de molde a desafiar, de modo consistente, o que esta casa tantas vezes afirmou e repetiu.

Dizem os interessados que haveria aí uma injustiça. Contra o argumento de que se subtrai mercado de trabalho àqueles que estão vivendo o momento próprio para começar a exercer a função pública, pelo método concursivo, afirma-se que é preciso valorizar, acima de qualquer política de empregos, o princípio do mérito; e é o princípio do mérito que estaria sendo arranhado por essa concepção severa do STF, na medida em que a segunda carreira, que depois de aposentado alguém inicia, tem como base a competição, a demonstração de competência. E recorda-se que é permitido pela ordem jurídica acumular ganhos da aposentadoria com os de um mandato eletivo ou de um comissionamento.

Quero entender, entretanto, que faz sentido a ordem jurídica não autorizar a duplicidade da carreira integral, da carreira efetiva: e faz sentido, sem que isso se afigure imoral, não valer a regra proibitiva no caso do mandato obtido nas urnas e no caso do comissionamento, porque aqui temos duas situações típicas de temporariedade.

O caso do mandato envolveria outros argumentos, de direito político, que não vale explorar neste momento. Quando menos, algo temporário. O comissionamento é bem menos que isso, porque além de temporário é instável, é algo que se desfaz *ad nutum* a qualquer tempo.

Dá para entender, assim, sem que isso tenha a marca do despropósito, que essas exceções se tenham preservado.

Penso que o § 4º, embora não repetido no texto de 1988, mantém-se inercialmente como parte da ordem jurídica. O mandato eletivo não está, como tampouco está o cargo em comissão, fora do alcance de alguém que já se tenha aposentado em uma carreira na função pública. Mas, se se quisesse valorizar o fato da não-repetição da norma pela Carta de 1988, o único resultado possível seria dizer que, então, a regra proibitiva campeia em todos os terrenos, e que nem mais o mandato eletivo ou o comissionamento seriam possíveis. Jamais a conseqüência da não-reprodução da norma, no texto de 1988, poderia significar — como faz ver o trabalho extremamente caprichoso e lúcido do Ministro relator — aquilo que o Tribunal de São Paulo, no acórdão recorrido, concluiu.

Acompanho Sua Excelência, conhecendo do recurso e dando-lhe provimento.

VOTO PRELIMINAR

O senhor Ministro Marco Aurélio: Senhor Presidente, pela vez primeira a Corte enfrenta a matéria à luz da nova ordem constitucional, e vou me permitir, por isto mesmo, fazer um histórico, examinando as Constituições pretéritas.

A Constituição de 1824, do Império, mostrou-se silente sobre o tema, considerada a acumulação de cargos. Portanto, não se adentrou — porque não se chegou, sequer, a dispor sobre a acumulação — a questão alusiva aos inativos, a acumulação de proventos com vencimentos.

A Constituição de 1891, esta, sim, vedou acumulações remuneradas, segundo o art. 73. À época, houve uma tentativa de disciplinar a proibição relativa à acumulação de proventos e vencimentos. Insurgiu-se o Conselheiro Rui Barbosa, aludindo ao que seria o sexto sentido — para ele, senso comum — e consignando, mais, que este sexto sentido não o levava a uma ilusão com o pretenso constitucionalismo dessa novidade e os resultados moralizadores com o que a preconizavam.

Em passo seguinte, o mestre baiano aduziu: "O cidadão, que a lei aposentou, jubilou ou reformou, assim como o a que ela conferiu uma pensão, não recebe esse benefício, a paga de serviços que esteja prestando, mas a retribuição de serviços que já prestou, e cujas contas se liquidaram e encerraram com um saldo a seu favor, saldo reconhecido pelo estado com a estipulação legal de lhe mortizar mediante uma renda vitalícia, na pensão, na reforma, na jubilação ou na aposentadoria.

"O aposentado, o jubilado, o reformado, o pensionista do Tesouro, são credores da Nação, por títulos definitivos, perenes e irretratáveis.

"Sob um regime, que afiança os direitos adquiridos, santifica os contratos, submete ao cânon da sua inviolabilidade o Poder Público, e, em garantia deles, adstringe as leis à norma tutelar da irretroatividade, não há consideração de natureza alguma, juridicamente aceitável, moralmente honesta, socialmente digna, logicamente sensata, pela qual se possa autorizar o estado a não honrar a dívida, que com esses credores contraiu, obrigações que para com eles firmou (...).

"A aposentadoria, a jubilação, a reforma, são bens patrimoniais, que entraram no ativo dos beneficiados como renda constituída e indestrutível para toda a sua vida, numa situação jurídica semelhante à de outros elementos da propriedade individual, adquiridos, à maneira de usufruto, com a limitação de pessoas, perpétuas e intransferíveis.

"Na espécie das reformas, jubilações ou aposentadorias, a renda assume a modalidade especial de um crédito contra a Fazenda; e, por isto mesmo, a esta não seria dado jamais exonerar-se desse compromisso essencialmente contratual, mediante um ato unilateral da sua autoridade."

Então, quanto ao fato de o Poder Público vir a forçar a renúncia aos proventos, vaticinou: "Seria cometer pelas mãos desse Poder uma extorsão tão desonrosa como o dos tratantes graduados, que, fiados no seu poderio e grandeza, não saldam o que devem, por contarem com a irresponsabilidade para calotear livremente. Quando o Poder Público outorga uma pensão, é por entender que a deve. Aos funcionários galardoa o Estado, com a jubilação, a aposentadoria, ou a reforma, longas séries de anos de serviço ordinário. Aos funcionários ou não funcionários gratifica certos serviços de ordem e valor especial com as pensões. Estes, nos governos absolutos, são mercê do arbítrio soberano. Mas nos governos de legalidade, representam a gratidão pública ao merecimento de cidadãos notáveis, aos benefícios deles recebidos pela comunidade".

Daí haver arrematado: "O grande mal não está em que as incapacidades acumulem os cargos públicos, mas em que os cargos públicos se confiem às incapacidades. Desacumulando, o que unicamente se obtém será multiplicar o número dos incapazes beneficiados, abrindo ao Poder novas ocasiões de exercer entre os seus favorecidos, engrossando-lhes a quantidade, o arbítrio de que dispõe".

Senhor Presidente, a Constituinte de 1934, mediante preceitos insertos no art. 162, vedou acumulação de cargos públicos. E como já era de sabença geral que o aposentado não ocupa cargo público, cuidou de determinar, no § 4º desse artigo, a extensão proibitória aos inativos.

Com a edição da Carta de 1937, não houve a repetição da norma constitucional anterior. Deu-se a previsão, tão-somente, de que não cabia a acumulação de cargos. Silenciou-se, repito, no tocante à situação dos inativos, aos proventos. Veio à balha a Constituição de 1946, que vedou a acumulação e contemplou exceções que beneficiaram o magistério, a magistratura e também aqueles que ocupavam cargos técnicos-científicos. Mais uma vez, configurou-se a opção política e constitucional pelo silêncio relativamente aos inativos e, portanto, pela exclusão do campo proibitivo.

A Constituição de 1967 também vedou a acumulação, tendo em vista servidores militares e civis, estendendo essa proibição aos inativos. Destarte, reeditada foi a regra da Carta de 1934.

A Emenda Constitucional 1, de 1969 — para mim uma verdadeira Carta, não apenas uma Emenda — repetiu a de 1967, dispondo, no art. 99, sobre a impossibilidade de acumulação remunerada de cargos e funções públicos e, aí, houve a inserção das exceções, assinalando-se, no § 4º, uma regra que não vejo simplesmente como excepcionadora, mas — muito embora com desprezo à melhor técnica legislativa — proibitiva da acumulação de proventos. É o que está na primeira parte do § 4º do art. 99 da Carta de 1969, seguindo-se a essa expressão "proibição de acumular proventos", a previsão quanto a determinadas hipóteses, partindo-se para a exceção, não se aplicando essa proibição (regra) ao exercício de mandato eletivo, de cargo em comissão ou a contrato para prestação de serviços técnicos ou especializados.

Senhor Presidente, estamos diante de uma Constituição que se diz cidadã, à qual ninguém pode recusar a característica de liberal, que é a de 1988. Durante os trabalhos que desaguaram na Carta Política da República de 1988, houve idas e vindas quanto à matéria atinente à acumulação. Os trabalhos desenvolvidos pelas comissões temáticas levaram à proposição das seguintes normas:

> Art. 87. É vedada a acumulação de cargos, funções públicas, empregos e proventos, exceto: I — a de dois cargos de professor; II — a de um cargo de professor com um técnico ou científico; III — a de juiz com cargo de magistério. § 1º. Em qualquer dos cargos, a acumulação somente é permitida quando houver compatibilidade de horário e correlação de matéria. § 2º. A proibição de acumular proventos não se aplica aos aposenta-

dos quanto ao exercício de mandato eletivo, de magistério ou de cargo em comissão.

Senhor Presidente, houvesse sido agasalhada a proposta da Comissão, formalizada em julho de 1987, eu não teria a menor dúvida em assentar que a Carta de 1988 proíbe a acumulação. Todavia, isto não ocorreu, porque foi apresentada uma emenda supressiva, pelo Constituinte Nelson Carneiro, Senador da República, no sentido da eliminação, do *caput* do art. 87, da palavra "proventos" e o afastamento do § 2º, justamente aquele que cogitava da proibição de acumular proventos, abrindo exceções, e, ainda, transformando em parágrafo único o § 1º. Indaga-se: com essa proposta objetivou-se enxugar o texto, almejou-se simplesmente dar uma redação concisa ao dispositivo? Teve-se em mira afastar inócua repetição de norma? Não! Revela-o a justificação apresentada.

Disse o Senador: "Tenho-me preocupado intensamente com o problema do aposentado em geral, sobretudo por sua natural conexão com o do idoso. Atuando nesse sentido, sempre contei com a compreensão, o incentivo e o apoio dos demais legisladores. Tal receptividade traduz, sem dúvida, em essência, um impulso de solidariedade em favor de pessoas carentes, sob todos os pontos de vista. Quem se movimenta, solidário, nessa direção, vive a observação bíblica: 'somos todos membros uns dos outros'. Eliminando carências, aqui, ali, acolá, pugnando por uma sociedade menos injusta; alterando, renovando, reformando o tecido social, cada um de nós realiza aquela observação.

"Entendendo que as aspirações humanas podem ser resumidas em uma só: o ideal é que todos possam viver em segurança e felicidade enquanto dura a vida. Em segurança está o que é livre de privações, dispondo de tudo quanto seja indispensável a uma existência digna do ser humano. De certo não vive em segurança a maioria esmagadora do funcionalismo público brasileiro, em virtude de seus modestíssimos vencimentos. Falar da exiguidade de sua paga é versar um truísmo. A raríssima existência dos marajás não invalida a afirmação, antes confirma o fato pela intensidade do contraste. Ao embolsar seu magro estipêndio mensal, nosso funcionário público comum poderia fazer eco à amarga exclamação de um dos personagens de Shakespeare: *Remuneration: Oh! That's the latin word for there farthings* (Remuneração: Oh! Esta é a palavra latina para três pences). Em verdade, o que assim é na atividade, pior se torna na inatividade. Ao que se aposenta ainda saudável, portador de rica experiência, veda-se-lhe a possibilidade de um novo cargo, emprego ou função pública, do qual poderia auferir algo mais com que, finalmente, aproximar-se do ideal de uma vida em segurança. É certo que se afasta, no Projeto, a vedação de acumular proventos quanto ao exercício de mandato eletivo, de magistério ou de cargo em comissão. Com isso privilegia-se uma minoria, que se origina, salvo raras exceções, de um estamento social já de si privilegiado, pois, desde cedo, teve ao seu alcance todos os meios de instruir-se e elevar-se. Enxergo, aí, oculto, um favor censurável. O que é preciso é reabrir o serviço público a todo e qualquer cidadão nele inativado, desde que prestante e útil ao serviço. Sem isso a aposentadoria se constitui em castigo, quando à sua instituição preside a idéia de prêmio. A prevalecer a situação reinante, cidadãos prestantes e saudáveis estariam sendo condenados à inércia, com magros proventos, e, portanto, condenados a se sentirem velhos — sem segurança, sem serenidade, sem alegrias, sem felicidade, abandonados ao largo de uma sociedade indiferente à sua sorte. E sentir-se velho é que é ser velho, pois a senectude não existe para o homem enquanto busca, como disse Rostand. A busca é que tem o condão de alçar o idoso acima da adversidade fatal do fato biológico.

"Com essas razões, justifico a pretensão de eliminar do *caput* do art. 87 a palavra proventos e suprimir o seu § 2º."

A Emenda foi aprovada e o Projeto "A" da Comissão de Sistematização já figurou com a redação de dispositivo, tal como se contém hoje na Carta em vigor. Não preciso dizer que o substitutivo do relator foi em idêntico sentido, o mesmo ocorrendo com o Projeto "B", do segundo turno, e o Projeto "C", na redação final. O Projeto "D", também em redação final, repetiu a regra, expungidas a referência a proventos e a proibição no que tange à acumulação de proventos com vencimentos.

Qual é o valor, em si, da interpretação histórica? Valho-me do que desta Corte promanou, quando apreciado o mandado de segurança 20.069: "No caso, esses trabalhos têm inegável valor para a interpretação do texto legal em causa, pois sua utilização observa, rigorosamente mais rígidos, extraídos por Carlos Maximiliano (*Hermenêutica e Aplicação do Direito*, 3ª ed., n. 150, pp. 177-178, Rio de Janeiro, 1941) de diferentes autores, e que devem servir de guia ao intérprete para o legítimo uso desse material histórico. A simples enumeração desses princípios mostra a sua adequação ao caso presente: 'a) Só devem servir de guia da exegese os materiais legislativos quando o pensamento diretor, o objetivo central, os princípios que dos mesmos ressaltam, encontram expressão no texto definitivo. b) Proceda também o intérprete ao exame do dispositivo, em si e em relação ao fim a que se propõe: tente, sempre e complementarmente, o emprego do processo sistemático e o confronto do resultado com os princípios científicos do Direito. c) Admita o sentido decorrente dos trabalhos preparatórios quando plenamente provado, evidente, acima de qualquer dúvida razoável. d) Se um preceito figurava no projeto primitivo e foi eliminado, não pode ser deduzido, nem sequer por analogia, de outras disposições que prevaleceram, salvo quando a supressão se haja verificado apenas por considerarem-no desnecessário ou incluído implicitamente no texto final' (*Revista de Direito Administrativo* 135/64 e ss., 1979)."

Esse acórdão está na *Revista Direito Administrativo*, volume 135, publicado em 1979, às páginas 64 e seguintes, e é da lavra douta e proficiente do Ministro Moreira Alves.

Senhor Presidente, no Texto Constitucional em vigor, consoante o art. 37, inc. XVI, temos que: "XVI — é vedada a acumulação remunerada de cargos públicos, exceto, quando houver compatibilidade de horários: a) a de dois cargos de professor; b) a de um cargo de professor com outro técnico ou científico; c) a de dois cargos privativos de médico".

O preceito está restrito àquelas hipóteses que dizem respeito a cargos públicos e esta premissa não afasta a referência, em si, como objeto da própria disciplina constitucional, à acumulação remunerada.

Mediante o inc. XVII, deu-se a extensão da norma proibitiva, sem alcançar, no entanto, os inativos: "XVII — a proibição de acumular estende-se a empregos e funções e abrange autarquias, empresas públicas, sociedades de economia mista e fundações mantidas pelo Poder Público".

É de notar que a extensão da regra proibitiva a empregos e funções, consideradas autarquias, empresas públicas, sociedades de economia mista e fundações mantidas pelo Poder Público fez-se, como exigível em tal esfera — a da proibição — via norma expressa.

A vedação veiculada no inc. XVI restrita ficou aos cargos públicos e ao pessoal em atividade. No art. 17 do Ato das Disposições Constitucionais Transitórias exceções outras foram abertas, contemplando-se, nos §§ 1º e 2º, as situações daqueles que à época, tinham "dois cargos" — estavam na ativa, portanto — "ou empregos privativos de médico", na Administração pública direta ou indireta. Assegurou-se, também, "o exercício cumulativo e dois cargos ou empregos privativos de profissionais de saúde que estejam sendo exercidos na Administração púbica direta ou indireta", identicamente.

Por sua vez, ainda no âmbito do tema ligado à acumulação, o art. 38 — e atente-se para a interpretação sistemática — ao cogitar do "exercício de mandato eletivo", não versou sobre o problema da acumulação considerados os proventos.

Os incs. I, II e III do art. 38 dispõem que: "Art. 38. Ao servidor público em exercício de mandato eletivo aplicam-se as seguintes disposições: I — tratando-se de mandato eletivo federal, estadual ou distrital, ficará afastado de seu cargo, emprego ou função; II — investido no mandato de Prefeito, será afastado do cargo, emprego ou função, sendo-lhe facultado optar pela sua remuneração; III — investido no mandato de Vereador, havendo compatibilidade de horários, perceberá as vantagens de seu cargo, emprego ou função, sem prejuízo da remuneração do cargo eletivo, e, não havendo compatibilidade, será aplicada a norma do inciso anterior; IV — em qualquer caso que exija o afastamento para o exercício de mandato eletivo, seu tempo de serviço será contado para todos os efeitos legais, exceto para promoção por merecimento; V — para efeito de benefício previdenciário, no caso de afastamento, os valores serão determinados como se no exercício estivesse".

Senhor Presidente, há um preceito medular na Carta, a envolver cláusula pétrea, que revela o princípio da legalidade: "Ninguém será obrigado a fazer ou deixar de fazer alguma coisa senão em virtude de lei".

No inc. XIII do rol das garantias constitucionais está assegurado o exercício de qualquer trabalho ou ofício, desde que atendidas as qualificações profissionais que a lei estabelecer. Como, então, assentar que os proventos da aposentadoria, quando o beneficiário já não ocupa cargo, estão compreendidos na vedação de acumular?

Se a Carta não obsta a dupla aposentadoria, uma vez alicerçados os proventos em fatores próprios — e neste sentido é a jurisprudência da Corte, obstaculiza uma aposentadoria, com os efeitos pertinentes, e o acesso a um cargo público via concurso?

Por outro lado, o inc. I do art. 37 da Carta de 1988 garante que: "I — os cargos, empregos e funções públicas são acessíveis aos brasileiros que preencham os requisitos estabelecidos em lei".

Inexistente a proibição de acumular, tendo em vista a aposentadoria, a jubilação, não vejo como introduzi-la mediante interpretação do Diploma Maior, por mais inspirado que se esteja. Por isso, a Lei 8.112, de 1990, regedora do Regime Único no âmbito federal e elaborada por aqueles que integraram a Assembléia Constituinte, abrange regras que não alcançam os aposentados. Os arts. 118, 119 e 120 dispõem sobre a matéria, mas sem alusão aos inativos. Diante da ordem jurídica constitucional, o Executivo chegou a aprovar parecer, que mereceu a chancela do Presidente da República, no sentido da possibilidade de acumulação de proventos-vencimentos. Refiro-me ao parecer do Professor Sebastião Affonso. Por sua vez, o Tribunal de Contas da União, defrontando-se com o processo TC 003.363/89.9-Grupo II-Classe I, tendo sido relator o Ministro Bento Bugarim, ao responder consulta formulada pelo Tribunal Regional do Trabalho da 19ª Região registrou que "ante todas as ponderações formuladas e sob qualquer prisma por que se considere a questão, entendemos que a Constituição Federal de 1988 não proíbe a acumulação de proventos com vencimentos da atividade assumida".

Também a doutrina já se ocupou do tema. Corsíndio Monteiro da Silva escreveu a respeito, fazendo-o sob sugestivo título "Os hermenêutas da intransigência desacumuladora". Afirma que: "A Constituição de 1988, deste modo, liberou por completo, o inativo do serviço público: se antes havia a regra de que 'a proibição de acumular proventos (que nunca existiu) não se aplica aos aposentados, quanto ao exercício de mandato eletivo, quanto ao de um cargo em comissão ou quanto a contrato para prestação de serviços técnicos ou especializados', hoje não existe. (...) O aposentado, hoje em dia, pode até fazer concurso e reingressar no serviço público livremente" (*O Regime de Acumulação de Cargos na Constituição de 1988 e as Idéias de Ruy*, Brasília, 1989, p.19).

Hely Lopes Meirelles também procedeu à análise da celeuma e concluiu: "Pelas atuais disposições constitucionais, entendemos que o servidor aposentado pode exercer qualquer emprego, função ou cargo em comissão, já que não se encontra nenhuma restrição nas normas a respeito" (*Direito Administrativo Brasileiro*, 14ª ed. atualizada pela Constituição de 1988, Ed. RT, 1989, p. 380).

José Afonso da Silva, autor de inúmeras obras sobre Direito Constitucional, sempre lembrado por todos nós e especialmente pelo meu eminente colega Ministro Celso de Mello, não destoou desse enfoque: "(...) não é mais proibido acumular proventos com vencimentos de cargo, emprego ou função. Significa que o servidor aposentado ou mesmo em disponibilidade poderá exercer qualquer cargo, emprego ou função pública sem restrição alguma, recebendo cumulativamente seus proventos da inatividade com os vencimentos da atividade assumida" (*Curso de Direito Constitucional Positivo*, Ed. RT, 1989, 5ª ed. revista de acordo com a nova Constituição, cap. III, n. 8, p. 577).

Adílson de Abreu Dallari, na obra *Regime Constitucional dos Servidores Públicos*, assim explicitou o novo quadro atinente à acumulação: "Entendemos que não há qualquer restrição ao exercício de funções públicas pelos aposentados (...) A exigência de concurso público como única forma de ingresso no serviço público em caráter permanente já evita qualquer abuso".

De igual modo, encontramos os comentários feitos por Nagib Salibi Filho em *Anotações à Constituição de 1988 — Aspectos Fundamentais*, Forense, 1989, p. 377: "À evidência, não foi causal que a nova Constituição tivesse se omitido quanto à proibição de acumulação de proventos — todo o sistema constitucional indica que a ausência de proibição, menos que significar um campo livre à legislação infraconstitucional, pretende estabelecer uma liberdade de cumulação de proventos com outro cargo ou emprego. (...) O trabalho, junto ao serviço público, em qualquer nível federativo, não é mais uma função honorária, como na antiguidade, ou um feudo particular, alienado por título particular, como na época medieval. Os cargos, empregos e funções públicas são acessíveis aos brasileiros que preencham os requisitos da lei (art. 37, I) e a investidura em cargo ou emprego público depende de aprovação prévia em concurso público de provas ou de provas e títulos (art. 37, II). Daí por que os servidores públicos, civis e militares, expressamente têm garantidos alguns dos direitos que a Constituição considera fundamentais para os trabalhadores (art. 39, § 2º e art. 42, § 11). A nova Constituição proíbe que haja limitação de idade como critério para a admissão (cf. art. 39, § 2º c/c art. 7, XXX). Aqueles que se aposentarem, usufruindo o direito de fazê-lo voluntariamente, nos termos da Constituição, poderão tentar o reingresso no serviço público, através de concurso público".

Por último, menciono Celso Antônio Bandeira de Mello, em sua obra *Regime Constitucional dos Servidores da Administração Direta e Indireta*, Ed. RT, 1991, p. 90, com o que arremato a elucidação do pensamento do que reputo ser a melhor doutrina. Eis a lição desse inigualável publicista: "Questão que merece ser considerada é a de saber-se se o impedimento de acumular vigora também em relação aos já aposentados no serviço público. Com efeito: a Carta de 1969 declarava que a participação de acumular proventos não se aplicaria aos aposentados quanto ao exercício de mandato eletivo, ao de um cargo em comissão ou quanto a contrato para prestação de serviços técnicos ou especializados. *A contrario sensu* estava impedida a acumulação fora destes casos. A atual Constituição é silente na matéria. Entendemos que não se podendo construir proibições onde não existem, resulta que hoje é possível acumular sem restrições proventos — isto é, o que se recebe na condição de aposentado — com vencimentos de cargo, função ou emprego que se exerça. Deveras, o aposentado não exerce cargo algum. Não acumula, pois, cargo algum. Tanto é assim que a aposentadoria abre vaga no cargo dantes ocupado e só por isso outrem pode nele ser provido. Então, posto que o aposentado não ocupa nem exerce cargo, função ou emprego, não está colhido pelo inc. XVI do art. 37, que veda a acumulação de cargo. Ali não se fala em acumulação de vencimentos, salário ou proventos, mas de 'cargo'. O inc. XVII também não fala em vencimentos, salários ou proventos, mas em acumulação de 'funções' ou 'empregos'. Logo, o aposentado em face da Constituição é livre para ocupar qualquer cargo, função ou emprego público".

Senhor Presidente, também há jurisprudência a respeito do assunto. Começo por citar um acórdão do Tribunal de Justiça do Distrito Federal, prolatado no mandado de segurança 3.307/93 e redigido pelo Desembargador Campos Amaral. Nesse aresto, em que se fulminou preceito de edital de concurso para preenchimento de cargos da magistratura local, deixou-se registrado: "Mandado de Segurança. Cumulação de proventos com vencimentos. Inexistência de vedação legal ou constitucional. Segurança deferida. I — Não existe norma legal ou constitucional vedando a acumulação de proventos de aposentadoria com vencimentos decorrentes de nova investidura em cargo público. II — É, portanto, ilegal a disposição editalícia que exige, do candidato aprovado no concurso público para provimento de cargo de Juiz de Direito Substituto, declaração de não acumulação de proventos, como condição para a posse no cargo".

Noutro acórdão — e aí creio que o parecerista evolui, mudando de opinião — o Dr. Antônio Fernando — ainda da época em que S. Exa., hoje Vice-Procurador Geral Eleitoral, atuava no Superior Tribunal de Justiça — da lavra do senhor Ministro Américo Luz, no mandado de segurança 16/89, do Distrito Federal, confirmou-se o enfoque da viabilidade da acumulação de proventos — vencimentos. Eis o teor do pronunciamento do citado Procurador: "A nova Constituição, ao mesmo tempo em que tornou ilícita a acumulação de cargo público em emprego em Fundação, criou o direito à aposentadoria, aos trinta anos de serviço, se homem, com proventos proporcionais a esse tempo. O impetrante foi alcançado, ao mesmo tempo, pelas duas regras. A incidência, concomitante, das duas formas constitucionais, está a sugerir uma interpretação que dê eficácia às suas disposições. Portanto, a acumulação, do cargo público com emprego na Fundação, tornou-se ilícita com a vigência da atual Constituição, mas ao impetrante, desde que preencha os demais requisitos legais, deve ser reconhecido o direito de obter aposentadoria por tempo de serviço, proporcional, do cargo público. (...) Por outro lado, diante da nova Constituição, não há mais a proibição de acumular proventos com vencimentos de cargo, emprego ou função. Comentando o capítulo pertinente da Constituição atual, José Afonso da Silva concluiu: 'Igualmente, não é mais proibido acumular proventos com vencimentos de cargo, emprego ou função. Significa que o servidor aposentado, ou mesmo em disponibilidade, poderá exercer qualquer cargo, emprego ou função pública sem restrição alguma, recebendo cumulativamente seus proventos da inatividade com os vencimentos da atividade assumida' (in *Curso de Direito Constitucional Positivo*, São Paulo, Ed. RT, 1989, 5ª ed., revista e ampliada de acordo com a nova Constituição, p. 577). A Portaria questionada, ao estabelecer que a opção por um cargo ou emprego importa necessariamente em pedido de exoneração, demissão ou dispensa de outro cargo ou emprego, sem ressalvar a hipótese em que o servidor poderá extinguir a acumulação por outro modo (a aposentadoria, por exemplo), ofende, *data venia*, o direito líquido e certo do impetrante".

Senhor Presidente, no âmbito estrito das considerações gerais, não posso deixar-me influenciar por uma visão do mercado de trabalho brasileiro em que realmente temos oferta excessiva de mão-de-obra e escassez de empregos. Estou a julgar não sob o ângulo da convivência ou da oportunidade na fixação da regra proibitiva; estou a julgar tendo presente o disposto na alínea *a*, inc. III do art. 102 da Carta de 1988; estou, portanto, a questionar se a decisão proferida implicou, ou não, ofensa às normas insculpidas no art. 37 mais especificamente nos incs. XVI e XVII. Se não versam sobre regra proibitiva no tocante à pessoa, em si, do aposentado — porque creio que ninguém coloca em dúvida a possibilidade de acumulação tendo em vista o mandato eletivo e o cargo comissionado — como entender que, colocado em plano secundário o texto da Carta de 1988, há impedimento ao fato de alguém aposentar-se, atendendo aos requisitos próprios à jubilação e inscrevendo-se em um concurso público, disputar um cargo, em igualdade de condições, com os cidadãos em geral que não sejam aposentados? Ao asseverar-se que não pode haver essa espécie de cumulação, a transformação dos proventos em pensão também acarretará, para o beneficiário da pensão, a inviabilidade de acumular. Mais ainda: como a Carta em vigor, ao contrário da precedente, não abrange cláusula excepcionadora, caminhar-se-á para a conclusão de que já não é possível sequer a manutenção do recebimento de proventos se o aposentado ocupar cargo ou função comissionada. Aliás, a assim não se entender, haverá o paradoxo — proibida está a acumulação proventos-vencimentos, considerado o concurso público, o mesmo não ocorrendo se o aposentado, por isso ou por aquilo — não cabe perquirir — vier a ser beneficiado com um "convite", simples convite — e, portanto, sem concorrer, sob o prisma da disputa isonômica — para o exercício de um cargo ou função de confiança, geralmente contemplada com remuneração das mais convidativas!

Não vejo como se possa emprestar à Carta de 1988 o sentido a albergar a proibição que, repito, nela não se contém, que dela foi excluída, considera a proposta da Comissão Sistemática e a Emenda Nelson Carneiro.

O defeito, porventura existente no nosso sistema, e que muitos dizem estar levando a Previdência, como um todo, à falência, não deve encontrar mitigação no julgamento deste processo, cuja decisão repercutirá, não há a menor dúvida, em inúmeras situações constituídas, tendo em vista o enfoque que aqueles que acreditaram na Carta da República de 1988 lhe deram requerendo a aposentadoria, às vezes proporcional, viabilizada pelo critério do tempo de serviço, vislumbrando passo seguinte, isto é, a inscrição em concurso público.

Senhor Presidente, daqui a dois anos completarei o tempo indispensável à aposentadoria. Não penso caminhar para o ócio com dignidade, muito menos objetivando, logo após, a feitura de um concurso público para ocupar o lugar de um cidadão. Amo em demasia a profissão que escolhi. Agrada-me, sobremaneira, o ofício judicante, para fazê-lo. Cito o meu exemplo apenas para ressaltar, mais uma vez, que a tese favorável a concluir-se pela proibição de o aposentado, sem perda da situação alcançada, inclusive financeira, vir a concorrer a um novo cargo público, parte de considerações outras que não as de cunho científico-constitucional. Faz-se ao mundo a partir de idéias concebidas sob a vertente da opção político-constitucional, da conveniência, da oportunidade, e, quem sabe, visando a glosar esdrúxulas situações. Não é possível que se desconheça tudo o que tivemos até aqui sobre o tema; não há como apagar o passado e a realidade, decretando-se, com o fechamento do "livrinho" — a Carta de 1988 — que tantos quantos escreveram sobre o assunto incidiram em flagrante equívoco.

Ouço dizerem que o STF tudo pode. Tempero essa sentença: o STF tudo pode em prol da preservação da Lei Básica, cujo respeito é pressuposto essencial da vida em sociedade, da segurança jurídica dos cidadãos.

Peço vênia ao nobre Ministro-relator Carlos Velloso — e aos Ministros Francisco Rezek e Ilmar Galvão para, na esteira dessas considerações e tendo presente — repito — que não posso presumir o excepcional — o erro de tantos quantos se debruçaram sobre a matéria e a respeito ousaram escrever — não conhecer o recurso extraordinário interposto.

É como voto no caso dos autos.

VOTO

O senhor Ministro Ilmar Galvão: Senhor Presidente, a EC 1/69, ao vedar, no art. 99, a acumulação remunerada de cargos e funções públicas, ressalvou, no § 4º, a acumulação de proventos, relativamente a aposentados no exercício de mandato eletivo, quanto a cargo em comissão ou quanto a contrato para prestação de serviços técnicos ou especializados.

Confiram-se os dois dispositivos: "Art. 99. É vedada a acumulação remunerada de cargos e funções públicas, exceto: (...) § 4º. A proibição de acumular proventos não se aplica aos aposentados, quanto ao exercício de mandato eletivo, quanto ao de um cargo em comissão ou quanto a contrato para prestação de serviços técnicos ou especializados".

Vale dizer que a regra geral, primária, corresponde à proibição de acumulação remunerada de cargos e funções, excluídas tão-somente as hipóteses das alíneas *a*, *b*, e *c*, e as do § 4º, referidas exclusivamente a aposentados.

O § 4º, portanto, tal qual os incisos, não são normas autônomas. Apenas têm sentido em combinação com o imperativo contido no *caput*, do artigo, que é o verdadeiro portador da proibição dirigido aos servidores e à Administração.

Não fora assim, o § 4º haveria de ter sido redigido, não como uma oração em relação de conexão inseparável com a contida no *caput*, que lhe serve de pressuposto, mas como oração autônoma, a conter regra primária que prescrevesse, por si só, *v.g.*, "É por igual, proibida a acumulação de proventos (...)".

O dispositivo, na verdade, valeu como mera ressalva ao *caput* que, não fossem as exceções inseridas em seu texto (alíneas *a*, *b*, e *c*), para exprimir o que exprimiu em conjunto com o § 4º, poderia perfeitamente ter sido redigido da seguinte forma: "É vedada a acumulação remunerada de cargos e funções, excetuada, quanto a proventos, a situação de aposentados no exercício de mandato (...)".

Essa ilação leva a uma conseqüência inarredável: o que a Constituição veda não é a acumulação de cargos, empregos ou funções, mas a acumulação de remuneração, isto é, que o servidor venha, de qualquer modo, salvo nas hipóteses excepcionadas, a receber dupla remuneração de Administração Pública, direta ou indireta.

A Carta de 1988, fiel à tradição de nosso Direito Constitucional, revelado pela jurisprudência uniforme do STF, no art. 37, XIV, manteve vedada a acumulação remunerada, sem querer ressalvar, como o fizera a EC 1/69, certas situações de aposentados, permitindo deduzir, por esse modo, que continuam eles sujeitos ao mesmo regime imposto aos servidores em atividade. O que se afastou, pela supressão do dispositivo alusivo aos aposentados, foi a limitação que havia, relativamente a estes, no campo de incidência da proibição, o qual, portanto, restou ampliado e não reduzido, como inadvertidamente entenderam alguns.

Decorrência da modificação havida é que continua vedada a acumulação de proventos de mais de um cargo, bem como de proventos com vencimentos ou salários de outro qualquer cargo, emprego ou função, isso, não apenas em relação à Administração direta, mas também em face de autarquias, empresas públicas, sociedades de economia mista e fundações mantidas pelo Poder Público, salvo as exceções das alíneas *a*, *b* e *c*, do mencionado inc. XIV.

Entendimento em sentido contrário levaria a ter-se de admitir a possibilidade de acumulação, não dos proventos de um só cargo, mas de dois ou três, com vencimentos de um outro, o que soaria como verdadeiro absurdo. Permitiria, ainda, supor que, *v.g.*, um juiz, já com assento no Tribunal ou em vias de alcançá-lo, pudesse aposentar-se e voltar a ocupar cargo inicial da carreira percorrida, com o único fito de ver duplicados os vencimentos, situação que, além de reveladora de acumulação, constituiria flagrante atentado ao princípio da moralidade, expressamente consagrado no art. 37, *caput*, da Constituição Federal.

Registra-se, por fim, que, tal qual procedeu o eminente relator, justamente em face do entendimento exposto, deixei de aposentar-me no cargo de Ministro do Superior Tribunal de Justiça, quando nomeado para esta Corte.

Com essas breves considerações, senhor Presidente, ponho-me inteiramente de acordo como o voto do eminente relator: também conheço do recurso e lhe dou provimento.

VOTO

O senhor Ministro Celso de Mello: O impetrante, ora recorrido, aposentou-se no cargo de investigador de polícia, do Quadro de Pessoal da Secretaria de Segurança Pública do Estado de São Paulo e, a partir de 18 de março de 1991, passou a ministrar aulas de Matemática, na condição de Professor III, na Escola Estadual de Primeiro e Segundo Graus "Professora Eunice Marques de Moura Bastos", tendo obtido, da Comissão Permanente de Acumulação de Cargos, parecer *desfavorável* à pretendida acumulação remunerada, por tratar-se de hipótese *não prevista* nas exceções constantes do inc. XVI do art. 37 da CF.

Entendo assistir plena razão à parte ora recorrente.

Com efeito, impõe-se destacar-se, na análise do *thema decidendum*, que a Constituição revela-se inquestionavelmente hostil às acumulações remuneradas de cargos, funções ou empregos públicos. O texto da Lei Fundamental promulgada em 1988 instituiu, em seu art. 37, XVI, a *regra geral da inacumulabilidade funcional*. Essa tem sido a posição tradicional vigente no Direito Positivo nacional e consagrada, *desde a Carta Federal de 1891* (art. 73), pelas *sucessivas* Constituições republicanas brasileiras (CF/34, art. 172; CF/37, art. 159; CF/46, art. 185; CF/67, art. 97 e CF/69, art. 99).

A proibição de acumular, no entanto, não se reveste de natureza absoluta. O próprio legislador constituinte, atenuando o rigor da vedação geral, admite, *ainda que em caráter de estrita excepcionalidade*, hipóteses limitadas de acumulação funcional remunerada.

A Constituição da República, desse modo — e ressalvadas as *acumulações anômalas* autorizadas pelo ADCT/88 (art. 17, §§ 1º e 2º) —, prevê, em rol taxativo constante do art. 37, XVI, e, *também*, do art. 95, parágrafo único, I, *in fine*, e do art. 128, § 5º, II, *d*, *in fine*, as *únicas* hipóteses em que se legitimará, respeitada sempre a compatibilidade de horários, a *possibilidade* de válida acumulação funcional remunerada: a) dois cargos de professor; b) um cargo de professor com outro técnico ou científico; c) dois cargos privativos de médico; d) um cargo de juiz com outro de magistério; e) um cargo de representante do Ministério Público com outro de magistério.

Saliente-se, a título de mero registro, que a *outra* condição tradicionalmente imposta para efeito de legitimar a acumulação funcional remunerada — *a correlação de matérias* (instituída pela CF/46 e mantida pelas Cartas Políticas de 1967 e de 1969)

— veio a ser afastada pela nova Constituição, *que não mais a exige*. Nesse sentido, cf. o magistério de Manoel Gonçalves Ferreira Filho, *Comentários à Constituição Brasileira de 1988*, v. 1/256, 1990, Saraiva.

O ora recorrido é investigador de polícia *aposentado* e pretende fazer jus, simultaneamente ao desempenho da função docente, à percepção cumulativa dos proventos, inerentes à situação de inatividade funcional, *com* os vencimentos devidos pelo exercício do cargo efetivo de professor.

A situação jurídico-funcional inerente ao cargo de investigador de polícia, *que não ostenta caráter técnico ou científico* — tal como ficou evidenciado nesta sede recursal —, não se revela, *bem por isso*, acumulável com o exercício da função docente, deixando de ajustar-se, em conseqüência, a *qualquer* das hipóteses excepcionais de autorização previstas, em *numerus clausus*, pelo vigente ordenamento constitucional.

Tenho para mim, sr. Presidente, que contraria a tradição do Direito Positivo brasileiro, tanto quanto dissente da jusrisprudência firmada no tema em questão pelos Tribunais, o argumento de que os aposentados, por não mais ocuparem cargos públicos, estariam excluídos da regra geral de inacumulabilidade.

É de relembrar, neste ponto, o magistério jurisprudencial que, ao versar a matéria em exame, ressalta que "(...) os proventos de aposentadoria se equiparam a vencimentos, sem dúvida alguma, para efeito de proibição constitucional" (*RF* 146/203-206).

Esse mesmo entendimento acha-se consubstanciado, por sua vez, na lição da doutrina mais autorizada. Cumpre ter presente, nesse contexto doutrinário, o magistério de José Cretella Júnior, para quem, *verbis*: "Pelo fato da *aposentadoria*, não perde o funcionário suas qualidades de *agente do Estado*, não cessam as relações de emprego público, ponto este, aliás, pacífico, tanto na doutrina como na legislação de todos os países" (*Curso de Direito Administrativo*, p. 494, n. 349, 11ª ed., 1991, Forense).

Impende observar, de outro lado, que a *nova* Constituição do Brasil, ao dispor sobre a disciplina normativa da acumulação funcional remunerada, *deixou de reproduzir* preceitos constantes de Cartas Políticas anteriores (CF/67, art. 97, § 3º e CF/69, art. 99, § 4º) *que afastavam*, em situações qualificadas pela nota da excepcionalidade, a proibição de acumular proventos com o desempenho de determinados cargos públicos.

Essa omissão normativa do legislador constituinte, longe de justificar a possibilidade de o inativo acumular a aposentadoria com o exercício de *outra* atividade funcional no serviço público, nada mais caracteriza senão uma típica situação de *lacuna voluntária* (Norberto Bobbio, *Teoria do Ordenamento Jurídico*, p. 144, 1989, Polis-Ed. UnB), eis que o legislador constituinte, mesmo tendo presente a experiência concreta de nosso constitucionalismo republicano (CF/69, art. 99, § 4º, *v.g.*), optou, conscientemente, por não mais ampliar o espaço de legitimação jurídica das hipóteses excepcionais de acumulação remunerada.

Teve essa *mesma* percepção do tema o magistério de Ivan Barbosa Rigolin que, ao analisar a questão pertinente à acumulabilidade de cargos, funções e empregos públicos sob a égide do vigente ordenamento constitucional, ressaltou: "(...) o § 4º do art. 99 antigo abria exceção à regra da inacumulabilidade quanto aos aposentados, *e agora foi extirpada a norma*. Precisa-se entender que foi *meditada e propositada* a omissão constitucional, se se atentar para o todo, rigorosamente harmonioso, do curto inc. XVI do art. 37, cujo mandamento precípuo é o seguinte: é proibido acumular, remuneradamente, cargos públicos, exceto nos seguintes casos (e os enumera). Tal já era a regra sob a Carta de 1969, mas as exceções eram maiores, e hoje são menores. *A proibição de acumulação, hoje, é mais ampla, e atinge os ex-servidores aposentados de maneira, simplesmente, fulminante*. O STF tem consagrado posição no sentido exato de que a proibição de acumulação remunerada é a regra, com simples exceções constitucionalmente admitidas. *O que se proíbe é o duplo ganho*, mas é exatamente isso que parece interessar ao servidor aposentado que volta a ocupar posto público, *e nesse sentido entendemos, a partir da nova Carta, proibida tal acumulação, se remunerada* (...)" (*O Servidor Público na Constituição de 1988*, pp. 158-159, 1989, Saraiva — grifei).

Não se pode desconhecer, neste ponto o pronunciamento do STF que, *mesmo vigente a norma autorizativa inscrita no art. 99, § 4º, da Carta Política de 1969*, não cessava de advertir, *ante a estrita excepcionalidade da permissão constitucional*, que esse preceito normativo não constituía cláusula de garantia que assegurasse ao servidor inativo, *em caráter permanente*, a posse de "uma nova relação de emprego após a aposentadoria" (*RTJ* 112/663).

É por isso que se revela permanentemente atual, no exame do tema, a advertência de Themístocles Brandão Cavalcanti: "Em matéria de acumulação de cargos, proventos e funções, há de se considerar sempre a natureza proibitiva do preceito que só admite exceções que decorram de sua letra" (*A Constituição Federal Comentada*, v. IV/148, 3ª ed., 1959, Konfino).

A realidade normativa emergente do sistema de Direito Constitucional Positivo instaurado com a promulgação da Carta Federal de 1988 leva-me, *com fundamento nas razões que venho de expor* — não obstante a existência de autorizado magistério doutrinário em sentido contrário (Lucia Valle Figueiredo, *Curso de Direito Administrativo*, pp. 367-369, 1994, Malheiros Editores; Celso Antônio Bandeira de Mello, *Regime Constitucional dos Servidores da Administração Direta e Indireta*, pp. 89-90, 2ª ed., 1991, Ed. RT; Maria Sylvia Zanella Di Pietro, *Direito Administrativo*, pp. 322-323, 1990, Atlas; José Afonso da Silva, *Curso de Direito Constitucional Positivo*, p. 585, 9ª ed., 3ª tir., 1993, Malheiros Editores, *inter plures*) —, a concluir no sentido de que o servidor inativo, *ao exercer novo cargo público que seja inacumulável na atividade, não pode* pretender a percepção cumulativa dos respectivos vencimentos com os proventos oriundos da situação decorrente da sua aposentadoria.

Tenho para mim, na linha do magistério irrepreensível de Celso Ribeiro Bastos (*Comentários à Constituição do Brasil*, v. 3º, t. III, pp. 128-129, 1992, Saraiva), que a cláusula inscrita no art. 37, XVI, da Constituição — que consagra o postulado geral da inacumulabilidade funcional — abrange a vedação de acumulação remunerada de *proventos* (decorrentes da aposentadoria em cargo público) com a percepção de *vencimentos* (derivados do exercício de outro cargo público), *exceto quando se tratar* — e esta é uma hipótese inocorrente no caso — de situações funcionais acumuláveis nos termos do que estritamente autorizam as normas consubstanciadas no texto da Constituição da República.

Sendo assim, e por vislumbrar a ocorrência, *no caso*, de uma hipótese de acumulação remunerada *proibida* pela Constituição, peço vênia para, em acompanhando o voto do em. relator, *conhecer e dar provimento* ao presente recurso extraordinário.

É o meu voto.

VOTO

O senhor Ministro Sydney Sanches: Sr. Presidente, este momento era por mim há muito aguardado.

Era Desembargador em São Paulo, em 1984, e já completara trinta e cinco anos de serviço público, quando, a 13 de agosto daquele ano, fui nomeado Ministro da Suprema Corte. Sabia perfeitamente que a Constituição da época não permitia a acumulação de proventos de aposentadoria com vencimentos de cargo efetivo (art. 99, § 4º da EC 1/69). Não estava seguro, porém, sobre se podia me aposentar como Desembargador, sem receber os proventos de aposentadoria, recebendo, então, os vencimentos do cargo efetivo de Ministro. Ou se devia me exonerar do cargo de Desembargador, para, só depois, assumir o de Ministro.

Telefonei para o então Presidente do Supremo, o eminente e saudoso Ministro Cordeiro Guerra, e ele me disse que havia precedentes num sentido e noutro. Alguns Desembargadores de São Paulo (Barros Monteiro e Rodrigues de Alckmin) se exoneraram e, depois, foram empossados no cargo de Ministros da Corte, enquanto Desembargadores do Rio Grande do Sul, ao serem nomeados Ministros, se aposentaram, mas não receberam proventos de aposentadoria, no Estado de origem. Foram os Desembargadores Soares Muñoz e Thompson Flores.

Tive oportunidade de ver os procedimentos administrativos em que o Ministro Soares Muñoz e Thompson Flores esclareceram ao Presidente da Corte que haviam requerido sua aposentadoria no Rio Grande do Sul, mas que tinham pedido, ao mesmo tempo, o não pagamento de proventos.

Em face desses precedentes, levando em consideração também que Ministro da Suprema Corte é um cargo muito exposto ao ódio e às perseguições, em momentos difíceis da vida nacional, sabendo também que Ministros da Corte, em passado recente, haviam sido aposentados compulsoriamente, por razões políticas e poderiam, eventualmente, até ter sido cassados, pensei na família e resolvi me aposentar, porque ela estaria garantida, se algo parecido ocorresse comigo, pois, se perdesse o cargo de Ministro, poderia, eventualmente, passar a perceber proventos de aposentadoria de Desembargador. Segui, pois, o exemplo dos Ministros Soares Muñoz e Thompson Flores, cuja regularidade nunca foi posta em dúvida pelo Tribunal.

Requeri a aposentadoria e na mesma ocasião pedi ao Governador do Estado de São Paulo que não efetuasse o pagamento dos proventos. E, na verdade, nunca recebi proventos de aposentadoria por São Paulo. Confesso que, em certos momentos, fui duramente criticado por pessoas mais próximas, porque, como Ministro, ganhava menos do que como Desembargador de São Paulo. E ainda hoje é assim. Em São Paulo, o Desembargador, como todo servidor estadual, recebe a sexta parte dos vencimentos aos 25 anos de serviço, de acordo com a Constituição do Estado. E lá não há limite ao número de adicionais por tempo de serviço; enquanto no Supremo, segundo a Lei Orgânica da Magistratura Nacional, se respeita o limite de sete qüinqüênios. E não há a vantagem da sexta parte. Pensei, também, na possibilidade de a Constituição, um dia, permitir essa acumulação. Aí sim, se permitisse, iria requerer o pagamento.

A Constituição de 1988 não proibiu, mas também não permitiu expressamente essa acumulação.

Surgiu, porém, no âmbito federal, um parecer da Consultoria-Geral da República, aprovado pelo Presidente da República, entendendo que era perfeitamente possível a acumulação. Apesar disso, continuei e continuo não recebendo os proventos de aposentadoria, por São Paulo, embora haja procurado interromper a prescrição.

Conto mais um detalhe. Ao tempo da elaboração do projeto do Estatuto da Magistratura Nacional, pelo STF, o Ministro Néri da Silveira, o Ministro Francisco Rezek e eu integrávamos a Comissão incumbida de elaborá-lo e submetê-lo à consideração do Plenário da Corte. O Ministro Francisco Rezek exonerou-se para prestar relevantíssimo serviço fora do Tribunal. Ficamos o Ministro Néri da Silveira e eu, porque o projeto já estava bastante adiantado e se o Tribunal indicasse outro colega, para funcionar na Comissão, talvez retardássemos os nossos trabalhos, porque teríamos de recomeçar pelo ponto zero. Por isso nós prosseguimos e concluímos o projeto da Comissão. Mas debatemos muito essa questão e chegamos à conclusão de que não deveríamos tornar expressa a proibição nem a permissão de acumulação, à espera de que o Tribunal decidisse, ao surgir um caso concreto a respeito.

Todas essas razões chegaram a me inclinar um dia a não funcionar em processo como o presente, inclusive porque, em tese, teria interesse em que prevalecesse a tese favorável à acumulação. Mas nem isso me leva agora a me afastar do julgamento, porque estou convencido de que a acumulação é inviável, e, como estou decidindo, mesmo em tese, contra meus interesses, acho que não sou suspeito nem estou impedido.

Todos os argumentos trazidos pelo Ministro Marco Aurélio passaram pela minha mente, durante estes últimos anos. Estudei-os aprofundadamente. Tenho extenso material de pesquisa, em casa, sobre o tema, que talvez justificasse um pedido de vista, para fundamentar melhor meu voto. Mas tudo que poderia ser dito já o foi pelos Ministros relator, de um lado, e Ministro Marco Aurélio, de outro, e estou convencido de que não é possível alguém se aposentar como Desembargador, em cargo efetivo, portanto, e receber proventos de aposentadoria de Desembargador, e ao mesmo tempo, ser Ministro do Supremo e receber vencimentos desse outro cargo efetivo de magistrado. Aliás, se isso acontecesse, perceberia mais que o dobro dos vencimentos de Ministros da Casa. Isso me parece um contra-senso jurídico.

O senhor Ministro Marco Aurélio: Ministro se V. Exa. me permite? Durante vários anos atuei no Tribunal Superior do Trabalho e ombreava com leigos que percebiam mais do dobro do que percebia como Juiz Togado. Vejam como são as coisas e isto decorria do esdrúxulo Decreto-lei 2.093/83.

O senhor Ministro Sydney Sanches: Quanto aos leigos na Justiça do Trabalho, a verdade é que, bem ou mal, a Constituição optou por mantê-los e com tratamento específico. E nós, aqui, não somos leigos e não podemos ignorar o que o sistema constitucional quis coibir, ao menos com relação à cumulação de vencimentos de cargos efetivos e, conseqüentemente, por implicitude, de proventos de aposentadoria, em um, com vencimentos de cargo efetivo, em outro.

Como observa V. Exa., sr. Presidente, hoje meu voto é mais um depoimento do que simplesmente uma decisão. Tenho constrangimento em revelar questões pessoais para o Tribunal. Mas, em vários pontos do País, inclusive em São Paulo, muitas pessoas pensam que eu recebo por lá e por aqui. Por isso, faço questão de registrar em meu voto que não recebo. Reconheço que os fundamentos do voto do sr. Ministro Marco Aurélio realmente são de fazer pensar de novo, mas como a minha convicção já se arraigou e é solidária com a jurisprudência antiga do Tribunal (elaborada mesmo ao tempo em que não havia norma expressa proibindo a acumulação), há mais uma razão para que a ela me atenha.

Com a devida vênia, acompanho o voto do eminente relator, conhecendo do recurso e lhe dando provimento.

VOTO

O senhor Ministro Néri da Silveira: Sr. Presidente. Já foi dito, nesta assentada, e com procedência, que a tradição do constitucionalismo brasileiro é no sentido da vedação de acumulações. Esse tratamento à espécie veio, até nós, desde o sistema português. Já a Carta Régia, de 6 de maio de 1623, em razão das acumulações que eram muito discutidas, vedou-as. No Brasil a Família Real, em face de abusos quanto a acumulações de cargos, novo ato editou-se. O Decreto de 16 de junho de 1824, do Príncipe Regente, reforçou a proibição de acumulações determinando a responsabilidade dos ocupantes ilegítimos de cargos. Embora silente a Constituição Imperial de 1824, sobre a matéria, a legislação ordinária do Império manteve a vedação.

No sistema republicano, as Constituições foram sempre expressas, ao cuidarem da função pública, disciplinando o capítulo dos funcionários públicos, no sentido da vedação de acumulações. A expressão que se pode dizer constante, em todas as Cartas da República, é sempre esta: "vedação de acumulações remuneradas". Assim, no art. 73 da Constituição Federal de 1891; art. 172 da Constituição de 1934. O art. 159, da Constituição de 1937, ainda foi mais radical no sentido de não admitir nenhuma ressalva quanto às acumulações. A Constituição de 1946 estabeleceu sistema de acumulações, adotando norma com redação semelhante, em sua literalidade, ao que consta da Carta Política de 1988. Assim, também, na Constituição de 1967 e na Emenda Constitucional de 1969. Dessa maneira, nenhuma das Constituições, em nossa história política republicana, deixou de cuidar, efetivamente, da matéria, todas segundo o princípio geral da vedação de acumulações, sendo as exceções expressas. Desse modo, quando a Lei Maior não excepciona, prevalece o princípio da vedação de acumulações remuneradas.

Dessa maneira, não impressiona, desde logo, o argumento que tem sido invocado no sentido de afirmar que a Carta de 1988 mudou o sistema da Constituição anterior. Em verdade, a Constituição anterior, no art. 99, estabelecia: "É vedada a acumulação remunerada de cargos e funções públicas". E se entendia que essa vedação respeitava, também, às hipóteses de proventos. Não cabe distinção entre vencimentos e proventos, para os efeitos de acumulação remunerada, salvo ocorrendo disciplina específica. De fato, como foi mencionado neste Plenário, os proventos são percebidos, pelo inativo, porque houve anterior exercício de cargo público. Daí resulta que só são acumuláveis proventos originários de desempenho, na atividade, de cargos acumuláveis. Será, assim, possível acumular vencimentos com proventos, quando forem acumuláveis, na atividade, os dois cargos de que promanam tais situações remuneratórias. Essa tem sido a tradição do nosso Direito. Dessa maneira, foi expressa a Emenda Constitucional 1, de 1969, quando excepcionou, no § 4º de seu art. 99, que a proibição de acumular proventos, que era a regra, "não se aplica aos aposentados, quanto ao exercício de mandato eletivo, quanto ao de um cargo em comissão ou quanto a contrato para prestação de serviços técnicos ou especializados".

Essa norma representou, efetivamente, autorização para a acumulação e a Constituição atual não contemplou norma idêntica, isto é, não excluiu da vedação situações como as previstas no § 4º do art. 99, da Carta anterior.

Dessa sorte, penso que ao aposentado não se admite exercer novo cargo a não ser naquelas hipóteses em que, na atividade, poderia manter, cumulativamente, os dois vínculos funcionais. Assim, a quem se aposentou em cargo técnico ou científico será legítima a investidura em cargo de magistério (CF, art. 37, XVI, *b*), mas, jamais, em outro técnico, não acumulável com o anterior. Por exemplo, no plano da magistratura, não será possível a um juiz, que só pode na atividade acumular um cargo ou função de magistério (CF, art. 95, parágrafo único, I), vir, logo após a aposentadoria, a prover cargo de Ministério Público, ou outro cargo de magistrado, ou de carreira jurídica, com o acúmulo de proventos e vencimentos. De igual modo, no que concerne às carreiras jurídicas, não é legítima a investidura de quem, aposentado em cargo de uma delas, prover cargo de outra, cumulativamente. O mesmo sucede com um engenheiro aposentado em cargo de sua especialidade, que não poderá exercer cargo de médico, embora detenha a dupla titulação universitária. Isso porque, na atividade, não são acumuláveis os cargos de médico e engenheiro. A Constituição admite, apenas — como já era no regime anterior —, a acumulação de cargo técnico ou científico com cargo de magistério, ou, ainda, de dois cargos de magistério, ou de dois cargos privativos de médico (CF, art. 37, XVI, letras *a*, *b* e *c*), comprovada compatibilidade de horários.

Não se alterou, no ponto, em princípio, pois, o sistema das acumulações remuneradas. As exceções hão de ser expressas. Releva, ainda, anotar que a Constituição de 1988 disciplinou a matéria no art. 37, fora assim do capítulo que cuida dos servidores públicos, mas onde se inserem as Disposições Gerais sobre a Administração Pública e se arrolam princípios fundamentais para seu funcionamento.

Dessa maneira, como antes referi, a circunstância de não se ter repetido o disposto no § 4º do art. 99, da Emenda Constitucional 1, de 1969, no âmbito da Constituição de 1988, pesa em desfavor da tese dos que defendem a acumulação ampla de proventos com vencimentos, porque não contemplada qualquer referência ou restrição aos inativos. O sistema da Constituição é o da vedação das acumulações remuneradas de vencimentos e proventos, resguardadas, apenas, as ressalvas expressas. A locução "acumulação remunerada" abrange vencimentos e proventos, pois estes guardam sempre remissão ao cargo público que foi exercido pelo ora inativo. A noção de proventos, portanto, se equipara à de vencimentos, para os efeitos de acumulação remunerada.

Com essas rápidas considerações, meu voto, com a devida vênia do sr. Ministro Marco Aurélio, acompanha o do sr. Ministro-Relator. Também conheço do recurso extraordinário e lhe dou provimento.

VOTO

O senhor Ministro Moreira Alves: Sr. Presidente, a Emenda Constitucional 1/69, no *caput* do art. 99 só preceituava que era vedada a acumulação remunerada de cargos e funções públicas, e, no § 4º, é que, dando como decorrentes do *caput* a proibição de acumular proventos, estabelecia as exceções a ela.

Com efeito, sr. Presidente, desde o momento em que não se admite o exercício de cargo público sem a percepção de remuneração, aludir à *acumulação remunerada* de cargos e funções públicas, se ela só se referisse aos servidores em atividade, seria pleonástico, pois toda a acumulação de cargos ou funções públicas na atividade é sempre remunerada.

Essa expressão *acumulação remunerada* deixa, porém, de ser pleonástica se se referir à hipótese em que o servidor está na inatividade quanto a cargo que ocupara antes da aposentadoria e ocupa cargo na ativa, o que é permitido desde que deixe de perceber seus proventos de aposentado, só percebendo a remuneração do cargo que atualmente exerce.

Ora, a atual Constituição, embora não mais aluda, em seu art. 37, à proibição de acumular proventos como decorrência da acumulação remunerada de cargos, continua a utilizar-se da expressão *acumulação remunerada* de cargos públicos (art.37, XVI), e como é princípio de hermenêutica o de que a lei — e principalmente a Constituição — não emprega palavras inúteis, tem-se que, à semelhança do que ocorria com a Emenda Constitucional, a vedação da acumulação de proventos é decorrente da regra geral da proibição da *acumulação remunerada* de cargos ou funções (que seriam, também, o exercício anteriormente à aposentadoria e o exercício na atividade). E — note-se —, embora o aposentado não tenha mais o cargo que ocupava na ativa, para o efeito de se saber se a acumulação remunerada de proventos, há que se levar em conta o cargo anterior à aposentadoria, para verificar se ele é acumulável com o exercício na atividade, o que afasta a objeção de que, quando a Constituição se refere a acumulação remunerada de cargos, esses cargos só possam ser os exercícios na atividade pois inativo não mais ocupa cargo.

Por isso, sr. Presidente, é que, neste caso, ao contrário do que ocorria na questão, lembrada pelo eminente Ministro Marco Aurélio, da prescrição administrativa, não empresto maior valor ao elemento histórico, certo como é que, prevalecendo na hermenêutica moderna, o princípio de que na interpretação o que se busca é a *mens legis* e não a *mens legislatoris*, esse elemento histórico tem valor — que hoje se considera relativo — quando o texto sob interpretação apresente sentidos diversos e um deles se ajuste ao decorrente do elemento histórico; não, porém, quando esse elemento conduza a uma interpretação que não se coadune com o sentido a que levam os demais princípios lógicos, que têm maior valia, utilizados na exegese. Essa orientação já foi por mim seguida na questão relativa ao quinto constitucional dos Tribunais de Justiça com relação aos juízes do Tribunal de Alçada que neste ingressaram pelo quinto.

Assim, sr. Presidente, com a devida vênia, conheço do recurso e lhe dou provimento.

VOTO

O senhor Ministro Octávio Gallotti (Presidente): Também eu, desde a primeira leitura da Constituição de 1988, convenci-me — e essa convicção ainda perdura — de que a legitimidade da acumulação de proventos de dois cargos públicos, ou de proventos de um cargo com vencimentos de outro, tem como pressuposto indispensável a licitude da acumulação, em atividade, dos cargos correspondentes.

Foi isso, aliás — e hoje ficou sobejamente comprovado no brilhante debate que se travou — o que prevaleceu na vigência da Constituição de 1946, com endosso da jurisprudência do STF, em condições perfeitamente aplicáveis ao que veio a suceder no regime da Carta de 1988.

Assim sendo, e com a vênia do Ministro Marco Aurélio, conheço do recurso e dou-lhe provimento, para cassar a segurança.

Extrato de Ata

Recurso extraordinário 163.204-6
Origem: São Paulo
Relator: Min. Carlos Velloso
Recte.: Estado de São Paulo
Advs.: Denize Piovani e outros
Recdo.: Bruno de Souza Galvão
Advs.: Paula Frassinetti Viana Atta, Vinícius Pinto Magalhães e outros

Decisão: por maioria de votos, o Tribunal conheceu do recurso e lhe deu provimento, vencido o Ministro Marco Aurélio, que dele não conhecia. Votou o Presidente. Ausente, ocasionalmente, o Ministro Sepúlveda Pertence. Falou pelo Ministério Público Federal, o Dr. Moacir Antonio Machado da Silva, Vice-Procurador-Geral da República. Plenário, 9.11.94.

Presidência do senhor Ministro Octávio Gallotti. Presentes à sessão os senhores Ministros Moreira Alves, Néri da Silveira, Sydney Sanches, Sepúlveda Pertence, Celso de Mello, Carlos Velloso, Marco Aurélio, Ilmar Galvão e Francisco Rezek.

Vice-Procurador-Geral da República, Dr. Moacir Antonio Machado da Silva. Luiz Tomimatsu, Secretário.

JURISPRUDÊNCIA

SUPREMO TRIBUNAL FEDERAL

Recurso Extraordinário 206.889-6/ MG-2ª T.

Rel.: Min. Carlos Velloso

Rctes.: Vereadores da Câmara Municipal de Conselheiro Lafaiete e outros

Advs.: Hiram Reis Corrêa e outros

Recdos.: Diarlhes Pider Benjamin e outros

Adv.: Rômulo de Araújo Mendes

Adv.: Antonio de Padua Leão Marcenes

j. 25.3.97

Ementa: Constitucional. Ação Popular. Vereadores: remuneração; fixação; legislatura subseqüente. CF, art. 5º, LXXIII; art. 29, V. Patrimônio material do Poder Público. Moralidade administrativa: lesão.

I — A remuneração do Prefeito, do Vice-Prefeito e dos Vereadores será fixada pela Câmara Municipal em cada legislatura para a subseqüente. CF, art. 29, V. Fixando os Vereadores a sua própria remuneração, vale dizer, fixando essa remuneração para viger na própria legislatura, pratica ato inconstitucional lesivo não só ao patrimônio material do Poder Público, como à moralidade administrativa, que constitui patrimônio moral da sociedade. CF, art. 5º, LXXIII.

II — Ação popular julgada procedente.

III — RE não conhecido.

ACÓRDÃO

Vistos, relatados e discutidos estes autos, acordam os ministros do Supremo Tribunal Federal, em Segunda Turma, na conformidade da ata do julgamento e das notas taquigráficas, por decisão unânime, não conhecer do recurso extraordinário, nos termos do voto do Sr. Ministro Relator. Ausente, justificadamente, o Sr. Ministro Marco Aurélio.

Brasília, 25 de março de 1997. Néri da Silveira, Presidente. Carlos Velloso, Relator.

RELATÓRIO

O Senhor Ministro Carlos Velloso: o despacho do eminente Des. Vaz de Mello, então Vice-Presidente do Egrégio Tribunal de Justiça de Minas, que admitiu o RE, dá exata notícia da matéria em debate:

> Cuidam os presentes autos de ação popular intentada pelos recorridos, com o objetivo de ver declarada a nulidade de Resolução editada pela Câmara Municipal de Conselheiro Lafaiete, tida como ilegal e lesiva ao patrimônio do Município, por fixar a remuneração dos Vereadores, Prefeito e Vice-Prefeito locais segundo critérios que entendem contrários aos estabelecidos no ordenamento jurídico inaugurado com a Carta Política de 1988. Pretendem os autores, ainda, a condenação dos beneficiários à devolução, aos cofres públicos, dos subsídios que afirmam indevidamente recebidos.

O pedido foi julgado procedente em ambas as instâncias.

Contra o acórdão que decidiu a apelação, os Vereadores interpõem oportuno recurso extraordinário, com fundamento no art. 102, inc. III, alíneas *a* e *c* da Constituição da República.

Invocam ofensa aos preceitos constitucionais de que cuidam os arts. 29, V, 1ª parte, 30, II e 5º, LV e LXXIII da Lei Maior.

Resumem-se as alegações dos recorrentes a que:

• determinando a Constituição da República devam as Câmaras Municipais fixar a remuneração dos agentes políticos municipais a viger na legislatura subseqüente, e tendo aquele órgão, no presente caso, se omitido quanto a essa fixação, haver-se-ia que aplicar a Lei Complementar Federal 25, de 1975, em seu art. 5º (com as modificações introduzidas pela Lei Complementar 38, de 1979), recepcionada pela nova ordem constitucional, e não Instrução Normativa do Tribunal de Contas, de cunho sabidamente administrativo;

• assim agindo, feriu o acórdão texto constitucional que determina seja a remuneração dos agentes políticos do Município prerrogativa de sua Câmara Municipal;

• agredido restou, igualmente, o texto constitucional, pelo julgamento antecipado da lide, porque não se propiciou aos recorrentes a produção de provas que ensejariam a demonstração da ausência de lesão aos cofres públicos, pela edição da Resolução objeto da presente ação popular;

• finalmente, que o acórdão feriu o texto do art. 5º, da LXXIII, da Constituição da República, ao desprezar o exame da lesividade do ato impugnado pela presente ação popular, ante a constatação de sua ilegalidade.

A douta Procuradoria opinou pela inadmissão do apelo.

Em que pese não se encontrarem prequestionados alguns dos temas suscitados e de obrigarem, outros, ao exame do texto legal, antes de se chegar, à Lei Maior, caracterizando-se a ofensa reflexa, entendo deva o apelo prosseguir no que respeita à aventada ofensa ao preceito constitucional de que cuida o art. 5º, LXXIII.

Inobstante não se refira expressamente ao texto constitucional tido como ofendido, ao acórdão aborda o tema referente à lesividade do ato combatido, concluindo por entender desnecessária sua apreciação, à ilegalidade do ato.

Em decisão proferida no agravo de instrumento 140.163-0/MG, assim se manifestou o Sr. Ministro Marco Aurélio: "(...) coloco em plano secundário o fato de o acórdão em tela não conter alusão expressa aos dispositivos constitucionais citados pela agravante no recurso extraordinário. A configuração do prequestionamento dispensa tal apego à forma. Diz-se prequestionado determinado tema quando o Órgão Julgador emite entendimento explícito a respeito e isto ocorreu na hipótese dos autos (...)" (*DJU* de 27.8.92, p.13.306).

Atento à orientação, admito o apelo na parte em que calcado na alínea *a* do permissivo constitucional, quanto à alegada afensa ao art. 5º, LXXIII, da Lei Maior, por entender que a matéria está a merecer o sempre prudente exame da mais alta Corte de Justiça do País.

(...) (fls. 333/335).

É o relatório.

VOTO

O Senhor Ministro Carlos Velloso (Relator): A Câmara Municipal de Conselheiro Lafaiete, Minas Gerais, editou Resolução fixando a remuneração dos Vereadores, Prefeito e Vice-Prefeito para o mesmo exercício legislativo, retroagindo os efeitos da citada Resolução a 1.1.89, assim legislando em causa própria e com ofensa ao art. 29, V, da Constituição Federal, que estabelece que a remuneração do Prefeito, do Vice-Prefeito e dos Vereadores será fixada pela Câmara Municipal em cada legislatura, para a subseqüente.

Sustenta-se, no recurso extraordinário, ter ocorrido ofensa ao art. 29, V, 1ª parte, 30, II e 5º, LV e LXXIII.

Preliminarmente, verifica-se que os dispositivos constitucionais inscritos no art. 30, II e 5º, LV, não foram ventilados no acórdão recorrido.

Quanto ao art. 29, V, é ele o preceito constitucional invocado como violado pela Resolução da Câmara dos Vereadores. Que esta editou a Resolução que fixou a remuneração do Prefeito, Vice-Prefeito e Vereadores para a mesma legislatura, é inquestionável.

Isto não foi negado pela Câmara. O que se alega é que não há prova no sentido de que a citada Resolução causou lesão aos cofres públicos. Daí a alegação de ofensa ao art. 5º, LXXIII, da CF.

Esta é a questão a ser examinada, aqui.

Abrindo o debate, esclareça-se que a lesão, em casos assim, pode ser presumida. Ora, se a Constituição estabelece, expressamente, que a remuneração do Prefeito, Vice-Prefeito e Vereadores será fixada em cada legislatura para a subseqüente, segue-se que, não tendo havido essa fixação, na legislatura antecedente, a remuneração será a que vinha sendo paga. A transgressão do preceito constitucional, com a alteração, pela Câmara, dessa remuneração, para maior, obrigou o Poder Público a pagar a mais do que devia. Esse *plus*, votado em desconformidade com a Constituição, implica lesão aos cofres públicos. É dizer, o Poder Público devia pagar vinte; mas a Câmara impôs-lhe a obrigação de pagar vinte mais dez, certo que a imposição é contrária à Lei Maior.

Esse acréscimo implica lesão aos cofres públicos, conforme foi dito.

Mas a lesão não fica somente aí.

É que a Constituição de 1988 estabelece, no art. 5º, LXXIII, que, mesmo que não tenha havido efetiva lesão ao patrimônio material público, ainda assim a ação popular poderá ser cabível, por isso que protege ela, também, a moralidade administrativa, que é também patrimônio, patrimônio moral da sociedade.

Com efeito.

Está no inc. LXXIII, do art. 5º da CF:

> LXXIII — qualquer cidadão é parte legítima para propor ação popular que vise a anular ato lesivo ao patrimônio público ou de entidade de que o Estado participe, à moralidade administrativa, ao meio ambiente e ao patrimônio histórico e cultural, ficando o autor, salvo comprovada má-fé, isento de custas judiciais e do ônus da sucumbência;

O que está na Constituição, portanto, é que a ação popular visa a anular ato lesivo: a) ao patrimônio ou de entidade de que o Estado participe; b) à moralidade administrativa; c) ao meio ambiente; d) ao patrimônio histórico e cultural.

É dizer: qualquer cidadão é parte legítima para propor ação popular que vise a anular ato lesivo à moralidade administrativa.

Maurice Hauriou foi quem, por primeiro, dissertou a respeito do tema da moralidade administrativa, em termos de moral jurídica — "conjunto de regras de conduta tiradas da disciplina interior da Administração" (*Précis de Droit Administratif*, Paris: Recueil Sirey, 1914) — certo é que a moral Administrativa e a moral comum se entrelaçam nos seus objetivos. Ora, legislar ou decidir em causa própria, atenta contra a ética, traduz ato imoral. Uma lei que isto autorizassse seria uma lei imoral. E uma lei que isto proíbe, assim procede em obséquio, sobretudo, à ética e à moral. Assim, quando o legislador constituinte estabeleceu, no art. 29, V, da Constituição, que a remuneração do Prefeito, do Vice-Prefeito e dos Vereadores será fixada em cada legislatura para a subseqüente, assim procedeu tendo em linha de conta a moral. Violada, então, a regra jurídica que assim dispõe, tem-se lesão à moralidade administrativa, que a Constituição consagra (CF, art. 37) e protege (CF, art. 5º, LXXIII).

Visualizada a questão nos moldes expostos, força é concluir que o ato impugnado na presente ação popular, além de ofensivo à Constituição — art. 29, V — é lesivo ao patrimônio público e à moralidade administrativa. Cabível, portanto, no caso, a ação popular.

Do exposto, não conheço do recurso.

EXTRATO DE ATA

Recurso Extraordinário 206.889-6/MG

Rel.: Min. Carlos Velloso

Recte.: Vereadores da Câmara Municipal de Conselheiro Lafaiete e outros

Adv.: Hiram Reis Corrêa e outros

Recdo.: Diarlhes Pider Benjamin e outros

Adv.: Rômulo de Araújo Mendes

Adv.: Antonio de Padua Leão Marcenes

Decisão: Por unanimidade, a turma não conheceu do recurso extraordinário, nos termos do voto do Relator. Ausente, justificadamente, o Senhor Ministro Marco Aurélio. 2ª Turma, 25.3.97.

Presidência do Senhor Ministro Néri da Silveira. Presentes à Sessão os Senhores Ministros Carlos Velloso e Maurício Corrêa. Ausente, justificadamente, o Senhor Ministro Marco Aurélio.

Subprocurador-Geral da República, Dr. Edinaldo de Holanda Borges. Wagner Amorim Madoz, Secretário.

JURISPRUDÊNCIA

TRIBUNAL REGIONAL FEDERAL DA 5ª REGIÃO

Apelação em mandado de segurança 48.013-CE (95.05.04274-4)

Relator: o Exmº Sr. Juiz José Delgado

Apelante: União Federal

Apelado: Francisco José Nunes Ferreira

Advogados: Drª Silveth Maria Ripardo Eugênio de Sousa e outro

Remetente: Juízo Federal da 10ª Vara-CE

Ementa: Mandado de segurança. Processo administrativo disciplinar. Decurso do prazo para a conclusão. Nulidade relativa se não houve prejuízo ao funcionário. Princípio do relativismo formal.

1) Se foi exaurido o prazo para a conclusão do processo administrativo disciplinar, sem que isto tenha causado dano à defesa do acusado nem a substância do ato, torna-se sanada a irregularidade com o surgimento da verdade real do fato apurado.

2) No processo administrativo disciplinar deve prevalecer o princípio do relativismo formal.

3) Súmula 523/STF.

4) Apelação e remessa oficial providas.

ACÓRDÃO

Vistos, relatados e discutidos os presentes autos, em que são partes as acima identificadas.

Decide a Segunda Turma do Tribunal Regional Federal da 5ª Região, à unanimidade, dar provimento à apelação e à remessa oficial, nos termos do relatório, voto do Juiz Relator e notas taquigráficas constantes nos autos, que passam a integrar o presente julgado.

Custas, como de lei.

Recife, 6 de abril de 1995 (data do julgamento). Juiz José Delgado, Relator.

RELATÓRIO

***O Exmo. Sr. Juiz José Delgado**:* cuida-se de apelação em mandado de segurança, interposta pela União Federal, impugnado sentença que declarou a ineficácia das portarias emanadas da Superintendência de Polícia Rodoviária Federal do Ceará, instauradoras de processo administrativo disciplinar, que visava apurar fatos tidos como ilegais imputados ao recorrido.

A sentença, que teve como razão de decidir o parecer do Ministério Público, após minuciosa análise do processo disciplinar, conclui pela concessão, em parte, da segurança por considerar as portarias constituintes da comissão inválidas em razão de que as mesmas não atingiram o objetivo almejado, ao extrapolar, a comissão, o prazo de conclusão mencionado no art. 152 da Lei 8.112/90.

Motiva a sentença atacada, o fato de que a expedição sucessiva de portarias para a consecução final do inquérito, não obedeceu ao prazo de 60 (sessenta) dias, prorrogável por mais 60 (sessenta), estabelecido na Lei 8.112/90, e, principalmente, a última Portaria de n. 145, publicada em 19.11.93, que houvera prorrogado por mais 40 (quarenta) dias, os efeitos da Portaria anterior de n. 117/93, e só foi publicada 11 dias após a expiração do prazo daquela.

A União Federal apela da sentença ao argumento de que, o que seria vício insanável para tornar ineficazes os efeitos das portarias, não passa de mera irregularidade, pois, inclusive, nenhum prejuízo trouxe ao imputado.

Contra-razões do apelado às fls. 369/370 pela manutenção integral da sentença.

É o relatório.

VOTO

O Exmo Sr. Juiz José Delgado: é princípio basilar do Direito Administrativo, mais precisamente no que diz respeito ao processo disciplinado, que a nulidade de atos processuais deve ser decretada quando trouxer prejuízos irreparáveis ao acusado no que tange, principalmente, ao direito da plena defesa e do contraditório.

Pelo que se depreende dos autos, em nenhum momento do processo administrativo disciplinar, foi o impetrado furtado do seu direito de se pronunciar e acompanhar todas as fases do inquérito.

Constata-se, isto sim, que o imputado, de moto próprio, é que foi negligente, quero dizer, recalcitrante, pois foi notificado em várias oportunidades, recusou-se a comparecer e a participar das fases processuais, inclusive citado para apresentar defesa escrita no prazo legal não o fez, quando foi designado pela comissão defensor dativo para tanto.

O simples fato da perda de prazo para a conclusão do inquérito, a qual o próprio impetrante deu causa, não enseja, a meu ver, a nulidade de todo um processo de apuração, haja vista que o fim a que o mesmo se destinou, alcançou seus legais efeitos, ou seja, o esclarecimento real do fato imputado, sem o menor prejuízo às partes.

Sobre a nulidade relativa dos vícios processuais disciplinares, vejamos o que nos ensina a doutrina pátria:

"A possibilidade de convalidação de atos processuais disciplinares eivados de nulidades relativas constitui uma das conseqüências da adoção pela processualística disciplinar do princípio do relativismo formal, o qual orienta no sentido de que as sanções de nulidade devem restringir-se aos casos em que haja substancial afronta à verdade real dos fatos.

"Pois bem, os atos processuais disciplinares, ainda que tenham sido formalizados com defeitos provocadores de nulidades relativas, podem ser sanados quando: 1) cheguem a atingir a finalidade substancial a que visavam; 2) tenha havido aceitação, tácita ou expressa, dos seus efeitos" (*Teoria e Prática do Processo Administrativo Disciplinar*, José Armando da Costa, Saraiva, 1ª ed., 1987).

Mais adiante, conclui a sua explanação esclarecendo que é vedado ao servidor que tenha causado a pretendida nulidade, venha a ser dela beneficiário:

"Por fim, acrescente-se que, ainda em atendimento aos princípios do relativismo formal e da maior flexibilidade de forma, adotados pelo processo disciplinar, é defeso à administração e ao funcionário acusado, argüir nulidades que tenha dado causa ou que não tenham interesse na sua declaração."

Bem verdade, que a sentença ora atacada, entendeu que a procrastinação ocorrida no curso do processo teve causa concorrente, tanto da administração, através da Comissão de Inquérito, que não tomou as medidas necessárias para evitar o decurso do prazo, como a que trata no § 1º do art. 152 da Lei 8.112/90, autorizadora da dispensa do ponto para os membros da comissão, quanto a do servidor acusado, que agindo obstinadamente impediu a celeridade para a conclusão do processo disciplinar, e por este motivo, a decretação da ineficácia das portarias seria imperiosa.

Não visualizo a situação por esta ótica, afinal, o atraso na conclusão dos trabalhos, em nada prejudicou o impetrante que era conhecedor do processo disciplinar e não exerceu seu direito ao contraditório nem participou efetivamente da instrução por mera obstinação e relutância.

Ademais, a sentença apresenta-se contraditória em seu dispositivo pois, ao tornar ineficazes as portarias constituintes da comissão, não inquina de nulidade os atos praticados durante suas vigências, tendo permitido, inclusive, que fossem aproveitados os mesmos para a instauração de novo processo disciplinar.

Ora, se trata de vício insanável não teria como aproveitar os atos decorrentes deste vício. Ao invés, seriam eles imprestáveis para qualquer outro fim.

Ao contrário, em sendo vício que não atingiu a substância do ato, torna-se o mesmo inteiramente sanado com seus fins colimados de forma perfeita e regular, devendo assim, ser convalidado.

A Súmula 523 do Supremo Tribunal Federal, que toma por princípio o relativismo formal, e que trago como supedâneo para a razão de decidir, assim prescreve: "No processo penal, a falta da defesa constitui nulidade absoluta, mas a sua deficiência só o anulará se houver prova de prejuízo para o réu".

Desta forma, não houve comprovação de dano causado ao impetrante no que tange ao exercício do seu direito de defesa, motivo pelo qual, dou provimento à apelação e à remessa oficial, para reformar a sentença em todos os seus termos.

É como voto.

JURISPRUDÊNCIA

TRIBUNAL DE JUSTIÇA DO ESTADO DO PARANÁ

Apelação cível 30.384-8-Curitiba-2ª Vara da Fazenda Pública

Apelante: Amaury Spodaryk

Apelado: Estado do Paraná

Relator: Des. Walter Borges Carneiro

Servidor público. Anistia. Candidato aprovado em concurso, porém não provido em razão de antecedentes político-sociais. Ato administrativo de provimento verificado 20 anos após. Direito às vantagens como se efetivamente estivesse no exercício do cargo.

Se o Estado de Direito Democrático, consagrado pela nova ordem jurídica, não admite a validade dos atos praticados sob o regime do arbítrio, daí assegurar a nomeação daqueles que deixaram de ingressar no serviço público "em virtude de antecedentes político-sociais" (CE art. 39, § 4º, do ADCT), restabelecendo-lhes "todas as vantagens e direitos de que foram privados pela medida de exceção" (art. 39, "caput", do ADCT da CE), para se cumprir o comando generoso da norma constitucional, ao beneficiário deve ser conferida a progressão na escala hierárquica funcional a que teria direito como se efetivamente estivesse no serviço ativo.

Recurso provido para declarar procedente o pedido.

1. Trata-se de ação processada sob o rito ordinário, através da qual o autor, Amaury Spodaryk, objetiva provimento jurisdicional contra o Estado do Paraná, destinado a ver declarado direitos em decorrência da anistia prevista na Constituição do Estado.

Argumenta que no ano de 1970 submeteu-se a concurso público para provimento no cargo de escrivão de polícia, tendo sido aprovado em primeiro lugar na prova de "conhecimentos gerais", conforme elucida o Edital 10/70, baixado pelo Diretor-Geral do DESP, publicado no *Diário Oficial* de 3 de agosto daquele ano, reproduzido às fls. 7. Na seqüência do concurso, veio a ser finalmente aprovado e classificado em 10º lugar, como retrata a Portaria 89/70, lavrada pela mencionada autoridade administrativa e publicada no *Diário Oficial* de 21 de agosto de 1970 (fls.9). Entretanto, não foi nomeado, precisamente porque o então Diretor do Departamento Estadual do Serviço Público não recomendou o respectivo provimento do autor, após considerar seus "antecedentes sociais". Constou no documento enviado ao Governador do Estado (fls.10/11) propondo a nomeação dos candidatos aprovados, a seguinte ressalva: "Outrossim, cumpre-me comunicar a Vossa Excelência que por força do exame e crítica dos elementos de investigação de antecedentes político-sociais, colhidos em diversas fontes, deixou de ser proposto o nome do candidato Amaury Spodarik, classificado também em 10º lugar, em virtude da Banca Examinadora designada para realizar o referido concurso, ter oposto restrição à nomeação do mesmo, em relatório estritamente confidencial, encaminhando-a esta Diretoria-Geral".

Em decorrência de regras transitórias previstas na Constituição Federal (ADCT, art. 8º) e na Carta Política do Paraná (art. 39), respectivamente, o autor formulou pedido administrativo, destinado a ver reconhecido os benefícios da anistia e conseqüente provimento no serviço público. Tal pedido foi regularmente processado, mereceu parecer da douta Procuradoria-Geral do Estado e culminou com a edição do Decreto 7.043, publicado no *Diário Oficial*, de 3 de julho de 1990, através do qual, o então Governador do Estado nomeou o autor para exercer o cargo de escrivão de polícia, 4ª Classe, do Quadro de Pessoal da Polícia Civil, da Secretaria de Estado da Segurança Pública.

Como haviam decorridos vinte anos entre o ato de aprovação e o provimento, este verificado em decorrência da anistia constitucional, e porque a Administração deixou de reconhecer os direitos e vantagens (promoções, adicionais de tempo de serviço, férias não gozadas, licenças-prêmio, reconhecimento de tempo de serviço, gratificações, medalhas outorgadas aos agentes da segurança pública) decorrentes do exercício do cargo, o autor promoveu a presente ação, objetivando declaração judicial em tal sentido.

O pedido foi regularmente contestado pelo Estado do Paraná, sobrevindo a decisão recorrida, através da qual o magistrado singular declarou-o improcedente, anotando, em síntese: a) que os direitos e vantagens decorrem apenas da investidura no serviço público, fato verificado no ano de 1990; b) como o autor não estava no serviço ativo, uma vez que, mesmo aprovado, não fora nomeado, a simples aprovação não gerou direito à nomeação; c) conseqüentemente, as vantagens pleiteadas não podem ser outorgadas, "de vez que o pretendido direito só ocorre estando o funcionário no pleno exercício das atividades do cargo" (fls. 90/92).

Daí a interposição de tempestivo recurso apelatório, onde o autor reagita os argumentos anteriormente desenvolvidos, pleiteando a reforma do *decisum* monocrático.

Recurso regularmente processado, com as contra-razões do recorrido e o pronunciamento da douta Procuradoria-Geral da Justiça pela confirmação da sentença.

É o relatório.

2. A sentença fixou posicionamento contrário à pretensão do autor após estabelecer o argumento central de que a aprovação não gera direito à nomeação. Tal enunciado sem dúvida alguma é correto, mas deve ser entendido dentro do contexto que informa a relação jurídica entre os candidatos habilitados e a Administração pública.

Com efeito, se é verdade que a aprovação não assegura direito à nomeação, também é verdade que, se o administrador realizar o provimento, deverá obedecer estritamente a ordem de classificação dos habilitados. Por isso, desde janeiro de 1964, portanto, anteriormente ao concurso a que se submeteu o autor, quando editadas as primeiras súmulas do Supremo Tribunal Federal, consta no enunciado n. 15, *verbis*: "Dentro do prazo de validade do concurso, *o candidato aprovado tem direito à nomeação, quando o cargo for preenchido sem observância da classificação*".

No caso, conforme demonstrado pelo documento de fls. 15 — fotocópia do *Diário Oficial*, de 21 de setembro de 1970 —, o Governador do Estado nomeou 34 (trinta e quatro) escrivães de polícia; assim, foram providos 23 (vinte e três) funcionários com classificação inferior aquela alcançada pelo autor. Então, não há como negar, tinha ele o direito líquido e certo à nomeação, a teor da jurisprudência condensada na Súmula 15, do Supremo Tribunal Federal.

O ato de provimento do autor no cargo inicial da carreira de escrivão de polícia, como evidenciado no procedimento que informou o Decreto 7.043, de 3 de julho de

1990, decorre do contido no art. 39, do ADCT da Carta Política do Paraná; isto porque o Governador do Estado convenceu-se de que a recusa à nomeação no ano de 1970 fora motivada em face de seus antecedentes "político-sociais", conforme, aliás, está realçado às fls. 11. Resta considerar se as vantagens outorgadas pela lei do perdão abarcam o período compreendido entre 21 de setembro de 1970 — quando nomeados outros candidatos habilitados no mesmo concurso — até 3 de julho de 1990 — data em que o autor foi, efetivamente, provido no serviço público.

Impende, dessa forma, estabelecer a correta interpretação do instituto da anistia, no caso, o regramento traçado no art. 39, das Disposições Transitórias da Constituição do Paraná.

3. A causa sob análise deve ser solucionada em função de parâmetros específicos e não através ortodoxas e próprias da rotina administrativas. A anistia, como fenômeno político-jurídico-social, não pode permitir que à margem do espírito generoso que a inspira e ilumina, se cometam atos de restrição por via oblíqua. De fato, seria um procedimento iníquo se o Estado, ao conceder anistia ao cidadão, quando decorridos vinte anos, o marginalizasse *de fato*, negando-lhe qualquer direito durante o tempo em que aguardou a nomeação.

O art. 39, do ADCT da Constituição do Estado destaca: "Aos prejudicados pelos atos institucionais que ainda não tiveram seus direitos reconhecidos administrativa ou judicialmente fica assegurado, mediante requerimento dirigido e aprovado pelo chefe do Poder a que estavam vinculados, o restabelecimento de todas as vantagens e direitos de que foram privados pela medida de exceção". Por sua vez, o § 4º do mesmo dispositivo acentuou: "Os benefícios estabelecidos neste artigo são assegurados aos habilitados em concurso, não nomeados em virtude de antecedentes político-sociais".

A doutrina, a exemplo de Carlos Maximiliano (*Hermenêutica e Aplicação do Direito*, 9ª ed., Forense, 1979, p. 328) ensina que as leis e decretos de anistia devem ser interpretados de modo a não causar prejuízo ao beneficiário. Como recordou o Ministro Clóvis Ramalhete, no Parecer 27 que lavrou quando Consultor-Geral da República (*DOU* de 7.4.80, pp. 5894 e ss.), "A anistia não se concilia com (...) redução dos direitos aos servidores postos no Serviço Público (...) O fim político da Lei de Anistia não permite que, de um lado, se acolha o anistiado no serviço público 'no mesmo cargo ou emprego' de antes, tal como o ordena a lei; mas que, de outro lado, se lhe reduzam direitos". Daí destacar que as *restrições* opostas ao servidor "são incompatíveis com o conceito político de Anistia" (ob. cit., p. 5.897) e ao beneficiado "será outorgado na condição estatutária plena, que desfrutava ao tempo do afastamento, sem quaisquer restrições" (ob. cit., p. 5.898).

Em razão dessa evidência tão palpável, o legislador constitucional paranaense não olvidou a situação excepcional do instituto da anistia. Ao conceder o benefício, conforme está dito na parte final do art. 39, *caput*, do ADCT, relativamente aos funcionários, opera-se "o restabelecimento de todas as vantagens e direitos de que foram privados pela medida de exceção".

4. Dando aplicação ao dispositivo semelhante da Carta da República (art. 9º do ADCT), o Supremo Tribunal Federal, quando julgou ação proposta pelo militar Sérgio Ribeiro Miranda de Carvalho, destacou na ementa do acórdão lavrado pelo Ministro Marco Aurélio, que "na expressão '(...) reconhecimento dos direitos e vantagens interrompidos pelo atos punitivos (...)', considerado o período de 15 de julho a 31 de dezembro de 1969, compreendem-se todos aqueles que deixaram de ser usufruídos, implicando a obrigatoriedade de a União repará-los da forma mais ampla possível, quer sob o aspecto profissional, quer sob o

aspecto financeiro. *Comprovado que o beneficiário da norma, tivesse permanecido na carreira, teria formado na clientela de acesso ao generalato, como ocorreu, com sucesso, em relação a colegas de turma, impõe-se o reconhecimento do direito ao posto, sem que, com isto, seja dado falar em substituição ao Presidente da República no que, por conveniência e oportunidade, define as promoções em tal campo*" (*RTJ* 146/337 e ss.). O precedente, como se verifica, guarda identidade com a hipótese dos autos, precisamente porque a regra da Constituição do Paraná assegura ao anistiado o restabelecimento de todas as vantagens e direitos de que fora privado pela medida excepcional, evidenciando, assim, que o autor é titular do direito a incorporar todas as vantagens funcionais outorgadas aos colegas de concurso, como se efetivamente tivesse sido provido juntamente com eles, no longínquo ano de 1970.

Realmente, se o Estado de Direito Democrático, consagrado pela nova ordem jurídica, não admite a validade dos atos praticados sob o regime do arbítrio, daí assegurar a nomeação daqueles que deixaram de ingressar no serviço público "em virtude de antecedentes político-sociais" (CE art. 39, § 4º, do ADCT), restabelecendo-lhes "*todas as vantagens e direitos* de que foram privados pela medida de exceção" (art. 39, *caput*, do ADCT da CE), para se cumprir o comando generoso da norma constitucional, ao autor deve ser conferida a progressão na escala da hierarquia funcional a que teria direito como se efetivamente no serviço ativo. Vale dizer, a anistia contemplada na Carta Política do Paraná produz o efeito de apagar por completo os fatos que motivaram a punição (no caso a punição consistiu na não nomeação do habilitado em concurso), restaurando a situação anterior em que deveria estar enquadrado se inexistisse a decisão praticada durante o tempo de exceção. Recordo, a propósito, pronunciamento do antigo Tribunal Federal de Recursos, relatado pelo ilustre Ministro Geraldo Sobral, assim ementado: "Anistia. Emenda Constitucional 26, art. 4, § 1º. Aplicação a quem, tendo sido aprovado em concurso e cuja contratação foi admitida por portaria deixou de sê-lo por motivação exclusivamente política. Hipótese em que a autoridade deferiu a admissão mas negou promoções. Reconhecimento do direito a estas, nos termos do art. 4º, § 1º e 3º da EC 26" (MS 117.262, *DJU* de 15.10.87).

Por tais razões, provejo o recurso apelatório e declaro procedente o pedido, a fim de assegurar ao autor as vantagens a que tem direito, contando-se para todos os efeitos legais como tempo efetivo de serviço o período compreendido entre 21 de setembro de 1970 a 3 de julho de 1990, assegurando-lhe, outrossim, a contagem em dobro de férias e licença especial não gozadas e, bem assim, as promoções na carreira em igualdade de condições com os candidatos que, juntamente com ele, foram habilitados no mencionado concurso público. Como conseqüência, deve o requerido responder pelos efeitos financeiros a partir de 5 de outubro de 1989, quando promulgada a Constituição do Paraná, acrescidos de correção monetária, juros a partir da citação, custas processuais e honorários advocatícios, que fixo em 15% (quinze por cento) sobre o montante da condenação, atendendo o excelente e exaustivo trabalho desenvolvido pelo advogado do autor.

Ante o exposto, acordam em 4ª Câmara Cível do Tribunal de Justiça do Estado do Paraná, por unanimidade, dar provimento ao recurso, nos termos do voto do Relator.

Participou do julgamento o Excelentíssimo Senhor Desembargador Troiano Netto.

Curitiba, 14 de dezembro de 1994. Wilson Reback, Presidente e Revisor. Walter Borges Carneiro, Relator.

JURISPRUDÊNCIA

1ª INSTÂNCIA

CONCESSÃO DE LIMINAR EM MANDADO DE SEGURANÇA

Mandado de Segurança 1999.34.00.003113-1

Impetrantes: Edison Dias Ferreira e outro

Advogado: Dr. Alzir Leopoldo do Nascimento e outros

Impetrados: Secretário de Recursos Humanos da Secretaria de Estado da Administração e do Patrimônio do Ministério do Orçamento e Gestão e Diretor-Geral do Departamento Nacional de Estradas e Rodagem-DNER

I

Cuida-se de mandado de segurança, em que se busca afastar, liminarmente e em caráter preventivo, o desconto da contribuição social para o Plano de Seguridade Social do servidor público civil da União, incidente sobre os proventos dos inativos e pensionistas, nos termos dos artigos 1º e 2º da Lei n. 9.783, de 28 de janeiro de 1999, por contrariar as garantias constitucionais da anterioridade, da irretroatividade e da isonomia tributária, bem assim, do ato jurídico perfeito e do direito adquirido, amparados por cláusulas pétreas (CF, art. 60, § 4º, IV).

II

A Lei n. 9.783, de 28 de janeiro de 1999 (*DOU* de 29.1.99 — Seção I) ao instituir a contribuição social do servidor público civil inativo e dos pensionistas dos Três Poderes da União, com alíquotas que variam de 11% (onze por cento) a 25% (vinte e cinco por cento) da totalidade do provento ou da pensão (arts. 1º e 2º), *para atender à ganância capitalista globalizada e insaciável da agiotagem internacional, comandada pela ditadura do Fundo Monetário Internacional-FMI*, a quem o Governo Federal reverencia, qual servil refém, não visa, desenganadamente, "à manutenção do regime de previdência social dos seus servidores" (como proclama, em termos oficiais), posto que já inativos esses servidores, mas, concorre, de forma brutal, para o aniquilamento de suas vidas e a negação de seus direitos humanos fundamentais.

Tal lei se apresenta, assim, no cenário jurídico nacional, com flagrante inconstitucionalidade, contrariando os fundamentos do Estado Democrático de Direito e de Justiça, por atentar contra os valores sociais do trabalho, a dignidade da pessoa humana, a cidadania e a soberania nacional, obstruindo a construção de uma sociedade livre, justa e solidária, como quer o povo brasileiro, através de nossa Lei Fundamental (CF, arts. 1º, I a IV e 3º, I).

O povo brasileiro — fonte material de todo poder, no Estado Democrático — não negocia nem mercadeja sua soberania, por nenhum preço.

De resto, não há dúvida de que essa exação tributária abusiva e letal tem caráter confiscatório, ferindo a garantia constitucional do art. 150, IV, da Carta Magna, bem assim, contrariando as limitações constitucionais da irretroatividade tributária (CF, art. 150, III, *a* e *b*), aniquilando o direito adquirido e o ato jurídico perfeito dos inativos e dos pensionistas (CF, arts. 5º, XXXVI e 150 *caput*), protegidos por cláusula constitucional de eternidade (CF, art. 60, § 4º, IV).

O ato de aposentadoria é um *ato jurídico perfeito*, protegido, constitucionalmente, contra as violações do legislador ordinário.

De ver-se, assim, que a garantia fundamental do direito adquirido (CF, art. 5º, XXXIV), guiada, na aposentadoria, pelo princípio *tempus regit actum*, não autoriza a tributação em foco sobre os proventos do aposentado, com base na isonomia remuneratória do § 8º do art. 40 da Lei Suprema, tendo em vista que a norma, ali referida, não admite aplicação aos inativos, com efeitos negativos da *reformatio in pejus*, mas, tão-somente, a interpretação que lhes for favorável, *in bonam partem*, exatamente para que a aposentadoria seja usufruída como um direito, conquistado pelo trabalhador, e não como uma *pena a ser cumprida*, até a morte, pelo infeliz que, durante quase toda a sua vida, serviu ao povo, na oficialidade do Estado.

Como imposto disfarçado e confiscatório, a contribuição dos inativos, ora instituída pela natimorta Lei n. 9.783/99, estrangula, ainda, a limitação constitucional dos arts. 195, § 4º e 154, I, da Lei Maior, desprezando, no ponto, a exigência formal de lei complementar, no que se afigura, também, sob esse aspecto, flagrantemente inconstitucional.

III

Com estas considerações, *concedo, liminarmente, a tutela mandamental, aqui, postulada*, para afastar, de logo e preventivamente, dos proventos dos autores impetrantes, a cobrança abusiva da contribuição social prevista nos arts. 1º e 2º da Lei n. 9.783, de 28.1.99.

Notifiquem-se, *com urgência*, por ofício e fax, as autoridades impetrantes, para imediato cumprimento deste *decisum*, prestando as informações necessárias, no decêndio legal.

Publique-se.

Brasília (DF), em 17 de fevereiro de 1999, Antônio Souza Prudente, Juiz Federal.

NOTICIÁRIO

A LEI FEDERAL N. 9.783/99 E SUAS INCONSTITUCIONALIDADES

CARLOS AYRES BRITTO

Professor de Direito Constitucional da Universidade Federal de Sergipe
— Membro da Comissão de Estudos Constitucionais da OAB Federal
— Escritor Jurídico e Poeta

1. O objeto da lei. 2. A inválida extensão do sistema contributivo aos aposentados e pensionistas. 3. A negação da lei ao direito adquirido e ao ato jurídico perfeito. 4. A colisão da lei com a Emenda Constitucional n. 20/98. 5. A incompatibilidade da lei com o modelo constitucional de previdência social. 6. O vício formal da aprovação da lei em matéria já rejeitada na mesma sessão legislativa. 7. O vício formal da aprovação da lei como diploma ordinário. 8. Considerações finais.

1. O objeto da lei

1.1 A Lei Federal n. 9.783, datada de 28 de janeiro de 1999, tem o seu objeto claramente descrito em sua própria *ementa*, que é a seguinte: "Dispõe sobre a contribuição para o custeio da previdência social dos servidores públicos, ativos e inativos, e dos pensionistas dos três Poderes da União, e dá outras providências".

1.2 O corpo de dispositivos da lei confirma os dizeres da sua *ementa*, conforme se vê da leitura dos arts. 1º, 2º e 3º, agora transcritos:

"Art. 1º. A contribuição social do servidor público civil, ativo e inativo, e dos pensionistas dos três Poderes da União, para a manutenção do regime de previdência social dos seus servidores, será de onze por cento, incidente sobre a totalidade da remuneração de contribuição, do provento ou da pensão.

"Parágrafo único. Entende-se como remuneração de contribuição o vencimento do cargo efetivo, acrescido das vantagens pecuniárias permanentes estabelecidas em lei, os adicionais de caráter individual, ou quaisquer vantagens, inclusive as relativas à natureza ou ao local de trabalho, ou outra paga sob o mesmo fundamento, excluídas:

"I – as diárias para viagens, desde que não excedam a cinqüenta por cento da remuneração mensal;

"II – a ajuda de custo em razão da mudança de sede;

"III – a indenização de transporte;

"IV – o salário família.

"Art. 2º. A contribuição de que trata o artigo anterior fica acrescida dos seguintes percentuais:

"I – nove pontos percentuais incidentes sobre a parcela da remuneração, do provento ou da pensão que exceder a R$ 1.200,00 (um mil e duzentos reais), até o limite de R$ 2.500,00 (dois mil e quinhentos reais);

"II – catorze pontos percentuais incidentes sobre a parcela da remuneração, do provento ou pensão que exceder a R$ 2.500,00 (dois mil e quinhentos reais).

"Parágrafo único. Os adicionais de que trata o *caput* têm caráter temporário, vigorando até 31 de dezembro de 2002.

"Art. 3º. Não incidirá contribuição sobre a parcela de até R$ 600,00 (seiscentos reais) do provento ou pensão dos que forem servidores inativos ou pensionistas.

"Parágrafo único. Será de R$ 3.000,00 (três mil reais) o valor da parcela de que trata o *caput*, quando se tratar de servidor inativo ou pensionista com mais de setenta anos de idade ou de servidor aposentado por motivo de invalidez."

1.3 Desenganadamente, pois, a Lei n. 9.783/99 tem por objeto a regulamentação do sistema de previdência social dos servidores públicos civis federais, assim nuclearmente instituído pela Constituição Federal (de permeio com a situação previdenciária dos servidores públicos civis estaduais, distritais e municipais):

"Art. 40. Aos servidores titulares de cargos efetivos da União, dos Estados, do Distrito Federal e dos Municípios, incluídas suas autarquias e fundações, é assegurado regime de previdência de caráter contributivo, observados critérios que preservem o equilíbrio financeiro e atuarial e o disposto neste artigo" (*redação introduzida pela Emenda Constitucional n. 20, de 15 de dezembro de 1998*).

1.4 Existe, assim, um vínculo funcional direto entre a lei em causa e o dispositivo constitucional transcrito, de que ela é a primeira manifestação oficial de regulamentação. Uma regulamentação, todavia, que trouxe como principais novidades: ***a) a progressiva majoração dos percentuais de contribuição previdenciária do pessoal ativo da Administração Federal Direta, autárquica e fundacional, a partir da parcela de remuneração que exceder a R$ 1.200,00 (mil e duzentos reais) ; b) a imposição, antes inexistente, de descontos previdenciários igualmente progressivos para aposentados e pensionistas das referidas pessoas estatais, salvo para aqueles que perceberem até R$ 600,00 (seiscentos reais) por mês, indistintamente, ou, então, o máximo de R$ 3.000,00 (três mil reais), desde que se trate de aposentadoria por invalidez, ou de aposentados e pensionistas com mais de 70 anos de idade.***

1.5 Também de acordo com o texto legal (art. 6º), a incidência das novas contribuições se dará a partir de 1º de maio de 1999, porém de modo a alcançar todas as situações já factualizadas até aquela data e as que vierem a se concretizar depois; quer dizer, a lei se deseja aplicada de 1º de maio em diante, sem excluir nem mesmo as relações que se constituíram à luz do Direito precedente e, por isso, já incorporadas ao patrimônio jurídico dos seus beneficiários, como é o caso das aposentadorias e pensões.[1]

2. A inválida extensão do sistema contributivo aos aposentados e pensionistas

2.1 Com este chamamento da Constituição à ribalta, já se percebe sua primeira exposição à agressividade da lei. Ela, Constituição, ***não impôs "regime de previdên-***

1. Eis a roupagem vocabular do dispositivo em questão: "As contribuições previstas nesta Lei serão exigidas a partir de 1º de maio de 1999 e, até tal data, fica mantida a contribuição de que trata a Lei n. 9.630, de 23 de abril de 1998".

cia de caráter contributivo" aos aposentados e pensionistas do setor público. A lei, sim. O que fez a Constituição do Brasil foi assegurar tal regime de previdência "***aos servidores titulares de cargos efetivos***" (logo, pessoal da atividade, exclusivamente, pois aposentados e pensionistas não podem, jamais, ser concebidos como "titulares de cargos efetivos"), fazendo das aposentadorias e pensões um direito que resulta, justamente, das contribuições mensais impostas àquela categoria de servidores. É como dizer: os servidores efetivos da Administração direta, autárquica e fundacional pagam suas contribuições previdenciárias e, assim, compram, a cada mês, a sua futura aposentadoria ou a pensão dos seus dependentes. Uma e outra (aposentadoria e pensão), já inteiramente livres de contribuições, assim como se dá com o recebimento de um seguro, pagos os prêmios e preenchidas as demais condições do resgate.

2.2 Sempre foi assim. No seu nascedouro, a Magna Carta de 1988 sequer estabelecia regime de autofinanciamento previdenciário para os servidores públicos civis (pessoal ativo, insista-se), em tema de aposentadoria e pensão. Tudo era direta e exclusivamente custeado pelo Erário. Até que veio a Emenda n. 3, de 17 de março de 1993, e autorizou a lei a submeter os servidores públicos federais a regime contributivo, nestes claríssimos termos: "As aposentadorias e pensões dos servidores públicos federais serão custeadas com recursos provenientes da União e das contribuições dos servidores, na forma da lei" (§ 6º do art. 40).

2.3 Mudou a fonte de custeio, portanto, que deixou de ser unitária. Passou a ser constituída pela União e pelos próprios servidores; porém os aposentados e pensionistas continuaram à margem do regime de autocusteio, conforme, aliás, veio a reconhecer a Lei federal n. 9.630, de 23 de abril de 1998, nestas categóricas prescrições:

"Art. 5º. O art. 231 da Lei n. 8.112, de 11 de dezembro de 1990, passa a vigorar com a seguinte redação:

"Art. 231. O Plano de Seguridade Social do servidor será custeado com o produto da arrecadação de contribuições sociais obrigatórias dos servidores ativos dos poderes da União, das autarquias e das fundações públicas.

"§ 1º. A contribuição do Servidor, diferenciada em função da remuneração mensal, bem como dos órgãos e entidades, será fixada em lei.

"§ 2º. O custeio das aposentadorias e pensões é de responsabilidade da União e de seus servidores."

2.4 Entenda-se bem: esse custeio das aposentadorias e pensões é da responsabilidade "da União e dos seus servidores", porque sobre a União e os servidores públicos civis federais, conjuntamente, é que passou a recair a incumbência do desembolso de recursos para a formação de um pecúlio comum, regido por contabilidade própria (também chamada de atuarial), destinado à manutenção de todo o sistema previdenciário público federal. E é sacando desse pecúlio comum que a União vai bancar as despesas com aposentados (que são ex-servidores) e pensionistas da Administração federal direta, autárquica e fundacional.[2]

2.5 Assentado fica, portanto, que esse tipo de relação jurídico-previdenciária entre o Poder Público e os seus agentes administrativos é de caráter contributivo, como reza a Constituição, para o efeito de compra

2. O suprimento desse fundo, no entanto, se faz por modo diferenciado. O pessoal ativo contribui mês a mês, necessariamente, enquanto a União pode fazê-lo por outra forma, de acordo com a preceituação que se lê neste dispositivo da *Lex Maxima*: "Art. 249. Com o objetivo de assegurar recursos para o pagamento de proventos de aposentadoria e pensões concedidas aos respectivos servidores e seus dependentes, em adição aos recursos dos respectivos tesouros, a União, os Estados, o Distrito Federal e os Municípios poderão constituir fundos integrados pelos recursos provenientes de contribuições e por bens, direitos e ativos de qualquer natureza, mediante lei que disporá sobre a natureza e administração desses fundos".

por um sistema previdenciário de equilíbrio financeiro e atuarial, ainda segundo os expressos termos dessa mesma Constituição (*caput* do art. 40, mais atrás reproduzido).

2.6 Pois bem, como todo sistema de previdência social, o idealizado pela Constituição existe como forma de precaução, prudência, cautela ou cuidado ante situações de risco ou potencialmente desvantajosas para o segurado (algumas até de infortúnio), como a "doença, invalidez, velhice, acidente em serviço, inatividade, falecimento e reclusão" (art. 184, *caput*, da Lei 8.112, de 11 dezembro de 1990). Seu objetivo imediato, por conseguinte, é oferecer proteção a quem previdentemente desembolsou recursos para a formação de uma economia que, embora comum ao funcionalismo, *é de aplicabilidade benfazeja individual*. Noutro dizer, a finalidade do regime previdenciário é conferir "benefícios" (como literal e profusamente consta da Magna Lei Republicana) a cada um dos participantes do sistema.[3] Por isso mesmo, não pode operar senão na perspectiva da configuração de direitos subjetivos que se tornem indisponíveis para o ente mantenedor do sistema.

2.7 É neste ponto de reflexão que vêm à tona os institutos do direito adquirido e do ato jurídico perfeito, desde sempre invocados pela jurisprudência dos nossos tribunais, em tema de aposentadorias e pensões, sob a fórmula do *tempus regit actum*.[4] Parêmia utilizada, precisamente, para impedir que leis posteriores laborassem no campo da *reformatio in pejus* para quem, ao ingressar no serviço público, debaixo de formulações normativas bilateralmente vinculantes (o caso não é de manutenção de regime jurídico), segurou a si próprio contra os golpes do destino e dos governantes (como soam prestimosas as palavras de Jhering, segundo as quais "a forma é inimiga do capricho e irmã gêmea da liberdade"...).

2.8 Perguntemo-nos, então: e que alíquota vigorava para os servidores públicos civis, antes da publicação da Lei n. 9.783, para o custeio do sistema de previdência social no âmbito do Poder Público? A alíquota uniforme de 11% (onze por cento), fixada pelo art. 1º da Lei federal n. 9.630, de 23 de abril de 1998.[5] Donde a conclusão de que esta era a contribuição que operava como condição financeira individual para o servidor se encaixar num sistema de previdência social que lhe asseguraria, entre outros benefícios: *a*) o direito subjetivo à própria aposentadoria; *b*) a segurança jurídica

3. Este o sentido já dicionarizado da locução "previdência social": "conjunto de medidas e de instituições para proteção ao trabalhador ou ao funcionário (e seus dependentes ou beneficiários), na doença, na velhice, no desemprego, etc" (*Enciclopédia e Dicionário Ilustrado*, da autoria conjunta de Abrahão Koogan e Antônio Houaiss, Edições Delta, 1994).

4. A súmula 359 do Supremo Tribunal Federal está assim escrita: "Ressalvada a revisão prevista em lei, os proventos da inatividade regulam-se pela lei vigente ao tempo em que o militar, ou o servidor civil, reuniu os requisitos necessários, inclusive a apresentação do requerimento, quando a inatividade for voluntária". Como observa Roberto Rosas "a parte final desta Súmula foi excluída a partir de 'inclusive a apresentação... voluntária'. Assim entendeu o STF porque a afirmação do direito à aposentadoria conduz ao direito adquirido. Se já houve a aquisição desse direito, não pode estar condicionado a outra exigência" (*Direito Sumular*, 7ª ed. ampliada e revista, São Paulo, Malheiros Editores, 1995, p. 142).

5. Cujos textos centrais (de redação tão obscura quanto contraditória, frisemos), eram estes: "Art. 1º. A partir de 1º de julho de 1997 e até a data da lei que disporá sobre o Plano de Seguridade Social previsto no art. 183 da Lei n. 8.112, de 11 de dezembro de 1990, a contribuição mensal do servidor público civil, ativo e inativo, dos três Poderes da União, para o financiamento do custeio com proventos e pensões dos seus servidores, será de 11% (onze por cento), incidente sobre a remuneração conforme definida no inciso III do art. 1º da Lei n. 8.852, de 4 de fevereiro de 1994, e sobre o total de proventos. Parágrafo único. O servidor público inativo, independentemente da data de sua aposentadoria, ficará isento da contribuição para o Plano de Seguridade Social de que trata este artigo, a partir de 31 de março de 1998, estendendo-se a isenção às contribuições não descontadas na época própria".

de que, vindo a falecer, os seus vencimentos ou proventos seriam transformados em pensão familiar.

2.9 E agora a decisiva pergunta: como admitir a imposição e, até, mesmo, a progressividade de alíquotas contributivas, já depois de obtido o direito à aposentadoria ou à pensão? É igual a dizer: já depois de satisfeitos os pressupostos de constituição do direito subjetivo aos proventos ou ao ganho pensional? Ainda mais: como ficam as pensões e aposentadorias *estatutárias*, assim designadas aquelas anteriores à Emenda de n. 3, *época em que sequer existia, relativamente aos servidores públicos civis, o regime constitucional de previdência social contributiva*? Quadra histórica em que o simples exercício do cargo, sem a necessidade de descontos mensais, já colocava o servidor público civil na expectativa do direito subjetivo à aposentadoria própria e à pensão familiar?

3. A negação da lei ao direito adquirido e ao ato jurídico perfeito

3.1 Resposta: é sem a menor hesitação que o exegeta passa a categorizar como inválida a imposição de ônus previdenciário a pessoas já colocadas em situação jurídica ativa (o cacófato é inevitável), respeitantemente à aposentadoria ou à pensão. Pessoas que, uma vez preenchidas as condições legais de obtenção do benefício, já não podem ser surpreendidas com a modificação unilateral das regras do jogo jurídico. E não podem, porque a tanto se opõem as luminosas figuras do direito adquirido e do ato jurídico perfeito, ambas de berço constitucional.[6]

3.2 Com efeito, preenchidas que sejam as condições da lei (no caso, a própria Constituição), nasce, límpido, o direito adquirido do servidor ou dos seus dependentes econômicos. Do servidor, alusivamente à aposentadoria; dos dependentes econômicos, referentemente à pensão.

3.3 Daí para o surgimento da figura do ato jurídico perfeito é um passo: basta a formalização do ato da aposentadoria ou da pensão, com os seus consectários de publicidade e aprovação pelo Tribunal de Contas. Com o que se fecha o ciclo da passagem do direito adquirido para o ato jurídico perfeito (não se confundem as duas figuras jurídicas, pois diferentes são os respectivos elementos ou pressupostos de formação), um e outro colocados a salvo de aplicação retroativa da lei, por efeito desta peregrina garantia constitucional: "a lei não prejudicará o direito adquirido o ato jurídico perfeito e a coisa julgada" (inciso XXXVI do art. 5º).

3.4 Estranho, estranhíssimo, destarte, que a Lei n. 9.783 se disponha a ofender de modo tão escancarado o Texto Magno, quando se sabe que a imunidade contributiva *agora também prospera para os aposentados e pensionistas do setor privado*, a teor de todo o rol de disposições do segmento constitucional versante sobre a previdência social (Seção III do Capítulo II do Título VIII). Além do que a própria Emenda da Reforma Previdenciária (a de n. 20/98, como sabido) *trouxe para a Constituição um dispositivo-símbolo de toda a matéria, que foi o inciso II do art. 195*, que passamos a transcrever:

"Art. 195. A seguridade social será financiada por toda a sociedade, de forma direta e indireta, nos termos da lei, mediante recursos provenientes dos orçamentos da União, dos Estados, do Distrito Federal e dos Municípios, e das seguintes contribuições sociais:

"I – (...)

"II – do trabalhador e dos demais segurados da previdência social, *não incidin-*

6. Sem falar que semelhante alteração das regras do jogo implica frontal desrespeito ao dever estatal da lealdade, que é um dos conteúdos lógicos do princípio constitucional da moralidade (art. 37, *caput*), prevalecente assim para os atos administrativos como para a própria lei.

do contribuição sobre aposentadoria e pensão concedidas pelo regime geral de previdência social de que trata o art. 201" (grifos à parte).

3.5 Ora, essas mesmas regras que desenham o perfil jurídico do regime geral da previdência social receberam expressa remissão da própria *Lex Legum*, a propósito dos servidores públicos civis, com o fito de assegurar a todos eles idêntica proteção. É a matéria que se contém no § 12 do art. 40, assim legendada: "Além do disposto neste artigo, o regime de previdência dos servidores públicos titulares de cargo efetivo observará, no que couber, os requisitos e critérios fixados para o regime geral de previdência social".

3.6 Pronto! Algo mais é preciso falar sobre a exclusão constitucional dos aposentados e pensionistas do regime de autofinanciamento previdenciário? Achamos que não, salvo para denunciar a petulância da lei em também desfeitear o Poder Reformador brasileiro, que, no apagar das luzes da sessão legislativa de 1998, desaprovou a proposta governamental de imposição de descontos previdenciários para os aposentados e pensionistas do setor público. E porque desaprovou, ainda se deu ao trabalho de assegurar (desnecessariamente, diga-se) integral respeito às normas que vigiam à época de cada aposentadoria ou pensão concedida.[7]

4. A colisão da lei com a Emenda Constitucional n. 20/98

4.1 Com efeito, o Poder Reformador brasileiro, na própria votação final do projeto legislativo que veio a se transformar na Emenda n. 20, *rejeitou a proposta governamental de imposição contributivo-previdenciária a aposentados e pensionistas do setor público em geral*. Significa dizer, então, que houve uma tentativa oficial de modificar as coisas, para fazer recair sobre aposentados e pensionistas um gravame que não existia. O Congresso Nacional reagiu e manteve o anterior regime, no particular.

4.2 Assim reagindo, o Poder Reformador *sentou praça* do seu propósito de somente onerar o pessoal da atividade, deixando claro, simultaneamente, que o sistema de previdência social no âmbito do Poder Público é matéria constitucional. Tanto é procedente o juízo, que o assunto constou da proposta de emenda n. 0033 — L/95, da autoria do Presidente da República.[8] E é de clareza boreal que Sua Excelência não se daria ao trabalho de propor emenda constitucional para um tema que de Direito Constitucional não fosse...

4.3 O que estamos a dizer, portanto, é que a Lei n. 9.783 é de um atrevimento estarrecedor. Primeiro, por dispor sobre matéria de reserva constitucional (a submissão de

7. A fórmula do *tempus regit actum* (o momento em que entrou em vigor a lei é o regulador do ato jurídico), especificamente aplicada às pensões públicas, foi assim consagrada pelo egrégio TRF da 1ª. Região: "Ementa: Administrativo. Pensão. Lei 3.373/58. Modificação. Lei 8.112/90. Impossibilidade. Direito adquirido. Art. 5º, XXXVI, da Constituição Federal de 1988. I – Lei nova que institui causa de extinção de benefício não prevista na legislação anterior não pode retroagir para alcançar situação consolidada, de benefício em vigor, concedido de acordo com a legislação vigente, sob pena de grave ofensa ao disposto no art. 5º, XXXVI, da Constituição Federal de 1988. II – Não se pode confundir expectativa de direito, que ocorre quando o interessado não preenche os requisitos necessários ao seu exercício, com direito adquirido, que se caracteriza como um bem jurídico, criado por um fato capaz de produzi-lo, segundo as prescrições da lei então vigente, e que, de acordo com os preceitos da mesma lei, entrou para o patrimônio do titular. III – Apelação provida" (AMS 95.01.33276-4-DF, Rel: Juiz Antônio Sávio, 2ª. Turma, j. 13.3.96, *DJ* de 20.5.96, p. 32.213).

8. Esta é a redação do dispositivo constante do PEC n. 0033-L/95, afinal rejeitado: "Art. 40 (...) § 1º As aposentadorias e pensões serão custeadas com recursos provenientes das contribuições dos servidores e pensionistas e do respectivo ente estatal, na forma da lei, não incidindo contribuição sobre aposentadoria e pensão de igual valor ou inferior ao limite máximo estabelecido para os benefícios do regime geral de previdência social de que trata o art. 201".

aposentados e pensionistas a sistema de autofinanciamento previdenciário). Segundo, por fingir ignorar que a imposição de ônus financeiro-previdenciário a aposentados e pensionistas já fora objeto de proposta de emenda constitucional, sem, contudo, lograr sucesso (bem ao contrário). Terceiro, por se contrapor às disposições transitórias da Emenda 20/98, justamente aquelas ratificadoras da imunidade dos proventos e pensões a regime de contribuição, de que é exemplo esta peremptória prescrição:

"Art. 3º. (...)

"§3º. São mantidos todos os direitos e garantias assegurados nas disposições constitucionais vigentes à data de publicação desta Emenda aos servidores e militares, inativos e pensionistas, aos anistiados e aos ex-combatentes, assim como àqueles que já cumpriram, até aquela data, os requisitos para usufruírem tais direitos, observado o disposto no art. 37, XI, da Constituição Federal" (que dispõe sobre a instituição do teto vencimental para todo e qualquer agente público).

4.4 Em síntese, a Lei n. 9.783, quando da sua concreta incidência (1º de maio em diante), obrigará tanto as pessoas que já detenham aposentadorias e pensões *estatutárias* quanto as que detenham pensões e aposentadorias da espécie *previdenciária*. E alcançará na sua fúria impositiva, ainda, os que vierem a se aposentar ou obter pensões após o marco temporal do 1º de maio. Com o que, em todas essas prefigurações, se tornará uma lei ofensiva do direito adquirido e do ato jurídico perfeito, conforme o caso. E tudo ao arrepio da Constituição e da Emenda n. 20/98, a um só tempo.[9]

5. A incompatibilidade da lei com o modelo constitucional de previdência social

5.1 Há muito mais o que falar em desfavor da validade da Lei n. 9.783, porque múltiplos ainda são os seus desencontros com a Magna Carta Federal, *a partir mesmo da concepção do modelo de previdência social de um e de outro diploma jurídico-positivo*. Podemos até dizer que, na matéria, a Constituição caminha numa direção e a lei segue o itinerário oposto.

5.2 Que modelo constitucional é esse? Aquele que se caracteriza pela conjugação dos elementos que passamos a seqüenciadamente indicar, todos eles ressaídos, naturalmente, do núcleo significativo dos próprios textos normativo-constitucionais.

A contributividade

5.3 O primeiro elemento do modelo constitucional de previdência pública é a contributividade, a significar onerosidade na participação do pessoal ativo no sistema previdenciário que lhe é próprio. O funcionário contribui, financeiramente, mediante descontos mensais em sua remuneração, para a constituição de um fundo ou orçamento previdenciário comum ao funcionalismo por inteiro (no caso, funcionalismo federal), porquanto destinado à cobertura das despesas com todas as aposentadorias e pensões que se integram num sistema de previdência social paralelo àquele que vige para o setor privado.

5.4 Essa característica da onerosidade implica sua extensão a todos os funcionários públicos civis (*ativos*, pela terceira vez o dizemos), sem outra exceção que não a veiculada pelo § 1º do art. 3º da Emenda

9. No fim das contas, a lei terminou por se autocometer uma força que nem as emendas constitucionais possuem: a força de retroagir para prejudicar as situações constitutivas de aposentadorias e pensões que, obtidas à luz da legislação então imperante, ganharam a compostura de direito adquirido ou de ato jurídico perfeito (é de se ver, no particular, o nosso "Direito adquirido contra as emendas constitucionais", escrito em parceria com Valmir Pontes Filho e publicado às pp. 153-161 da coletânea *Estudos em Homenagem a Geraldo Ataliba* – v. 2, *Direito Administrativo e Constitucional*, Malheiros Editores, 1997).

20/98, assim vernacularmente posto: "O servidor de que trata este artigo, que tenha completado as exigências para aposentadoria integral e que opte por permanecer em atividade fará jus à isenção da contribuição previdenciária até completar as exigências para aposentadoria contidas no art. 40, § 1º, III, "a", da Constituição Federal" (completadas as exigências, a isenção não mais prossegue, *salvo, obviamente, se o funcionário passar de vez à inatividade*).[10]

5.5 Daqui resulta que a lei que dispuser em sentido contrário, excluindo contribuinte, ou grupo de contribuintes, do dever de suprimento financeiro para um sistema que é de filiação e autocusteio obrigatórios, *passa a colidir com o Magno Texto*. No caso da Lei n. 9.783, se possível fosse (e não é) desconsiderar sua invalidade pela descabida oneração dos aposentados e pensionistas, cairia ela numa outra causa de inconstitucionalidade: *as isenções consagradas pelo seu art. 3º* (até R$ 600,00, indistintamente, ou até R$ 3.000,00 para "o servidor inativo ou pensionista com mais de setenta anos de idade ou de servidor aposentado por motivo de invalidez").

5.6 Esse tipo de inconstitucionalidade – acrescente-se –, é daqueles que privam a lei de sua eficácia total, devido a que não se pode restaurar, no plano da interpretação jurídica, a obrigatória aplicabilidade do ônus do autofinanciamento previdenciário a todos os contribuintes do sistema; ou seja, *a pretexto de eliminar a isenção indevidamente concedida a certas pessoas, o aplicador da lei não tem como impor a essas pessoas alíquotas que não lhes foram legalmente impostas*. Ou todos escapam à incidência da lei inconstitucional (e esta é a situação), ou a constitucionalidade não se restaura pela inclusão puramente exegética daqueles que indevidamente ficaram de fora da exação.

5.7 Numa singela evocação metafórica, *isenção contributiva e sistema constitucional de previdência social são como óleo e água: não se misturam*. Somente a própria Lei Maior pode abrir exceção a essa regra, como o fez, por sinal, em uma única oportunidade: a do § 5º do art. 195, assim vocalizado: "São isentas de contribuições para a seguridade social as entidades beneficentes de assistência social que atendam às exigências estabelecidas em lei".

5.8 Mais um aspecto de invalidade da lei, por conseguinte, pois ao legislador comum não cabe distinguir, em tema de isenção contributiva, onde a Constituição não o fez.

A eqüidade na forma de participação contributiva

5.9 Diga-se mais: a contributividade que recai sobre o funcionalismo *é exigente de eqüidade na forma de participação no custeio das aposentadorias e pensões*.[11] E eqüidade, na acepção de que os servidores devem suportar o ônus da contribuição de modo proporcionado à remuneração de cada qual deles. É deduzir: quem recebe mais do Poder Público, mais expressivamente deve contribuir, *mantidas, porém, as originárias diferenças estipendiárias; ou seja, preservadas as proporções entre os níveis de remuneração dos cargos públicos, tal como legalmente fixados, pois a contribuição previdenciária não se presta como instrumento de alteração de vencimentos, nem enquanto mecanismo redutor de distâncias sociais no âmbito do setor público* (ao contrário do imposto de renda, este, sim, utilizado como ferramenta de política extrafiscal).

10. A Constituição Federal sempre deixa claro que servidor e aposentado formam duas categorias jurídicas absolutamente distintas. Servidor é quem trabalha ou permanece em atividade, enquanto o aposentado é aquele que já se inativou em definitivo e, por isso mesmo, só pode ser concebido como ex-servidor.

11. Estatui o parágrafo único do art. 194 da Constituição, pelo seu inciso de n. VI, que um dos objetivos da seguridade social é, precisamente, "a eqüidade na forma de participação no custeio".

Longe de desconfirmar diferenças de ganhos pelo exercício de cargos públicos, o desconto previdenciário deve primar, justamente, pela sua confirmação. Para isso é que ele existe, a financiar, mês a mês, futuras aposentadorias e pensões também caracterizadas por diferentes valores.

O necessário mecanismo das alíquotas uniformes

5.10 Como assegurar, todavia, essa participação contributiva de caráter eqüitativo? Simples. *O mecanismo propiciador desse tratamento eqüitativo dos servidores é a alíquota uniforme de contribuição mensal.* Ela é que trata igualmente os iguais, na medida em que se igualam, e desigualmente os desiguais, na medida em que se desigualam, como diria Ruy Barbosa. Isto porque a uniformidade de alíquota já deságua em contribuições diferenciadas, tendo em vista a diversidade dos valores que lhe servem de base de cálculo. Fórmula matemática perfeita de manter as diferenças de remuneração, a que a própria Lei n. 9.783 se referiu, e de que se utilizou como parâmetro de contribuição. Diferenças remuneratórias, aliás, de que se vale o Texto Magno para lhes dar fidedigna seqüência sob a forma de proventos e pensões, a teor de disposições deste porte:

"Art. 40 (...)

"§ 3º. Os proventos da aposentadoria, por ocasião da sua concessão, serão calculados com base na remuneração do servidor no cargo efetivo em que se der a aposentadoria e, na forma da lei, corresponderão à totalidade da remuneração".

"(...)

"§ 7º. Lei disporá sobre a concessão do benefício da pensão por morte, que será igual ao valor dos proventos do servidor falecido ou ao valor dos proventos a que teria direito o servidor em atividade na data de seu falecimento, observado o disposto no § 3º."

5.11 Dizer, então, que os percentuais de descontos previdenciários têm que ser paritários já significa saltar para uma conclusão novamente desabonadora da validade jurídica da Lei n. 9.783. *É que ela instituiu alíquotas progressivas ou crescentes, na medida em que tanto mais elevadas quanto mais altos os patamares de remuneração a que ela própria se referiu* (de R$ 601,00 a R$ 1.200,00, 11% de desconto mensal; de R$ 1.201,00 a R$ 2.500,00, a contribuição já sobe para 20%; e de R$ 2.501,00 em diante, o percentual cresce ainda mais, uma vez que chega aos 25 pontos). Noutros termos, o diploma em tela não se contenta com a natural diferenciação das bases de cálculo (remunerações) das alíquotas previdenciárias e faz crescer as próprias alíquotas. Sua fórmula aritmética é esta: para faixas crescentes de remuneração, alíquotas igualmente crescentes.

5.12 Acontece que, assim procedendo, a Lei passou a tomar de empréstimo um critério de exação que a Magna Carta somente admitiu, *como invariável regra*, para o imposto de renda. Sem atentar o legislador ordinário, contudo, para o fato de que os percentuais do imposto sobre a renda são progressivos, porque esse tipo de tributo desempenha o papel adicional de, mais solidariamente, distribuir a riqueza nacional, pela via do encurtamento da distância entre detentores de ganhos diferenciados (aspecto já anotado de extrafiscalidade, por cumprir o IR uma função mais que simplesmente supridora de recursos financeiros para o custeio das despesas gerais da máquina pública). Nada a ver, destarte, com a natureza da contribuição previdenciária, que, ao contrário do imposto de renda, existe para beneficiar imediatamente cada segurado (o beneficiário imediato do imposto de renda é o conjunto da sociedade, e não o contribuinte mesmo), sem interferir na lógica da sua classificação no sistema público de remuneração funcional.

5.13 Boa parte destes fundamentos encontra-se magnificamente sintetizada nesta passagem de recentíssima decisão do juiz federal Ricardo César Mandarino Barreto, da 1ª Vara da Seção Judiciária de Sergipe: "É que, contribuições previdenciárias destinam-se a constituir um pecúlio para o segurado, no caso, servidor público, dentro de um equilíbrio atuarial onde o valor da contribuição há que ser fixado, sempre, em um mesmo percentual, para preservar a proporcionalidade. Progressividade é própria de tributos que têm objetivo de redistribuição de rendas, com diminuição de desigualdades, como ocorre com o imposto de renda e outros tributos" (Processo n. 99.571-6, SPC 1ª. Vara - Classe 1000.).

A preservação do princípio da irredutibilidade dos vencimentos, proventos e pensões

5.14 Uma coisa puxa outra. Ao preservar a proporcionalidade ou as originárias diferenças entre as faixas de retribuição dos servidores, a alíquota paritária (que a lei, no caso, desobedeceu) cumpre dois outros insubstituíveis misteres, que são:

I) o respeito à política legislativa de remunerar os cargos públicos segundo os ditames de uma ciência administrativa que os escalona, remuneratoriamente falando, segundo o maior ou menor grau de essencialidade, complexidade e responsabilidade das respectivas funções. *Ditames, aliás, reqüestados e até ampliados pelo próprio sistema constitucional de comandos*, que impõe às leis sobre remuneração a observância de "padrões de vencimento" que levem em conta "a natureza, o grau de responsabilidade e a complexidade dos cargos componentes de cada carreira", "os requisitos para a investidura" e "as peculiaridades do cargo" (§ 1º do art. 39), além de vedar "a vinculação ou equiparação de quaisquer espécies remuneratórias para o efeito de remuneração de pessoal do serviço público" (inciso XIII do art. 37, a confirmar o propósito constitucional de colocar os cargos públicos em patamares diferenciados de estipêndios);

II) a preservação da irredutibilidade dos vencimentos, proventos e pensões (inciso XV do art. 37 da CF, de cujas linhas ressai o claro entendimento de que as imposições tributárias *que a própria Lei Maior prevê* não são incompatíveis com o princípio da irredutibilidade estipendiária).

5.15 Explica-se. Os percentuais progressivos de desconto previdenciário, se aplicados, terão o efeito prático de onerar mais quem ganha mais, ou onerar menos quem ganha menos (lógico), *mas indo além daquele tipo de proporcionalidade que subjaz ao princípio da eqüidade, e, "ipso facto", da alíquota uniforme*. É como dizer: se o percentual paritário já cumpre a função de onerar mais quem ganha mais e onerar menos quem ganha menos, mantendo, porém, as proporções das faixas remuneratórias (não pode ser diferente), o percentual do tipo crescente acarreta uma segunda e progressiva modalidade de oneração, esta, sim, de completa ruptura com a regra dos descontos proporcionados. A conseqüência é inevitável: os critérios técnico-administrativos em que as leis ordinárias têm que se basear (por imperativo constitucional, insista-se) para hierarquizar estipendiariamente os cargos públicos deixam de funcionar integralmente, pelo fato evidente de que a lógica diferença entre uma remuneração e outra é conspurcada ou, até, mesmo, nulificada pelo desembolso em favor do sistema previdenciário. O que o sistema indevidamente ganha aqui... o servidor indevidamente perde lá, fato que não se coaduna com a vontade constitucional da hierarquização estipendiária dos cargos públicos, a que as leis de conteúdo administrativo devem dar cotidiana e submissa aplicação.

5.16 Repise-se o fundamento: as alíquotas crescentes ou progressivas, se judiciariamente admitidas, terão o efeito de desnaturar um sistema remuneratório de pessoal que deve obedecer a critérios que a própria Constituição fixou. Elas passarão a ter a força de *desescalonar*, ou *reescalonar* (conforme o caso), os níveis retributivos dos cargos públicos, pois acarretarão para os servidores de padrão mais alto uma disponibilidade comparativa menor de ganho mensal, de sorte a aproximar tais servidores daqueles agentes administrativos mais inferiormente postados na escala vencimental. Por exemplo, um servidor que, num cargo de carreira, estiver 10% acima de outro, remuneratoriamente falando, já não conservará essa originária diferença percentual, após se submeter às alíquotas do tipo crescente. E se o agente for daqueles que na Constituição mesma se integram em cargos de carreira, com diferenças remuneratórias também percentual e constitucionalmente estabelecidas (caso típico dos magistrados, segundo o inciso V do art. 93), é claro que o sistema de alíquotas progressivas vai implicar um desrespeito ainda maior (porque direto ou imediato) à própria Constituição. É deduzir: os percentuais constitucionalmente estabelecidos poderão sofrer modificação, nos diversos casos concretos, a patentear nova e cristalina demonstração da incompatibilidade entre os comandos integrados da Constituição e as alíquotas previdenciárias do tipo crescente (sem que precisemos falar das inúmeras situações em que determinados servidores, conforme os diversificados percentuais previdenciários que se lhes venha a aplicar, após a incidência da Lei, passarão a ganhar mais do que outros anteriormente posicionados acima deles, ou, reversamente, passarão a perceber menos do que outros que com eles mantinham relação estipendiária de inferioridade).

A visceral incompatibilidade entre a Lei n. 9.783 e o princípio da irredutibilidade dos vencimentos, proventos e pensões

5.17. E não é tudo. Há uma outra conseqüência fatal para a validade da Lei n. 9.783/99, traduzida na constatação de que, pelo viés da sobreoneração percentual do desconto previdenciário progressivo, todo o pessoal do setor público tem quebrantada a sua garantia constitucional da irredutibilidade estipendiária. O que a lei não pode fazer diretamente (reduzir vencimentos, proventos e pensões), ela se atreve a fazer transversamente: a instituição de alíquotas crescentes de contribuição para o pecúlio ou fundo comum de previdência social pública (a alíquota paritária, não. Ela é compatível com o princípio da irredutibilidade, a teor da parte final do inciso XV do art. 37).

5.18 Agora, os atingidos pela sanha arrecadadora da lei já não são apenas aposentados e pensionistas, *mas todo o pessoal ativo do serviço público federal*. Quando se sabe que o princípio da irredutibilidade a todos alcança, com a diferença apenas de que, no tocante a aposentadorias e pensões do setor público, a irredutibilidade é decorrente daquela que a Magna Carta expressamente assegura para o pessoal da atividade. Já reportantemente às aposentadorias e pensões do setor privado, a garantia constitucional é direta. Comprove-se:

"Art. 37. (...)

"XV – O subsídio e os vencimentos dos ocupantes de cargos e empregos públicos são irredutíveis, ressalvado o disposto nos incisos XI e XIV deste artigo e nos arts. 39, § 4º, 150, II, 153, III, e 153, § 2º, I."

"Art. 40. (...)

"3º. Os proventos de aposentadoria, por ocasião de sua concessão, serão calculados com base na remuneração do servidor no cargo efetivo em que se der a aposentadoria e, na forma da lei, corresponderão à totalidade da remuneração.

"(...)

"§ 7º. Lei disporá sobre a concessão do benefício da pensão por morte, que será igual ao valor dos proventos a que teria direito o servidor em atividade na data de seu falecimento, observado o disposto no § 3º".

"Art. 194. (...)

"Parágrafo único. Compete ao Poder Público, nos termos da lei, organizar a seguridade social, com base nos seguintes objetivos:

"(...)

"IV – irredutibilidade do valor dos benefícios."

5.19 Dando um pouco mais de claridade ao pensamento, os autores ajuízam que as alíquotas progressivas ou desuniformes agridem a Constituição:

I) por interferir no escalonamento das faixas de remuneração dos cargos efetivos do setor público federal, mas com inteira desconsideração àqueles já referidos parâmetros que a Magna Lei tornou obrigatórios para a fixação dos diferentes vencimentos: "a natureza, o grau de responsabilidade e a complexidade dos cargos componentes de cada carreira", "os requisitos para investidura" e "as peculiaridades dos cargos", tudo conforme os expressos dizeres dos incisos de I a III do § 1º do art. 39 da Magna Carta;

II) por reduzir valores vencimentais, embora de forma oblíqua, na medida em que a prefalada interferência nas originárias faixas de remuneração implica o encurtamento de distância entre umas e outras. E ao fazê-lo, tais alíquotas vão além do ferimento ao princípio constitucional da irredutibilidade remuneratória: elas ainda passam a ofender a norma do inciso X do art. 37 da *Lex Legum*, exigente de lei específica para qualquer fixação *ou alteração* estipendiária dos cargos estatais, *litteris*: "a remuneração dos servidores públicos e o subsídio de que trata o § 4º do art. 39 somente poderão ser fixados ou alterados *por lei específica*, observada a iniciativa privativa em cada caso, assegurada revisão geral anual, sempre na mesma data e sem distinção de índices" (outra vez, sem o destaque em itálico). E não é preciso enfatizar que tal exigência de lei específica traduz a necessidade de elaboração de um diploma legal "monotemático" ou "monofinalístico", *por não poder dispor sobre outra matéria que não a direta fixação ou modificação dos níveis estipendiários do setor público*. Nunca, jamais, em tempo algum, uma lei que, a pretexto de regulamentar o sistema constitucional de previdência pública, venha a acarretar efetivo encurtamento das distâncias que separam os níveis ou padrões estipendiários dos quadros estatais; quer dizer, venha a resultar mais danosa para algumas faixas de contribuintes do que para outras. Donde a ilação de se tratar de lei que invade seara alheia, de modo a incidir em uma nova e autônoma causa de inconstitucionalidade.

5.20 Uma observação complementar parece necessária ao fortalecimento da tese, aqui veementemente defendida, de que a Lei n. 9.783 é também inválida por agredir o princípio constitucional da irredutibilidade estipendiária. É que ninguém ignora o fato de que o funcionalismo público federal está privado de atualização remuneratória há mais de 5 anos, motivo que muito contribuiu para que a Emenda 20/98 embutisse na Constituição a regra da obrigatória revisão anual dos estipêndios funcionais. E isto só pode revelar que a vontade objetiva da Constituição, neste momento mais que em qualquer outro, é recompor o poder aquisitivo daqueles que têm no Poder Público a sua fonte continuada de ganhos estipendiários. Jamais o de trilhar a estrada que afinal seguiu a lei, que foi a estrada da sobreexação de quem já se encontrava (como se encontra) reconhecidamente defasado em seus ganhos habituais.

5.21 Que deliberado propósito de desfeitear a Magna Carta! Ela impõe a norma da revisão anual de estipêndios (com efeitos retroativos a 1998, pois a Emenda 20 é desse ano), e que faz o legislador comum? Deixa de dar cumprimento ao desígnio revisional da Lei Maior e passa a rever para o alto, e crescentemente, as alíquotas de descontos previdenciários...

O equilíbrio financeiro e atuarial

5.22 Este outro elemento do sistema previdenciário que a Magna Lei tracejou para o setor público é dirigido especificamente ao legislador comum. Impõe a esse legislador o dever de montar um sistema de previdência que se caracterize por uma administração financeira de estrita compatibilidade entre custos e benefícios. Uma equação econômico-financeira que bem se traduz nesta regração constitucional: "Nenhum benefício ou serviço da seguridade social poderá ser criado, majorado ou estendido sem a correspondente fonte de custeio" (§ 5º do art. 195).

5.23 *Trocando em miúdos*, a Constituição pretende que haja uma direta correspondência entre os benefícios que o sistema concede e os recursos arrecadados para tal fim. E que essa correspondência se prolongue no tempo, infinitamente, mediante a adoção de uma política de pessoal e uma contabilidade rigorosamente atuarial (a exigir, então, que o número dos servidores públicos, sua remuneração global, o percentual de suas contribuições previdenciárias e mais a suplementação de recursos do Tesouro garantam, perpetuamente, a manutenção e, até, mesmo, a expansão do sistema de previdência).

5.24 Esse dever de administrar nos termos de uma estrita relação de custo benefício tem o condão de:

I) por um lado, impedir que o Poder Público semeie no campo da generosidade irresponsável, criando benefícios sem a correlata e suficiente fonte de cobertura;

II) por outro, limitar esse mesmo Poder quanto à possibilidade de elevação de contribuições sem causa eficiente; isto é, sem a real e demonstrada insuficiência de recursos do próprio Tesouro e sem justificativa cabal quanto à necessidade do aporte suplementar de recursos para estendê-lo a novos beneficiários, ou para melhorar a gama dos benefícios então existentes;

III) por um terceiro prisma, obrigar a própria lei das exações previdenciárias a indicar o critério, a fórmula matemática em que está a se louvar para estabelecer o exato percentual contributivo de que o sistema precisa para o seu necessário equilíbrio financeiro e atuarial (tendo em vista a expansão, ou a melhoria, de que trata o inciso II, *supra*). Senão, que impede o legislador ordinário de impor alíquotas até mesmo superiores a 25% do total da remuneração funcional? A avançar pelos estipêndios *a dentro* dos servidores, a ponto de obrigá-los a passar para o sistema de previdência um percentual ainda maior do que o sobrerrestante? Afinal, "cesteiro que faz um cesto faz um cento", e a falta de limites materiais para a própria lei tornaria a norma constitucional do equilíbrio financeiro e atuarial e, mais, o princípio igualmente constitucional da irredutibilidade vencimental um mero ornamento gráfico... Seria a Constituição a dar com uma mão e tomar com a outra, interpretação que Ruy Barbosa tanto condenava como anticientífica.

5.25 Ora bem, nada disso foi alegado na exposição de motivos da Lei n. 9.783, nem do corpo desse diploma constou (que inovação quantitativa, ou qualitativa, experimentou a gama de benefícios da previdência social pública?). Nenhuma parte da lei sequer indicou os novos critérios de recomposição do equilíbrio financeiro e atuarial do sistema. Indicação tanto mais necessária quanto se sabe que a adoção de percentuais progressivos de descontos previdenciários não guarda conformidade com a majoração dos benefícios da aposentadoria e da pensão. Estes benefícios estão vinculados *é* à *remuneração da atividade*, crescem com ela (§ 8º do art. 40 da *Norma Normarum*), sempre de forma linear ou matematicamente igual, e jamais de modo progressivo.

A proibição constitucional do confisco

5.26 Em casos que tais, a parte contributiva correspondente à sobreoneração é indisfarçável confisco (proibido pelo art. 150, inciso IV, da Constituição). E indisfarçável confisco porque o servidor passa a contribuir por u'a modalidade progressiva de desconto que não lhe dá o direito a benefícios também progressivamente calculados;

ou seja, quando da efetiva concessão do benefício previdenciário, quer sob a forma de proventos, quer sob a forma de pensão, o que sucede? O beneficiário vai obter o seu ganho mensal de forma aritmeticamente igual à remuneração que perceberia, se em atividade estivesse. *Nenhum valor é agregado à remuneração da atividade, para compensar os anos de contribuição por alíquotas progressivas*.

5.27 Por um outro aspecto, ainda, a lei em pauta incide na vedação constitucional do confisco puro e simples. É que os seus percentuais máximos de descontos mensais, quando somados às alíquotas também mais altas do imposto de renda, chegam até mesmo a ultrapassar a casa dos 50 pontos percentuais da remuneração do agente público civil; quer dizer, o sistema tributário como um todo passa a abocanhar a maior parte dos ganhos do servidor. É como disse em lapidada decisão provisória o ínclito juiz federal substituto Dirley da Cunha Júnior: "Doutra banda, o malsinado desconto forcejado pelo Governo Federal viola importantes garantias definidas no texto constitucional. A vedação de confisco é a primeira delas. Com efeito, a progressividade instituída nos descontos (que vão de 11 a 25%) e a majoração desproporcional e desarrazoada da exação, revelam, sem dúvida, seu desiderato confiscatório, a comprometer a subsistência do servidor e de sua família. Decerto, se os servidores estivessem sujeitos unicamente ao pagamento dessa contribuição social, nenhuma palavra poderia ser dita quanto ao efeito confiscatório da exação. Mas essa contribuição é tão-somente um dos inúmeros tributos que o servidor está obrigado a recolher aos cofres públicos. Note-se que apenas a soma dessa Contribuição Social com a do Imposto de Renda chega a comprometer, na fonte, aproximadamente 50% da renda do servidor que ganha acima de R$ 2.500,00 (dois mil e quinhentos reais), sem considerar a CPMF e uma série de tributos indiretos. A carga tributária, destarte, não pode ser sopesada mediante a análise de um único tributo isoladamente. Daí a razão de o ilustre tributarista Hugo de Brito Machado ter enfatizado, com o peso de sua autoridade, que "o caráter confiscatório do tributo há de ser avaliado em função do sistema, vale dizer, em face da carga tributária resultante dos tributos em conjunto". Corolário desta, outra garantia resulta vilipendiada, a da irredutibilidade dos proventos" (Justiça Federal de Sergipe, processo n. 99.872-3-SAREMS – 2ª Vara, mandado de segurança).

5.28 Essa carência de explicitação da fórmula matemática em que se louvou a Lei n. 9.783 ainda compromete, por duas outras razões, a validade desse infeliz diploma legal: primeira, porque os novos e progressivos valores são temporários (extinguir-se-ão a 31 de dezembro do ano de 2002, conforme o disposto no parágrafo único do art. 2º da Lei, fato em si mesmo inconciliável com os critérios de equilíbrio financeiro e atuarial do sistema); segunda, porque a atual alíquota de 11% é mais que suficiente para a manutenção e até a expansão do sistema de previdência pública, a teor do convincente quadro demonstrativo que se vê no bojo da retrofalada decisão do ilustrado Juiz Federal Ricardo César Mandarino Barreto. Decisão que se constitui, por sinal, num dos mais lúcidos e originais estudos que se produziram no Brasil sobre o tema da relação custo/benefício previdenciário, e que merece não apenas irrestrito acatamento nas instâncias judiciárias, como todas as formas de divulgação junto à comunidade jurídica em particular e à população em geral.

A vedação constitucional do imposto adicional sobre a renda

5.29 Não ficam por aqui os pontos de fragilidade constitucional da Lei, materialmente falando. A progressividade das alíquotas por ela instituída é também caracterizadora de um descabido imposto adicional sobre a renda, como certa feita sentenciou o Supremo Tribunal Federal, em acórdão citado no bojo de bem lançada petição judicial da Associação do Ministério Público do Estado da Bahia-AMPEB, escorada na boa doutrina de Paulo Modesto, *verbis*:

"O tema não é novo, tendo sido enfrentado em sede de jurisdição constitucional pelo Supremo Tribunal Federal na ADIN 790-4-DF. Nesta ação, por votação unânime, o Supremo Tribunal Federal assentou expressamente a tese da dupla eficácia do art. 195, § 5º, da Constituição Federal, em tudo similar ao art. 51, § único, da Constituição do Estado da Bahia, entendendo inconstitucional a majoração de contribuição na ausência de causa eficiente que a justifique.

"No dizer do Relator Min. Marco Aurélio Mello: 'A premissa de toda contribuição social é a necessidade de custeio da seguridade. Isto decorre das regras constantes dos artigos 194 e 195 do Diploma da República. A seguridade social é financiada por toda a sociedade de forma direta e indireta, nos termos da lei; mediante recursos provenientes dos orçamentos da União, dos Estados, do Distrito Federal e dos Municípios e das contribuições sociais devidas por empregadores e trabalhadores, bem como relativas à receita de prognósticos. A regra segundo a qual nenhum benefício da seguridade social poderá ser criado, majorado ou estendido sem a correspondente fonte de custeio total, corresponde a relativa à exibilidade de causa suficiente para a majoração, sob pena de esta última discrepar do móvel que lhe é próprio, ligado ao equilíbrio atuarial entre contribuições e benefícios, implicando, aí sim, um adicional sobre a renda do trabalhador'" (j. em 26.2.93, *DJ* 23.4.93, p. 6.918").[12]

5.30 Por esse mesmo diapasão foi que o douto Ministro Francisco Rezek afinou sua abalizada voz, no curso da mesma ADIN 790-4 DF, dizendo:

"Quanto ao § 1º do art. 231 [o Ministro falava da Lei 8.112/90], meu ponto de vista é aquele que o parecer exteriorizou. Esse § 1º induz à progressividade. Penso que o propósito social que se estaria desejando prestigiar de tal maneira – fazendo variar não apenas os montantes absolutos de retribuição mensal, mas fazendo variar as próprias alíquotas – já é atendido pela diferença de contribuição em seus números absolutos, e que a diferenciação de alíquotas configura, tal como ponderou o Ministério Público, uma tributação sobre a renda que não se compatibiliza com as regras pertinentes da Constituição Federal.

"Não me aborrece, em absoluto, que o legislador queira dar maior prestígio a certos propósitos sociais, desde que ele assuma aquilo que faz, e dê – dentro dos limites que a Carta da República impõe – maior densidade ao imposto de renda. Mas é preciso que as coisas sejam chamadas pelos seus nomes verdadeiros.

"Tenho séria dificuldade em entender compatíveis com a Constituição determinadas fórmulas veladas de tributação da renda, e é isto que estou vendo no dispositivo que estabelece a diferenciação de alíquotas".

5.31 É certo, contudo, que o STF não declarou inconstitucional o § 1º do art. 201 da Lei do Regime Jurídico Único, por enten-

12. A ementa do acórdão está à p. 1.264 da obra *A Constituição na Visão dos Tribunais*, Fernando da Costa Tourinho Neto, Saraiva, 1997, v. 3) e tem a seguinte redação: "Contribuição social. Majoração percentual. Causa suficiente. Desaparecimento. Conseqüência. Servidores públicos federais. O disposto no art. 195, § 5º, da Constituição Federal, segundo o qual "nenhum benefício ou serviço da seguridade social poderá ser criado, majorado ou estendido sem a correspondente fonte de custeio", homenageia o equilíbrio atuarial, revelando princípio indicador da correlação entre, de um lado, contribuições, e, de outro, benefícios e serviços. O desaparecimento da causa da majoração do percentual implica o conflito da lei que a impôs com o Texto Constitucional. Isso ocorre em relação aos servidores públicos federais, considerado o quadro revelador de que o veto do Presidente da República relativo ao preceito da Lei 8.112/90, prevendo o custeio integral da aposentadoria pelo Tesouro Nacional, foi derrubado pelo Congresso, ocorrendo, no interregno, a edição de lei – a de n. 8.162/91 – impondo percentuais majorados" (...).

der que esse dispositivo ("a contribuição do servidor, diferenciada em função da remuneração mensal") comportava uma exegese perfeitamente compatível com a idéia de diferenciação proporcional dos estipêndios mensais do servidor público. Logo, não era exigente de intelecção prestigiadora da contribuição por alíquotas progressivas (estas, sim, inassimiláveis pelo § 5º do art. 195 da *Lex Maxima*, então vigente) e, por isso, não se lhe devia declarar a inconstitucionalidade.

5.32 Não desconhecemos – é imperioso acrescentar – que alguns dos dispositivos constitucionais aqui citados fazem parte do segmento constitucional referente à "seguridade social" genérica (título VIII da Lei Republicana), e não propriamente do conjunto de normas que a Magna Carta de 1988 dedica aos servidores públicos civis. Mas é verdade que esse capítulo da seguridade social, enquanto bloco normativo regente da seção constitucional que leva o nome de "Previdência social" (Seção III do Capítulo II do Título VIII) *é subsidiariamente aplicável ao sistema de previdência do funcionalismo público civil*. E subsidiariamente aplicável, à face do quanto se contém no § 12 do art. 40 da Lei das Leis, por este modo grafado: "Além do disposto neste artigo, o regime de previdência dos servidores públicos titulares de cargo efetivo observará, no que couber, os requisitos e critérios fixados para o regime geral de previdência social". Restando óbvio que a expressão "no que couber" é significativa da aplicação de todas as normas constitucionais sobre previdência social geral *que não contrariarem aquelas integrantes do conjunto normativo especificamente voltado para a disciplina do regime previdenciário público*. E, para logo, nos lembramos de que, no âmbito da Administração direta, autárquica e fundacional, seus agentes efetivos são contemplados com a regra da integralidade dos proventos e pensões, a do tempo de aposentadoria voluntária proporcional, além da garantia de aumento remuneratório anual, o que não acontece com os segurados da previdência social geral, cujas regras são outras.

5.33 Em síntese, a Lei n. 9.783/99 encontra-se recheada de impropriedades constitucionais que a tornam inaplicável tanto para os aposentados e pensionistas quanto para o pessoal ativo da União e suas autarquias e fundações. Defeitos que se traduzem no ferimento a direitos líquidos e certos, a partir da consideração elementar de que os elementos formadores do sistema constitucional de previdência pública operam como patrimônio jurídico dos servidores públicos civis, sem exceção. Fazem parte daqueles direitos etiquetados como subjetivos e se ornam do *plus* da aquisitividade, com o exercício puro e simples do cargo público. É expressar: *os servidores públicos civis federais têm o direito adquirido de ver o modelo constitucional de previdência social imperar sobre a lei*, bastando para isso que preservem o *status* de servidores públicos civis federais. E esse modelo de corte constitucional é incompatível: *a*) com alíquotas progressivas de desconto previdenciário; *b*) com a redutibilidade de remuneração, ainda que de esguelha ou por forma transversa; *c*) com a modificação de níveis ou padrões remuneratórios por lei inespecífica e fora dos parâmetros técnicos que a própria Constituição estabeleceu; *d*) com o silêncio da lei quanto à fórmula matemática em que se lastreou para fixar as novas alíquotas de descontos previdenciários, mormente por se tratar de lei transitória e que nenhum novo benefício ou melhoria atual trouxe para os aposentados e pensionista; *e*) com a atribuição de efeito confiscatório aos percentuais de contribuição para o sistema de previdência pública (o governo federal está a confundir *Fisco* com *confisco*); *g*) com a transformação das alíquotas aqui referidas em efetivo imposto adicional sobre a renda.

6. O vício formal da aprovação da lei em matéria já rejeitada na mesma sessão legislativa ordinária de 1998

6.1 Se não bastassem tantos pontos materiais de fragilidade constitucional da

Lei n. 9.783, ela ainda se nos apresenta como portadora de um primeiro vírus processual dos mais graves, no pertinente à situação dos aposentados e pensionistas. É que a sua matéria já fora objeto da PEC-0033/L/95 e rejeitada *nos estertores* da sessão legislativa ordinária de 1998. Logo, não podia ser objeto de reproposição antes da sessão legislativa ordinária subseqüente, ao lume da vedação que se lê nesta incisiva preceituação da Magna Carta: "A matéria constante de proposta de emenda rejeitada ou havida por prejudicada não pode ser objeto de nova proposta na mesma sessão legislativa".

6.2 Ora, ao interditar a reapresentação de proposta de emenda, no tocante a matéria já rejeitada ou havida por prejudicada, que pretende a Constituição? *Dar um tempo*, criar um espaço de reflexão política em torno do mesmo assunto. É dizer: deixar que os ânimos refluam ou serenizem, de uma sessão legislativa para outra, a fim de que o tema se torne alvo de maturadas reflexões. E quando dizemos "de uma sessão legislativa para outra", é claro que temos em mente a sessão legislativa ordinária, porque de uma para outra sessão legislativa ordinária é que se dá o mais prolongado dos recessos parlamentares (de 15 de dezembro a 15 de fevereiro[13]). Época juridicamente preordenada ao maior descanso dos deputados e senadores, assim como à retomada de mais estreitos contatos com as respectivas bases eleitorais, partidárias, familiares, inclusive para o efeito de aconselhamento quanto ao mérito daquelas matérias desaprovadas ou tidas por prejudicadas na sessão legislativa recém-finda.

6.3 Há uma teleologia evidente no dispositivo em tela, cujo pleno sentido somente se obtém com a intelecção de que o fraseado "sessão legislativa" é excludente da possibilidade de se voltar a deliberar sobre o tema em sessão extraordinária do Congresso Nacional.

6.4 Realmente, enquanto a sessão legislativa ordinária é uma só (distribuindo-se por dois períodos semestrais) e tem previsão de data para começar e para terminar, que sucede com a outra modalidade de sessão legislativa, rotulada como "extraordinária"? Não tem número certo, nem data prefixada para se iniciar ou findar. Tudo nela é provocado por situação de especial urgência ou relevância (como a sua própria designação já revela), a evidenciar a falta de clima para a ocorrência daquilo que está na base significativa do § 5º do art. 60 da Constituição: a serenidade de ânimos e a decantação do tema.

6.5 Ora (tornamos a brandir a interjeição), se a Lei Fundamental da República admitisse o viés da sessão extraordinária como forma de superar a vedação que se contém no § 5º do seu art. 60, o que impediria o Presidente da República, por hipótese, de convocar vezes a fio o Congresso Nacional até aprovar a matéria de seu interesse? Vencendo os parlamentares por coação, ou simplesmente pelo cansaço?

6.6 A mesma perplexidade assaltaria o espírito do intérprete, se, à moda de rebate argumentativo, alguém lhe ponderasse: "Muito bem. Não pode haver nova proposta de emenda antes da sessão legislativa ordinária seguinte, mas nada impede que a matéria retorne no bojo de um projeto de lei comum, em regime de convocação extraordinária do Congresso..."

6.7 Nesta suposição, respondemos que o *non-sense* da contradita seria de maior porte ainda. Além de incidir no mesmo equívoco de fazer da sessão legislativa extraordinária um subterfúgio para escapar da proibição constitucional, esse tipo de contraposição argumentativa cairia no absurdo de atribuir à lei ordinária uma força normativa maior que a das emendas à Constituição; ou

13. É pacífico o entendimento de que *sessão legislativa ordinária* significa o período anual de trabalhos legislativos, distribuindo-se por dois lapsos: o primeiro, indo de 15 de fevereiro a 30 de junho, e, o segundo, de 1º de agosto a 15 de dezembro (salvo quando tais datas recaírem em dia de sábado, domingo ou feriado, ou ainda na hipótese de não-aprovação da lei de diretrizes orçamentárias).

seja, o que se proíbe às emendas, ficaria à disposição de uma simples lei. E o resultado não poderia ser outro senão a disparatada conclusão de que a função legislativa comum estaria acima da própria função reformadora do Magno Texto...

6.8 Por outro aspecto, a reapresentação de projeto de lei, contendo matéria já desaprovada na mesma sessão legislativa, tem disciplina constitucional própria. Constitui o específico objeto do art. 67 da Carta de Outubro, nesta dicção: "A matéria constante de projeto de lei rejeitado somente poderá constituir objeto de novo projeto, na mesma sessão legislativa, mediante proposta da maioria absoluta dos membros de qualquer das Casas do Congresso Nacional".

6.9 Como a iniciativa da Lei n. 9.783 foi do Presidente da República (e não podia ser diferente, por se tratar de assunto que faz parte da competência legislativa reservada do Poder Executivo), a ela não aproveita qualquer tentativa de remissão ao texto constitucional transcrito.

6.10 Em verdade, quando a Constituição quer se referir a um tipo de sessão legislativa que não seja a ordinária, ela recorre ao adjetivo "extraordinária". Isto é o que dá sentido à proibição de retorno de matéria vencida ao mesmo período anual comum de trabalhos legislativos. Senão, veja-se:

"Art. 57. O Congresso Nacional reunir-se-á, anualmente, na Capital Federal, de 15 de fevereiro a 30 de junho e de 1º de agosto a 15 de dezembro.

"§ 1º. As reuniões marcadas para essas datas serão transferidas para o primeiro dia útil subseqüente, quando recaírem em sábados, domingos ou feriados.

"§ 2º. A sessão legislativa não será interrompida sem a aprovação do projeto de lei de diretrizes orçamentárias.

"(...)

"§ 6º. A convocação extraordinária do Congresso Nacional far-se-á:

"I – pelo Presidente do Senado Federal, em caso de decretação de estado de defesa ou de intervenção federal, de pedido de autorização para a decretação de estado de sítio e para o compromisso e a posse do Presidente e do Vice-Presidente da República;

"II – Pelo Presidente da República, pelos Presidentes da Câmara dos Deputados e do Senado Federal, ou a requerimento da maioria dos membros de ambas as Casas, em caso de urgência ou interesse público relevante.

"§ 7º. Na sessão legislativa extraordinária, o Congresso Nacional somente deliberará sobre a matéria para a qual foi convocado, vedado o pagamento de parcela indenizatória em valor superior ao subsídio mensal."

6.11 Conclusivamente, pois, a Lei n. 9.783 padece de um primeiro defeito formal insanável, no ponto em que relançou (para formalmente impor) o tema da contribuição financeiro-previdenciária a aposentados e pensionistas do setor público federal.

7. O vício formal da aprovação da lei como diploma ordinário

7.1 Por incrível que pareça, a lei em causa ainda ostenta um segundo defeito de forma. É que, introduzindo no sistema previdenciário público u'a modalidade nova de exação, consistente em alíquotas progressivas e em contribuição de natureza temporária, ela teria que nascer para o mundo das positividades jurídicas pela via mais qualificada de uma lei complementar. Quem assim o diz é o legislador constituinte, nesta categórica preceituação:

"Art. 195. (...)

"§ 4º. A lei poderá instituir outras fontes destinadas a garantir a manutenção ou expansão da seguridade social, obedecido o disposto no art. 154, I" (que reclama, justamente, a edição de lei complementar).

7.2 Noutro modo de dizer a mesma coisa: a instituição de alíquotas progressivas de desconto previdenciário e sua imposição de forma temporária não foram autorizadas pela Constituição, porque absolutamente incompatíveis com o sistema de equilíbrio financeiro e atuarial do sistema de previdência, além de *inconvivíveis* com outros princípios constitucionais, aqui já indicados. Todavia, se inconstitucionais não fossem, a sua formalização jurídico-positiva somente por lei complementar se daria. E como a Lei n. 9.783 é uma lei simplesmente ordinária, outra alternativa não resta ao exegeta senão concluir pela inconstitucionalidade formal irremissível desse diploma normativo.

7.3 Se o primeiro defeito formal (tópico n. 6) é serviente apenas da causa dos aposentados e pensionistas da União, este último é de ser invocado para defesa dos direitos de ambas as categorias de destinatários da Lei: os aposentados e pensionistas, de uma banda, e os servidores efetivos da Administração federal direta, autárquica e fundacional, de outra.

8. Considerações finais

8.1 Estes os ângulos de deficiência material e formal que nos pareceram mais salientes para o reconhecimento da inconstitucionalidade da Lei Federal n. 9.783/99. Uma lei que prejudica todo o pessoal ativo e inativo e mais os pensionistas do setor público federal, com a probabilidade de fazer escola (?) na esfera das demais pessoas estatais de base territorial.

8.2 É essa possibilidade de propagação às demais pessoas federadas (os Municípios no meio) que muito nos preocupa e até nos incomoda, seja no plano da nossa atuação acadêmica, seja no plano do nosso engajamento cívico. E por isso é que nos apressamos em publicar estes escritos, com um certo prejuízo, reconhecemos, para um maior aprofundamento dos subtemas aqui versados.

8.3 Fica-nos o consolo de mais rapidamente expor *as vísceras* da lei à comunidade dos juristas e aos aplicadores do Direito, na alentadora expectativa da obtenção de endosso a estes nossos pontos de vista. Assim, quem sabe, também mais depressa novos estudos e decisões judiciais venham a espocar pelo País inteiro, colocando as coisas nos seus devidos lugares.

8.4 Seja como for, o certo é que a Emenda Constitucional de n. 20 modificou, e muito, o regime jurídico-constitucional dos sistemas de previdência pública e social geral, tornando obsoleto, em boa medida, o acervo doutrinário e jurisprudencial sobre o tema (inclusive o do STF). E este nosso estudo já é uma tentativa – modestíssima embora – de principiar um novo enquadramento acadêmico da matéria. Que a importância do assunto compense a pobreza intelectual do escriba!

Aracaju-SE, 30 de março de 1999

Impressão e acabamento:
GRÁFICA PAYM
Tel. (011) 4392-3344

REVISTA
TRIMESTRAL DE
DIREITO PÚBLICO

DOUTRINA: PERSPECTIVAS DO DIREITO ADMINISTRATIVO NO PRÓXIMO MILÊNIO – *Caio Tácito* • RESPONSABILIDAD DE LOS FUNCIONARIOS PÚBLICOS Y DE LOS CONCESIONARIOS DE SERVICIOS PÚBLICOS – *Carlos E. Delpiazzo* • O "HABEAS DATA" NA LEI N. 9.507/97 – *Arnoldo Wald* e *Rodrigo Garcia da Fonseca* • CONTRATAÇÃO DE SERVIÇOS DE ADVOCACIA PELA ADMINISTRAÇÃO PÚBLICA – *Adílson Abreu Dallari* • LOTERIAS: SUA EXPLORAÇÃO POR PARTICULARES – *Valmir Pontes Filho* • O DIREITO ADQUIRIDO E AS EMENDAS CONSTITUCIONAIS – *Luiz Alberto Gurgel de Faria* • PRESCRIÇÃO: DECRETAÇÃO DE OFÍCIO EM FAVOR DA FAZENDA PÚBLICA – *Edilson Pereira Nobre Júnior* • PLANOS ECONÔMICOS, DIREITO ADQUIRIDO E FGTS – *Teori Albino Zavascki* • A TRILOGIA MOTIVO/CONTEÚDO/FINALIDADE DO ATO ADMINISTRATIVO EM FACE DO PRINCÍPIO DA RAZOABILIDADE – *Anna Paola Zonari de Lorenzo* • ***PARECERES:*** PREÇOS: MODIFICAÇÃO UNILATERAL DE CONTRATO CELEBRADO COM A ADMINISTRAÇÃO – QUITAÇÃO – EXPECTATIVA INFLACIONÁRIA – *Eros Roberto Grau* • CONCESSÃO DE SERVIÇO PÚBLICO: DEVER DE PRESTAR SERVIÇO ADEQUADO E ALTERAÇÃO DAS CONDIÇÕES ECONÔMICAS – PRINCÍPIO DE ATUALIDADE – REEQUILÍBRIO ATRAVÉS DA PRORROGAÇÃO DO PRAZO DE EXPLORAÇÃO – *Floriano P. Azevedo Marques Neto* • IMÓVEL URBANO NÃO INSCRITO NO REGISTRO IMOBILIÁRIO – PROPRIEDADE DO MUNICÍPIO – PROVA DO DOMÍNIO ATRAVÉS DOS CADASTROS DA PREFEITURA – USUCAPIÃO: IMPOSSIBILIDADE – *Márcio Luís Chila Freyesleben* • ***ESTUDOS E COMENTÁRIOS:*** DA COMPETÊNCIA ADMINISTRATIVA PARA APLICAR A LEI POSTERIOR MAIS FAVORÁVEL, EM CASO DE PUNIÇÕES IMPOSTAS AOS ADMINISTRADORES DE INSTITUIÇÃO FINANCEIRA, COM BASE NO ART. 44 DA LEI BANCÁRIA – *Luiz Alfredo Paulin* • DECLARATÓRIA DE CONSTITUCIONALIDADE CONTRA A CONSTITUIÇÃO – *Antônio Souza Prudente* • REFORMA CONSTITUCIONAL – REGRA DE ESTRUTURA – LIMITAÇÃO – *Gabriel Ivo* • ***CONFERÊNCIAS E DEBATES:*** PRIVATIZAÇÃO E SERVIÇOS PÚBLICOS – *Celso Antônio Bandeira de Mello* • ***JURISPRUDÊNCIA*** • ***NOTICIÁRIO:*** A LEI FEDERAL N. 9.783/99 E SUAS INCONSTITUCIONALIDADES – *Carlos Ayres Britto.*

MALHEIROS EDITORES

REVISTA TRIMESTRAL DE DIREITO PÚBLICO

23/1998

M